Moser · Bilder, Zeichen und Gebärden

Blau ist die Farbe
für Trauer, Rausch
und Reden

Bruno Moser

Bilder, Zeichen und Gebärden

Die Welt der Symbole

Südwest

ISBN 3-517-00817-6

© 1986 Südwest Verlag GmbH & Co. KG, München
Alle Rechte vorbehalten. Printed in Germany
Lektorat: Dr. Gertrud Marotz/Dr. Ekkehard Reitter
Satz: Typodata GmbH, München
Druck und Bindearbeit: May + Co., Darmstadt
Schutzumschlag: Kaselow Design, München

Inhalt

Ein Wort zuvor	9
Einleitung: Die Welt der Symbole	11
Viele Namen im Umfeld des Symbols	13
DAS SIGNET	13
DAS EMBLEM	16
WAS SIND ALLEGORIEN?	17
DAS ATTRIBUT	19
DAS SINNBILD	20
Erster Griff in die Symboltruhe – Einübung ins Symbollesen	24
Die Ursymbole	30
SPIRALE – MÄANDER – LABYRINTH	31
SYMBOLE DER EVANGELISTEN	39
DIE SIEBENTAGEWOCHE	46
SONNE, MOND UND MENSCHENHERZ	70
DAS ACHSENKREUZ	74
Was ist oben? Was ist unten?	76
Was ist rechts und was ist links?	84
SYMBOLIK DER WINDROSE	95
Symbolik der Farben, Figuren, Zahlen und Intervalle	106
GEOMETRISCHE FIGUREN UND KÖRPER	106
Kreis und Kugel	106
Dreieck	109
Quadrat, Würfel und Quader	110
Der Goldene Schnitt	115
HINTERGRUND DER ZAHLEN	118
WAS FARBEN AUSSAGEN	128
KUCKUCKS-TERZ UND LIEBESQUINT	136

Die Natur und ihre Symbolik	142
DIE VIER ELEMENTE	142
PFLANZEN UND TIERE	151
SYMBOLIK DER LANDSCHAFT	163
Der Mensch als Symbol	172
DIE ZEICHENHAFTIGKEIT DES KÖRPERS	172
DIE LEBENSSTUFEN	174
Die Wahrzeichen der Jugend	174
Der alternde Mensch	175
Das Lebensende ist nicht die Lebenshöhe	178
Symbole um das Alter	179
Die Ruinen	180
MANN UND FRAU	184
DAS PAAR	193
Liebe auf den ersten Blick	194
Wir programmieren einander	195
Das hohe Lebensfest	197
Liebe und Treue	199
Yin und Yang als Urmodell des Paares	201
Symbolschule des Märchens	203
SYMBOLIK DES ALLTAGS	204
Gebärden, Gesten und Gewänder	204
Lachen und Lächeln	210
Schenken und Danken	211
Gruß und Abschied	212
Bett und Lager	213
Tisch und Stuhl	215
Kelch und Becher	216
Der Kitsch	218
Das Gebrechen	222
Das Begräbnis	224
TYPISCHE SYMBOLTRÄGER	226
Der Adel	226
Der Soldat	229
Priester und Pfarrer	231
Der Prophet	232
Der Ketzer	233
Der Bauer	236
Der Bettler	239
Der Clown	241

Symbolik des Kirchenjahres — 243
- FESTKREISE UND IHRE ZEICHEN — 243
- STATIONEN IM ADVENT — 244
- WEIHNACHTSZEICHEN – SYMBOLE EINER UNGETEILTEN WELT — 248
- VOM SINN DES FASTENS — 256
- ASCHERMITTWOCH — 258
- DER LEIDENDE GOTTMENSCH — 259
- OSTERN HAT SEINEN SITZ IM LEBEN — 260
- ZUR AUFERSTEHUNG BRAUCHT ES EIN GRAB — 262
- DIE ÖSTERLICHE LEGENDE VON DER HEILIGEN MARGARETE — 263
- KEIMLINGE EINES NEUEN LEBENSENTWURFS — 265
- PFINGSTEN – FEUERZUNGEN UND TAUBE — 267
- STERBENDE NATUR UND TOTENGEDENKEN — 268
- ABSCHLUSS DES KIRCHENJAHRES: DAS WELTGERICHT — 273

Symbolfunde in Märchen, Sagen und Legenden — 275

Wissenswertes von A–Z — 283

Anhang — 351
- LITERATURVERZEICHNIS — 351
- BILDINTERPRETATIONEN — 356
- BILDNACHWEIS — 361
- REGISTER — 365

Ein Wort zuvor

Dieses Buch will kein neuer Katalog symbolischer Deutungen sein, noch besonders Wissenswertes aus der Symbolliteratur in Einzelgebiete zusammenfassen. Solche Lexika stehen schon in großer Zahl zur Verfügung, vom preiswerten Taschenbuch bis zum mehrbändigen Lebenswerk. Fast alle sind auch nach Interessenbereichen zusammengestellt. So gibt es einschlägige Werke über die Symbole der Bibel, des Christen- und Judentums, oder über die Religionen insgesamt; ebenso über die Mythologien der alten Völker, ihren Märchenschatz und ihre Legenden. Von Sexualsymbolen berichten die Schulen der Tiefenpsychologie ausführlich; zur Zeichensprache der Kleider, Trachten und des Brauchtums steuert die Volkskunde ihre Erklärungen bei. Und was unsere Verkehrs- und Geschäftswelt an Signalen und Kürzeln bereithält, lernen die Kinder bereits in der Schule. Dies alles nur mit anderen Worten und in neuer Zusammenstellung zu wiederholen, hätte keine Mühe gelohnt.

Statt dessen wird in unterschiedlichen Lebensbereichen gezeigt, wie man sich selbst ins Symbollesen einüben kann. Wir gehen von den Ursymbolen aus – der Spirale, dem Labyrinth, dem Achsenkreuz und der Windrose – deren verschlüsselte Aussagen einen gemeinsamen Besitz aller Menschen und Kulturen bilden. Ursymbole zeigen nicht nur an, was »oben« und »unten«, »rechts« und »links« bedeuten, daß »vorne« und »hinten«, »darüber« und »darunter« überall den gleichen Sinn haben, sondern sie machen alle weiteren Erklärungen erst möglich. Dabei wird der Leser auf Burgen und Schlösser geführt, mit den Ritualen bei Hof, in der Hierarchie oder im Parlament in die verborgenen Baugesetze antiker Tempel, mittelalterlicher Kathedralen eingeweiht. An zahlreichen Beispielen der Kunst lernt er jedoch ebenfalls die harten Zwänge der Symbolik kennen und entdeckt wie im Vorbeigehen seine eigene Empfindlichkeit gegen Verstöße dieser Art. So wird er darin eingeschult, schon hinter alltäglichen Erscheinungen weltumfassende Gesetze wahrzunehmen. Ohne Minimalkenntnisse in der Astrologie gibt es keine Erklärung der Evangelistensymbole, ohne Symbolik der Windrose kein Verständnis für die

überall gültige Nord-Süd-Spannung. In jedem echten Paar manifestieren sich solare und lunare Kräfte, auch, was uns der Osten über Yin und Yang mitteilt. Wenn der Leser in Zukunft einem glücklichen oder ins Verhängnis treibenden Menschenpaar begegnet, wird ihm das alles gegenwärtig sein. Nachdem er auch in die Symbolik der Zahlen und Farben, der geometrischen Figuren, der Tiere, Pflanzen und Landschaften, ja unseres Hausrats und unserer Umgangsformen eingeführt wurde – dies immer an Ort und Stelle in anschaulicher Begegnung –, kann er fortan nicht mehr mit ahnungslosen Augen in die Welt blicken. Wer dürfte es wagen, mit einem einzigen Buch die Symbolik der Frau auszuschöpfen? Wir beschränken uns auf einen einzigen, einen besonderen Aspekt, ihren Auftritt. Er ist freilich so ausgiebig, daß damit jeder Mann zum Symbolforscher seiner Lebenspartnerin berufen wird.
Ein ausführliches Kapitel führt die sakrale und profane Symbolik des Kirchenjahres vor, auch die daraus hervorgehenden Wandlungen von uns selbst, vom schenkenden Menschen der Weihnachtszeit über seine karnevalesken Phasen bis vor die inspiratorische Kraft der Passions- und Osterzeit. Schließlich wird dem Buch noch eine kleine lexikalisch geordnete Zusammenstellung symbolgesättigter Erscheinungen unseres Alltags und gesellschaftlichen Lebens angefügt, Symboldeutungen etwa der Maske, des Brunnens, des Zwergs. Ein Verzeichnis weiterführender Literatur folgt am Ende.

Einleitung: Die Welt der Symbole

Wer das »Symbol« genauer ausdeuten möchte, findet in seinem Begriff keine Erklärungshilfe, weil es keine Definition gibt. Es kann keine geben, denn das Symbol ist dialogischer Art. Es spricht nur, wenn es wahrgenommen wird, und es gibt nur so viel von sich preis, wie sein Gegenüber erfassen kann. Es ereignet sich also immer neu. Denn über jede Sache oder Person, ja schon über einen Strich, eine geometrische Form, eine Pflanze, einen Akkord, eine Proportion, ein Intervall von Tönen gibt es außer der verbindlichen Aussage über das, was sie ist, noch eine offene über das, was sie bedeutet. Ein Apfelbaum z. B. ist mit botanischen Bestimmungen genau zu umschreiben, und jeder hat das gelten zu lassen. Zum Symbol wird er jedoch, wenn ein Enkel erzählt, wie sehr die Familie den Baum schätzt, weil ihn schon der Großvater pflanzte, daß seine Äpfel seit Jahrzehnten in besonders feierlicher Weise gepflückt werden, daß er immer geschont wurde, obwohl er bei mancherlei Umbauten im Wege stand, daß die Eltern in seinem Schatten einander das Ja-Wort gaben, daß seine Zweige schon vielen anderen Apfelbäumen aufgepfropft wurden – der Enkel sagt also aus, was der Baum ihm bedeutet. Es könnte auch ein frommer Gast kommen, der aus den Gaben des Baums die Güte Gottes herausliest, oder ein anderer, der gerade in diesem alten Apfelbaum die Zeichenhaftigkeit aller Bäume erkennt. Und käme Fontane an ihm vorüber, so würde er vielleicht, von den vielen Blüten gerührt, die Brücke zum Menschenleben schlagen: »Es wagt's der alte Apfelbaum – Herze wag's auch du«. Die Symbolik des Apfelbaums ist so unendlich wie die der Kuckuckserz oder des Salzes oder der Kindheit. Ein Mann steht vor dem Kölner Dom und bekommt alles Urkundliche über ihn gesagt: die Baugeschichte, seine Maße, den liturgischen Rang ... Er sieht aber nur die Kunst der Gotik, die Denkwelt des Mittelalters, die Gottbesessenheit vergangener Generationen. Für ihn ist der Dom ein Symbol erhabener Kultur, das der Nachwelt erhalten bleiben muß, was immer es koste. Doch schon für den, der neben ihm steht, mag der Dom ein Ärgernis sein, ein Überbleibsel toter Vergangenheit, dessen Erhaltung Unsummen ver-

schlingt, die zur Linderung der Not dann fehlen. Der Dom: ein Verkehrshindernis und nur noch Symbol klerikaler Macht.
Damit etwas zum Symbol wird, bedarf es eines Menschen, der es »liest«. Deshalb läßt es sich nie für jedermann verbindlich definieren. Daher rührt auch der unklare Gebrauch des Wortes. Schon in der Antike war ein »symbolon« nichts Eindeutiges. Mitunter besaß es den Sinn eines Erkennungszeichens. Man zerbrach ein gebranntes Stück Ton, etwa die Hälfte eines zerbrochenen Kruges, und schickte die eine Hälfte dem fernen Freund oder Geschäftspartner. Die andere Hälfte gab man, gewissermaßen als Ausweis, dem dorthin Reisenden mit. Bei dessen Ankunft wurden die beiden Tonstücke aneinandergelegt. Stimmten die Bruchstellen überein, so war der Gastfreund legitimiert. Solche Scherbenhälften, die sich eindeutig als zusammengehörig erwiesen, wurden »symbolon« genannt. Dasselbe Wort gebrauchte man auch für die Eintrittskarte in die Volksversammlung, zu der nur zugelassen war, wer den Besitz der bürgerlichen Rechte nachwies. Er gab eine Marke, die seinen Namen trug, sein »symbolon« ab, und erhielt sie vom Aufseher zusammen mit dem Obolus, der Tagesdiät, wieder zurück.

Die Legitimation des Gastfreundes wie die des Teilnehmers an der Volksversammlung schränken das Symbol auf einen engen Sinngehalt ein. Denn hier wurden nur zwei Anteile, die ohnedies zusammengehören, zu einer schon prädestinierten Einheit aneinandergereiht. Beginnt man aber die uneingeschränkte Sinnfülle, den Unendlichkeitscharakter eines Symbols zu beschneiden, so erhält man irgend etwas anderes aus dem Bereich der Zeichenhaftigkeit, eine Marke vielleicht oder ein Kennzeichen. Denn das Symbol flutet über jede Eindeutigkeit hinaus.

Viele Namen im Umfeld des Symbols

DAS SIGNET

Wenn ein Symbol auf einen einzigen Sinn eingeengt werden soll, der nichts mehr zu raten und zu deuten übrigläßt, auch jede Nutznießung durch Unbefugte verhindert wird, muß man dies als Besitzergreifung veröffentlichen und gesetzlich schützen lassen. Es wird zum verbindlichen Signet. Nehmen wir die Olympischen Ringe als Beispiel. Natürlich mag jeder fünf Ringe ineinanderhängen und als sein Firmenzeichen ausgeben. Aber sie dabei so anzuordnen und in der Reihenfolge der Farben zu gliedern, wie sie allgemein bekannt sind, ist nur mit ausdrücklicher Genehmigung des Olympischen Komitees gestattet. Denn dieser künstlerische Entwurf mußte einmal in Auftrag gegeben, bezahlt, als gültig festgelegt und publiziert werden, so daß er fortan als Eigentum gilt, über das kein anderer mehr verfügen kann. Im Gegenteil, mit der Vergabe des Signets darf nun sogar Geld verdient werden. Die vielen Disziplinen des Sports beschäftigen fast ebenso viele Fabriken, die die jeweiligen Sportartikel, die Bälle, Schuhe, Trikots usw. herstellen. Wer darauf Wert legt, daß seine Produkte mit den weltweit bekannten Olympischen Ringen geschmückt werden, damit er auch weltweiten Absatz erzielt, wird Erlaubnis dafür erhalten, wenn er etwa eine erhebliche Summe zu den Kosten der Olympischen Spiele beisteuert. Jedes Signet ist eingetragen und vor Mißbrauch geschützt.

Im freien Geschäftsleben gilt das eingetragene und den Waren aufgeprägte Signet als *Warenzeichen*. Einst bürgte z. B. die Bezeichnung »Solinger Stahlwaren« hinreichend für gute Qualität. Daraufhin gründeten die Japaner flugs einen neuen Produktionsort, den sie ebenfalls Solingen nannten, so daß sie nun ihrerseits Solinger Stahlwaren auf den Markt bringen konnten. Jetzt bedurfte es für die echten Solinger Firmen eines eigenen Signets, das sie vor der billigeren Konkurrenz schützte. Es mußte irgendein leicht einprägsames Zeichen sein, das keinen inneren Zusammenhang mit Messer und Scheren besaß, sonst hätte man es als wesensverwandt wieder kopieren können; so wählte man Zwilling, Pfeilring u. a. Signet, Warenzeichen und *Markenzeichen* sind also nur nach den Gebrauchsformen auseinanderzuhalten; auch werden alle drei oft als Symbole für Qualität bezeichnet.

Für all diese Sonderbezeichnungen kann man im Alltag also ohne Scheu das Wort »Symbol« verwenden, weil sie sagen wollen, daß mit einem Zeichen mehr gemeint ist, als es auf den ersten Blick darstellt. Was aber mit Symbolik überhaupt nichts zu tun hat, das sind die sogenannten *Kürzel*, in denen meistens ganz schlicht die Anfangsbuchstaben mehrerer Worte zusammengezogen sind, z. B. CDU-CSU, SPD, bei der F.D.P. wurden sogar noch die drei freimaurerischen Punkte hinzugefügt. Auch wenn eine Autobahnstrecke einfach mit A 10, eine Bundesstraße mit B 28 bezeichnet wird, steht dahinter noch kein Symbol. Das gleiche gilt für Kürzel aus Worten einer Sprache, die von vielen gar nicht verstanden wird, wie NATO oder UNO. Ebensowenig gelten chemische Formeln (NaCl für Kochsalz etwa) als Symbole oder zusammengezogene Meßwerte nach den Erfindernamen wie Hertz, Volt, Ampère. Wohl aber zählen jene Als-ob-Werte dazu, die ausdrücklich eine wirkliche Größe nicht gleichrangig vertreten, sondern symbolisieren sollen. Der Gulden z. B., den die Bewohner der Fuggerei in Augsburg nach der Bestimmung des Stifters jährlich abzuliefern haben, ist nicht irgendein beliebiger Ersatzbetrag, sondern die festgesetzte Jahresmiete. Die Malteser-Ritter bekamen einst vom spanischen Herrscherhaus Aragonien die Insel Malta zum »symbolischen« Preis der jährlichen Ablieferung eines Fasans übereignet. Der Gulden und der Fasan sind keine echten, sondern sie bedeuten Preise. Oft genügt zum Symbol schon die Andeutung einer gewaltigen, umfassenden Wirklichkeit. Dante liest über dem Tor zum Inferno die Inschrift ab »Laß alle Hoffnung fahren«: Natürlich, der Hoffnung beraubt zu sein, gehört auch zum

Öffentliche Merkzeichen zur Orientierung

Auch die sogenannten Piktogramme, leicht einprägsame Zeichen, die einen Sachverhalt (z.B. Rauchen verboten), eine Warnung (wie den Blitz bei Hochspannung), eine Sportdisziplin oder einfach einen Beruf wie den des Arztes anzeigen, werden in der Umgangssprache als Symbole bezeichnet, obwohl sie weder eine Übertragung noch einen Denkvorgang beanspruchen. Diese Piktogramme sind leichter zu merken als sprachliche Hinweise.

Schicksal der Verdammnis; aber im Hinblick auf die dann geschilderten Qualen, ist es nur ein winziger, ein »symbolischer« Ausschnitt. Jedem ist das nicht auslotbare Anders-Sein zwischen Mann und Frau bewußt. Wenn deshalb ein Abgeordneter der Nationalversammlung während der Französischen Revolution, um die Gleichberechtigung der Frauen zu erkämpfen, die Feststellung trifft, zwischen den Geschlechtern bestehe ohnedies nur ein kleiner Unterschied, so war diese Symbolisierung für französische Naturen einfach zu pikant, als daß sie wortlos hätte hingenommen werden können. Es kam deshalb der seitdem weltweit zitierte, auch schnell mit neuer Symbolik angefüllte Zwischenruf »Vive la petite différence – Es lebe der kleine Unterschied!«

DAS EMBLEM

Embleme entnimmt man mit Vorliebe den bekannten Urzeichen oder wenigstens dem Bilderbuch der Mythologie. Sonne, Mond und Sterne, Streifen, Kreuze und Kreise, auch Kombinationen daraus, ja sogar ein Parallelogramm (Brasilien) wurden oft in Fahnen und Flaggen eingesetzt (das Sternenbanner – Stars and Stripes – der Amerikaner, die Sonne der Japaner, das Schweizer Kreuz, die Halbmonde arabischer Staaten). Auch die großen Unternehmungen wie die Deutsche Bundesbahn oder die Lufthansa haben ihre Embleme, die eine das geflügelte Rad, die andere den stilisierten Vogel. Diese Zeichen sind zwar geschützt, doch können sie von Transportunternehmen, Möbeltransporteuren, privaten Flugfirmen variiert oder zu mythologischen Zeichen komplettiert werden. Der Götterbote Merkur, der heidnische Schutzpatron all derer, die berufsmäßig unterwegs sind, wurde ja schon immer mit geflügelten Schuhen dargestellt. Mitunter dient auch Ikarus, obzwar er als erster mythologischer Flieger abstürzte, als Emblem privater Fluggesellschaften, und wenn es nur mit seinem Namen ist. Embleme sind nicht so unabhängig von einer Sache, der sie dienen, wie die willkürlich gewählten Signets. Sie sollten vielmehr sinnverwandt sein, ähnlich der vielgezeigten Sparbüchse, in die gerade ein Geldstück hineinfällt – Emblem der Sparkassen – , oder Faust, Axt und »Morgenstern«, die manche Raubritter »im Schilde führten«. Schiffahrtslinien begnügen sich mit

einem Steuerrad, und wenn eine Autofabrik stolz darauf hinweisen möchte, daß sie aus einem Flugzeugwerk hervorgegangen sei, darf sie als ihr Emblem sehr wohl einen rotierenden Propeller wählen, mag er auch kunstvoll hochstilisiert sein.
Embleme gehören also ebenfalls zur Symbolfamilie.

WAS SIND ALLEGORIEN?

In diesem Abschnitt soll auf einige der vielen Unterbegriffe eingegangen werden, die das Wort »Symbol« umfaßt. Zu den inhaltsreichsten gehört die »Allegorie«. Schon der antike Mythos liefert, um sie uns vorzustellen, mit der Zeugung des Achill ein klassisches Beispiel: Peleus, König in Thessalien, stellte der Nymphe Thetis nach, die jedoch zu entkommen suchte. Zuerst nahm sie die Gestalt eines Vogels an (sie flüchtete also); da Peleus sie aber rasch wieder festhalten konnte, verwandelte sie sich in einen Baum (sie wurde also steif, unansprechbar, kaltblütig). Als sich Peleus an ihre Äste klammerte, wurde sie zum Tiger (sie wehrte sich böse und bissig); schließlich ergab sie sich doch, verwandelte sich aber zuvor in einen Tintenfisch (es mußte dunkel sein, wenn sie die Arme um Peleus schlang). Aus diesem allegorisch dargestellten Liebesakt ging Achilles, später der strahlendste Held des Trojanischen Krieges hervor. Er war übrigens, um das noch einzufügen, bis auf eine kleine Stelle an seiner Ferse unverletzlich (wie der deutsche Siegfried durch das Bad im Drachenblut auch – fast – unverletzlich geworden war; denn Hagen kannte genau die Stelle an der Schulter, auf der ein Lindenblatt haften geblieben war). Achill wurde also von seiner nymphischen Mutter, die ihn nicht allzufrüh verlieren wollte, schon als Kind in den Styx getaucht, wobei sie ihn an der Ferse festhalten mußte, damit er nicht unterging. Nur Apollo wußte um diese Schwachstelle und lenkte einen Pfeil, der auf die Brust Achills gerichtet war, auf dessen Ferse um, wodurch Achill den Heldentod starb. Seitdem gilt die »Achillesferse« als Symbol für die sichere Schwachstelle, die bei jedem Menschen zu finden ist.

Bei der Allegorie handelt es sich um die Gleichsetzung eines Bildes mit dem Inhalt einer Sache. Wo Sanftmut gemeint ist, wählt man ein Lamm; Kraft und Herrschaft werden durch Adler und Löwen vertreten; eine Schlange, die sich geräuschlos anschleicht und aus dem Hinterhalt zubeißt, steht für Falschheit, ein Hase für Furcht, ein Reh für scheue Unbefangenheit. Allegorien besitzen etwas naiv Verspieltes. Man bemerkt sofort und ohne nachzudenken, was gemeint ist. Deshalb werden sie mit Vorliebe von der Reklame benutzt. Ein im Glanz des Wohlbehagens lächelnder Mönch auf dem Etikett einer Likörflasche weist auf das körperliche Wohlgefühl hin, das der Inhalt der Flasche auszulösen verspricht. Der Kopf eines wohlgenährten Kochs über der Speisekarte oder seine ganze Figur in Pappe vor dem Hotel deutet die Gesättigtheit nach einer Mahlzeit im Hause an. So gehört zu den Allegorien auch eine gewisse Einfältigkeit. Am deutlichsten zeigt sich dies in der Sprache, wo sie eher einschläfern als beleben. Der »Anker der Hoffnung«, das »Veilchen des Glaubens«, das »Herz als Amboß der Schicksalsschläge« – wenn ein Autor solche Bilder häuft, fördert er trotz vermeintlicher Anschaulichkeit nur Langweile.

Oft verbieten sich Allegorien gerade deshalb, weil sie zu eingängig sind. Ohne inneres Unbehagen nehmen wir an einem Gerichtsgebäude die Bilder von Schwert und Waage als Allegorien der Gerechtigkeit, am Briefkopf einer Speditionsfirma ein geflügeltes Rad als Zeichen ihrer Flinkheit, über dem Musikkonservatorium eine Harfe als stellvertretend für alle anderen Instrumente hin. Für seelisch belastende Institute wäre eine Allegorie eben zu plump. Ein Operationstisch über dem Krankenhausportal, eine Pritsche oder Handschellen am Zuchthaustor, ein Sarg über dem Friedhofseingang, das ertrüge man nicht. Hier müßte man, wenn schon ein Zeichen gesetzt werden soll, zur höheren Kategorie des Sinnbilds greifen, zum Stab Äskulaps etwa für die im Hospital ausgeübte Heilkunst.

DAS ATTRIBUT

Bezeichnenderweise war es der mit dem Barock verschwisterte Rationalismus, der in seiner Formelhaftigkeit so weit ging, daß er die Figuren ihres personalen Gehalts völlig entleerte. Irgendeine künstlerisch nicht näher charakterisierte Frau wird zur Allegorie der Gerechtigkeit, wenn sie eine Waage in der Hand hält. Tauscht man dieses Attribut durch ein Buch aus, so haben wir eine Göttin der Weisheit vor uns. An eine wesenhafte Darstellung und die Aufgabe des künstlerischen Erspürens wird gar nicht mehr gedacht.
Eine junge Dame, die von einer Hündin begleitet ist oder einen Köcher trägt, ist Diana und sonst niemand. Ein Heiliger weist sich als Petrus aus, sobald er einen Schlüssel in der Hand hält. Ginge der Schlüssel durch irgendwelche Unstände verloren und man suchte gerade einen Paulus, so bräuchte man den gleichen Heiligen nur mit einem Schwert auszustatten und die Verwandlung wäre vollzogen. Während die echte Allegorie noch selbst auf ihre Deutung verweist – ein hohlwangiger, raffgieriger Mann auf den Geiz, ein Fettwanst auf die Völlerei, eine am Stock gehende Greisin auf das Alter – vermag sich eine Figur mit Attribut nicht mehr alleine auszusprechen. Sie bezieht ihre Identität von der Zutat, die nur diese einzige Deutung erlaubt. Dies ist dies und nichts anderes – daher ihre Problemlosigkeit, seelische Leere, ja Trivialität.

DAS SINNBILD

Anders ist es beim Sinnbild, wo unter zahlreichen verschiedenen Bedeutungen jene einzige herauszufinden ist, auf die es durch die Konvention festgelegt wurde. Die Kolossalstatue am Hafen von New York, eine Frau mit erhobener Fackel, ist kein Zeichen des Voranleuchtens, des Wegweisens, der Revolution, der Brandstiftung, was sie alles auch bedeuten könnte, sondern nach allgemeiner Übereinkunft Sinnbild der Freiheit. Man muß die Konvention kennen, um das Sinnbild richtig lesen zu können. Hätte man an dieser Stelle eine Allegorie gewählt, so stünde wohl ein Mann dort, der eine Kette zerreißt oder etwas ähnlich Eingängiges. Um Frieden und Eintracht zu allegorisieren, könnte man zwei zum Handschlag ineinandergelegte Hände zeigen. Man sähe sofort, was gemeint ist. Wählte man aber ein Sinnbild, so würde es eine Taube, ein Ölzweig, ein Palmwedel, ein Engel oder eine Kombination aus diesen Zeichen sein. Die Taube hat so viel und so wenig mit dem Frieden zu tun wie eine Möwe oder sonstige als friedlich bezeichnete Tiere, z. B. Schafe oder Kühe. Mit Engeln verbinden sich Erschrecken, Warnung oder Schutz ebenso wie Frieden. Der Ölzweig und der Palmwedel sind in ihrem Sinngehalt nicht reicher als die öltragende Sonnenblume oder der schattenspendende Pinienast. Aber an einer markanten Stelle der Bibel wird eine Taube, die einen Ölzweig im Schnabel hält, als Zeichen der Versöhnung und neuen endgültigen Friedens gedeutet. Damit wurde sie für immer zur Friedenstaube, so wie die Engel mit ihrem häufigen Friedensgruß zu Friedensengeln wurden.

Man könnte natürlich auch die Ableitung erwägen. Die Taube soll nämlich keine Galle haben. Nach astrologischer Überlieferung gilt die Galle als dem Mars zugehörig. Wer keine Galle besitzt und somit aus dem kriegsstifterischen marsischen Gestaltkreis herausfällt, muß also ein friedliches Wesen sein. Doch scheint diese Erklärung heute als allzuweit hergeholt, weil die Analogie Galle – Mars in unserem Bewußtsein nicht mehr lebendig ist. Wohl aber könnte der Verfasser der Genesis dieses damals schon uralte Sinnbild vor den Versöhnungsspruch Gottes gesetzt haben.

Auch in Ländern, deren Menschen nie ein Palme sahen, ist der Palmzweig bei Todesanzeigen oder auf Grabsteinen als Sinnbild des ewigen Friedens üblich – eingedenk der uralten Überlieferung südlicher Völker, die nach den Irrfahrten des Lebens im Schatten einer Palme für immer Ruhe finden wollen.

Ein vielgebrauchtes Sinnbild, das die Konvention gemeinsamer Bildung und Kultur voraussetzt, ist der Lorbeer als Siegespreis für sportliche Leistungen. Auch wir nördlicheren Völker verleihen ihn, obwohl der schmucklose Strauch in unseren Gewächshäusern keinerlei Bezug zu körperlicher Tüchtigkeit oder zum Sieg im Wettkampf sehen läßt. Apoll, dem Herrn der Olympischen Spiele, galt der Lorbeer aber als heilig. Wer mit einem Zweig davon geschmückt wurde, war von dem Gott selbst geehrt.

Sinnbilder brauchen keine Bilder zu sein. Ohnedies hängen sie von der jeweiligen Konvention ab, d.h. von einem Sinnzusammenhang, in dem sie gesehen werden. In einer Dreifaltigkeitsdarstellung versinnbildlicht die Taube nicht Frieden, sondern den Heiligen Geist. Über einen zärtlichen Liebesbrief gemalt, gilt sie als Zeichen der Vertraulichkeit. Würde sie aber in den Briefkopf eines Taubenzüchtervereins aufgenommen, wäre sie dort ebenso leere Allegorie wie es Ölzweige auf der Olivenölbüchse oder Lorbeerblätter an der Tür eines Gewürzladens wären.
Um die Gegenprobe zu machen: Wir können mit der gefiederten Schlange, in der jeder Azteke ein Sinnbild seiner höchsten, Erde und Unterwelt, Sichtbares und Verborgenes vereinigenden Gottheit sah, nichts anfangen, weil es zwischen der präkolumbianischen und der eurasischen Kultur keinen Zusammenhang gab, der eine Sinnüberlieferung hätte hervorbringen können. Den Eskimos, die in den winterdunkeln Gebieten des Nordens als Halbnomaden wenig außerfamiliäre Bindungen, keine Polizei, keinen Gewissenszwang und nur spärliche Ansätze des Staates kennen, um so bedrückender aber von der endlosen Nacht des Winters heimgesucht werden, würde die Freiheitsstatue von New York ohne Frage als Lichtbringerin erscheinen.
Auch innerhalb derselben Kultur können Sinnbilder zu verschiedenen Zeiten unterschiedliches bedeuten. Der Bamberger Reiter zum

Beispiel, für viele Menschen unserer Zeit noch ein Sinnbild ritterlichen, edlen Mannestums, schmückt als Zeichen würdiger Gebärde dort die Zimmer, wo eine romantisierende Verklärung des Mittelalters und seiner Leitbilder gepflegt wird. Er steht für Mut und Glauben, für Zucht und hierarchische Ordnung. In sozialistischem Ambiente dagegen ist dieser Figur kein Ehrenplatz mehr eingeräumt. Hier wurde er zum kaum geschätzten Sinnbild der Ausbeutung, des Dünkels, der Privilegien. Seine ritterliche Hilfsbereitschaft gegenüber den Schwachen ist durch eine Grundgesinnung entwertet, in der dieselben Menschen ungerührt in Leibeigenschaft, Rechtlosigkeit, mangelnder gesundheitlicher Versorgung und Analphabetismus gehalten werden, wo gleichzeitig Schlösser, sorgfältig gehütete Steuer- und Abgabenfreiheit und kultiviertes Leben existieren. Hier ist der Bamberger Reiter das Sinnbild einer Epoche, die an den Vorkämpfern für das Recht der Schwachen schuldig geworden ist. Die Wertschätzung einst gefeierter Ritterlichkeit ist auf jene übergegangen, die für die Lebensrechte der Unterdrückten Blut und Verfolgung auf sich nahmen.

Revolutionen, auch wenn sie sich im Tempo der Evolutionen entfalten, bringen immer einen Sturz der alten und die Erhebung neuer Sinnbilder mit sich. Die Verlierer geraten in die Fremde, ob sie auswandern oder daheim bleiben. Jede Gruppe, die an die Macht drängt, versucht sich zuerst sinnbildlich zu konstituieren. Ob eine Epoche zur Ablösung bereit ist, bemerkt man zuerst an der Entleerung der alten und der Heraufkunft neuer Sinnbilder. Ernst Jünger gibt in seinem Buch »Typus, Name, Gestalt« einen bemerkenswerten Hinweis. Die Opfer, die der Fortschritt koste, schreibt er, würden weniger schwer angerechnet als jene, die gegen die Zeit gingen. Niemand käme auf den Gedanken, wegen der Verkehrsopfer die Automobile oder Flugzeuge abzuschaffen. Absurd dagegen wirke ein Einzelner, der heute noch sein Leben im Zweikampf wage. Denn hinter dem Verkehr steht das Sinnbild des die Zeit repräsentierenden Arbeiters, hinter dem Duell das überwundene des Ritters.

Das Duell selbst bietet sich als Beispiel dafür an, wie sehr ein Sinnbild der Konvention bedarf, um in Geltung zu sein. Noch um die Jahrhundertwende hat Kaiser Wilhelm II. einen Leutnant aus dem Heer ausgestoßen, weil er ein Duell verweigerte. Zu gleicher Zeit war im amerikanischen Staat Virginia ein Gesetz in Kraft, das Duellanten für unmündig erklärte. Sie wurden aller Staatsämter enthoben und bekamen zwei Vormünder. Für jeden Neuling in einem fremden Land gehört es zu den härtesten Verfremdungen der Anfangsjahre, daß er die sinnbildliche Aufladung der Zeichen und Worte nicht kennt und so eine unbekannte Sprache spricht, auch wenn er sie grammatikalisch beherrscht. In meinem Südamerikabuch »Die Schwarze Mutter von São Paulo« habe ich dieses innere Abseitsstehen, auch bei gesellschaftlich vollkommener Eingliederung, ausführlich dargestellt. Ohne Kenntnis ihrer Sinnbilder ist uns jede Kultur verschlossen.

Wir fassen also zusammen: Allegorien wollen eine spielerische oder doch leicht eingängige bildliche Übersetzung sein. Sie erfordern weder einen Einstimmungsprozeß, noch gründen sie eine Gemeinschaft des Verstehens. Sie sind leere Metaphern. Sinnbilder dagegen setzen eine Überlieferung oder einheitliche Gesinnung voraus. Wenn sie auch ganze Kulturkreise, Kontinente und Jahrtausende umfassen können, so ist doch die Konvention, die hinter ihnen steht, räumlich und zeitlich begrenzt; gerade diese Begrenzung aber gründet ihren wohltuenden, bergenden Wert. Sinnbilder schaffen Heimat. Denn man erweist sich als einer bestimmten Bewußtseinslage, Haltung, Gestimmtheit, Bildung zugehörig, wenn man wahrnimmt, mit welchem Sinn diese Figur, dieses Bild, dieses Wort hier und jetzt geladen ist. Und eine Gesellschaft fühlt sich um so geschlossener und einheitlicher, je mehr sinngefüllte Zeichen sie für die Verständigung bereithält; wie es auch umgekehrt für jeden als ein Merkmal der Schwerfälligkeit gilt, wenn er alles direkt und mit ausdrücklichen Worten gesagt bekommen muß, wenn er nichts »merkt«. »Merken« kommt vom französischen »marque«, das *Zeichen*.

Erster Griff in die Symboltruhe – Einübung ins Symbollesen

Wieviel von all dem gilt nun für das Symbol, das sich weder auf anschauliche Allegorien noch auf eindeutig festgelegte Sinnbilder eingrenzen läßt? Um zu den Betrachtern zurückzukehren, die wir in der Einleitung mit ihren widersprüchlichen Urteilen vor dem Kölner Dom angetroffen haben, so verstehen wir zwar ihre symbolischen Deutungen, aber übernehmen werden wir sie nicht. Eine Kathedrale steht nicht zur summarischen Begutachtung da; sie birgt eine ganze Welt gültiger oder vergangener Werte, ein Universum von Zeichen, die zur Kenntnis genommen werden wollen. Wer sie nicht beachtet, gibt nur eine Meinung kund, wie groß auch der Erfahrungsschatz sei, aus dem sie hervorgeht. Man muß etwas gelernt haben, wie Hans Blüher sagte. Und alles ist, um mit Paul Celan noch einen anderen Denker anzuführen, zugleich weniger, als was es bedeutet, und gleichzeitig unendlich mehr. Was ein Symbol sei, hörten wir, läßt sich ohnedies nicht festlegen. Schon deshalb kann man mit dem Wort so ungeniert umgehen, ohne etwas falsch zu machen. Denn was es auch sei, eine Allegorie, ein Sinnbild, ein Gleichnis, eine Metapher, ein Synonym, eine Andeutung oder ein Markenzeichen, ein Kürzel, ein Signet, ein Emblem, sie gehören alle zur weitverzweigten Symbolfamilie. Und um das Maß der Verunsicherung vollzumachen, arbeiten viele Unterabteilungen noch mit echten, allgemein gültigen Symbolaussagen, womit dann wieder ein Glanz der Unvergänglichkeit auf sie selbst fällt. Einige Beispiele mögen dies verdeutlichen.
Gesellt sich die notorische Symbolik des Löwen, seine Kraft und Überlegenheit, sein katzenhaftes Vor-sich-hin-Dösen, »wenn er nicht mag«, seine Empfindlichkeit und sein Brüllen-Können, falls er provoziert wird, als Markenzeichen zu einer Biersorte, so trinkt der Zecher mit ihr zwangsläufig Löwenkräfte an. Die Gegenprobe zeigt's: Man kann ein Bier nicht »Schnecken-« oder »Hundebräu« nennen, die Assoziationen wären unerträglich.
Der in unseren Wäldern ausgerottete wilde Bär hinterließ, nachdem die Angst vor ihm geschwunden war, nicht nur den Ruf »bärenstark«,

sondern auch gutmütig, ja menschenfreundlich gewesen zu sein. Seine (vermeintlich) tapsige Schwerfälligkeit trug dem in Wahrheit listigen Tier den Ruf aufrecht-treuer Naturhaftigkeit ein (ein Gegenbild zum ruhelos-wendigen Affen). Legenden berichten von Bären, die in ihren Höhlen sogar Menschenkinder gesäugt und behutsam aufgezogen haben. Nicht ohne Grund wurde der friedlich zottige Brummer als Teddybär zum beliebtesten Spielzeug. Diese ganze Symbolfülle steht hinter dem Markenzeichen »Bär«. Ein Kind mit solcher Milch versorgt, erhält Bärenkräfte und muß auch friedlich und verträglich bleiben. Der Bär ist ein uraltes Muttersymbol: In bessere Hut könnte sich kein Kind begeben.
Die Kuh trägt ebenfalls ganze Symbolwelten von spendender Güte und reich fließenden Milchströmen in sich (von ihrer Bedeutung in Indien ganz abgesehen). Aber ihr Bild ist durch das Schimpfwort »dumme Kuh« etwas entwertet, auch als Stall- und Zugtier herabgesetzt, so daß man, um Schokolade anzupreisen, auf die friedlich grasende, »glückliche« Almkuh in ihrer Sommerfrische zurückgreift, die zwischen Herdenläuten und würzigen Kräutern nur frische Alpenmilch geben kann. Mehl soll blütenweiß sein. »Weiß« klingt aber an Gips oder Seifenpulver an, weshalb Mehl besser als »Goldpuder« verkauft wird. Durch unsere Phantasie wogen sofort die goldenen Weizenfelder. Säuberliche Unterscheidungen bringen im Symbolbereich nicht viel ein, im Gegenteil, hier stiftet puristischer Eifer meist Schaden. Denn jede symbolische Ausdeutung bringt Widersprüche ans Licht, oft gilt sogar auch das Gegenteil vom soeben Gesagten. Einen deutlichen Beweis dafür liefert etwa das Salz. Zählen wir auf: Kochsalz, Natriumchlorid, NaCl, es kristallisiert, ist in Wasser löslich, kommt in der Natur vor, aus der es auch gewonnen wird. Das alles lernten wir in der Schule. In großen Salinen gilt das gewonnene Salz als Sinnbild des Wohlstandes; für die gepeinigten Salzknechte in Brasilien, die es von den Meersalinen mit wunden, brennenden Füßen auf die Halden karren müssen, wird es zum Symbol der Qual. Wer zwei Kilo auf einmal ißt, stirbt daran, während einige Gramm für jeden Tag lebensnotwendig sind. Weil es überall gebraucht wird, aber relativ selten vorkommt, galten die Salzhändler einst als wohlhabende Leute. Riesige Vermögen wurden vom Salz abgeleitet, Straßen nach ihm benannt. Oft wurden Söldner und Beamte mit Salz bezahlt, noch heute spricht man vom Salarium oder Salär. Salzentzug, einst als »probates« Mittel gegen Bluthochdruck praktiziert, quälte die Patienten unerträglich. Das Wild legt nachts kilometerlange Strecken zurück, um zum Salz zu gelangen,

das zum Lecken ausgelegt ist. Weil das Leben mit Salz erhalten und gefördert wird, reicht man es, zusammen mit Brot, dem Brautpaar als symbolische Gabe. Früher galt es als Willkommensgruß für Gäste. Salz aus der gleichen Schüssel miteinander zu essen, war einst Zeichen unverbrüchlichen Zusammengehörens. Noch heute wird im salzburgischen Schwarzach der berühmte »Salzleckertisch« gezeigt, um den sich die vertriebenen Protestanten verschworen. Salz würzt Speisen und konserviert Vorräte. In Wunden brennt es und gewinnt damit eine Beziehung zum Feuer. Wo es die Fahrzeuge verrosten läßt, im Winter die Straßen verdirbt, bei Unfällen ins Grundwasser gerät, wird es ebenso als Schädling gebrandmarkt wie früher von jenen unglücklichen Menschen, deren Land vom Eroberer mit Salz bestreut wurde, damit es fortan unfruchtbar bliebe. Im Symbol »Salz« klingt alles an: Gesundheit und Krankheit, Lebenserhöhung und Verderbnis. Man überträgt es auf die »gesalzene« Rede und, da es in der Auflösung unsichtbar wird, sogar auf transzendente Mächte, die wirken, ohne wahrgenommen zu werden. Und wenn das Evangelium den Trägen und Verschlafenen zuruft: »Habt Salz in euch!« (Mk. 9.50), dann ist sicher kein Natriumchlorid gemeint.

Beim Symbollesen ist es uns zwar freigestellt, die Worte aus dem Symbolbereich auszutauschen, nicht aber die Symbolgehalte, die wir, weil sie Allgemeinbesitz sind, unseren eigenen Deutungen immer zugrunde legen müssen. Sie noch umfassender kennenzulernen, zählt ebenso zu den Zwecken dieses Buches, wie es den Leser auch neugierig darauf machen will, welche Interpretationen der Urschriften bereits vorhanden sind. Warum der Teufel hinkt, warum Pfarrer und Richter bei ihren Amtshandlungen Röcke tragen, warum der Bundespräsident keine Baskenmütze aufsetzen darf, warum Prometheus einst als Menschenfreund verehrt wurde – auf solche Symbolfragen fällt uns nicht gleich die rechte Antwort ein. Um nicht warten zu müssen, bis sie in ihrem Umfeld zur Sprache kommen, greifen wir an dieser Stelle schon ein wenig vor:

1. Warum schneiden wir Fische, Spargel, ja selbst Kartoffeln nicht mit dem Messer? Bei Fischen wird es am deutlichsten, daß in jedem scharfen Messer eine Waffe verborgen ist, denn man erfand eigens ein Fischmesser, stumpf und etwas abgerundet wie ein Skalpell. Nun, Fische kommen aus dem Wasser, einem ebenso weiblichen Bereich wie die »Mutter« Erde. Was, und sei es nur symbolisch, zur Frau gehört, das geht man nicht mit der Waffe an. Wenn man diese

Speisen schon zerkleinern muß, dann nicht mit einem scharfen, verletzenden Messer. Man richtet sie behutsamer zurecht, zerteilt Kartoffeln oder Rüben mit der Gabel. Für den »beißenden« Rettich bedarf es dieser Rücksicht nicht.

2. Warum kann es keine Clowninnen oder Zwerginnen geben? Weil der Clown die Tücke des Objekts vorführt, der er selbst immerzu zum Opfer fällt, während die Frau uns als Mutter das Urvertrauen in die Dinge beibringt – von der wärmenden, nährenden Brust angefangen –, die Tücken wegräumt und das Leben wohnlich macht. Sie könnte uns mit Weinen nie belustigen und darf zwar grotesk, aber niemals lächerlich gekleidet sein. Die Zwerge mit ihren langen Spitzbärten sind impotente, seelenlose, wenn auch fleißige Gesellen, die im Erdinnern Gold graben und ans Licht bringen. Es gibt keine Zwergenkinder. Die Frau kann nicht mit Symbolen der Unfruchtbarkeit identifiziert werden. Auch läßt ihre erdnahe Natur nicht zu, daß das innere Gold herausgeholt und draußen gehäuft wird.

3. Warum sind Hostien zwar rund oder gebrochen, aber nie drei- oder viereckig? Jede geometrische Figur hat ihre Bedeutung. Beim Kreis ist es die vollkommenste und heilste: keine Winkel, keine Knicke, keine Fronten, keine Schwächen. Er erinnert zuerst an die Sonne, dann an Blumen und Blüten. Wird die Hostie zerbrochen oder das geweihte Brot in Stücken gereicht, tritt brüderliches Teilen ins Bild. Das Dreieck besitzt eine mit Spannung aufgeladene, irgendwohin gerichtete, ruhelose Form, auch wenn sie als gleichseitiges Dreieck die Trinität symbolisieren soll. Das Viereck ist weiblicher Art, erinnert an verschlossene Räume und wirkt konstruiert.

4. Warum trägt der Äskulapstab eine Schlange? Im Gegensatz zu den zwei Schlangen am Stab des Merkur, der die Toten ins Jenseits und die Neugeborenen in die Welt führt, also das Lebensganze verantwortet, besitzen Arzt-, Apotheker- und Heilpraktikerembleme nur eine Schlange. Denn diese Berufe dürfen sich nur für das Heilen, Hilfe zum Leben, als zuständig erachten. Schlangen sind symbolisch immer Giftschlangen. Als Gegner des Todes verordnet der Arzt mit seinen Medikamenten das Gegengift gegen die Gifte des Todes. Der Befehlsstab (beim Apotheker windet sich die Schlange nur um einen Rührstock) geht auf Asklepios, den ersten Priesterarzt (nicht auf Hippokrates!) zurück, der, mit den Göttern im Bunde Herr über Leben und Tod war. Die persönliche Macht des Arztes bewirkt, daß auch ein Placebo heilt.

5. Warum konnte der »gerechte« Schächer nicht auf der linken Seite hängen? Weil sich damit die Negativwerte von »links« auf ihn

übertragen hätten. Links ist symbolisch die dämonische Seite, von der alles Übel kommt. Einst trugen die katholischen Priester beim Meßopfer als Schutz gegen die Gefährdung von links den sogenannten Manipel (vom Zweiten Vatikanischen Konzil abgeschafft). In den symbolischen Übertreibungen der frühen, vielfach magisch gestimmten Legenden, weigerten sich Heilige schon als Säuglinge, von der linken Brust zu trinken. Auf der Unheilseite hätte der rechte Schächer kein Heil finden können. Jesus muß auf Dreifaltigkeitsbildern symbol- und bibelgerecht »zur Rechten des Vaters« sitzen.

6. Warum sind Riesen dumm und Zwerge häufig heimtückisch? In allen Mythen und Märchen gelten die starken Riesen als dumm und deshalb leicht zu überlisten. Da die geistig-seelische Potenz des Menschen nicht durch mehr Knochen und Fleisch zu erhöhen ist, treiben sie einen zu großen körperlichen Aufwand. Im Verhältnis zu ihrer Größe steckt also zu wenig in ihnen. Bei den Zwergen ist es umgekehrt. Sie sind, gemessen an ihrer Winzigkeit, viel zu schlau, dem Menschen an Überlistungskunst also überlegen.

7. Gold, Weihrauch und Myrrhe, was sind das für Geschenke an einen Neugeborenen? Die Weisen aus dem Morgenlande wollten herausfinden, ob sie einen künftigen Priesterkönig (Weihrauch) oder Heilskönig (Myrrhentinktur, einst das wichtigste Heilmittel) oder einen Herrscher auf dem Thron (Gold) vor sich hatten, und testeten das Kind, nach welchen Symbolen es griffe. Die Bibel verschweigt, wie das Jesuskind reagierte, und beendet damit die Gültigkeit der Magie.

8. Warum darf ein Schweizergardist keine Maschinenpistole tragen? Natürlich wird der Papst, wo immer er auftritt, von einer bestausgerüsteten Leibwache geschützt. Die durch Treue und Opferbereitschaft bewährten Schweizergardisten beim Vatikan bilden mit ihren Hellebarden eigentlich nur einen symbolischen Schutz. Doch steckt in dieser malerischen Symbolik der Ruhm der Jahrhunderte – und die Kirche repräsentiert Jahrhunderte. Hinter Leibwächtern mit Maschinenpistolen stünde nichts mehr.

9. Warum kleiden sich wohlgewachsene, ja schöne junge Menschen als Punks oder schlampige Zigeunerinnen? Parallel zum Schwinden der patriarchalischen Lebensformen (des Jupiter) kommt ein weltläufig-nomadenhafter Zug in Mode. Eben gerade das Gegenteil von seßhaft, bürgerlich, verehelicht, berufsgebunden. Symbolisch ersetzen die »Feuerstühle« die einstigen Pferde, der Kleinwagen macht die jungen »Amazonen« mobil, die auch mit ihrer Kleidung zeigen, daß sie sich nicht mehr an den Blicken der Männer orientieren.

10. Warum verlor die Taube ihre Friedenssymbolik? Weil sie für militante Friedenskämpfer zu kraftlos, verspielt und verturtelt ist. Nur schön friedlich sein wie die lieben Tauben, verbürgt nichts mehr. Friedensverantwortung verlangt harten Einsatz. Ohnedies ist die Taube als Sinnbild des Hl. Geistes schon symbolisch besetzt, auch als im Krieg »dienende« Brieftaube. Die Friedenstaube: ein erlöschendes Symbol.

Die Ursymbole

Wer den verwegenen Versuch unternähme, die Quelle, den Ursprung noch einmal nach der Herkunft zu überprüfen, der geriete unmittelbar in den Bereich des Gestaltlosen, des Chaos, in dem es nach den Worten der Bibel »wüst und leer«, zugleich auch finster ist. Im Chaos könnte der Mensch, sofern er es überhaupt darin aushielte, mit seinem Wahrnehmungspotiential nichts anfangen. Er sähe nichts und hörte nichts, bekäme nichts mit den Händen zu fassen, denn das würde eine Gestalt voraussetzen. Auch seine Urteilskraft ginge ins Leere, er könnte sich weder begeistern noch ärgern, kurz, er befände sich in einem Zustand vollkommener Vergeblichkeit seiner selbst. Freilich wäre ein Chaos, in dem es Menschen gibt, schon keines mehr. Weil wir aber von den Gedanken einer Welt hinter den Quellen und Ursprüngen nicht loskommen, erheben wir sie in einen wahrnehmbaren Zustand, in dem zwar alles chaotisch durcheinanderpurzelt, wie es schon das hebräische Wort »tohuwabohu« lautmalerisch anzeigt, sich auch keiner zu orientieren vermag, weder räumlich noch geistig, der Mensch also mit den Kräften seiner Hände und seines Urteils ratlos dasteht. Zugleich verwenden wir das Wort für ähnliche Situationen, für den mörderischen Dschungel in tropischen Urwäldern etwa, oder für eine nach dem Erdbeben zusammengestürzte Stadt. Chaotisch heißen wir auch eine Versammlung, deren Teilnehmer wild durcheinanderbrüllen, oder gelegentlich den einzelnen Menschen selbst, wenn seine Äußerungen eine innere Verwirrung anzeigen.

Aber wie schon die Bibel das vorweltliche Chaos nur ein einziges Mal erwähnt, um dann sogleich mit dem Schöpfungsbericht zu beginnen, so erträgt auch der Mensch keinen langen Aufenthalt in chaotischen Zuständen, die ihn mit ständigen Fehlanzeigen oder Nichterfaßbarem nerven. Sein Verstand braucht Sinneseindrücke, die er verarbeiten kann; er will durchblicken und gliedern. Wo immer wir einem Chaos begegnen, regt sich in uns der Wunsch, es zu beseitigen. Es widert uns an, es muß weg.

Eben das ist der Grund, warum es sich trotz seiner imaginären

Unverwüstlichkeit nie in ein anschauliches Symbol verdichten ließ. Mochte es dem geborenen Aufräumer auch immer als eine Art Feindbild gedient haben, vor dem er sich zu ermannen pflegte, so besaß es keinerlei optische Gestalt. Also wich er, weil eine habhafte Vorstellung nun einmal nötig war, auf sich selbst aus, auf das Echo in ihm, die Unruhe, die das Chaos im Menschen auslöste. Und schon bald stiegen Figuren der Bewältigung auf, heroische Männer, die auf dramatische Art mit dem Chaos der Umwelt fertig wurden: die klassischen Drachentöter. Doch bis dahin war noch ein weiter Weg. Denn zuerst mußte sich der frühe Mensch selbst zurechtfinden. Und da die Wahrnehmung von Ähnlichkeiten – das Analogiedenken – aller wissenschaftlichen Anstrengung vorausgeht, bedurfte es nur eines Zeichens der Natur, vor dem der frühe Mensch die Einsicht gewann: Das bist du, so verhältst auch du dich.

SPIRALE – MÄANDER – LABYRINTH

Dieses natürliche Zeichen war die Spirale – tausendfach zu sehen bei Farnen, Schneckenhäusern, eingerollten Keimen und Knospen; auch bei Schlangen, ehe sie emporschnellten. Ob die Spirale sich eingeringelt oder aus der eigenen Enge ins Offene treibt, immer zeigt sie eine Dynamik an, sei es die des Zurückweichens, Sichschützens oder des mutigen Neuanfangs. Es geschieht etwas in ihr. Die *Doppelspirale* vereinigt beides, Angst und Befreiung, Flucht und frisches Wagnis. Sie ist das älteste Symbol des Menschen in seiner Preisgegebenheit an eine gefährlich wilde Umwelt. In allen Erdteilen anzutreffen, auf Höhlenwände gemalt, in Felsen geritzt, ein erster Versuch der Identitätsfindung, schon in der Steinzeit angestellt und heute noch gültig. Der Idee nach steckt in der Doppelspirale schon das spätere Mythologem des Sisyphus, das uns Albert Camus so unvergeßlich als Bild des Menschen interpretiert hat, im Blick auf seine prometheische Unverdrossenheit, das kaum zu Bewältigende immer wieder von neuem anzupacken.
Und so wie die Spirale als ältestes Symbol für den Menschen gilt, so steht das *Labyrinth* , das sie weiterentwickelte und vertiefte, als das früheste, bis heute nicht abgesunkene Existenzzeichen unserer Kultur. Beide Symbole blieben, nachdem sie einmal gefunden waren, für

immer unverlierbar. Man nahm sie aus den Höhlen und Unterschlupfen der Jägerzeit mit in die notdürftigen Bauten unter freiem Himmel. Nach dem Ende der Steinzeit wiederholten sie sich sowohl in der sakralen Architektur wie als Dekoration auf Gebrauchsgegenständen des Alltags, auf Waffen und Mischkrügen, als Zierde für festliche Kleider, bei der Herstellung von Schmuck, vorzugsweise bei Armbändern und Halsketten. Für das Auge geschaffen, waren sie zugleich als Anstoß zum Nachdenken gemeint, auch dann noch, wenn sie in der entschärften Serienform des Mäanders oder »laufenden Hundes« verwendet wurden. Wie vor Jahrtausenden dient das unvergängliche Zeichen unseren Designern für Modelle und Muster. Auf der Rätselseite jeder Zeitschrift begleitet es uns durch die Wochen. Selbst unser harmloses Fragezeichen deutet mit seiner spiraligen Form an, daß etwas Ungelöstes auf Antwort wartet.
Vielleicht darf man hier darauf hinweisen, daß an christlichen Altären oder auf liturgischen Gewändern weder Mäander noch »laufender Hund« anzutreffen sind. Eine dogmatisch geordnete Welt nimmt dem Menschen jegliche Verunsicherung und alle Fragen nach dem Lebenssinn ab. Wozu der Mensch »auf Erden« ist, das steht im Katechismus. In der Tat geriet einst jeder, der sich in die Signatur der Spirale versenkte, unweigerlich an das viel gefährlichere, auch tückische Labyrinth, das schon eine geradezu moderne Innenschau des Menschen anzeigt. So verstehen wir auch, daß die großen, nach Intarsienart in die Fußböden der Kathedralen eingelassenen Labyrinthe später alle wieder beseitigt wurden, mit Ausnahme von Chartres und einigen Resten in Reims. Sie würden die Kinder nur zu unfrommen Spielen verlocken, sagten die Domherren. Wer an der Hand der »Mutter Kirche« bleibt, gerät in kein Labyrinth. Es ist das falsche Zeichen für ein Gotteshaus.
Während die Spirale noch einen kleinen Einweg darstellt, der die Rückkehr verbürgt, wenn man sich nur genau an ihn hält, wartet das Labyrinth schon gleich nach dem Betreten mit Zweifel und Verunsicherung auf. Kaum hat man seine Bahn eingeschlagen, beginnen die Vergabelungen ohne Wegweiser, so daß man jedesmal auf gut Glück entscheiden muß. Nach jeder Wegscheide wächst die Unsicherheit: Der Pfad macht Kehren, führt, obgleich schon nahe am Ziel, plötzlich wieder zurück und dicht am Eingang vorbei. Umzukehren, um das Ganze mit mehr Scharfsinn noch einmal zu durchlaufen, hätte nun auch keinen Sinn mehr, weil andere Entscheidungen bei den Weggabeln nur neue Unsicherheit brächten. So wird das Labyrinth zum abgründigen Sinnbild des Lebens. Über die Jahrtausende hinweg bis

zur Rätselecke unserer Illustrierten blieb es das erste vom Menschen erdachte Symbol seiner selbst.

Und da man nicht vom Labyrinth sprechen kann, ohne wenigstens einen Blick auf die klassische Anlage von Knossos auf Kreta zu werfen, so sei auch die schon in der Frühzeit gewonnene Einsicht erwähnt, daß der Mensch, wenn sein Leben gelingen soll, trotz aller Tapferkeit auch der Hilfe von außen bedarf, sei es des Beistands der Götter, des schieren Glücks oder der inspiratorischen Liebe einer Frau. Bis zu Theseus galt das Labyrinth von Knossos nämlich als Todesfalle. Auch der größte Heros seiner Zeit wäre ein Opfer des Minotaurus geworden, hätte ihm nicht Ariadne den rettenden Faden mitgegeben. Ob das nun die dortige Königstochter oder Aphrodite selbst war oder irgendeine anonyme Verfügung des Glücks, ist Nebensache, denn die Situation wiederholt sich durch die Jahrtausende. Nur die Personen, von denen sie gehandhabt wird, lösen einander ab. Freilich waltet hier der Zwang des Gleichgewichts: Wo kein Wagnis und keine Mühsal im Spiel sind, bleibt die andere Seite stumm.

Nah verwandt mit Spirale und Labyrinth ist der *Mäander*. Die Griechen erhoben diese bedeutungsvolle Linie zu einem geradezu allgegenwärtigen Symbol, indem sie es als streng stilisiertes Ornament um alle Trinkschalen und Mischkrüge herumlaufen ließen, in Schmuckstücke und Waffen eingravierten, für Kleidersäume und Zierbänder verwendeten, ja sogar auf den Wänden der Mysterienräume, an den Giebeln und Metopen der Tempel wie auch am Szenarium der Amphitheater anbrachten. Dies alles, weil ihnen der Mäander nicht nur schön, sondern ein Gleichnis des natürlichen Lebens war.

Der Mäander ist zielstrebig angelegt, geradezu mit versteckten Absichten ausgestattet. Denn obwohl er als Linie immer wieder die Richtung verlassen muß, ja sich nahezu spiralig um sich selbst rollt, vergißt er die Richtung nicht, kehrt vielmehr immer wieder dorthin zurück, wo es weitergeht. Wird die Linie auch mehrfach geknickt, so reißt sie doch nicht ab – ebenfalls ein Gleichnis des Lebens, das auf ein Ziel zustrebt, aber immer wieder zu verzögernden Umwegen

Fortsetzung Seite 37

Albrecht Dürers »Melencolia« (Melancholie)

Der ebenso berühmte wie rätselvolle Kupferstich Dürers entstand 1514, kurz nach dem Tod seiner Mutter. Es ist schon bald entdeckt worden, daß der Künstler ihren Todestag in das Magische Quadrat rechts über dem meditierenden »Engel« hineingeheimnist hat. Dürers Mutter war am 17. 5. 1514 gestorben. Das Todesjahr wird in der untersten Zahlenreihe durch die beiden Mittelfelder gebildet. Aus 4 + 1, die in dieser Reihe noch übrigbleiben, ergibt sich 5, der

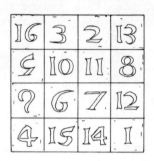

Todesmonat. Die Diagonalen der über 1514 liegenden Mittelfelder, als 7 + 10 oder 6 + 11, liefern den Todestag, den 17. Der Verlust der ihm sehr nahestehenden Mutter muß den Künstler tief erschüttert haben. Wie wenn er sich in einem Akt der Selbstheilung von lähmender Niedergeschlagenheit befreien wollte, schuf Dürer dieses Bild, das in Wahrheit den verschlüsselten Titel »Fort mit der Melancholie!« trägt. Links oben nämlich zieht eine Fledermaus, das klassische Tier der Dämmerung (des Dämmerzustandes tatenlosen Trübsinns), ihren Namen »Melencolia" (ohne das helle a!) links hinaus, also in die Vergangenheit. Diese Vertreibung erfolgt unter einem Regenbogen (der trotz aller atmosphärischen Düsternis anzeigt, daß noch irgendwo die Sonne scheinen muß), zugleich im Strahlenwinkel eines geheimnisvoll aufleuchtenden Sterns. Es fällt auf, daß die Schenkel dieses rechten Winkels der Fledermaus alle andern Wege, außer dem nach links, verstellen. Das Leben geht weiter, heißt das; auch die unbeirrt weiterrieselnde Sanduhr zeigt es an. Und daß die Welt im Lot geblieben ist, sieht man am waagrechten Balken der an der Turmwand hängenden Waage. Übrigens zeigt die Glocke über dem Magischen Quadrat an, daß einst jedem die Stunde schlägt; es bräuchte nur eine Hand außerhalb des Bildes (also eine verborgene Kraft) an ihrem Seil zu ziehen.

Inzwischen aber heißt es: arbeiten! Das Feuer unter dem Tiegel der Läuterung links neben dem behauenen Stein brennt weiter; es gibt keinen Stillstand. Dieser Stein, das auffälligste Requisit auf dem Bilde, ist das Sinnbild des Menschen, der gebildet und geformt, aber kein Einheitsquader werden soll. »Wir werden erzogen, bilden müssen wir uns selbst« – das Wort Ernst Jüngers (»Sinn und Bedeutung«) zeigt, parallel zu Dürers Weisungsbild gegen melancholische Resignation, daß wir keine austauschbare Normalfigur, kein »Backstein«

zu werden, sondern die uns entsprechende individuelle Gestalt aus uns herauszuholen haben. Die unaufgeräumt herumliegenden, also wohl weggeworfenen Werkzeuge (Meßleiste, Hobel, Hammer, Säge, Nägel) mitsamt der Kugel, die, da sie beziehungslos am Boden liegt, nichts Erhabenes, sondern nur noch Zufall, Willkür, Glück oder Pech symbolisiert; ja sogar das ohnedies abgemagerte, in Schwäche zusammengekauerte Tier, hinter dem die animalischen und emotionalen Ansprüche stehn, das alles zählt jetzt nicht mehr. Konzentrierte Arbeit, aber eine Oktav höher, ist nun fällig. Und mit einem Mal wissen wir: Das ist gar kein Engel, sondern ein Mensch, der Mensch, in dem es arbeitet, der Widersprüche und Fragen der inneren Existenz auszutragen hat, nach dem Sinn des Lebens und einer höheren Berufung sucht. Daher die Flügel, aber auch die abgelegten Werkzeuge der Geschäftigkeit. »Was soll's?« mag das heißen. Ich muß wissen, worauf es ankommt, den richtigen Ansatzpunkt finden, was mit dem Zirkel in der Hand angedeutet ist, der den Punkt zu fixieren hat, sobald er in der geradezu knisternden Gedankenarbeit gefunden ist. Widerstand gegen lähmende Melancholie zeigen auch die nicht wie die Handwerkszeuge abgelegten Hausschlüssel und die Geldbörse an: Das Leben darf nicht verwahrlosen, sondern muß in Form gehalten, die Besitzstände verwaltet werden. Noch steht die siebensprossige Leiter für den immer wieder zu unternehmenden Ausstieg aus der banalen Umwelt am Turm.
Melancholia – keine esoterische Einweihung in Lebensbezirke, die dem Durchschnittsmenschen verschlossen sind, sondern symbolische Erhellung jener Stunden, die jeder immer wieder absolvieren muß, wenn er weiterkommen will.

gezwungen ist. Die Ursachen bleiben dabei gleichgültig, denn der Mensch erfährt nicht nur Widerstände von außen, als ein »konfliktgeladenes Wesen« erträgt er nur schwer die Monotonie einer immer gleichen Richtung. Wo sich die Linie einwärts wendet, sind jene Stationen markiert, auf denen er sich selbst begegnet, ja begegnen muß, damit er die naive Gewohnheit ablegt, für alle Verzögerungen die Schuld nur außerhalb seiner selbst oder bei anderen zu suchen, überhaupt immer nach Schuld und sie nach Ursachen zu fragen.

Zum Ornament wird der Mäander erst durch die regelmäßige Wiederholung der Windungen; auch dies ist von gleichnishafter Bedeutung, denn wir werden unser selbst nur aus jenen Ereignissen gewahr, die in Variationen immer wieder eintreffen und damit anzeigen, was uns wesenhaft zugehört, oder was trotz aller Mühe nicht zu realisieren ist. Wiederholungen haben auch etwas Tröstliches; sie schützen uns vor Verzagtheit oder Panik, denn labyrinthische Umstände, aus denen wir schon oft wieder heraus fanden, verlieren ihre lähmende Macht. Um eine Selbsterfahrung reicher, dürfen wir den alten Weg fortsetzen. Übrigens geht es hier niemandem besser. In einem der bezauberndsten Bücher unserer Zeit, »Der kleine Prinz« von Antoine de Saint-Exupéry, legt der Autor dem weisen Knaben das Wort in den Mund: »Geradeaus kann man nicht sehr weit gehen.« Gewiß, er sagt das im Blick auf den Asteroiden, den wenig ausgedehnten Stern, auf dem sich der kleine Prinz gerade aufhält. Aber Saint-Exupéry weiß sehr wohl, daß jedes Einzelleben einem solchen Mini-Kosmos gleicht, der zwar alle Gesetze des Ganzen enthält und ihnen folgen muß, aber unentwegt seine engen Grenzen zeigt, die ihn freilich auch zur Heimat machen. Wir erfahren sie schmerzlich oder bedrückt in den Windungen des Mäander. Im Erfahrungssatz des kleinen Prinzen, daß man geradeaus nicht sehr weit komme, klingt auch die uralte chinesische Weisheit vom Aufeinanderwirken des Yin und Yang an. Nach ihr kann dem Menschen das Leben nur dann gelingen, wenn er nicht müde wird, diese beiden Grundmächte des Dunklen, Traumhaften und des Klaren, Eindeutigen, Passiven und der Aktion zu realisieren. Das Yang kommt auf dich zu und weckt in dir, mag es dir wohl oder weh tun, das passive Yin. Reagierst du nicht, so versäumst du eine Gelegenheit zur Wandlung, denn schon mit der Antwort wärst du selbst Yang geworden, hättest etwas Neues aus dir gemacht, eine Melodie geweckt, die von selbst nie aufgeklungen wäre. Selbstentdeckung kann keinem gelingen, der sich unansprechbar, besessen und blind verhält. Alle, die, in ihre Marschrichtung vernarrt, an den undurchschaubaren Stationen des Lebens vorbeieilen, versäumen schließlich sich selbst. Vielleicht erreichen sie dennoch ihr Ziel, aber dann mit leerer Seele und blind gewordenen Augen, oder »zeitgemäß« ausgedrückt: frustriert, neurotisch. Denn sie mußten mit der seelischen Ausrüstung infantiler Stufen die harte Umwelt der Erwachsenen bestehen. Zu spät entdecken sie, daß eigentlich der Weg mit seinen unvermeidbaren Richtungsänderungen das Ziel war – der im Mäander symbolisierte Lauf der Umwege. Die Selbstbegegnungen in seinen Windungen schlagen immer in einen Gegenlauf frischgefundener Stärke um. Mögen wir von der Umwelt noch so oft gestört und in Dienst genommen werden, so ergibt sich daraus doch meist eine neue Einsicht, wer wir sind und wer wir nicht sind.

Daß wir in diesem Mitmachen oder Widerstehen nicht kneifen, macht jene Unverdrossenheit aus, die Albert Camus am Beispiel des Sisyphus rühmt. Dieser unsterbliche Büßer, der nie verzagt, den heruntergerollten Felsen wieder hinaufzuschaffen, wird deshalb exemplarisch, weil er, wenngleich ein Bewohner der Unterwelt, im Neuanfang immer wieder sich selbst erleben kann. Ließe er den Stein liegen, so wäre es auch mit ihm aus. Ob er auch stöhnt oder flucht, er lebt intensiver als die verdrossen klagenden Schatten um ihn her. (Siehe auch »der Clown« S. 241)

Leicht ließen sich die Querverweise vom Bild des Mäander zu weiteren Kultur- und Denkbereichen fortführen, zu der Symbolik der Kelten etwa mit ihren vielfältigen Prüf- und Auferstehungsmotiven, zur indischen Daseinsdeutung, ebenso zur Lebensweisheit des Alten Testaments, wo eindeutig der als auserwählt gilt, der durch die Feuer der Läuterung geschickt wird. Denn des Menschen Los ist es, den Mächten ausgesetzt zu sein und hinnehmen zu müssen, was sie ihm bringen, Glück oder Verhängnis. Sie können ihn hoch hinaufheben oder ihn zu Fall bringen, ohne seiner Schmerzen zu achten. Ödipus weiß nicht, wen er tötet oder wen er heiratet; Antigone begeht aus ihrem Grundsatz »Nicht mitzuhassen, mitzulieben bin ich da« ein Staatsverbrechen. Orest entgeht der Todesstrafe nur, weil eine Gottheit ihre Stimme in die Waagschale wirft. Aber das eben ist es: Ödipus ohne seine Katastrophen, etwa als gesund und fröhlich alternder Hirte, der er zuvor war, verlöre seine Beispielhaftigkeit für die tragische Existenz des Menschen. Das Leben wäre zwar nicht verfehlt, aber versäumt; er wäre nicht Ödipus geworden. Nicht wegen der erschlagenen Feinde wurde Odysseus zur Leitfigur der frühen Griechen, sondern durch seine Leiden und Bedrängnisse, aus denen er immer wieder herausfand.

Es wird keinen unter uns geben, der nicht die schicksalhaften Wendungen im Mäander seines Lebens für das Stärkste hielt, einmal weil er darin sich selbst begegnete, dann aber weil sich der neue Anlauf als schöpferische Potenz erwies. Im Rückblick waren die Umwege, wenn sie uns auch vergrämten, durch Irrtum oder Schuld führten, dann doch die kürzesten Wege.

SYMBOLE DER EVANGELISTEN

Die vier Zeichen, die den Autoren der Evangelien zugeordnet sind, zählen zu jenen Symbolen, die als eine geschlossene Gruppe Kleinodcharakter besitzen. Das bedeutet: Man kann ihren Rang weder durch Zusätze erhöhen noch durch Auslassungen mindern. Man darf überhaupt nichts ändern, sonst zerstört man das Ganze. Keinerlei Willkür ist zugelassen, alles bleibt verbindlich, sowohl die Vierzahl als auch die Reihenfolge. Denn so wie man die Evangelisten nicht nach Belieben aufzählen kann, sondern mit Matthäus anzufangen und nach Markus und Lukas mit Johannes zu schließen hat, so heißt ihre Symbolgruppe ordnungsgemäß: Engel – Löwe – Stier – Adler. In dieser Reihenfolge gehören die Zeichen zum geistigen Urbesitz der Menschheit.
Zwar wird sich jeder, der an die Attribute der christlichen Heiligendarstellung denkt, daran erinnern, daß diese Symbole gleichfalls verwendet werden, um Heilige zu identifizieren. St. Leonhard zum Beispiel ist oft zusammen mit einem Stier oder Ochsen dargestellt, der Löwe sitzt bei Hieronymus im Gehäuse, den Engel der Inspiration sieht man gelegentlich auf Bildern des »doctor angelicus« oder bei Heiligen, die in besonders naher Beziehung zu ihrem Schutzengel standen. Der Adler ist als Genosse von Einsiedlern bekannt, die er mit Brot versorgt, ebenso als Wächter über heiligen Leichnamen.
Doch kann hier von keiner zwingenden Vierergruppe, auf die es durchaus ankommt, die Rede sein, wie ja auch ein Attribut schon dem Rang nach nicht mit einem Symbol zu verwechseln ist. Es steht sogar noch unter dem Sinnbild, also an jener Stelle, an der die Zeichen nur einen Hinweis an die Person zu liefern haben, zu der sie gehören. Zwei Heiligenfiguren, von denen die erste mit einem Schwert, die andere mit Schlüsseln ausgestattet ist, lassen sofort erkennen, daß

mit ihnen Paulus und Petrus gemeint sind. Schwert und Schlüssel für sich allein reichen aber nicht aus, um als Symbolgruppe gedeutet zu werden; sie sind als Attribute an die Person gebunden. Anders ist es bei Engel, Löwe, Stier und Adler. Obwohl sie fast immer allein gezeigt werden, weiß jeder Kundige, was mit ihnen gemeint ist.
Für so bedeutungsvolle Zeichen, die in archaische Frühzeit zurückreichen, wird auch die Umgebung wichtig, in die sie vom Künstler als Zeichen innerer Zusammengehörigkeit gesetzt werden. Die Evangelistensymbole sind ausschließlich dort zu finden, wo die Ganzheit, die Geschlossenheit der Schöpfung, insbesondere der religiös erfüllte Kosmos anklingen soll. An Kanzeln, mittelalterlichen oder wieder modernen Evangelarien, auch auf Meßbüchern ist mit ihnen im Nacheinander des Kirchenjahrs das gesamte Glaubens- und Verkündungsbuch gemeint. Seit dem vierten Jahrhundert bildet diese Vierergruppe einen festen Bestandteil der christlichen Kunst, und von Anfang war ihr Platz entweder am Thron Gottes oder in der unmittelbaren Nähe von Christus dem Weltenrichter. An kaum einem romanischen Kathedralentor wird auf sie verzichtet. Sie sind übers Kreuz angeordnet, und zwar genau so, daß die Verbindungslinie Engel – Löwe die andere, Stier – Adler, senkrecht schneidet. Wo also diese vier Zeichen auftreten, ist Weltganzes gemeint, und wir geraten jedesmal unter den Druck von Ahnungen, als handle es sich hier gar nicht um die schlichten Evangelien, also um vier Teile der Offenbarung, von denen einer engelhaften, ein anderer stier-, löwen-, oder adlerartigen Charakter besitze. Völlig rätselhaft wird aber, warum gerade diese vier Gestalten zusammengenommen das Weltall symbolisieren sollen, zumal doch die Evangelien alle miteinander nur einen kleinen Bestandteil des Heiligen Buches ausmachen und sich, soweit man von Synoptikern spricht, nicht so markant voneinander unterscheiden, daß man zu ihrer Versinnbildlichung so ganz und gar konträre Zeichen bräuchte. Obendrein wird niemand verstehen, wie für Friedenstexte und eine Botschaft der Liebe ausgerechnet zwei Raubtiere gewählt wurden, die bekanntlich zu den bevorzugten Wappentieren weltlicher Herrschaft zählen. Eine Botschaft vom Reich, das nicht von dieser Welt ist, wird mit »Löwe« oder »Adler« zum mindesten anstößig symbolisiert.
Hier steckt offenkundig ein symbolisches Geheimnis, das einst nur die Eingeweihten verstanden, aber zugunsten volkstümlicher Erklärungen für sich behielten.
Sowohl die Vision des Ezechiel als auch die apokalyptische Schau des Johannes bringt die vier Zeichen in unmittelbare Nähe des Allerhöch-

Matthäus   *Markus*
Lukas   *Johannes*

sten. Sie sind Himmelszeichen, Markierungen der astralen Welt und wurden später auf die Evangelien übertragen, aber an diesen Stellen mit neuen Motivierungen ausgestattet, die ihre Herkunft verdecken sollten, um nicht alteingesessenem astrologischen Aberglauben Vorschub zu leisten. Die zeichenhaft ausgiebigen und deshalb dem Künstler hochwillkommenen Bilder erhielten in neu erdachten Patronaten einen Hintergrund, der zwar etwas erkünstelt wirkte, sich aber als so dauerhaft erwies, daß er noch heute in Sammelwerken der christlichen Symbolik als verbindlich zitiert wird, obwohl die Symbolwissenschaft über die wahre Herkunft nicht den geringsten Zweifel bestehen läßt.

Immerhin befinden sich unter den Autoren dieser volkstümlichen Erklärungen, die also vom stierhaften, engel-, löwen-, und adlerartigen Charakter der einzelnen Evangelien sprechen, so erlauchte Namen wie Hieronymus und Thomas von Aquin. Der Aquinate – sonst die Nüchternheit selbst – wird in der Einleitung zum Johannes-

kommentar mit einem Mal pathetisch, wenn er erklärt, Johannes schwinge sich wie ein Adler über die Nebel menschlichen Unvermögens hinaus und blicke, aufschauend mit dem standhaften »Auge seines Herzens« in das Licht der unwandelbaren Wahrheit. Ich muß es für kritische Stilisten wiederholen, es ist Thomas von Aquin, der hier zitiert wurde. Im übrigen sollte es uns doch stutzig machen, daß die genaue Reihenfolge bei Ezechiel ausgerechnet mit jener Zitierung der Evangelien übereinstimmt, die sich aus der einst vermuteten Reihenfolge ihrer Entstehung ergab. Inzwischen weiß man, daß nicht Matthäus, sondern Markus das erste Evangelium schrieb.
Nein, hinter diesen Symbolen steht ein Urerbe so ehrwürdiger Art, daß auch die christliche Ära es für unverzichtbar hielt. Engel, Löwe, Stier und Adler sind keine Allegorien wie der Hirsch an der Wasserquelle und der Pelikan, der sich angeblich seine Brust aufreißt, noch weniger Dekorationen, deren Verwendung im Belieben der Maler steht, und schon gar nicht Attribute üblicher Art. Zu Matthäus gehört nicht deshalb der Engel oder der Mensch, weil er, wie es heißt, Christi Stammbaum herleitet, obendrein noch den zu Joseph, der die Vaterschaft Christi gar nicht zu beanspruchen hat. So viele Lexika das auch nacheinander übernahmen, es wurde darum nicht richtiger. Und was sollen wir dazu sagen, daß in Erklärungen, die sich sonst ernsthaft geben, behauptet wird, der Evangelist Markus sei mit dem Stier ausgezeichnet, weil er »ebenso zäh und ausdauernd wie das Rind« seinen Bericht gegeben habe. Im Vergleich zu ihm wirke dann Lukas eher feurig und gewaltig, ja unbezwingbar wie ein Löwe. (Lexikon für Theologie und Kirche, Stichwort »Evangelistensymbole«; Dorothea Forstner, Die Welt der Symbole, Innsbruck 1967; Photina Rech, Inbild des Kosmos – Eine Symbolik der Schöpfung, Salzburg 1966, 2 Bände. – In Josef A. Jungmann und Ekkart Sauser, Symbolik der katholischen Kirche, Stuttgart 1966, 2 Bände, werden diese Analogien nicht mehr als verbindlich wiederholt.) Mit solchen Notbehelfen ad usum delphini ist niemandem gedient. Die Übernahme der Urzeichen im Jahrhundert nach Konstantin bedeutet das über den Tierkreis geschlagene Segenskreuz als Überwindung des astralen Aberglaubens. Es war ernst gemeint und bleibt dies bis zum heutigen Tage. Es kann keine Rede davon sein, daß die Zeichen der Evangelisten nur allegorische Bedeutung hätten. Wie sollte der Leser beim Anblick eines Stieres, dieses seit vier Jahrtausenden überlieferten, mit Kraft und Fruchtbarkeit überladenen Frühlingssymbols, an Lukas, den freundlichen Erinnerer der Kindheitsgeschichte Jesu erinnert werden!

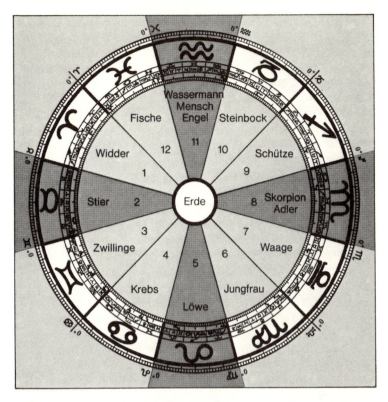

Nun sind wir hinreichend vorbereitet, den Ursprung der sogenannten Evangelistensymbole zu erklären. Daß sich die Vision des Propheten Ezechiel auf mesopotamische, also chaldäische Vorbilder bezieht, ist allgemein bekannt, ebenso daß sie für die Schau des Johannes als Muster gedient hat. (Ezechiel 1,10: »Ihre Gesichter aber sahen also aus: Ein Menschengesicht und ein Löwengesicht zur Rechten hatte jedes von den Vieren, ein Stiergesicht zur Linken jedes von den Vieren und ein Adlergesicht jedes von den Vieren.«) Engel, Löwe, Stier und Adler sind nichts anderes als die vier Eckpfeiler des Tierkreises. Wir haben nur anzumerken, daß Mensch oder Engel ein Austauschbild des Wassermanns und der Adler eine optische Variation des später allgemein gebräuchlichen Skorpions bilden. Die Tierkreisfigurationen an den Domportalen oder zur Mandorla gruppiert, die einen Rahmen für den Weltenrichter ausmacht, ja die unveränderliche Reihenfolge in allen unseren Kalendern belehren uns, daß die Verbindungslinie vom Wassermann im Februar zum Löwen im

August sich im rechten Winkel mit der anderen vom Stier im Mai zum Skorpion im November kreuzt. Hinter den Tierkreisbildern, die für sich allein schon ein erhabenes Schaumaterial liefern, stehen also auch die vier Jahreszeiten, ja man liest ohne Schwierigkeit ebenso die vier Elemente heraus, aus denen sich nach alter Lehre die Welt aufbaut.

Weder im Alten Testament galt es einst für unwürdig, die vier Eckpfeiler des Tierkreises als Thronwacht für den Herren des Himmels und der Erde anzusehen, noch empfand es das nachheidnische Christentum als anrüchig, ihre wechselweise Zuordnung als ein geheimnisvolles Kreuz der Schöpfung zu deuten. In verborgener Prophetie war es dann bereits bei Erschaffung der Welt angelegt worden. Schon einige Kirchenväter haben erkannt, wie wichtig es ist, zwischen den Symbolen des Chistentums und dem Symbolgemeingut der Menschheit eine Entsprechung zu zeigen, die jedem einleuchtet. Das Evangelium zerstörte die vor- oder außerchristlichen Symbolwerte keineswegs, sondern füllte sie mit anderen Inhalten. Genau besehen verwandelte es den alten Symbolgehalt in eine neue Offenbarung, die sich als zeitlich und räumlich entgrenzt erwies.

Solche Weltoffenheit gilt für uns Heutige wieder als ein Gebot der inneren Existenz.

Das Achsenkreuz der vier Weltecken, zugleich ein Segenszeichen über die heidnisch-magische Vorwelt, tauchte für eine bestimmte Epoche der Kunstgeschichte noch einmal im Kreuznimbus auf, der in der Ikonographie ausschließlich Jesus vorbehalten wurde. Sind auf Bildern oder Plastiken noch andere heilige Gestalten um den Herrn geschart, so erhalten sie zwar den ihnen gebührenden Heiligenschein, aber nie das Kreuz darin. Insbesondere die romanische orthodoxe Ikonenkunst hielt sich streng an solche Unterscheidungen.

Die Symbole der Evangelisten, aus den Eckpunkten des Tierkreises abgelesen, zwingen uns also nicht, nach engel- oder löwen-, stier- oder adlerhaften Elementen ihres Stils zu suchen. Die Frohbotschaft als Ganzes zeigt das neue Antlitz der Welt. Da diese Urzeichen von kräftiger Anschaulichkeit sind, begegnet uns ihre Darstellung vielfach in mittelalterlichen Miniaturen und Goldschmiedearbeiten, in den Vierungen der Kathedralen, als Schlußsteine in Netzgewölben, über Portalen, auf Säulenkapitellen, Konsolen, an Altären, Predellen oder Reliquiaren. Sie sind immer am rechten Platz, wo die Einheit des Glaubens gezeigt werden soll. Sie gründen den Weltbezug. Auch Dante schirrte sie bekanntlich an den Wagen der Kirche, und in dem berühmten »Hortus deliciarum« der Elsässerin Herrad von Landsperg reitet die als siegreiche Frau allegorisierte Kirche auf einem Tier, das die vier Symbole mit Köpfen emporhebt und sich mit vier verschiedenen Beinen fortbewegt.

Wie es so oft mit altem religiösen Vorstellungsgut ging, wanderten die Evangelistensymbole ebenfalls aus dem sakralen Bereich in unkontrollierte weltliche Bezirke hinaus. Wie der Konditor Osterlämmchen feilbietet und unter den Backmodeln der Weihnachtszeit der Stern von Betlehem nicht fehlen darf, so finden wir die Symbole der Evangelisten in den Wirtshausschildern wieder. Der »Engel«, der »Löwe«, der »Ochse(n)«, der »Adler« sind nicht nur die häufigsten, sondern auch immer die ersten Wirtshausnamen eines Ortes. Löwen-, Ochsen- und Adlerbrauereien gab es bis vor kurzem noch allenthalben.

Es ist nicht schwierig, den alten Zeichen, die nicht nur Weltecken, sondern auch die Kraftecken des Universums vorstellen, noch in den banalsten Bezirken ihre außerordentliche Herkunft anzumerken. Von der Kirche zum Wirtshaus besteht, wie jeder weiß, ein bestimmtes Gefälle, dem eine innere Beziehung entspricht. Im Mittelalter hat man diesen Bezug oft als exakten Gegensatz empfunden und auch dargestellt. Dort die Kirche als Haus des Herrn – hier der Bereich des Versuchers, der zum Würfelspiel, zum Trinken, zur Rauferei anstiftet. Dort der streng ritualisierte morgendliche Gottesdienst – hier das ausgelassene nächtliche Zechgelage mit Tanz und Lustbarkeit.

Kirche und Wirtshaus stehen freilich auch in einem ergänzenden Zusammenhang. Erst beide miteinander machen das volle Leben aus. Ein Dichter kann sich nicht verräterischer charakterisieren als durch die Schilderung eines Wirtshauses. Da haben wir im Gegenspiel zu den Höllenmalereien, in denen es von Säufern, Messerstechern, enthemmten oder verzweifelten Frauen nur so wimmelt, auch jenes

Milieu erhobener Lebensseligkeit, auf das die Worte von Johann Peter Hebel passen: »E freudigs Stündli – ischs nit e Fündli.« Nicht allein die Musikkapelle, die am Festmorgen im Hochamt spielte, will sich nun am Nachmittag oder Abend auch von ihrer gelösten Seite zeigen. Bürgerliche und geistliche Feiern – hoher Besuch, Jubiläum, Hochzeit, Kindstaufe – finden in der gebotenen Reihenfolge an ebenfalls beiden Orten statt. Es wird deshalb auch kein Zufall sein, daß in der Häufigkeitsskala der Wirtshausnamen nach den vier Evangelistensymbolen weitere Sakralzeichen folgen, die besonders in traditionsgebundenen Dörfern in der Kirche als Allegorien oder Attribute von Heiligen der Anschauung dienen: Lamm, Taube, Schlüssel, Pelikan, Hirsch, Kreuz...

Das Wirtshaus ist wie die Kirche ein Stück öffentlicher Welt der Erwachsenen. Hier, wo eigentlich Kraft geweckt werden soll, Wasser zu trinken, galt vor der Coca-Cola-Epoche als schändlich und wurde mit manchem Trinklied verpönt. Der Zecher nimmt geistige, das Lebensgefühl erhöhende und verwandelnde Getränke zu sich, die auch über die Politik hinaus in welthafte Zusammenhänge entführen.

DIE SIEBENTAGEWOCHE

Auch die Woche besitzt die Eigenschaften des Kleinods, d. h., man kann sie nicht verändern, weder kürzen noch verlängern, ohne sie zu zerstören. Als ein organisches Ganzes liefert sie das Modell unserer seelischen Aussteuer. Denn sowohl an ihren Teilen wie an der Summe ihrer Tage läßt sich ablesen, wie es mit unserem inneren

Haushalt bestellt ist. Zugleich bildet die Siebentagewoche mit ihren Gestaltkreisen (Sonntag-Montag = Yin und Yang) und ihren Brükken Montag-Donnerstag, Dienstag-Freitag, Mittwoch-Samstag das älteste und eindeutigste Symbol für jegliches Menschentum. Große Worte, die freilich durch die Überprüfung nur noch erhöht werden.
Es hat seinen guten Grund, daß die Wochentage nicht einfach numeriert sind wie die des Monats, sondern jeweils einen eigenen Namen besitzen. Wer den Alten, die sie benannt haben, ein wenig Menschenkenntnis zutraut, wird weder über die Reihenfolge erstaunt sein, noch darüber, daß es gerade sieben sind. Zwar fehlte es in der Geschichte nicht an Versuchen, eine künstliche Zeiteinheit zu erzwingen. So führte die Französische Revolution aus dem rein rationalen Prinzip des Dezimalsystems und einem unbedachten Affront gegen die Bibel für eine Weile die Zehntagewoche ein. Die Russische Revolution von 1918 tat es ihr nach, schon um eine größere Arbeitsleistung zu erzwingen. Aber alle diese Experimente wurden alsbald wieder annulliert, weil sich der Rhythmus des Aufhörens und Neuanfangens keiner Willkür beugt, vielmehr mit seinen sieben Takten in unsere Natur eingesenkt ist. Dabei kann der Ruhetag durchaus variabel bleiben, auf den Sonntag fallen, wie im christlichen Kulturbereich, auf den Freitag, wie bei den Moslems, oder auf den ursprünglichen, den Sabbat der Juden. Sieben müssen es eben sein, die authentische Lebenszahl, wo immer wir auch mit dem Zählen beginnen und aufhören.
Schon der frühe Mensch beobachtete, daß bei aller Verschiedenheit seiner Artgenossen gewisse Charakterzüge immer wiederkehrten, als wären sie von verborgenen Mustern abgezogen. Aus all den endlosen Variationen des Seelengefüges schimmerten sieben ausgeprägte Grundelemente hindurch, die freilich bei jedem mit anderen Gewichten verteilt waren. Und von Anfang an war leicht zu erkennen, daß bei markanten Naturen ein einziger dieser Wesenszüge als vorherrschend auftrat, obgleich die sechs übrigen nicht fehlen durften, wenigstens in Ansätzen wahrnehmbar sein mußten, wenn der Betroffene nicht als Seelenkrüppel am Leben scheitern sollte. In diesen immer wieder angetroffenen Bauteilen der Seele fand man die erste Handhabe, den verschwommenen Lebensstoff zu gliedern, Wesentliches von Unwesentlichem zu trennen, und gab ihnen deshalb schon früh besondere Namen. Nicht, was man am Menschen in eigener Regie verändern konnte, erregte also die Suchenden zuerst, sondern diese psychischen Urelemente, die sich weder wie übliche Erbeigenschaften durch gezielte Paarung manipulieren ließen, noch

durch Erziehung oder sozialen Druck zu beseitigen waren. Jedes Kind mußte mit der überraschenden oder enttäuschenden seelischen Ausstattung angenommen werden, die es ins Leben einbrachte. Man konnte sie brach liegenlassen oder behutsam entwickeln, aber nicht verändern, ohne Schaden anzurichten. Da gab es etwa Leute, die sich lebhaft und vergnügt mit den anderen austauschten, denn sie waren von Natur aus gesellig, mitteilsam, auch flink und neugierig. Am wohlsten fühlten sie sich unterwegs, wo sie vergleichsfreudig alles zur Kenntnis nahmen, was sie antrafen. Ihnen entging nichts, sie waren vorzüglich informiert.

Anderen wiederum gefiel es am besten, wenn sie allein waren. In sich gekehrt, kontaktscheu und schwerfällig, mißtrauten sie allem Neuen, galten deshalb als Sonderlinge, ewige Zögerer und Grübler. Sie selbst litten aber durchaus nicht unter dieser Rolle, sondern taten die übrigen als zu umtriebig und oberflächlich ab. Gemessen an ihrer Vorsicht, liefen diese allzu leicht in die Irre, ließen es an Konzentration mangeln und verstanden von Hintergründen und verborgenen Zusammenhängen rein gar nichts.

Das waren nun zwei solcher Grundmuster, aber schon bei diesen beiden konnte man aus dem einen Menschen nie den anderen machen, weder durch pädagogische noch durch religiöse Mittel und schon gar nicht durch Zwang, Angsteinjagen oder mit rigoros verordneten Gegenvorbildern. Versuchte man es dennoch, so kam ein verqueres, unglückliches Leben heraus. Die seelische Anlage ertrug keine Gewalt. Leicht war auch zu erfahren, daß diese beiden Dominanten überall angetroffen wurden, bei Bettlern und Königen, Straßenräubern und Lehrern, bei Männern wie bei Frauen, ob diese nun dem jungfräulichen-amazonischen oder dem Muttertyp angehörten. Barbarisch wilde Völkerschaften, denen man zum ersten Mal begegnete, warteten mit diesen typischen Eigenschaften ebenso auf wie die wenigen Farbigen, mit denen man zusammenlebte.

Am aufregendsten blieb jedoch, daß diese permanent wiederkehrenden Charakterzüge, von deren Siebenzahl wir bisher also erst zwei kennen, sich nicht um Tod oder Vergänglichkeit kümmerten, sondern in ungebrochener Frische als offenbar unsterbliche Konstanten in jedes Leben einzogen. Sie gehörten zum inneren Bauplan des Menschen, arbeiteten aber hinter der Natur aus einer uns unzugänglichen Tiefe heraus. Obendrein verblüffte auch ihre von Wünschen unbeirrbare Freiheit, mit der sie sich hergaben oder verweigerten, wie es ihnen beliebte. Einmal verteilten sie sich gleichmäßig, was einen harmonischen, jedoch unprofilierten Charakter ergab, dann wieder in

einer Mischung von kaum erträglicher Überfülle des einen Elements und äußerster Sparsamkeit der restlichen Elemente. Wer, um bei unseren Beispielen zu bleiben, vor lauter Abwechslung und Wendigkeit nie zum Nachdenken kam, tat sich im Leben ebenso schwer wie der einsame Grübler, der sich nicht mitteilen konnte. Kein Wunder, daß man diesen in der Tiefe des Weltgrunds beheimateten, die Natur und das Dasein nobilitierenden Ausstattungskräften alsbald Ehrfurcht entgegenbrachte. Ehrfurcht, nicht bloßen Respekt, denn es kam auch die Dankbarkeit für ihr unleugbar wohltätiges Wirken hinzu. War der Mensch auch ihrer Willkür ausgeliefert, so machten doch sie erst das Leben reich und vielfältig und hoben ihn über die übrige Natur hinaus. Ihm oblag es nur, das Geheimnis ihrer Mischung zu ergründen, um mit ihr seine Indentität zu finden.
Einen Gegenstand der Ehrfurcht konnten sich aber nur seelisch ausgekühlte Naturen als blinde Kraft vorstellen. Wer sein gefährdetes Dasein zwischen Angst und Hoffnung verbrachte, wie es den frühen Menschen nicht anders übrigblieb, der billigte solchen unverfügbaren Lebensmächten eine höhere Existenzform als seine eigene zu, vorweg aber den Status der Person. Folgerichtig erwartete er, daß sie sogar des Echos fähig wären, wenn er sich an sie um Hilfe wandte. Mit einem Wort: Diese sich aus dem Hintergrund des Weltgeschehens sich ins naturhafte Leben hinein inkarnierenden Mächte wurden als Götter verehrt. Wer der griechischen Mythologie kundig oder in der Astrologie bewandert ist, bemerkte vorhin leicht, daß mit den beiden flüchtig umrissenen Ureigenschaften die Götter Merkur und Saturn angesprochen waren.
Die wenigen Menschen der Frühzeit, die sich ausschließlich mit diesen Dingen beschäftigten, brauchten außer einer meditativen Begabung viel Zeit zur ungestörten Konzentration. Sie mußten aus der zerstreuenden Tagesarbeit herausgehalten, ihr Lebensunterhalt mußte von den anderen mitbestritten werden. Das machten sie durch therapeutische Beratungen und Hilfe in Krisensituationen wieder wett. Ob man diese Leute Schamanen oder Gurus, Medizinmänner oder Priester nannte, sie ordinierten auf jeder Kulturstufe das Walten der verborgenen Mächte, deren Bindung an den Menschen und dessen obligate Rückkoppelung – re-ligio – an die Tiefe des Weltgrunds. Dem mythischen Menschen der Frühzeit war diese Götterkunde durchaus angemessen und völlig einsichtig. Sie hätte allerdings auch als Lehre vom Menschen vorgetragen werden können, von seiner inneren Vielfalt, die dem, der es bräuchte, eine Ahnung vom göttlichen Ursprung der Seele offenhielt. Leider wich man dieser

anspruchsvollen Anthropologie schon früh aus und suchte immer nur außerhalb, nie drinnen, in sich selbst. Was dann die Bäume rauschten, die Quellen sangen, wie die Vögel flogen, die Eingeweide der Tiere lagen, was die Pythia über den Dämpfen stammelte, wurde durch Priester vernehmbar gemacht, denn verbale Offenbarungen gab es nicht. Diese Priester waren es denn auch, die das Augurenlächeln untereinander austauschten, aber jeden, der ihre Interpretationen nicht für originale Göttersprüche hielt, in den Ruf eines Atheisten brachten. In Wahrheit mußte jedoch alle Religion aus dem Menschen selbst herausgeholt werden. Die unendliche Nähe wie die unendliche Ferne des Göttlichen beunruhigte von Anfang an alles metaphysische Denken. Selbst in der christlichen Ära lag für Mystiker, die Gott nicht als majestätische Gestalt im fernen feudalistisch erdachten Himmel, sondern als Funken im menschlichen Herzen lehrten, immer eine Anklage in der Luft. Sie schworen vermessenerweise nicht auf kanonisierte Lehren, sondern bei lebendigen Erfahrungen.

Wir brauchen diesen Auseinandersetzungen hier nicht weiter nachzugehen, obwohl immerhin anzumerken wäre, daß schon die frühen Juden in ihrer Umwelt für atheistisch galten, nur weil sie die unterschiedlich eingesenkten Gestaltungskräfte für engelhafte Emanationen eines einzigen Gottes ausgaben. Als das spätere Christentum mit dem Olymp vollends aufräumte, wurde ihm das wiederum als Gottlosigkeit ausgelegt. Ignoriert oder gar geleugnet wurden diese unverwechselbaren Gestaltungskräfte freilich nicht, weder von einer dieser beiden, noch von einer anderen ernst zu nehmenden Religion. Sie sind uraltes, unveränderbares Menschheitsgut, bei den Ägyptern ebenso scharf umrissen wie bei den Chinesen. Als man die erstaunlich genauen Horoskope der Azteken entziffern lernte, wunderte sich niemand, daß auch diese gebildeten »Wilden« mit den gleichen Gestaltkreisen arbeiteten wie die abendländische Kulturwelt.

Nur die Namen für das immer Gleiche änderten sich von Volk zu Volk, nicht aber ihre Zahl, die stets mit sieben angegeben wurde. Wir begegnen diesen sieben Kräften in mancherlei Verkleidungen, wie immer auch ihre durchgehende Identität verwendet wird, sei es beim siebenarmigen Leuchter der Juden, bei den Sieben Gaben des Heiligen Geistes oder schon in den sieben Bitten des Vaterunsers. Sie kehren wieder in den acht Seligkeiten, von denen die fünfte nur ein erklärender Zusatz zur dritten ist, und später in den sieben Sakramenten der katholischen Kirche. Und wer die »Seelenburg«, das psychologisch höchst aufschlußreiche Hauptwerk der großen The-

rese von Avila zur Hand nimmt, findet in den »Sieben Wohnungen« exakt die immer gleiche innere Struktur des Menschen wieder. Selbst deren Kehrseite hält sich mit den sogenannten Sieben Hauptsünden daran. Im indischen, im keltischen Kulturkreis, in den Motiven der Märchen, sogar im volkskundlich erforschten Brauchtum tragen die »Sieben Sachen« den Stempel der Frühzeit. Daß diese Urkräfte des Lebens schon bald verstirnt wurden, wundert keinen, der die mythischen Neigungen der Frühzeit kennt. Denn wer über persönliche, nach dem Bild des Menschen geschaute Götter nachsann, brauchte und fand auch einen Ort im Kosmos, der ihren Eigenschaften entsprach, und folglich ihren Namen tragen durfte.
Einsichtig für alle, ortete man sie auf jenen Gestirnen, die sich zwischen den unbeweglichen Fixsternen eine gewisse Freiheit bewahren, nämlich auf den Wandelsternen, den Planeten. Deren gab es nach alter Überlieferung zwar nur fünf, doch zeigen auch Sonne und Mond Wandelsterneigenschaften, sogar mit noch größerer Anschaulichkeit, obwohl die erste ein Fixstern, der andere ein Satellit ist. Wegen ihres täglich zu beobachtenden Wanderweges nahm man sie zu den echten Planeten hinzu, womit es also sieben wurden.
Nun sind wir unserer Betrachtung aber weit vorausgeeilt. Von den angesprochenen Göttern haben wir bisher erst zwei, und diese nur im flüchtigen Vorbeigehen, kennengelernt. Nach Merkur und Saturn bleiben uns also noch fünf weitere.
Jeder kennt den kraftvoll zugreifenden, unternehmerischen Typ, in seiner Niederform brutal und ohne Rücksicht auf andere, auf kultivierterer Stufe voll schöpferischer Initiative. Schon seine sinnliche Antriebskraft reicht über den Durchschnitt hinaus. Er packt zu, überrennt Widerstände ohne Besonnenheit, er »steigt« sofort, ob sich das nun als Zorn, Spontanität oder erotische Ansprechbarkeit äußert. Zwar fällt es schwer, sich eine solch angreiferische Kraft als hehren Gott vorzustellen, aber der antike Olymp war im Unterschied zum christlichen Himmel keineswegs eine heile Welt. Dort zählte auch ein Mars zum erlauchten Kreis. Obendrein kehrte jeder, selbst der höchste Gott, immer wieder seinen Schatten hervor, seine nur ihm zukommenden Entartungen. Übrigens zeigte schon damals wie später vor allem die Astrologie solche Perversionen an, wenn etwa ein Planet schlecht aspektiert war oder am falschen Ort, also in verderblicher Gesellschaft weilte. Gerade in der Astrologie, die nicht mit den Vulgärhoroskopen von Illustrierten gleichzusetzen ist, steckt ja nach einem Wort von C. G. Jung »die Summe aller psychologischen Erkenntnisse im Altertum«.

Bei einem schlecht umgebenen Jupiter mißrät etwa die höchste Würde in Machtmißbrauch, Arroganz oder kaltblütige Ausbeutung. Die Griechen stellten diese Züge auch nie in Abrede. Erst die Römer wichen, nachdem sie Jupiter als Staatsgott zum Optimus Maximus, zum »Besten und Größten« proklamiert hatten, von der Licht- und Schattenverteilung ab.

Man hatte sein Wesen an Menschen erkannt, die mit angeborener Würde auftraten, nichts Kleinliches, Schäbiges, auch nichts Tückisches an sich hatten. Leute dieser Art konnten führen, Versammlungen leiten, ohne daß Widerstand gegen sie aufkam. Darüber hinaus zeigten sie einen ausgeprägten Sinn für das Ganze, besonders für den Staat und seine Ordnung. Ungeheißen setzten sie sich für die Einhaltung von Verträgen und Gesetzen, ebenso für gerechte Strafen ein. Ein vierter Gestaltkreis war entdeckt und wurde alsbald dem hellsten Planeten, dem Jupiter, zugeordnet.

Sorgfältig prüfende Menschenkenner beobachteten freilich auch solche Leute, denen alles Gemachte, für vollendet und fertig Erklärte, gleichgültig blieb. Wo sich andere für immer neue Ordnungen oder für rastloses Aufgreifen von Initiativen ereiferten, oder umgekehrt hartnäckig darauf beharrten, daß alles so bliebe, wie es von altersher war, standen diese unbeteiligt auf der Seite, als ob nichts dergleichen für sie zählte. Der Blick dieses Menschentyps war vom Unendlichen, Ungemessenen gebannt, auch von der Schönheit, die sich rational gar nicht fassen ließ, sondern nur, alles überstrahlend, das Gemüt bewegte. Diese Menschen hielten sich mit hinhorchenden Kräften für zeugerische Impulse geöffnet. Künstlerische Naturen, die auf Inspiration angewiesen waren, auch schöpferische Denker, die des Einfalls bedurften, stellten diesen Typ am reinsten dar. Und da diese Urkraft wesenhaft Empfangende, also nicht »Macher« war, wie Handwerker oder Verwalter, die zur festgesetzten Stunde das Ihrige verrichten konnten, weil sie vielmehr warten mußten, bis ihnen der Keim zum Austragen und Gebären eingegeben wurde, sah man sie als weiblich an. Wer mit ihr ausgestattet war, gewann, ob ihm das leicht oder schwer fiel, Anteil am Fortgang der Schöpfung. Es war die gefährlichste Göttergabe; viele zerbrachen daran.

Für diese unverwechselbare Einstellung hätte man den Namen einer Muttergottheit wählen können. Da jedoch der ekstatische Liebesakt des Empfangens die Hauptsache war, nannte man dieses Urphänomen Aphrodite. Leider haben die Römer in ihrer Staats- und Rechtsbesessenheit diese schicksalsmächtige Urgottheit auf eine lüsterne, eher suspekte als ehrfurchtgebietende Venus abgewertet; ihren schillernden Namen müssen wir nun verwenden, wenn der fünfte Gestaltkreis angesprochen wird.

Sprachen wir vorhin von »Typen«, so muß spätestens an dieser Stelle gesagt werden, daß die üblichen Normen der Typenlehre in unsere Zusammenschau nicht passen. Zwar wird auch dort erklärt, der reine Typ komme in der Natur nicht vor, sei vielmehr erdacht oder erschaut. Vergegenwärtigen wir uns aber die Unterscheidungen von Ernst Kretschmer oder Eduard Spranger oder die volkstümlicheren vier Temperamente, so wird sofort klar, daß man sehr wohl etwa ein leptosomer Typ nach Kretschmer, ein sozialer nach Spranger oder ein Phlegmatiker nach der alten Einteilung des Hippokrates sein kann, ohne nennenswerte Eigenschaften der übrigen Typen vorzuweisen. Bei den sieben Urkräften jedoch würde schon der Ausfall einer einzigen einen seelischen Gesamtschaden verursachen. Alle müssen sichtbar werden, wobei wohl eine einzige die Dominante bilden kann, aber auch sofort degeneriert, wenn sie nicht mehr von den übrigen vitalisiert wird. Wir haben also nicht sieben Arten oder Typen vor uns, sondern unendlich viele, denn jede Dominante erhält ihre Eigenart aus einem immer anders gearteten Kraftfeld. Um ein Beispiel zu wählen: Die merkurische Schläue Adenauers war mit der ebenfalls merkurischen Heimtücke Hitlers deshalb nicht identisch, weil sie nicht von dessen brutaler Marskraft geschoben wurde, sondern sich spielerisch, ja mit einer gewissen intellektuellen Eleganz äußern konnte. Diese wurde auch von den Überlisteten nachgesehen, während des Diktators plumpe Wort- und Treuebrüchigkeit unverziehen blieb. Gleichzeitig war Adenauers Schläue von einem soliden jupiterhaften Sinn für Recht und Gesetz gebremst und von saturnischer Sturheit im Alt- und Immergültigen gebändigt, während sich Hitler als totaler Aufräumer gefiel. Vollends offenbar wurde die pathologische Innensituation Hitlers durch seine verrotteten Venus- und Mondkräfte. Venus, so hörten wir, macht weltoffen, entgrenzt, läßt menschheitlich denken. Dem Juden-, Slawen- und Sozialistenverfolger fehlte nicht nur der lunare Fundus für das Leid der Opfer schlechthin, er unterteilte es auch noch in das einzig beachtenswerte, in das der Deutschen, und in das belanglose, das die übrigen Menschen betraf. Mit schmucken Uniformen und ästhetisch hochstilisierten Aufmärschen oder Bayreuth-Schwärmerei kam die Venuskraft nur auf niederer Stufe zur Geltung. Ebenso konnte solarer Auftrittsglanz nicht über fehlende oder verdorbene Mondkraft hinwegtäuschen.

Das schon früh dem Mond zugeordnete sechste Element unserer

Seele hält das Verständnis für Vergänglichkeit wach. Es füllt unsere Ahnungen und Ängste, verleiht Feingefühl schon im Atmosphärischen und gründet ein dialogisch-beschwingtes Partnerschaftsgefühl. Wo dieses sechste Element überwiegt, bewirkt es launische Unzuverlässigkeit oder einen unguten Kult extravaganter Zustände. Reguliert wird die Mondkraft, in der die Griechen die Göttin Artemis sahen, durch deren Zwillingsbruder Apollo, der die unbeirrte Vernunft und zugleich den Sinn für das Angemessene, für das Maß überhaupt verleiht. Dieses siebente, das sonnenhafte Element, bildet den wirksamsten Schutz gegen alle Verdüsterungen unserer Seele. Es lichtet unser Denken, weist Wege aus Verschwommenheit und heißt uns verbindlich urteilen. Somit verleiht es Strahlkraft, schützt vor unverdienten Demütigungen, heißt uns wohlbestellt aufzutreten. Der Mensch muß immer wieder leuchten können, sei es, daß er andere beschenkt, persönliche Anlässe festlich begeht oder im Alltag wohltuende Menschenfreundlichkeit ausstrahlt. Die innere Sonne braucht er so nötig wie die am Himmel.

Nun hätten wir also die sieben Grundkräfte im Menschen beisammen, und jeder weiß, daß sie von altersher nicht nur als Gottheiten auf den Sternen geortet, sondern auch in den Wochentagen verzeitlicht wurden. Romanische Sprachen behielten sogar für einige Tage deren antike Namen bei, wir nennen den französischen »lundi, mardi, mercredi, jeudi, vendredi«; bei den nordischen Sprachen wurden gleichsinnige germanische Götter unterlegt, sie stecken im deutschen Dienstag, Donnerstag, Freitag, im englischen »Wednesday« und »Saturday«. Nachdem aber der Mythos den jeweiligen Urnamen immer neue Gottheiten hinzuerfand und die alten damit psychologisch differenzierte, sprechen wir von ganzen Gestaltkreisen, die sich hinter einem einzigen Namen verbergen. So gehört zu dem allzu urtümlich primitiven Mars noch der edlere Initiator Prometheus oder der heldenhafte Zugreifer Herakles. Merkur wurde durch die verständige Metis, Aphrodite durch die mütterliche Demeter ergänzt.

Nach der Reihenfolge der Wochentage zusammengefaßt, käme also zuerst der seelische Gestaltkreis der Sonne. Wer ein Übermaß von Kraft ins Leben mitbekam, treibt zu viel Kult um seine Person, wird dünkelhaft, herzlos, egozentrisch. Wo die Sonnenkräfte zu schwach ausfallen, verdüstern wir und verlocken die anderen zur Ausbeutung oder Manipulation. Sind Artemis oder die Mondkraft zu stark, wird unser Gewissen skrupulös, wir selbst durch mimosenhafte Empfindlichkeit und ständiges Gekränktsein für die Umgebung unerträglich.

Fehlt es an Mondkraft, so entgehen uns die Zwischentöne und subtilen Anspielungen; es fehlt die Witterung für Unausgesprochenes und aller Sinn für Poesie. Eine zu starke Marsgabe läßt uns zum blinden Eiferer werden; blieb er zu schwach, so sind wir lahme Schwächlinge ohne Impuls und Eigeninitiative. Merkur macht uns, wenn er überhandnimmt, zu würdelosen Schwätzern, auch wesenlosen Richtigkeitsfanatikern oder verführt zu zweifelhaften Gaunerstreichen. Ein zu blasser Merkur läßt uns dagegen unerhellt bleiben; wir erfassen die Wirklichkeit nicht, noch vermögen wir uns auszudrücken. Das Zuviel und Zuwenig an Jupiterkräften haben wir schon dargestellt. Wo es an Venuseinfluß gebricht, kommen wir – mit Impotenz des Herzens geschlagen – aus dem Gefängnis des gerade Gültigen, aus der Hörigkeit der Alltagsereignisse nie heraus. Überschwemmt er uns aber, so verlieren wir vor lauter Weltschmerz oder Menschenverbrüderung den Boden unter den Füßen. Saturn endlich als Samstagskraft vermag, wo sie zu stark in uns angelegt ist, eine unbelehrbare Bocksbeinigkeit und Menschenscheu zu bewirken, doch gelten wir, wenn diese zu schwach ist, zurecht als Leute, auf die man nicht bauen kann, weil sie keine Unbeirrbarkeit kennen.
Wenn wir die sieben Gestaltkreise, die sich hinter der Siebentagewoche verbergen, hier auch nur kurz ansprechen konnten, so wurde doch klar, wie wichtig ihre Erkenntnis z.B. für die Erziehung, vor allem für die richtige Berufsfindung ist. Wer sich nicht mitteilen und andere überzeugen kann, soll nicht Lehrer oder Advokat werden. Wer wohl manuell geschickt ist, aber keine Jupitergabe besitzt, soll keinen menschenreichen Betrieb leiten wollen. Denselben Drachen, den der marshafte St. Georg guten Gewissens abstach, hätte Franz von Assisi als Bruder Lindwurm angenommen und wohl auch gezähmt, doch den von ihm selbst gegründeten Orden mußte schon bald ein anderer, ein jupiterhafter Generaloberer leiten. Freilich hätte sowohl dieser, wie St. Georg in der venushaften Brüderlichkeit zu aller Kreatur Fehlanzeige erstatten müssen.
Die Religionen wecken und stärken die sieben Urkräfte im Menschen. Die Psychotherapie versucht unser Gemüt mit deren Harmonisierung zu heilen. Indessen steht der aufhellende Mythos nicht still. Henri Bergson deutet mit dem letzten Satz seines letzten Buches den Sinn unseres Daseins so: Der Mensch bekam das Leben, um immer neue göttliche Kräfte darin zu entdecken.

Die Symbolkräfte der Wochentage

Die Sonne im Sonntag
Ob man die Sonne als Gestirn sieht oder als Gottheit, ob man sie Apollo oder Helios nennt, jeder weiß, was sich hinter den solaren Kräften verbirgt, auch daß nicht nur der Mensch, sondern jedes Lebewesen sie zu seiner Selbstverwirklichung braucht. Die Sonnenkräfte ermöglichen nicht nur die Selbstdarstellung, das An-den-Tag-Bringen, was in uns steckt, sie wecken auch Kräfte in uns, seien es solche der Gesunderhaltung, des Wachstums oder ungewöhnlicher Leistungen, die wir uns vorher gar nicht zutrauten. Seine solaren Kräfte stärkt jeder, der auf seine Gesundheit achtet, sich durch Sport und Spiel kräftigt, sich gut ernährt, sorgfältig kleidet, auch seine Umgebung, besonders seine Wohnung, schön ausstattet und mit Musik, Tanz, gepflegter Geselligkeit und kleinen Festen aus ihr einen Mittelpunkt fröhlicher Geselligkeit macht. Unser Bild zeigt mit seinen Prachtbauten, wie Staat und Kirche ihre solaren Seiten hervorkehren, die Menschen allesamt festlich gekleidet ihre Zeit mit Spielen und Wettkämpfen verbringen.

Solares Wesen hat auch seine Kehrseite, wenn die Selbstdarstellung protzig und prahlerisch wird (der Vorwurf aller puritanischen Bewegungen gegen fürstliche Arroganz und allzu prachtvolle Kirchen), wenn vor lauter Paraden und Festlichkeiten das Elend der Hinterhöfe, Armut und Krankheit ignoriert werden. Im Pendelschlag der Geschichte folgt dann mit den jeweiligen Variationen auf jeden Sonnenkönig eine Art Revolution, auf prachtliebende Päpste eine Reformation. Bei politischen Verhältnissen, in denen solare Entfaltung verpönt ist, verfallen die prächtigen Zeugnisse der Vergangenheit, werden Schlösser durch gigantische Zweckbauten, festliche Huldigungen durch Massenaufmärsche ersetzt. Geduckte Mittelmäßigkeit, musische Verwahrlosung verhindern dann, daß sich ein solarer Lebensstil wieder hervorwagt. Soziale Gerechtigkeit fordert, bevor sie sich selbst darzustellen gelernt hat, einen hohen solaren Tribut. Denn Glanz und Selbstdarstellung der Mächtigen bleiben verpönt.

Im religiösen Bereich entspricht der Sonne die Taufe, auf der Kehrseite steht bei den sieben Hauptsünden die Hoffart. Psychologisch bedürfen die solaren Kräfte des Ausgleichs durch die lunaren, so wie nur Yin und Yang miteinander eine Ganzheit ergeben. Ohne sie bliebe das Leben grau und trostlos.

Der Mond im Montag
Obwohl das Nachtgestirn kein Fixstern wie die Sonne, nicht einmal ein Planet wie die Erde, sondern nur deren Satellit ist, besitzt es symbolisch den gleichen Rang wie die Sonne. Beide halten sich in ständig bewegtem Widerspruch und bilden damit als Einleitung der Woche den nie ruhenden Motor, der die Wochentage von einem Symbol in das andere treibt. Wenn auch in der deutschen Grammatik männlichen Geschlechts, ist der Mond doch weiblicher Art, ja er repräsentiert das gesamte weibliche Potential sowohl in der weiblichen wie in der männlichen Natur. Da er auf das Sonnenlicht angewiesen, zugleich wegen der Konstellationen von Sonne und Erde ständig seine Gestalt ändern, ja zeitweilig verschwinden lassen muß, bergen die lunaren Kräfte das Verständnis für alles Zu- und Abnehmen bei uns selbst wie bei den andern, auch die Ahnungen oder die Ängste davor; im Grund leben von ihnen alle unsere seelischen Regungen. Aus lunaren Kräften wird die Hoffnung auf Besserung, Genesung und Aufstieg gespeist wie auch der Sinn für die Vergänglichkeit und der Glaube an Dinge, die man noch nicht sieht. Für die tiefere lunare Vertrautheit mit den Wechselfällen des Menschenlebens ist die solare Arroganz so lächerlich wie der prahlerisch krähende Hahn auf dem Misthaufen, der gleich darauf in die Pfanne kommt. Ohnedies entgeht der Sonne alles, was im Schatten, im Verborgenen geschieht, also das meiste. So wie der Staat nicht nur Repräsentanz und Militär, sondern auch ein soziales Netz für die Armen, Schwachen und Kranken braucht, die Kirche sich nicht auf gottesdienstliche Prachtentfaltung und feierliche Darstellung ihrer Würdenträger beschränken darf, sondern eine wohlorganisierte Krankenpflege, Kindergärten und Altenheime braucht, um »ganz« zu sein, so wird jeder Mensch erst durch seine lunaren Kräfte, durch das, was er nicht hervorkehrt, zum Mitmenschen. Verständnis dafür, daß Glanz und Niedergang sich ablösen können, läßt ihn auch im Verachteten noch den Mitmenschen erkennen. Unser Kupferstich versucht lunare Kräfte mit einem fließenden Strom ins Bild zu bringen. In der Mitte rechts treibt er die Mühle (des Schicksals); überall seelisch-erregte, dem Leben zugewandte Menschen.
Die Kehrseite des lunaren Wesens zeigt kraftlos rührselige Menschen, die, allen Stimmungen ausgesetzt, meist im Schatten ihrer Zustände bleiben, auch einen Kult mit ihren Krankheiten treiben und trotz allen Jammerns mit gutem Gewissen von andern leben. Religiös wird dem Mond das Sakrament der Buße zugeteilt, die Pflicht, gelegentlich auch seinen Unwert, seine Sündhaftigkeit zu bedenken.

Bei den Hauptsünden stellt er den Geizkragen, der vor lauter Angst und Mißtrauen seelisch verdorrt.

Der Mars im Dienstag
Schon in der ausgiebigen Innenschau und Seelentümmelei des Montags, der freilich für den herzlosen Sonntag das Gegengewicht bilden muß, entsteht die Lust, nun endlich von sich abzulassen und etwas zu tun. Das heißt, der Montag bringt den Dienstag hervor. Dessen Marskräfte sind nach außen, auf die Veränderung der Welt gerichtet. Geschehen muß etwas, ob es nun in blinder Aktivität geschieht oder auf ein schöpferisches, frisch zu gründendes Werk hinzielt. Da der Kriegsgott Mars dem Tag seinen Namen gab, haben sowohl die Aggressionen mit allem, was wehtut und Blut fließen läßt, den Vorantritt; dann folgt die Brutalität der »Halsabschneider«, der Vergelter und Schreibtischtäter. Den Schluß bilden die unermüdlichen Gründer und Organisatoren, und zuallerletzt kommen die inspirierten Schöpfer in Kunst, Wissenschaft und Politik, die einer starken Antriebskraft bedürfen, um ihr Werk vollenden zu können. Um es noch klarer zu machen, ein Beispiel: Als ihr die sieben Grundkräfte in die Wiege gelegt wurden, bekam die barmherzige Mutter Teresa zwar einen starken Mond, der ihr die Augen für das Elend in der Welt öffnete und sie persönlich schlicht und anspruchslos bleiben ließ, aber einen ebenso starken Mars, der sie daran hinderte, ein stillschweigend mitleidendes Seelchen zu bleiben, sie vielmehr befähigte, gegen tausend Widerstände ihre Organisation aufzubauen und in der ganzen Welt die Helfer auf Trab zu bringen. Ein Mensch ohne Marskräfte bleibt eine »lahme Ente«, von niemandem gefürchtet oder auch nur respektiert. Fehlt ihm der Antrieb, so taugt auch das zwangsweise daraus hervorgehende Bravsein nichts. Auch Staat und Kirche haben unerläßlich Marskräfte zu realisieren, sonst werden sie von den Nachbarstaaten oder andern Konfessionen gelöscht. Für Glaubenskriege fehlte zwar schon immer der legitime Auftrag; da es aber in der westlichen Welt für die Kirchen keine belebenden Gegner mehr gibt, versiegen auch die inspiratorischen Kräfte. Unser Kupferstich ballt eine Unzahl von Gewalttaten, Brandstiftungen und Schlägereien im Bild zusammen, womit freilich die Kehrseite marsischen Wesens schon genannt ist, die vom ruhelosen Raufbold bis zum planlosen Gschaftlhuber reicht. Nur die beiden ängstlichen Kinder vorne links zeigen an, daß zur Antriebskraft auch die aufsprießende Natur des Frühlings gehört, die uns wieder mit Mars versöhnen kann. Er hat ja dem März seinen Namen gegeben. Daß Firmung bzw. Konfirmation die religiöse Ausrüstung zum »Streiter Christi« bildet, leuchtet ebenso ein, wie daß bei den Hauptsünden die blinde Triebkraft der Unkeuschheit genannt wird. Diese

vitale Grundkraft kann im Dienstag wohl zeugen, sozusagen im Stroh, doch fehlt ihr zur festen Bindung noch die Besonnenheit des Mittwoch und Verantwortung, die erst Jupiter im Donnerstag verleiht.

Merkur im Mittwoch
Nichts einsichtiger, als daß die blinden Antriebskräfte, die der Mars im Dienstag hervorbringt, im Mittwoch einer Lenkung durch die merkurische Vernunft bedürfen. Als Bote und Erklärer der Pläne und Verfügungen Jupiters verwaltet er besser als jeder andere das, was man in allen Lebensbereichen als »richtig« bezeichnet. Merkur-Kräfte werden überall benötigt, wo man lehrt und lernt, anleitet, zeigt und Fertigkeiten gewinnt, auch wo von einer Sprache in die andere übersetzt wird. Das gilt gleichfalls, wenn Waren in Geld, Münzen in Kredit, Schlauheit in Vorteil umgesetzt werden. So ist Merkur nicht nur der Patron aller Lehrer, Dolmetscher und Kaufleute, sondern auch der Advokaten, ja sogar der Gauner und Diebe. Denn um nicht selbst hinters Licht geführt zu werden, muß er so schlau wie der fähigste unter ihnen sein. Und weil Merkur der weltläufigste von allen ist und weiß, wie jeder zu überzeugen, anzufassen und zu gewinnen ist, untersteht ihm auch die internationale Diplomatie mit ihren richtigen und gezielt irreführenden Nachrichten. Unser Bild zeigt mehrere seiner Herrschaftsbereiche: Maler, die Ideen in Bilder, Musiker, die Noten in Klänge übersetzen, auch Bildschnitzer sind da am Werk; an einem der vorderen Tische werden wissenschaftliche Arbeiten verrichtet. Weiter hinten begutachtet ein Mediziner eine Urinflasche, daneben finden Globusstudien statt und im Hintergrund werden Handelsgeschäfte verrichtet.
Wie jeder Wochenpatron, so zeigt auch Merkur seine negativen, seine dunkeln Seiten. Als ein Tausendsassa, der überall mitredet, weil er von allem etwas weiß, vor allem, wie es funktioniert, gilt er für oberflächlich, ja charakterlos. Richtigkeit ist für ihn der höchste Lebenswert, nicht etwa Weisheit oder Erhellung der inneren Existenz. Schon das Miteinander, das Merkur stiftet, ist nur zweckgebunden; es bedarf keiner Treue und wird sofort gelöst, wenn es seinen Zweck verfehlt. Ein Gott, immer unterwegs zu neuen Zielen, neuen Einsichten, auch zu neuen Menschen. Wem die merkurische Gabe der Neugierde und Mitteilung fehlt, soll nicht Lehrer oder Prediger, Rechtsanwalt oder Geschäftsmann werden wollen, er hätte keinen Erfolg; auch nicht als Politiker oder Publizist. Jede Beziehung zum andern steht, solange sie problemlos bleibt, in merkurischem Licht. Im religiösen Bereich wird sie durch das brüderliche Abendmahl zu hoher Gemeinschaft erhoben. Außerhalb sakralisierter Bindungen pflegt merkurischer Geist jedes Miteinander, sobald es beschwerlich wird und weder Vorteil noch Gewinn einbringt, mit herzloser Liebenswürdigkeit aufzulösen. So wie der Mars im Diens-

tag allmählich danach verlangt, seine Antriebe und Kraftakte durch
den Merkur im Mittwoch gelenkt zu bekommen, bringt der Merkur
im Mittwoch den Hunger nach Treue und Charakter hervor, wie sie
nur der Jupiter im Donnerstag kennt.

Jupiter im Donnerstag
Wer nach dem Himmelfahrtstag, dann auch Fronleichnam, volkstümlich den »Herrgottstag«, auf einen Donnerstag festlegte, auch dem später erfundenen »Vatertag« keinen Sonntag wie zur Ehrung der Mutter, sondern den Donnerstag zuwies, der zeigte sich mit der Symbolik der Wochentage wohlvertraut. Ob Donnerstag, jovedi oder jeudi, immer ist die oberste heidnische Gottheit gemeint, über die hinaus es keine Steigerung mehr gibt. Sie steht für das in uns liegende Leitmotiv der Vollkommenheit, der höchsten Stufe. Auch der Person, die unangefochten in jedweder Sozialordnung die oberste Stelle einnimmt, ob sie sich nun als »Herr« versteht, der auch eine Frau sein kann, oder ohne Personenkult nur die letzte Verantwortung trägt. Um Prinzip und Person zu unterscheiden: eine Putzfrau, ein Straßenkehrer, die vollkommene Arbeit leisten, realisieren mehr Jupiter als ein fürstlich inszenierter Minister, der seine Amtspflichten vernachlässigt. Dieser spielt ihn nur – auf Abruf. Einem »herr«-lichen Tempel oder Schloß, ja schon dem prachtvoll herangewachsenen Pferd oder Baum, lesen wir die Anwesenheit Jupiters ebenso leicht ab wie dem lichtstärksten Planeten, der den Namen für »Jupiterlampen« lieferte. In ihm verkörpert sich nicht nur die Vollkommenheit, sondern auch das Unantastbare: das Oberhaupt, der Staat, das Gesetz, die Pflicht und jegliche Verantwortung. Indem er Grenzen, Verträge, also auch die Ehe schützt, macht er ein geordnetes Zusammenleben der Menschen erst möglich, wie ja die Achtung vor Recht und Gesetz den Anfang aller Kultur bildet. Unser Kupferstich, offenkundig in kirchlichem Auftrag entstanden, setzt den Papst als geistlichen Herrscher der Welt ein, der sich vom Kaiser den Fuß küssen läßt, bevor er ihn krönt. Jeder Herr bildet um sich herum einen »Hof«, wo nicht nur Macht, sondern auch Kunst und Bildung ihr Heimrecht finden. Auch die Rechtsprechung entwickelte einst majestätische Formen. Noch heute haben sich bei der Urteilsverkündung alle zu erheben: »Jupiter« wird beschworen, auch wenn das Volk der Souverän ist. In seinen Verfallserscheinungen wird Amtsmißbrauch, Prahlerei und Dünkel sichtbar; die christliche Ethik nennt hier Maßlosigkeit als Hauptsünde; unter den Sakramenten führt sie den häufigsten Treuevertrag, die Ehe, an. Wer in seinem seelischen Haushalt nur über einen schwachen Jupiter verfügt, sollte nicht den Platz eines »Herrn« anstreben, wo er überfordert ist und mit Übereifer und kleinlicher Kontrolle kompensieren muß, was ihm an Vorgesetzten-Potenz fehlt. Dagegen wird ausgeprägten Jupiternaturen spontan zugearbeitet.

Der alchemistische Brunnen (ostkirchliche Ikone). Die im Unfrieden ihrer Gehässigkeit erkrankte Welt schöpft Genesung aus dem Brunnen. (Interpretation S. 357)

König David sieht im Geist den kommenden Messias – eindrucksvolle Farbsymbolik in der Komposition des rotgewandeten lebens- und liebesgebundenen Königs mit dem noch in das Blau der Ferne gehüllten Christus.

Die Versuchung des hl. Antonius. Das Pandämonium, die Hölle der inneren Konflikte, denen der Eremit in der Einsamkeit der Wüste ausgesetzt ist, wird in sichtbaren Gestalten dargestellt. (Interpretation S. 356)

Mariä Heimsuchung. Darstellung der entseelten, steinernen Welt der Gesetze, die Maria soeben verlassen hat. Im Zusammentreffen mit Elisabeth begegnen sich Neues und Altes Testament. (Interpretation S. 356)

Venus im Freitag
Schon in der Schöpfungswoche ist der fünfte Tag dadurch besonders markiert, daß an ihm der Mensch erschaffen wurde. Ob biblisch oder evolutionär gedacht, um ihn hervorzubringen, bedurfte es vieler Vorformen des Lebens, die noch ohne den »Pfeil des Humanen« zurechtkamen. Der Freitag ist der Hervorbringerin des Lebens zugeordnet, für deren Urteil kein Rang und Titel, sondern nur das schlechthin Menschliche gilt. Namen wie Frejatag oder Venustag sagen wenig aus, ohnedies müßten sie durch mehrere Frauengestalten ergänzt sein, um neben dem Element des Schönen auch die Entgrenzung und das gefährlich Abgründige anzuzeigen. Bringen die Jupiterkräfte des Donnerstag den »Herrn«, den Gesetzgeber und Richter hervor, so ist der Freitag für eine andere Prominenz, für den schöpferischen Menschen, den Dichter und Künstler zuständig, mit allen Gefährdungen, denen er ausgesetzt ist. »Neugierig bin ich, ob er wiederkommt«, sagt Mephisto, als Faust zu den Müttern hinabgestiegen war. Die weiblichen Freitagskräfte bringen nicht nur das Leben ans Licht, sie schmücken es auch, gestalten es aus, vertiefen es in Kunst und Dichtung. Der Freitag ist welthaft; er überwindet die nationalen oder heimatgebundenen Vorurteile, die der Donnerstag mit seinem »Hof« hervorgebracht hatte. Unser Bild zeigt Beispiele erotisch knisternder Geselligkeit in gepflegtem Rahmen. Weil auch ekstatische Zustände, alle Esoterik und Herausgenommenheit aus dem Kollektiv zum Freitag gehören, wird ihm unter den sieben althergebrachten Sakramenten die Priesterweihe zugeordnet und – wen wundert es? – bei den sieben Hauptsünden das Außer-Kontrolle-Geraten, der Zorn. Mitgemeint ist auch die absichtliche Herbeiführung nicht mehr beherrschbarer Zustände. Während dem Montag und Dienstag mit Diana und der Inspiratorin Athene nur jungfräuliche, also unberührbare Göttinnen bereitstehn, ist im Freitag auch der verschlingende Aspekt des Weiblichen, der Untergang angesprochen oder, bei der Frau selbst, die exzessive Mütterlichkeit, die keine eigene Gestalt mehr findet. Die Schwelle vom Donnerstag zum Freitag symbolisiert einen Reifeprozeß, den jeder bestehen muß, der »in Wasser und Geist wiedergeboren« werden will. Für jeden, der vor der installierten patriarchalischen Macht wie vor dem sichtbaren Absoluten auf den Knieen liegt, bleibt die Majestät oder der Papst das höchste auf Erden; wer den Freitagsgeist realisiert, sieht nur das hohe Amt, mit dem ein Mensch bekleidet wurde, der vor Gott ein armer Sünder bleibt wie alle andern. Deshalb fängt der jüdische Sabbat auch schon am Freitag abend an.

Saturn im Samstag
Der Ruhetag im Schöpfungsbericht wurde vom Christentum vom darauffolgenden »Auferstehungstag« abgelöst. Aus dem Sabbat wurde ein Arbeitstag, und langsam füllte sich wieder seine altheidnische Besetzung durch Saturn (saturday). Diese letzte Gestalt aus der Symboltruhe der Siebentagewoche steht zwar nicht im Gleichklang, aber auch nicht im Widerspruch zur verhüllten Welt des Sabbat. Denn Saturn, der ins Dunkel und ins Verborgene abgedrängte Vater der olympischen Götter, entwickelt keinen festlichen Glanz; ihm entspricht im Gegenteil die Fron der harten Alltagsarbeit, wie sie der pflügende Bauer im Mittelfeld unseres Bildes zeigt. Aber auch das Verlangsamen oder gar Verhindern von Bewegung gehört zu ihm, ob es nun ein Aufenthalt im Gefängnis, im Kloster, in der Kaserne oder das abgesonderte Dasein eines Eremiten ist. Für Saturn-angemessen hält man das lustlose Novemberwetter, an dem das Betteln um ein Klostersüppchen (rechts vorne) neben dem Schlachtfest (links) besonders trostlos ausfällt. Eine Anspielung auf die verborgene Tiefe, die als der eigentliche Bereich des Saturn gilt, liegt wohl auch in dem Zisternenüberbau, der mit seiner Mechanik das Ausschöpfen des Brunnens und hineingefallener »Schätze« ermöglicht. Da Saturn das noch Unbekannte, auch noch nicht Gültige verwaltet, trägt er in allen Abbildungen strenge, humorlose Züge, was wiederum auf stille, grüblerische Arbeit hinweist, die keines Rühmens, ja nicht einmal öffentlicher Anerkennung bedarf. Besonders der alternde, nicht mehr ehrgeizige Mensch, der viel weiß, aber schweigt, den trügerischen Schein durchschaut, ohne ihn entlarven zu wollen, mißtrauisch geworden ist, auch seine Erwerbungen hütet, er trägt deutlich saturnische Züge. Im öffentlichen Leben gilt alles als saturnisch, was sich nicht zu erkennen gibt, also die verschwiegenen Helfer ebenso wie die heimtückischen Aktionen aus dem Untergrund. Auch Spionage und Geheimdienste können in Saturn ihren Ahnherrn sehen. Schließlich ist er für die letzten Dinge des Lebens zuständig: für Todesart, Begräbnis und Friedhof. Unter den Sakramenten ist ihm die »Letzte Ölung« zugeordnet, die freilich als häufig erteilte »Krankensalbung« ihren symbolischen Gehalt eingebüßt hat. Mit der düsteren Majestät des Todes hat sie nichts mehr zu tun. Da dem Saturn jede Geschäftigkeit zuwider ist, wird ihm die Trägheit als Hauptsünde angekreidet. Doch rückt die Mythenforschung in jüngster Zeit das saturnische Element immer mehr in den Vordergrund, weil die rapid wachsende Erfahrung mit dem Verborgenen, seien es heimlich anlaufende Krankheiten wie der Krebs oder der

Umgang mit der immer weniger durchschaubaren Elektronik, auch zunehmend bedrohlichen Strahlungen sowie die immer intensiver betriebene Forschung nach unterirdischen Energie- und Rohstofflagern, eindeutig saturnische Züge tragen. Auch der Terrorismus, für den es keine offene Front gibt, ließe sich hier einordnen.

SONNE, MOND UND MENSCHENHERZ

Den Ursymbolen zuzurechnen sind auch Sonne und Mond, denn beide Gestirne, so unterschiedlich sie sind, zählen von der frühesten Menschheitsgeschichte an zu den eindrucksvollsten Begleitern unseres Lebens. Haben wir in Spirale, Labyrinth und Kreuz die urtümlichsten Versuche zu sehen, der Dynamik unserer Existenz symbolischen Ausdruck zu verleihen, so forderten Sonne und Mond als elementare Bilder und Kraftquellen doch von Anfang an zur aufmerksam prüfenden Betrachtung heraus.

Sonnenanbeter, dankbare Verehrer des Gestirns, das uns mit Licht und Wärme am Leben erhält, hat es zu allen Zeiten gegeben, ob die Sonne nun beim täglichen Aufgang mit Ehrerbietung willkommen geheißen, am Abend in der gleichen Ergriffenheit verabschiedet und gebeten wurde zurückzukehren, oder ob die Menschen gegen die Wintersonnenwende hin bangten, daß das Überhandnehmen von Dunkelheit und Kälte immer schlimmer werde. Und nicht nur die Animisten begrüßten den Wiederaufstieg ihrer Bahn jubelnd als Befreiung und neue Lebensbürgschaft. Bis heute wird dieses inzwischen genau berechnete Kalenderereignis mit Zuversicht bemerkt, und es fehlt auch nicht an Schwärmern, die die Naturwende in Gemeinschaft mit anderen und unter freiem Himmel begehen. Bei der Tagundnachtgleiche richtet sich der Blick auf jene Stelle im Osten des Horizonts, wo die Sonne heraufkommt. Die Mittelachsen antiker Tempel und später auch christlicher Kathedralen legte man genau auf diese Richtung an, das Gotteshaus wurde also »geostet«, wobei der »Aufgang des Lichts« unmißverständlich ins Metapysische übertragen wurde: »Der Quelle des geistigen Lichts entgegen!«

Nun spendet die Sonne uns nicht nur Licht und Wärme, sie liefert auch das Modell für jegliche Erhellung, für alle glanzvollen, strahlend-feierlichen Auftritte, ja sogar für die innere Erleuchtung (»Mir ist ein Licht aufgegangen«). Christus selbst wird als Sonne bezeichnet. Besonders die katholische Kirche, die soviel heidnisches Kulturerbe wie nur möglich mit neuer Sinngebung füllte und dadurch forterhielt, hat das solare, das festlich strahlende Element, vor allem das glanzvolle In-Erscheinung-Treten der Würde ausgiebig gepflegt. Dennoch kann »solar«, sonnengemäß, nur die eine Seite einer Kirche ausmachen, wenn sie den Menschen über Generationen und Jahrhunderte hinweg eine geistige Heimat bieten will. Denn sich solar zu gebärden, heißt nicht nur zu glänzen, sondern auch Schatten zu

werfen, sich aber nicht darum zu kümmern, was im Schatten geschieht, ja es gar nicht wahrzunehmen. Solar sein heißt, vieles zu verdunkeln und bewußt in der Nichterhellung zu lassen. Es gibt keine Religion mit festlichem Ritual, die als Gegengewicht nicht ebenfalls ihre lunaren Kräfte entfaltet hätte. Sonst könnte sie die Zeiten nicht überstehen.
Alle Erfahrung lehrt, daß der solar disponierte Einzelmensch nur von seinem eigenen Glanz erfüllt und an dessen Ausbreitung interessiert ist, seinen Mitmenschen aber, der in Schatten und Elend, in Unbildung und Niedrigkeit eingebannt ist, mitleidlos sich selbst überläßt. Die Sonne hat trotz all ihrer Wohltaten etwas gnadenlos Stures an sich. Sie ist nicht nur immer gleich hell, rückt keinen Schritt aus ihrer Bahn, es bleibt ihr auch gleichgültig, wer in ihrer Hitze verdurstet, unter ihrer Mittagsglut ums Leben kommt. Gerade in tropischen Ländern gilt sie als ein Feind, vor dem man sich, wenn man keinen gesundheitlichen Schaden hinnehmen möchte, schützen muß, weil er auch alles verderben und sich zersetzen läßt, jede Wunde zum Schwären bringt, Bakterien und Ungeziefer ins Ungemessene vermehren hilft. Zurecht wurde Phöbus-Apollon, der strahlende Sonnengott des Altertums, immer mit Pfeil und Bogen dargestellt, weil er trotz allen Glanzes auch eine todbringende Gottheit war. Als »Helios« genoß er im Olymp übrigens wenig Ansehen, wurde eher als geschwätzig angesehen und besaß keine Würde. Da er auf seiner Lichtbahn alles sah, auch alles weitererzählte, galt er als »Ausplauderer«, der freilich nur für besimmt Eindeutiges zuständig war. Denn was im Schatten lag, das Verborgene und damit das Innere, blieb ihm unzugänglich. So wurde er für seelenlos und all dieser Eigenschaften bar gehalten, die des direkten Anblicks nicht bedürfen, also der Hoffnung, der Angst, der Liebe, der Zuversicht, des Glaubens und des Vertrauens.
Gerade diese Qualitäten, die einen Großteil der menschlichen Existenz ausmachen, symbolisiert aber der Mond (lat.»luna«). Ihm gebricht es in vieler Hinsicht an Beständigkeit, zumal er nur mit soviel Licht aufwarten kann, wie er selbst zugeteilt bekommt. Tag für Tag verändert sich nicht nur seine Helligkeit, sondern auch seine Bahn im Himmel, an der man sich nur schwer orientieren kann. Zeitweilig bleibt er sogar völlig unsichtbar. So bildet der Mond das klassische Symbol der Vergänglichkeit, auch der Unbeständigkeit, ja, ganz negativ, der Launenhaftigkeit. (Seelenstörungen dieser Art, die dem solaren Größenwahn entsprechen, werden vom Arzt als »lunatisch« bezeichnet.) Lunare Geistigkeit zeigt auf der positiven Seite

freilich ebenso hohe Kräfte an, wie sie die Sonne besitzt. Ohne sie würden wir nie die Grenzen des Menschen erkennen, seine Preisgegebenheit an höhere Gewalt wie Naturkatastrophen, Kriegsausbrüche, Wirtschaftskatastrophen. Nur mit lunarer Flexibilität können wir Heimsuchungen auffangen und, wenngleich an Kräften gemindert, weiterleben. Der ausschließlich solar bestimmte Mensch erträgt keine Rangminderung, keine Armut oder Schuld. Hoffnung und Glaube an eine glückliche Wendung sind ihm unbekannt. Er wartet auch nicht wie der Held der griechischen Tragödie, ob die Götter Gnade walten lassen oder ihn ins Verderben stürzen, er macht seinem Leben vorher selbst ein Ende.

Mit der lunaren Seite in uns gewinnen wir ebenfalls Verständnis für Krankheit und Elend der anderen. Gerade mit diesem Verständnis für das Aufblühen und Vergehen läßt sie die sozialen und pflegerischen Berufe entstehen. In ihr keimen Verständnis und Mitleid, auch Hilfsbereitschaft auf. Freilich haftet ihr auch etwas säuerlich Moralisches an, das der überwiegend solar Bestimmte ignoriert, auch etwas pflichtbewußt Pflegerisches, in dem ein solar angelegter Mensch erstickt. Ihr Licht ist eben geliehen, und sei es von Gott. Aber es geschieht etwas. Im Gleichnis vom Barmherzigen Samariter lassen die solar Wohlbestellten, zu höheren Aufgaben Berufenen den Überfallenen am Wegrand liegen. Gäbe es den lunar gesinnten Samariter nicht, so ginge jeder nur seiner Wege, ohne sich um das Schicksal der anderen zu kümmern.

Hier müssen wir noch einmal auf die Kirchen, besonders auf die katholische mit ihren prachtvollen Gotteshäusern, bischöflichen Palästen und majestätischen Auftritten zurückkommen. Sie kann sich das nur leisten, weil sie gleichzeitig über eine ungeheure lunare Entfaltung verfügt, über Krankenhäuser und Pflegeheime, Schulen und Kindergärten und große Scharen helfender und pflegender Menschen, deren Berufung sie auch eifrig anregt. Gerade am Pflegepersonal solcher Alters-, Kranken- und Betreuungsanstalten (welch heroisches Beispiel bietet Bethel!) läßt sich aber ablesen, daß der Mensch es bei aller persönlichen Heiterkeit in dieser oft unerträglich verschatteten, nur von Pflichtgefühl und Nächstenliebe durchdrungenen Atmosphäre nicht aushält, ohne feierlich solaren Gottesdiensten oder sonstigen Feststunden beizuwohnen. Dabei geht es nicht um die Erholung, sondern um das Wiederauffüllen der Seele mit solarer Potenz. Jeder Psychotherapeut weiß, wie notwendig es für den Mensch ist, immer wieder »leuchten« zu können, und sei es nur, daß er andere beschenkt, einlädt, glücklich macht. Er braucht das

Gefühl, daß Sonne vom ihm ausgeht und nicht nur geliehenes Licht.

Die tiefste und bedeutendste Symbolschule, die sich die Menschheit geschaffen hat, ist die Siebentagewoche (s. a. S. 46). Sie wird mit Sonntag und »Mondtag« (dem Yin und Yang des Ostens) eingeleitet, also mit den immer wieder ins Gleichgewicht zu bringenden solaren und lunaren Kräften im Menschen. Dann folgen die Planetengötter, die der griechischen Mythologie entnommen sind und einander in einer zwingenden Folge bis zum Samstag hin ablösen. In der Siebentagewoche, in der Astrologie, im Kalender umd in der Symbolwissenschaft werden diese Planetengötter mit einer Kombination aus drei Ursymbolen gekennzeichnet: mit dem Kreis als Sonnenzeichen, dem mit der Sichel als Mondzeichen und mit dem Kreuz, das für die Erde, die innere Situation des Menschen oder, etwas poetischer formuliert, für das Menschenherz steht. Durch Kombination dieser drei Zeichen ist jede göttliche Eigenart dingfest zu machen. Die meisten begnügen sich mit zwei Urzeichen, nur Merkur, der charakterlose und überall anwesende, der Alleswisser und seelisch immer Unbeteiligte, vereinigt alle drei Zeichen auf sich.

Jupiter, der Göttervater, der die Erde verwaltet und in Ordnung hält, zeigt den schwankenden, unzuverlässigen Mond als sein zwar überwältigtes, aber nicht gelöschtes Gegenbild hinter sich. Saturn, der im Untergrund Gefesselte, ruht mit seinem Existenzkreuz diesem meist verborgenen, sich erst anbahnenden Zwischenreich auf. Der solar draufgängerische Mars muß das unsichere und verzagte Mondelement ganz meiden. Sein Kreuz steht (als Pfeil variiert) auf der Sonne, die ihm genügt. Und Venus schließlich, die, unerschütterlich an das Leben glaubend, über ihrem Kreuz die Sonne hält, scheint mit zwingender Gewalt die unvergeßlichen Dichterworte von Emil Gött in uns wachzurufen:

> »Über aller Macht ist Licht.
> Über all dem dunkeln Weh der Welt
> Schwebt der Feuerball der Wonne.
> Hebe dich, Mensch, und verzage nicht!«

DAS ACHSENKREUZ

Welchen Unterschied es bedeutet, unten oder oben zu stehen; warum der Weg bergauf nicht nur wegen der Mühe ein anderer ist, als wenn es bergab geht; daß Schlösser und Kirchen nicht nur um der schönen Aussicht willen droben auf dem Berge stehen; warum man konservative und fortschrittliche Parteien nach rechts und links einteilt; daß es etwas anderes auf sich hat, ob man hinten oder vorne hingehört; daß es keine Mitte, kein Zentrum geben kann, das nicht gleichzeitig für viele den Bezugspunkt bildet –, dies alles lernen wir nicht erst in der Schule, sondern bringen es als Quellgrund einer großen Symbolfamilie schon ins Leben ein. Denn das Achsenkreuz liegt mit seinen Linien und Feldern, seinen Winkeln, Richtungen und Kräften mitten in unserer Seele. Wir müssen es nur entziffern lernen, denn es besteht nicht nur aus zwei Linien, sondern entwickelt sofort eine Dynamik, die eindeutig von links nach rechts drückt, von unten nach oben steigt und am Schnittpunkt eine echte Mitte entstehen läßt, von der alles seine Weisung empfängt. Mit einem einfältigen Kreuz, geradehin zwei Strichen, die einander senkrecht schneiden, erschaffen wir also einen Orientierungsplan der Welt, zugleich ein Wert- und Kräftefeld.
Schon mit der senkrechten Linie ist alles geschieden und bewertet; denn sobald die Worte »rechts« und »links« gefallen sind, beginnt unsere Phantasie zu arbeiten und jene Eigenschaften zu verteilen, welche den beiden Hälften erfahrungsgemäß zustehen. Jetzt ist auch kein Austausch mehr möglich, sowenig man rechte und linke Parteien vertauschen darf. Die Sprache stellt sofort rechts und richtig zusammen, auf der anderen Seite links und linkisch. Gesinnung erwacht, Wertmaßstäbe werden angelegt. Immerhin bleibt die Scheidung in rechts und links noch auf der gesellschaftlichen, politischen Ebene; sie zeigt nur Spannung an. Bei der waagrechten Linie, die ein »Oben« und »Unten« herstellt, geht es um Seelisches, ja sogar um Leben und Tod. Letztlich beinhalten sie auch Himmel und Hölle, wie tief jemand gesunken ist, wie hoch hinauf ihn seine Karriere oder sein Streben nach Heiligkeit getragen hat.
Das Achsenkreuz ordnet die Welt. Es ist, wie man heute zu sagen pflegt, ein holistisches, ein auf die Ganzheit des Lebens und der Schöpfung angesetztes Zeichen. Vom Achsenkreuz her empfängt alles seine symbolische Aufladung, ja sogar seinen existentiellen Rang, ob es Angst haben muß oder sich brüsten darf, ob es geschmäht

oder ob ihm gehuldigt wird, ob er Zukunft hat oder auf seinen Untergang zusteuert.
Wir werden aufschlußreiche Stellen aus heiligen Schriften, Mythologie und der Märchenweisheit erwähnen und an Beispielen aus der darstellenden Kunst zeigen, wie streng sich die großen Meister an die Weisungen halten. Es liefert die zuverlässigste Unterrichtung in Symbolkunde und findet, da es jedem Menschen eingeboren ist, sowohl von der modernen Werbung, von jedem geschickten Regisseur und von erfolgreichen Designern sorgfältige Beachtung. Wer über das Fernsehen einer liturgischen Handlung, etwa einer Papstmesse beiwohnen kann, mag fortan beobachten, wie streng gerade die Liturgie die Symbole des Achsenkreuzes einhält. Aber auch unser Alltag ist von bedeutungsvollen Vorurteilen aus dem Achsenkreuz durchsetzt. Was über oder unter dem Strich ist, weiß jeder. Wer vorwärts kommen will, muß den rechten Weg, den Weg nach rechts gehen. Daß der gerechte Schächer nicht links von Jesus hängen kann, daß Herakles bei seiner lebensentscheidenden Option am berühmten Scheideweg nicht nach links hinübergehen darf, daß man die Damen rechts gehen läßt, auch mit seiner Rechten schwört, dagegen Dinge, die man keiner Mühe für wert erachtet, »links liegen läßt«, wo immer auch ihr Platz ist, ja daß, wer dazu befugt ist, nur von oben nach unten und mit der rechten Hand segnen darf, dies alles entspringt dem Symbolgehalt des Achsenkreuzes. Dessen Kraftströme und Bereiche sind symbolisch so ergiebig, daß wir sie nun einzeln prüfen wollen.

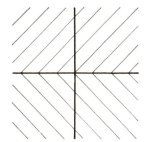 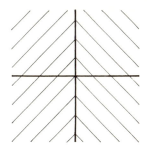

Das Achsenkreuz teilt jede Fläche in vier sich überschneidende Hälften: in eine obere und untere sowie in eine rechte und linke. Dadurch gehört jeder Ausschnitt gleichzeitig zwei Bereichen an und besitzt zweierlei Symbolwerte wie »oben/rechts«, »oben/links«, »unten/links«, »unten/rechts«.

Was ist oben? Was ist unten?

Schon die Raumordnung verlangt, daß das »Oben« seinen Platz über dem »Unten« einnimmt. Und da wir selbst oben den Kopf und unten die Füße haben, die mit dem Schmutz der Straße in Berührung geraten, verstehen wir, warum dem »Oben« auch höherer Wert zugebilligt wird als dem »Unten«. Auch sonst hat es einen höheren Preis. Es kostet Mühe und Schweiß, hinaufzukommen, ob es ein Berg oder ein Berufsziel ist. Abwärts geht alles leichter und verlangt keine Anstrengung. Auch der einst gerühmte »Pfad der Tugend«, der Strenge und Entbehrungen verlangt, führt steil und mühsam bergauf. Das »Oben«, die Höhe, der Berg, werden schon in der Bibel mit vielen Anspielungen gerühmt. Gott selbst wohnt »droben« – »Ehre sei Gott in der Höhe!« Dieser Ort ist zugleich der Himmel, also unaustauschbar, und mit nichts anderem zu vergleichen, selbst im Alltag gibt es für ein »hohes Ziel« keine Entsprechung im »Unten«. Dorthin sinkt oder stolpert man; nie wird man es erstreben, eher planlos erreichen; denn es bedeutet Niedergang, wenn nicht Untergang.
An den guten Eigenschaften der Höhe hat alles Anteil, was »droben« errichtet wurde: die Burg, das Schloß, das Kloster, die Kirche (nie die Kaserne!), auch die Kapelle »stehet droben« und »schaut ins Tal hinab«. »Höher droben« schafft ein Gefühl der Überlegenheit.

Angreifer haben es den Berg hinauf schwerer als die oben postierten Verteidiger. Wenigstens andeutungsweise stehen deshalb auch die Gotteshäuser in Dorf und Stadt auf einer kleinen, oft sogar künstlichen Erhöhung, zu der Stufen hinauf führen.
Schon immer galten Treppen und Stufen als Symbole der Macht, sei es der Staatsgewalt oder geistlichen Betreuung. Auch Türme und hohe Fassaden wecken den erwünschten Respekt. Um Überlegenheit sichtbar zu machen, um die Distanz zwischen oben und unten auch

symbolisch zu demonstrieren, verfügen Schlösser, Regierungsgebäude, bischöfliche Paläste (in Rom ebenso die Peterskirche), ja sogar die repräsentativen Rathäuser über breite Balkone, zu denen hinauf das Volk seine Huldigungen oder Proteste, seinen Beifall oder seine Empörungen äußern kann – und von denen herunter huldvoll gegrüßt, gewinkt, gesegnet, die neue Hauptfigur vorgestellt, gelegentlich auch eine andere Staatsform proklamiert, die Republik ausgerufen oder für beendet erklärt wird.
Große Paraden und Aufmärsche auf größeren Plätzen werden ebenfalls von Balkonen abgenommen, und ist der Platz klein, so errichtet man eine Tribüne. Sie kann flüchtig aus Brettern und Latten zusammengefügt und unansehnlich sein, wenn sie nur hoch genug ist, damit man symbolgerecht zu ihr hinaufsehen und salutieren kann. Der Karnevalsumzug in Rio de Janeiro, an dem nahezu ein Jahr lang an kostspieligen, zeitraubenden Vorbereitungen gearbeitet wird, gewinnt seinen brodelnden Höhepunkt erst unter der ebenfalls dekorierten Präsidententribüne, von der in der Vergangenheit oft genug ein gelangweilter General, wenn nicht gar sein Double heruntergrüßte. Aber der knisternde Seelenaustausch zwischen unten und oben, Volk und »Presidente«, einschließlich der Weltöffentlichkeit in Gestalt des diplomatischen Korps und Dutzender von Fernsehteams, muß stattfinden, sonst kann sich die Spannung nicht entladen. Nicht nur Befehle und Gesetze kommen von oben, auch der Segen Gottes, des Papstes, des Bischofs oder Priesters – nicht zu vergessen die Sonne, der Tau, der Regen. Die obere Hälfte des Achsenkreuzes bleibt durchaus positiv bewertet, so lange sie nicht ins Unrecht gesetzt wird. Dann aber zeigt sich, daß sie nicht nur im Licht, sondern schon manchmal am Pranger stand. Als die Menschen noch in mythische Zusammenhänge eingebunden waren, wurden sogar die Blitze vom obersten Gott Zeus geschleudert oder fest in der Hand gehalten, um den Blitzschlag, der ja immer unberechenbar ist, erst recht, wenn er aus »heiterem Himmel« kommt, als einen Akt göttlicher Entscheidung herauszustellen.
Doch brauchen wir die unterschiedliche Bewertung von »oben« und »unten« weder in religiösen, noch politischen oder kosmischen Bezügen weiter herauszustellen. Das meiste ergibt sich schon aus den Zwängen geordneter Vorstellungen. Wenn der Himmel oben ist, muß die Hölle unten sein. Und da uns das Reich der Seligen in Analogie zu monarchistischen Erfahrungen beschrieben wurde, befindet es sich nicht nur »droben im Licht«, sondern ist gleichfalls um den Thron Gottes herum angelegt. Jesus fuhr am Ende seiner

Erdenzeit dorthin auf, um zur »Rechten« des Vaters Platz zu nehmen. In der Tat liefert das uns innewohnende Symbolgefüge die beste Orientierung. Denn für den Himmel kann es keinen festen Ort geben, er ist ein Zustand, eine geistig zu erlebende Situation. Auch wenn die vielbesungenen und noch öfter gemalten Majestätsspiele um den Thron Gottes ein demokratisch angelegtes Gemüt nicht andächtig stimmen können, behalten die Bilder ihre Richtigkeit. Niemals könnte Jesus zur »Linken« des Vaters sitzen und keinesfalls auf einem Stuhl oder Sessel, bei dem man Mittelmäßigkeit assoziieren würde. Es kann nur ein waches, dauerndes Angeschautwerden auf einem Thron sein. Auch stand ihm, um das Reich des Todes und vierzig Tage später am Himmelfahrtstag diese Erde zu verlassen, symbolisch nur eine einzige Richtung offen: hinauf!

Unter dem gleichen symbolischen Zwang mußten vor Urzeiten die aufrührerischen Engel in die Tiefe »hinab«gestürzt werden, wo Luzifer fortan seine finstere Hölle regierte, die Gegenwelt zum »Reich des Lichts«. In die dunkle Unterwelt hatten schon die griechischen Götter die von ihnen besiegten Titanen verbannt. Luzifer, der gestürzte Engel, bleibt dagegen aktiv und treibt sein Unwesen nicht nur »drunten« bei den »Verdammten«, sondern mitten unter den Menschen, wo er »wie ein Löwe« umherschleicht, »suchend, wen er verschlinge« (der Löwe ist als Katze symbolisch ein Nachttier, obwohl er, wie Luzifer, auch sonnenhafte Züge trägt.) Der Versucher, der die frontale Begegnung scheut, gilt symbolisch ebenfalls als eine Figur der Nacht. »Drunten« ist also der Ort der Verdammten, politisch der Verbrecher, die in Verlies und Kerker schmachten.

»Drunten«, in Unfreiheit, im Dunkeln, zählt zu jenen legitimen Existenzformen unseres Daseins, die zwar glücklicherweise immer wieder vergehen, aber auch immer wiederkehren, einschließlich der Nähe zum »Lichtbringer« Luzifer. Wir werden an anderer Stelle darauf hinweisen, daß es dem Künstler viel eindrucksvoller gelingt, den Aufenthalt im Drunten und den mühevollen Ausstieg aus Unfreiheit und Dunkel darzustellen als die Glückseligkeit im Himmel. Christoph Willibald Glucks »Reigen seliger Geister« stehen die ergreifenden Befreiungschöre der Gefangenen in Giuseppe Verdis »Nabucco« und Ludwig van Beethovens »Fidelio« gegenüber. Und Dante selbst, geschweige denn ein anderer, vermochte dem Schicksalsgemälde des »Inferno« mit dem »Paradiso« nichts Gleichrangiges entgegenzusetzen.

Im Achsenkreuz bedeutet die Welt in der horizontalen Linie allerdings nicht nur Niedergang und Verlorenheit, sie enthält auch jenen

Bereich, der noch nicht ans Licht kam: das Verborgene. Alles, was sich erst anbahnt und nach Gestaltung im Hellen und Sichtbaren sucht, gehört dazu. Ja, es gilt sogar, daß droben im Hellen und Gültigen nur bestehen kann, was sich drunten im Verborgenen vorbereiten durfte. Weshalb wir gut daran täten, an der Verachtung der »Oberen« gegenüber dem »Unten« nicht unbesehen teilzunehmen, denn auch das Untere gehört als Verborgenes zu unserer Existenz. Am anschaulichsten und symbolisch ergiebigsten wurde dies in der Mythologie der Griechen und Römer dargestellt. Und da die beiden Gottheiten Jupiter und Saturn, denen wir dabei begegnen, durch das neuerwachte Interesse an der Astrologie schon für eingeführt gelten können, brauchen wir nur offenzulegen, wo sie im Achsenkreuz zu Hause sind: Jupiter ober- und Saturn unterhalb der Querachse.

Spätestens seit wir mit der Elektrizität arbeiten, die keiner sieht und hört, die nicht mit den Sinnen, sondern nur als Wirkung wahrzunehmen ist, zählt das Verborgene zu unserem Alltagsleben. Die Elektronik erweist sich als für den Normalsterblichen völlig unzugänglich; und welches Meer von Informationen in den, offenbar immer wichtiger werdenden »Chips« stecken soll, das kommt den einstigen Visionen einer anderen Welt gleich (nur daß man die Erlangung solcher Tiefenschau heute studieren kann). Bei der Kernenergie ist es nicht anders. In Verbindung mit dem Achsenkreuz ist es freilich auch dies: Je gewaltiger das unter der Mittellinie Verborgene anschwillt, desto gegenwärtiger wird es oben, allein schon deshalb, weil es Angst macht. Ob sich hinterrücks ein Herzinfarkt vorbereitet, ob heimlich bereits ein Krebs in uns wuchert, ob wir radioaktiv verseucht sind, all das entzieht sich unserer Beobachtung. Ja, die Fachleute versichern, daß wir nicht einmal das tödliche Quantum einer atomaren Bestrahlung wahrnehmen. In Tschernobyl holten sich die Helfer den Tod, nicht die Geretteten.

All dies gehört mythologisch zum verborgenen, zum unheimlichen Bereich des in der Unterwelt gefesselten Titanen Saturn. Seine Macht breitet sich aus. Wie stark vielerorts Regierungen, die über der waagrechten Mittellinie im Licht des Jupiter wirken, durch Saturn schon verunsichert sind, läßt der Terrorismus erkennen, der ebenfalls seines Geistes ist. In ihm zeigt sich die Kriegsform der Gesetzlosen. Während Jupiter klare Fronten, eindeutige Waffen und ein offenes Gegenüber verlangt, arbeiten die saturnischen Kräfte nach Partisanenart, heimlich, aus dem Dunkeln, mit gebastelten Werkzeugen, die nicht aus den amtlichen Waffenarsenalen bezogen, oder dort gestoh-

len sein müssen. Terroristen bleiben unsichtbar, beziehen keine feste Stellung, wodurch sie für den Feind allgegenwärtig sind, und werden von versteckten, auch nicht ortsfesten Kommandostellen gelenkt.
Für mythologisch geschulte Theologen ließe sich leicht ableiten, warum mit dem Verfall der religiösen Normen, also der »Gottesfurcht«, zwangsläufig die Angst vor dem Untergrund zunimmt. Denn auch sie können weder erklären, warum, noch verhindern, daß die Jupiterwelt zurückweicht und die Saturnwelt näherrückt. Für sie selbst entsteht ein kircheneigener Untergrund, seien es die Jugendsekten, die wortlose Abwanderung (denn für Saturn gibt es keine offenen Auseinandersetzungen) oder die mit religiöser Unterweisung nicht aufzuhaltende Flucht in das Dunkel der Drogen.
Solche Ursymbole der Mythologie, wie die »Gottheiten« Jupiter und Saturn es sind, können sich zwar aufblähen oder verblassen, aber niemals erlöschen – weshalb es z. B. ein Unsinn ist, ein bevorstehendes Matriarchat anzukündigen. Obwohl sich die etablierte Macht noch stärker »verbunkern« muß (Heinrich Böll: »Fürsorgliche Belagerung«), patriarchalische Strukturen, sogar die Autorität des Vatertums weiter schwinden werden, muß sich die Überwucherung des Lebens durch Saturn so lange fortsetzen, bis die »oberen« Götter wieder die Kraft haben, die ganze Macht auszuüben.
Jupiter, der Beschirmer von Vertrag und Gesetz, gilt als Herr der sichtbaren, mit Unterschrift und Siegel bestätigten Welt. Ein patriarchalisch-politischer Ordnungsgott also, der über alles legal Bestehende seine Hand hält, damit es so weiterbestehe. Aber nicht darüber hinaus. Wandlungen, die im Verborgenen heranreifen, interessieren ihn so wenig wie illegale Zustände. Deshalb wird ein Gesetz, mag es auch veraltet sein und dem Leben Gewalt antun, von ihm aus dem einzigen Grund geschützt, weil es noch in Kraft ist. Ein Roland Freisler wäre für ihn so lange unantastbar, als er sich an geltende Gesetze hielte. Eine Ehe, auch wenn sie zur Gruselkammer wechselseitiger Quälerei entartet wäre, bestünde für ihn so lange als verbindlicher Vertrag, solange sie nicht geschieden wäre. Der Schutzherr einer gültig verbrieften Wirklichkeit ist in Eid und Handschlag, in der durch Datum und Unterschrift bestätigten Form gegenwärtig –, nicht notwendig im Inhalt.
Ganz anders Saturn, der »Hüter der Schwelle«, der nichts über die Horizontale des Achsenkreuzes hinaufläßt. Für ihn gilt das als Wirklichkeit, was die Tatsachen und Daten herbeiführt, sie bewirkt, was schon mit Dynamik erfüllt ist, obwohl ihm noch Gestalt und Namen fehlen. Alle Entwicklungen, die im Verborgenen heranrei-

fen, ob sie schöpferisch Neues bringen oder Verfall, beschäftigen ihn. Er ist in Gefahren eingeweiht, die für andere noch nicht wahrzunehmen sind. Deshalb bleibt ihm das Äußere, die Fassade, das Etikett wertlos. Ein zum Unrechtsstaat entartetes politisches Gebilde hat für Saturn schon die Schutzwürdigkeit verloren; kriminelle Gesetze gelten bei ihm als Unfug, eine heillos zerrüttete Ehe als nicht mehr existent.

Indem wir bestätigen, daß jede dieser beiden Gottheiten auf ihre Art recht hat, wird uns klar, was die Alten mit einem »Gott« meinten. Dabei müssen wir freilich über die einstige Feindseligkeit der Kirchenväter hinwegsehen. Ein Gott – und deshalb konnte man von vielen Göttern sprechen – war nichts anderes als ein seelisches Potiential, eine Kraft, die so eindeutig und unverwechselbar wie eine Person wirkte, und mit dieser Eigenheit sowohl uns selbst wie auch die Welt beseelte. Deshalb vermag man sie auch beim Namen zu nennen. Wenn wir Jupiter in uns wachrufen, bekennen wir: Gesetze, Grenzen, Verträge müssen so lange anerkannt bleiben, solange sie nicht gelöscht sind, weil sonst alle staatliche und gesellschaftliche Ordnung zusammenbräche, auch klare Unterscheidungen nicht mehr möglich wären. Jede Gesellschaft braucht ein äußeres Gefüge und innere Strukturen, an die man sich halten kann.

Doch lebt Saturn gleichermaßen in uns. Durch ihn wissen wir, daß sich außen und innen selten decken, weil alle Wendungen heimlich anlaufen, das bisher Gültige in Frage stellen, so daß es allmählich ablösungsreif wird – mit einem Wort, daß sich die Lebenswirklichkeit ununterbrochen ändert, über das Fertige oder gerade Gültige weit hinausreicht.

Saturn muß nach genealogischer Ordnung älter sein als Jupiter (der tatsächlich sein Sohn ist), weil alles, was entsteht, zunächst unter seinem Schutz bleibt und erst, wenn es Gestalt gewonnen hat, in den des Sohnes übergeht. Eigentlich hätte Jupiter seinen Vater Saturn gern beseitigt, denn dieser war kein echter Gott, sondern zählte noch zu den Titanen. Alle Herrschaftsmächte wischen ihre dunkle Herkunft gern aus. Doch sind die Titanen so unsterblich wie die Götter selbst und konnten nur in den Untergrund verbannt werden, den man freilich nicht mit dem Reich des Todes verwechseln darf. Dort nimmt sich Saturn schützend um alles an, das noch der Abschirmung bedarf, weil es erst im Entstehen begriffen ist. Psychologisch gehören alle zur Aktion drängenden Triebkräfte dazu, mitsamt unseren Ahnungen und Ängsten, unserem versteckt arbeitenden Unterbewußtsein, das Ziele ansteuern kann, die unser heller Wille gar nicht kennt. Deshalb

soll man auch von Dingen nicht sprechen, solange sie noch nicht fertig sind. Jeder kreative Mensch versteht das und weiß, warum schaffende Künstler hier geradezu ängstlich sind.
Was immer in Erscheinung tritt, hat seine Entstehungsgeschichte schon hinter sich, wie auch dem endgültigen Verschwinden meist ein allmählicher Verfall vorangeht.
Um der verborgenen Zukunft habhaft zu werden, beschäftigte oder ernährte man von alters her Wahrsager oder Hellseher. Bei den Römern wurde selbst in ihren besten Zeiten kein Staatsakt, ja nicht einmal eine Feldschlacht unternommen, ohne daß die sogenannten Auguren das Signal »günstig« gegeben hatten. Zwar setzten Staatsmänner und Feldherrn diese Hohepriester der Zukunft gern unter Druck oder lösten sie einfach ab, wenn sie sich weigerten, das Vorhaben des Generalissimus als vom Schicksal besonders gesegnet auszugeben. Nicht erst wir spotten über diese amtlich bestellten Wahrsager, die Römer selbst taten es schon. Doch erwies sich ihre Funktion symbolisch als geradezu unvergänglich. Noch heute sprechen wir vom »Augurenlächeln«, wenn Kundige vor arglos-leichtgläubigen Gemütern ihr Hintergrundwissen durch Blicke austauschen, wie sich auch ein Neuanfang dann »In-augur-ation« nennt, wenn er unter weihevollen Segenswünschen inszeniert wird.
Bei manchen Orakeln des Altertums, die für die Erhellung der Zukunft berühmt waren, hatte sich ebenfalls eine diplomatisch verkleidete Erpressung eingebürgert. Plutarch, selbst noch Orakelpriester von Delphi, beschreibt uns die reichen Spenden, die dort in den Schatzhäusern zusammengekommen waren. Mitunter geschah die Einsendung aus Dankbarkeit, meist aber, um für wichtige Vorhaben eine günstige Prognose zu erhalten. Denn die Formel, Apollo selbst habe in Delphi durch den Mund der Pythia den glänzenden Ausgang etwa einer geplanten Eroberung vorhergesagt, ließ sich propagandistisch vorzüglich auswerten.
Das unbestritten hohe Ansehen dieser antiken Anstalten kann ohnehin nur von einem Vorsprung an Herrschaftswissen abgeleitet werden. Ein praktisches Beispiel aus unserer Zeit mag uns zur Erhellung dienen:
Jedermann weiß heute, welch zwiespältiger Gewinn der Assuanstaudamm für Ägyten geworden ist. Abgesehen davon, daß dem Staat noch lange die Industrie fehlen wird, die den Strom aus einer solch geballten Wasserkraft verwerten könnte, hat er vorerst nur den Schaden zu tragen, der durch das Ausbleiben des Nilschlamms entstand. Die schicksalhafte Wende, die ein solch gewaltiger Stausee

hoch über dem Land herbeiführte, wurden die verantwortlichen Führer aber erst gewahr, nachdem der Damm errichtet war. Wassermassen, die mehrfach den Bodensee füllen könnten, stehen nun als tödliche Bedrohung zu Häupten des Volkes. Man hat errechnet, daß bei einer Zerstörung des Assuandammes (etwa durch eine Atombombe) die Flutwelle in Kairo und Alexandria noch zwölf Meter hoch wäre, also das ganze Volk ins Meer hinausschwemmen würde. Die wahnhaften Spekulationen Gamal Abd el-Nassers, mit Hilfe der Russen das Land rasch zu industrialisieren und dann das verhaßte Israel in die Knie zu zwingen, schlugen ins Gegenteil um. Israels Rüstungsvorsprung war nicht aufzuholen, und Nassers Nachfolger Anwar el-Sadat konnte nur eines tun: so schnell wie möglich mit dem gefürchteten Nachbarn einen Frieden schließen, den nun Hosni Mubarak auch auf die arabische Welt auszudehnen versucht. Psychologisch wichtiger als die äußere Historie war, daß nun eine psychische Wandlung eingeleitet werden mußte. Rabiate, auf Judenvernichtung eingeschworene Moslems wurden isoliert, die Predigt zum Judenhaß verboten, gesprächsfähige, friedenswillige Männer nach vorne geholt. Der Assuandamm erzwang auch eine seelische Kehrtwendung. Hätte Nasser, bevor er zu bauen begann, ein Orakel antiker Art befragen können, so hätten ihm die klugen, politisch wohlinformierten Priester zu seiner Verblüffung vielleicht dies geantwortet: »Mit dem Dammbau wirst du ein großes Friedenswerk stiften.« Nasser hätte das so wenig verstanden wie seinerzeit Krösus.

Oft genug wird in uns selbst eine ganz andere Zukunft programmiert, als wir im Sinn haben, denn das Unterbewußtsein arbeitet, wie wir vorhin gehört haben, unbekümmert um unsere Zustimmung. Am ägyptischen Beispiel sehen wir, wie sich ein Volk ohne innere Wandlung, ja ohne die geringste Sinnesänderung plötzlich den Idealen des Friedens verschreiben muß und ihnen wohl auch treu bleiben wird, so lange nicht ein selbstmörderischer Fanatiker die fatale Gefährdung übersieht, oder Israel auf der anderen Seite sein militärisches Potiential leichtfertig herabsetzt. Diese ägyptische Situation nahm die neueste Lage der gesamten westlichen Welt vorweg. Denn auch wir haben uns mit einer verräterischen Fehlleistung in einen seelischen Engpaß hineinmanövriert, der uns nur noch eines erlaubt, nämlich den Frieden zu bewahren und auszubauen, ja uns sogar in eine militante Friedensgeneration zu verwandeln. Damit wir uns aber nichts vormachen: Diese neue Rolle wurde uns aufgezwungen. Sie ging keineswegs aus einer Friedensgesinnung ethisch-moralischen oder gar religiösen Ursprungs hervor, geschweige denn aus einem neugewonnenen Adel uneigennütziger Mitmenschlichkeit. Bei dieser Zwangsentscheidung zwischen Frieden und Untergang steht es uns schlecht an, die *Acht Seligkeiten* als Leitmotiv für unsere neue Gesinnung auszugeben.

Weder das Schwarzbuch der Geschichte mit seiner schwer verteilbaren Bürde an Schuld und Leid noch die immerhin durch Jahrtausende verkündeten, uns allen bekannten Lehren der Brüderlichkeit haben den Frieden zur Lebensform werden lassen. Denn Frieden verlangt einen neuen Menschen, der von einer bisher ungekannten Geistigkeit durchdrungen wäre: scharf, wachsam und hellhörig für Anspielungen, Symbole und Muster jener Unglücklichen, die einen Feind brauchen, um Leben zu können; auf der Hut vor allen Fanatikern, sei es der Wahrheit oder der Disziplin, damit sie nicht aus verschlafenen Friedensgenießern ihre Janitscharentrupps ausheben können. Ohnedies würde ein Frieden, dem die geistige Anstrengung fehlte, allmählich unerträglich werden. Noch wimmelt unsere Umwelt, unsere Sprache, unser militanter Lebensstil, sogar die Spielzeuge unserer Kinder von Wahrzeichen des Krieges. Der Krimi, die Spielautomaten lehren die Kunstfertigkeit, sich gegenseitig umzubringen. Wie die unantastbaren Symbole einer geheimnisvollen Schicksalsmacht werden die Atomwaffen in den täglichen Nachrichten umkreist.

Was ist rechts und was ist links?

Nichts leichter, meint man, als diese Frage zu beantworten, denn um rechts und links zu unterscheiden, brauche man doch nur auf seine Hände zu sehen. Wem diese Auskunft allzu einfach erschiene, der möchte ein Parlament aufsuchen, wo die Gruppen zur Rechten des Präsidenten ein Interessengebiet vertreten, das man deshalb Rechtspolitik nennt, während die zu seiner Linken für ein ganz anderes Programm, eben für das Linke kämpfen. Nun, ein verpflichtender Sinn steckt in der Parlamentsplazierung natürlich nicht, vielmehr ist er dem Symbolgehalt der beiden Seiten nachgefühlt. Was nämlich an politischen Zielen in den rechten, was in den linken Lebensbereich fällt, ist seit Jahrtausenden bekannt und wurde vielfach ausgesprochen, ehe es Parlamente gab. Schon mit ihren Ansätzen mußte jede Kultur versuchen, das flutende Meer der Lebensmasse zu gliedern, sei es die dem Menschen begegnende Umwelt oder das Erlebnis seiner selbst. Man unterlegte ein erdachtes Koordinatenkreuz, durch das die Erscheinungen draußen und drinnen verortet werden konnten. Die

Die Symbolik dieser Zeichnung von Ludwig Richter wird durch die Rechts-Links-Orientierung bestätigt. Im Original sitzt der meditierende Greis der linken Seite, also seinem verflossenen Leben zugewandt. Eine Zukunft hat und erwartet er nicht mehr. Diese müßte rechts liegen, wo sie deutlich durch die Kante des wärmenden Kachelofens abgeschnitten wird. Der Alte schwelgt nach Greisenart in seinen Kindheitserinnerungen.
Schon etwas verschwommener erscheint darüber die Rosenzeit der jungen Liebe. Ein Bild der Ruhe des in sich selbst eingekehrten, wunschlosen, wohl auch gut versorgten Großvaters.
Ganz anders beim seitenverkehrten Bild, das den Greis sofort auf Zukunft programmiert. Seine Rechte, die er vorhin, müde von der vielen Lebensarbeit, zum Wärmen in den Hausrock gesteckt hatte, greift nun unternehmerisch zum Pfeifenrohr wie zu einem Stock. Was sich an Fantasien im Pfeifengewölk figuriert, das sind nun Enkel und Nichten, die er in seinem Testament beschenken oder übergehn wird. Was hinter ihm liegt, wird durch die gleiche Ofenkante abgeschlossen. Der Alte disponiert, was er noch zu tun gedenkt.

Querachse diente dabei der sakralen Orientierung: Sie hält das Oben und das Unten auseinander, trennt also Erhabenes und lichte Götterwelt vom Erdhaften und noch dunklerem Unterirdischen. Unabhängig von dieser numinosen Wertung teilt die senkrechte Achse unsere Geschichts- und Erlebniswelt in eine linke und rechte Hälfte, wobei »links« für das unerkannt Herandrängende, noch Unbewußte, jedoch nach Gestaltung Verlangende gilt, »rechts« dagegen für das schon Geformte, Festgelegte, Fertige. Das Koordinatenkreuz schafft also vier Bezirke, von denen jeder sowohl der Oben-unten- wie der Rechts-links-Ordnung angehört.
Übersehen wir es aber nicht: Der Schnittpunkt der Achsen, an dem sich alles trifft, wird damit zum Ort der menschlichen Existenz.
Diese uralte Viererteilung mußten wir kurz erwähnen, um zu zeigen, warum durch die Verflüchtigung der Oben-unten-Polarität, also der Entsakralisierung unserer Zeit, alle Leidenschaften in die Rechts-links-Spannung zusammengestaut wurden. Die zurückweichende patriarchalische Jupiterwelt hält der nachdrängenden Saturnzeit nicht stand. Historisch gesprochen: Eiferte man früher aus nationalen oder religiösen Motiven, so geht man heute aus dem Gegensatz von rechts und links aufeinander los, Grund genug, sich darüber Gedanken zu machen.
Jedes Volk, das einmal die Fahne der Humanität den anderen vorantrug, hat seinen Beitrag zur Klärung von rechts und links geleistet: die Chinesen, die Juden, die Griechen, ja schon die Chaldäer und Ägypter; das Alte und das Neue Testament unterscheiden es sehr genau, ebenso die Märchenweisheit der Druiden und Araber. Sie alle wissen, daß hier eine Orientierung innerer Art vorliegt, die bis in die archetypische Tiefe hinunterreicht. Manchmal wurden die Auskünfte esoterisch verhüllt, viel öfter aber als ethische Ansprüche direkt gewertet, nie jedoch spielerisch, nie handelte es sich um etwas Belangloses. In der Tat läßt sich unser seelisches Gleichgewicht nur aus den ständigen Wechselwirkungen von links und rechts, oben und unten lebendig erhalten. Wer nicht rechts und links als Lebenskräfte realisiert, büßt seine Harmonie ein oder aktueller gesagt: Wer sich in parteiischer Verhärtung über alles Rechts- oder alles Linksgemeinte ärgert, erkrankt an seelischen Störungen. Denn rechts und links leben voneinander.
Wie wir alle wissen, sind unsere Hände zwar symmetrisch gepaart (wie die Augen oder die Nieren), aber nicht anatomisch gleich, worauf der banale Kasernenhofspruch anspielt, daß rechts dort sei, wo der Daumen links ist. Nur wenn beide Hände gemeinsam zugrei-

fen, gibt es eine organisch geschlossene Handhabung wie von einem einzigen Organ ausgeführt. Auf sich allein gestellt, ist keine Hand mit der anderen an Geschick und Verwendbarkeit zu vergleichen. Die rechte Hand setzt Willen und Verstand leichter um, sie ist wacher, sozusagen hellhöriger für das, was gemeint ist, deshalb also anteiliger an unserem bewußten Ich, auch gefügiger. Die Linke, von der Natur keineswegs benachteiligt, ist weder schwächer noch ungelenkiger, aber dennoch ungewandter. Sie gehorcht nicht so automatisch wie die Rechte, sie führt ein kaum dirigierbares Eigenleben, sie zeigt einen Identitätsmangel mit unserem Ich. Deshalb schwören wir nur mit der Rechten; sie führt auch den Handschlag aus, der einem Vertrag oder Versprechen gleichkommt; sie segnet, wo jemand dazu befugt ist; sie wurde in der brutalen Justiz vergangener Zeiten abgehackt, auch wenn der Dieb ein Linkshänder war. Aus dem frühen irischen Christentum wird berichtet, daß beim Untertauchen der Knaben in das Taufwasser die rechte Hand herausgehalten wurde, also gewissermaßen heidnisch blieb, weil sie später zum Führen des Schwertes und in der Liebe gebraucht wurde, beides nach spiritualisierter Auffassung mindestens zwielichtig.

Die Sprache folgt getreulich eben genanntem Befund, indem sie einen ungewandten, sich überall schwer tuenden Menschen als linkisch bezeichnet, also die Eigenheiten der linken Hand auf den ganzen Charakter überträgt. Der anderen Seite verleiht sie dagegen zusätzlichen Glanz. Im »rechts« steckt die Hoheit des Rechts, das Vernunftattribut des Richtigen. Was sich als recht und richtig erwiesen hat, trägt den Stempel der Unantastbarkeit, des Fertigen. Es hat freilich auch die Dynamik des Werdens verloren, kann sich aus eigner Kraft nicht mehr weiterentwickeln. Dazu bedarf es eines Anstoßes, der nur von der anderen Seite, also von links kommen kann.

Wenn wir einen Strich ziehen, setzen wir irgendwo links an und führen den Stift nach rechts hinüber. Die fertige Linie lief, ob angezielt oder nicht, also von Anfang an auf ihren Schlußpunkt zu. Im »Rechts« wohnt nicht nur auf dem Papier, sondern auch in unserer inneren Disposition das irgendeinmal von links her Erreichte, an dem es festzuhalten gilt. Drüben auf der linken Seite regt sich eine unbewußte Geladenheit, ein seelischer Impuls, der nach rechts hinübertreibt. Wir wollen das an einigen Beispielen erläutern: Ob wir unter der Erhabenheit des Sternenhimmels die Seele aufschließen, seinem Zauber unser Herz öffnen oder ob wir durch exakte Astronomie die kosmischen Gesetze und Bahnen erforschen, ob wir in der Unendlichkeit des Meeres unsere Bedeutungslosigkeit erleben

oder Ozeanographie und Nautik als Wissenschaft betreiben, ob wir uns der Poesie des Waldes, seiner lebendigen Stille, seiner Rehe und Vögel erfreuen oder als Förster den Wirtschaftswert der Bäume, ihren gesundheitlichen Zustand und die richtige Aufteilung sehen, in den Schneezeiten nicht nur eine Heimsuchung der Tiere erblicken, sondern sie durch geplante Wildfütterung überbrücken, ob wir vom leidenden, kranken Menschen angerührt sind oder Medizin studieren, um ihn heilen zu können, ob wir Unversorgtheit und Altersangst beklagen oder Sozialgesetze schaffen, ob uns die politische Entmündigung und Passivität des Volkes nur weh tut, oder wir Reformpläne ausarbeiten und durchführen – immer bilden rechts und links zwei legitime Lebenswirklichkeiten, die auseinander hervorgehen und einander fördern. Drosselten wir unsere Linkskräfte ab, so bliebe der rationale Antrieb unbeseelt. Bald würden wir zu innerer Teilnahmslosigkeit und Hinnahme des gerade Gegebenen erstarren. Ohne die Rechtskräfte dagegen gewännen wir kein Gesicht, und die Welt bliebe, wenn auch tief beklagt, im Alten und allmählich Argen liegen. Das beseelte Indien, zugleich das Spital der Welt, muß sich zwangsläufig eine Linksregierung zulegen, die unablässig ihren Tribut an die Weltvergeistigung und Ignorierung des Leidens entrichtet. Der, zwar auch von links her angetretene, Chinese Mao Tse-Tung versuchte jedoch von Anfang an die Rechtskräfte seines Volkes zu wecken, indem er dem Leid die metaphysische Unantastbarkeit nahm, zu dessen Beseitigung aufrief und alle Sehnsüchte auf ein einziges Ziel, den Aufstieg Chinas, konzentrierte. Nicht nur alle Utopien kommen von links, ob sie religiöser, politischer, oder gesellschaftlicher Art sind, auch die Ordnungssysteme verdanken der linken Unruhe ihr Entstehen. Das Linke verwahrt andere Wahrheiten als das Rechts: Links besitzen sie dynamischen Werdecharakter, also keine Endgültigkeit. Was rechts an Exaktem festgeschrieben wird, kann der linken Ergriffenheit nie genügen. So erklärt sich die Unheimlichkeit der Linken in den Augen der Rechtsgesonnenen, ihr unverlierbarer Untergrundston. Daher rührt umgekehrt die verbohrte Unbelehrbarkeit der Rechtsgruppen im Urteil der Linken, sobald diese dem nie stillbaren Reformbedürfnis feste Grenzen setzen. Wenn freilich die soziale Gerechtigkeit institutionalisiert ist, wird das Herz, von dem man so gern sagt, daß es links schlägt, von einer kaltblütigen Rechtsbürokratie ersetzt und hört zu schlagen auf. Die Rechte weiß nach dem Wort der Bibel nicht nur nicht, was die Linke tut, es geht sie auch nichts an, denn sie hat andere Aufgaben.
Wann immer in der Geschichte die Rechtswelt versteinerte, kam es

zum Umbruch von links her. Der Absolutismus brachte zwangsläufig seinen eigenen Totengräber, das Jakobinertum, hervor, das nur noch sich selbst feiernde Zarentum den radikalen Gegentypus des Bolschewisten. Beide Gegenströmungen sind eiskalt, schon mit ihrem Sieg eine Beute des rechten Richtigkeitswahns, der die gnadenlose Vernunft inthronisiert und alle weiteren Impulse systematisch erstickt. Eine so im Rechts erstarrte Linkswelt muß, sobald sie ihre Macht zu bestellen beginnt, ihre Idealisten, also ihre eigenen überzeugten Mitglieder liquidieren. Und die Geschichte lehrt immer das gleiche: Wenn eine Linksbewegung zur parteipolitischen Orthodoxie erstarrt, gerät sie in eine so inhumane Rechtswelt der Vorschriften hinein, daß die vermeintlich errungene Freiheit zum Gefängnis wird. Ob früher der Fürst immer recht hatte oder nun die Partei, macht dann keinen Unterschied mehr.

»Eine Gesellschaft vermag nur dann fortzubestehen, wenn sie sich erneuert«, sagt Marcel Granet aus der Erfahrung der chinesischen Geschichte. Und Giuseppe Tomasi di Lampedusa setzt über seinen historischen Roman »Der Leopard« das Motto: »Die Dinge müssen sich wandeln, um die gleichen zu bleiben.« Mit anderen Worten: Sie müssen die Anliegen der Linken, sobald sie vom Leben gedeckt sind, also ihre Fälligkeit gewonnen haben, in sich aufnehmen.

Unbelehrbarkeit von der rechten oder linken Seite, Unreformierbarkeit gilt bei politisch reifen Völkern als verpönt. Deshalb möchte jede regierungsfähige Partei durchaus eine Partei der Mitte sein. Sie entwickelt in sich selbst einen rechten und linken Flügel, mit dem sie die Ziele des konkurrierenden Gegners jederzeit unterlaufen kann.

Nur in einer verhärteten Rechtswelt vermochte das künstlerische Werk von Käthe Kollwitz, die als Pendant zu Preußens Gloria das Elend der Hinterhöfe vor Augen führte, so viel ärgerliches Aufsehen zu erregen. Zwar konnte sie das Stöhnen der Opfer nicht als die ganze Lebenswahrheit glaubhaft machen, aber doch warnend ankündigen, daß eine Gesellschaft, die für die Lebenssehnsucht der Zukurzgekommenen kein Ohr hat, an ihrer Einseitigkeit zugrunde gehen muß. Heute kann es sich keine demokratische Regierung mehr leisten, den Rechts- oder Linksanspruch ihres Volkes ganz zu unterdrücken. Freie Wahlen ergeben wie nach einem Gesetz innerer Symmetrie meist nur knappe Mehrheiten, denn rechts und links halten sich mit geringen Gewichtsunterschieden die Waage. Wo die berüchtigten 99% auftauchen, weiß jeder, daß die Wahlen manipuliert sind. Der Standort legitimer Regierungen wird deshalb immer mit »Mitterechts« oder »Mitte-links« angegeben. Wenn jedoch, wofür es Bei-

Dürers Kupferstich »Hieronymus im Gehäuse« ist so bekannt, daß wir an sehr verkleinerten Wiedergaben zeigen können, wie zwingend sich sowohl die optische Psychologie wie auch die innere Dynamik, ja der ganze Inhalt des Bildes ändern, wenn wir die Seiten verkehren. Abgesehen von der komischen Kleinigkeit, daß der Gelehrte ein Linkshänder wird, versperren nun die Tiere plötzlich den Weg nach vorne, denn wir möchten zu dem Mann am Schreibpult ja hingehen. Löwe und Fuchs, vorhin noch im Schlaf und nach links gewandt ein Zeichen dafür, daß der einst höchst verletzende und gefährliche

Kirchenlehrer seine Leidenschaften, auch die gefürchtete Schläue hinter sich hat, sie liegen nun plötzlich auf der Lauer nach rechts in die Zukunft gewandt. Auch das Licht, das nun nicht mehr von links herein, aus dem langen Gelehrtenleben der Vergangenheit kommt, wirkt nun von rechts her wie ein Aufruf zu neuen Taten. Hieronymus, der ein militantes Berufsleben hinter sich hatte, hatte vom Papst den Auftrag einer Übersetzung der Bibel ins Lateinische, eine dienende Arbeit, die ihn und sein Team für viele Jahre an die Studierstube fesselten.

spiele gibt, Diktaturen bei allem elitären und nationalen Dünkel mit einem breit gefächerten Sozialprogramm aufwarten, demokratische Großparteien einander wechselseitig mit Reformplänen überbieten, liefert die Politik keine Auskunft mehr über rechts und links. Überflüssig gewordene Abgrenzungen, hierarchische Abstufungen, einst Heiligtum aller Rechtsorientierten, werden heute von den eigenen Gruppen abgebaut, lästige Abhängigkeitsstrukturen rigoros beseitigt. Der Zeitgeist zieht sie in eigener Regie, ohne Weisung von rechts oder links, aus dem Verkehr. Alte Vokabeln verlieren ihren Sinn. Schon die Team-Arbeit bringt jede subalterne Haltung um ihren guten Ruf. Die Sowjetrussen klagen den Rechtsimperialismus der Westwelt an und marschieren wie Kolonialherren in Budapest und Prag ein. Die Amerikaner müssen sich den Vorwurf gefallen lassen, mit enormer Sozialfürsorge die farbigen Volksschichten so zu feminisieren, daß deren überflüssig gewordene Initiative zur Selbstentfaltung erlischt.
Doch verlassen wir die für unser Thema unergiebig gewordene Politik, um zu prüfen, wie jeder einzelne von uns seine Rechts- und seine Linkskräfte erkennen und im Gleichgewicht halten kann: Die linken Neigungen in uns verlangen zum Beispiel einen freien Spielraum des Werdens, der keinen Zwang und keine Herrschaft duldet. Mit den rechten dagegen wollen wir alles so genau wie möglich ordnen und abgrenzen, Pflichten und Verantwortung verbindlich festlegen und ein Milieu, einen heimatlichen Raum des Vertrauens gründen. Links zählen freiströmende Seelenkräfte, wie die Ahnung eines höheren Menschentums, die Vision einer helleren Zukunft, auch das Intuitiv-Weibliche in uns. Rechts wiederum haben männliche Logik und verpflichtendes Urteil die Oberhand.
Es lohnt sich, noch einmal auf die schwebenden Wahrheiten der Linkswelt gegenüber den fixierten Richtigkeiten unserer Rechtsorientierung hinzuweisen. Was uns die Dichter über die Beseeltheit der Dinge, ihre verborgene Bezogenheit untereinander und zum Menschen hin, mitteilen, entbehrt jedes exakten Beweises. Für die Weisheit gibt es keinen Lehrstuhl. Sie ist nicht wissenschaftsfähig. Goethes Arbeit über den Granit kann so wenig in ein geologisches Lehrbuch aufgenommen werden wie seine Farbenlehre in ein physikalisches. Dennoch steckt in beiden unendlich mehr, als ein Examensstoff hergibt, so wie auch Shakespeares Dramen über jede Geschichtsschreibung erhaben sind, selbst wo sie mit dem guten Recht des Künstlers die Tatsachen verzeichnen. Kein nachprüfender Geograph kann dem Seeweg der Argonauten, den Irrfahrten des

Odysseus folgen. Dennoch enthalten die Heldenepen das gesamte nautische Wissen ihrer Zeit. Ja sie zeigen, worauf Ernst Jünger hingewiesen hat, die immer wieder einmal unternommenen Ur-Aufbrüche der Menschheit, in denen nur die Besatzung wechselt. Einmal sind es die Argonauten, die das sagenhafte Land des Goldenen Vlieses suchen, dann die Konquistadoren, die in eine ebenfalls noch unbetretene Welt eindringen, heute die Astronauten. So viel Wissen auch vorher gesammelt war, die Wagnisse wurden immer von unfundierten Visionen getragen. Man denke nur an die Bazillenangst nach der Rückkehr der ersten Mondfahrer.
Sie wurden tagelang isoliert, aus Sorge, sie hätten vom Mond Erreger mitgebracht, denen der Mensch auf unserer Erde wehrlos preisgegeben wäre. Je vollkommenere Rechtswerte ein Denker aufgenommen hat, desto schärfer wird sein Urteil. Gerade weil sein kritisches Bewußtsein in der Unterscheidung von Vollendetem und Mittelmäßigem geübt ist, weigert er sich, spontan in die Knie zu gehen, solange der Rang nur unterstellt und nicht bestätigt ist. Es sind unsere Linkskräfte, die uns in die Pflicht nehmen, überall zu prüfen, um der Einschüchterungsmacht des Rituals zu widerstehen, damit wir nicht von jeder anmaßenden Feierlichkeit düpiert werden. Rechts wird zwischen Prominenz und Elite kein Unterschied gemacht. Was oben ist, besitzt Höhe und Hoheit. Für die Linkskräfte in uns gilt jedoch das »Oben-Sein« noch nicht als Argument. Die Geschichte hat immer wieder Hochstapler inthronisiert und die Gesellschaft betuliche Dummköpfe. Doch kann kritisches Urteil nur Gewicht besitzen, wenn es vorbehaltlosen Respekt vor den rechten Formkräften unserer Natur zeigt. Nichts ist entsetzlicher als jene anspruchslose Aufgeklärtheit, der vor großen Rechtsleistungen noch nie der Atem stockte. Nicht umsonst restaurieren die Sowjets alle bedeutenden Kirchen und Schlösser, die großen Rechtsleistungen von einst.
Haben wir gegenwärtig, daß Goethe und Schiller, Kant in Königsberg, Hölderin, Schelling, Hegel in Tübingen begeistert die Französische Revolution begrüßten, daß sie also nach dem damaligen Gusto der Fürsten und Hofleute für verdächtige Demokraten galten, was vor der Errichtung der Parlamente mit »links« identisch war? Auch der ältere Goethe weigerte sich noch, seinen Namen für nationale Parolen herzugeben. Immer wenn eine Wertordnung umschlägt, wie etwa in der Renaissance und Reformation, melden sich die treibenden Geister eher auf der linken als auf der beharrenden rechten Seite.
In jedem von uns steckt ein rechter Jawohlsager zu allem, was oben ist, wie auch ein linker Unzufriedener, der jeglichem Bestehenden die

Endgültigkeit verweigert. Beide können, sobald sie sich ideologisch verstocken, von Stärkeren, Wacheren in Beschlag genommen und politisch mißbraucht werden. Der Gutmütige, von Vertrauensseligkeit Erfüllte, bedenkenlos Opferbereite lockt durch seine unangestrengte Infantilität und Orientierungslosigkeit die schlaueren Manipulierer geradezu an. Er ruft den Tyrannen auf den Plan, komme er von rechts oder links. Nicht zu Unrecht bezeichnet der Volksmund die allzu arglose Gutmütigkeit als ein Stück Liederlichkeit. Sie läßt sich übrigens nicht nur politisch übertölpeln, sie erliegt auch widerstandslos der trickreichen Reklame, die nichts anderes als magische Kleinstmythologeme zu schaffen sucht, von der Automarke bis zum Seifenpulver. Wo es an Wachheit fehlt, wird allem gehuldigt, das unter welchen Vorzeichen auch immer, gerade en vogue ist. Hier nistet sich auch jener banale Unsinn ein, daß Gott immer mit den stärkeren Bataillonen sei, also der Suggestion dessen erliege, der gerade obenauf kam.

Im Mittelalter wurde ein dumpfes, entschlußloses Brüten noch unter den sieben Hauptsünden angeführt. Carl Gustav Jung, der menschenkundige Psychologe, hält ein träges Unbewußtbleiben für die Lebenssünde schlechthin. Er äußert das nicht nebenbei als Aperçu, sondern stellt es als Summe seiner psychotherapeutischen Erfahrungen heraus. Der Unerwachte, der sich die Mühe des eigenen Urteils schenkt, wird immer und überall dem suggestiven Druck des schon Fertigen erliegen. Henri Bergson, den man als den Ahnherrn der sogenannten Lebensphilosophie bezeichnet, zögert nicht, alles Fertige, jede für unantastbar erklärte Form, sei sie religiöser, politischer, künstlerischer oder gleich welcher Art, als den eigentlichen Feind des Lebens zu bezeichnen. Wo Leben weitergeht, wird Fertiges in Frage gestellt.

Wenn Herakles im griechischen Mythos den Weg nach rechts wählte, als er sich an der Gabelung fürs ganze Leben entscheiden mußte, hieß das natürlich nicht, daß er ein privilegierter Herr mit konservativer Gesinnung werden wollte. Das Gegenteil war der Fall; er schlug die Richtung in ein schwereres, immer wieder gefährdetes Leben ein, um Gelegenheit zur Selbstentfaltung, Erprobung seiner Kräfte und Erhellung seines Geistes zu finden und zugleich »draußen« Ordnung zu schaffen. Nur auf diesem Weg der Angestrengtheit, des Ernstnehmens und Umsetzens immer neuer Impulse konnte er über sich und die Welt fortschreiten.

Der Mensch besteht, wie Kardinal Newman sagt, aus Lehm und Geist. Nach dem Wort des Reformators Ulrich Zwingli ist er zwischen Himmel und Erde angesiedelt. Hätten wir einen zeitgenössischen Vertreter politischer Weisheit, er könnte nur gleichsinnig formulieren: Der Mensch lebt zwischen rechts und links, anteilig an beiden.

Abschließend sei noch ein symbolisches Zeichen aus der europäischen Kathedralenzeit erwähnt, die nicht nur unüberbietbare rechte Gestaltungskraft zeigte, sondern auch den deutlichen Linkssinn für das Ungemessene, Unendliche, für weltweites Geheimwissen, das auf keiner Hochschule zu lehren, auf keinen Markt zu bringen war: Der geniale, aus jahrtausendealter Tradition schaffende Erbauer wird nach Alchimistenart mit entblößtem linken Knie dargestellt, wie etwa Erwin von Steinbach in Straßburg, die esoterischen Templer in Gisors oder der »Mensch unterwegs« bei Hieronymus Bosch. Er kehrt nach seinem Tod ins Namenlose zurück, wird nicht gefeiert und hat kein Grab. Anders die Auftraggeber, die als Vertreter der Rechtswelt den Dom als Grabmal erhalten. Die Figur der sieghaften Ekklesia vor dem Portal mit ihrem herrscherlichen Habitus steht auch nicht zufällig rechts, sondern gehört dorthin. Links, die Synagoge, muß als gedemütigte Magd die ruhmlosere Seite einnehmen, ärmlich gekleidet und mit gebrochenen Attributen. Doch haben ihr die immer links orientierten Mitglieder der Bauhütten mit Vorliebe einen besonderen Grad an menschlicher Würde verliehen.

SYMBOLIK DER WINDROSE

Die Himmelsrichtungen sind nicht nur geographische Angaben, mit deren Hilfe wir uns im Gelände oder auf der Landkarte zurechtfinden. Norden und Süden, Osten und Westen haben auch symbolische Bedeutung. Das erklärt sich nicht nur aus den Unterschieden des Klimas, der Natur und der Vegetation. Auch die Menschen verhalten sich, wenn sie einen geschlossenen Kultur- und Siedelungsraum bewohnen, im Norden anders als im Süden, wie auch im Osten eine andere Stimmungslage herrscht als im Westen. Die Kühle des Nordens, die Wärme des Südens klingen auch seelisch an; daß die Sonne im Osten auf- und im Westen untergeht, symbolisiert zugleich eine »östliche« und eine »westliche« Lebensauffassung.

Mag überall gelten, daß wir die Heimat gerade dann am höchsten schätzen, wenn wir sie verloren haben, nämlich in der Fremde, so führt ein Aufenthalt auf der südlichen Hälfte des Globus in noch viel tiefere Verunsicherungen, als sie uns eine Weltreise bescheren könnte, deren Route nur nördlich des Äquators verliefe. In einem fundamentalen Sinn bleibt nämlich die Welt noch in Ordnung, auch wenn wir uns in einem nordamerikanischen Indianerreservat, an der Chinesischen Mauer oder in der dünneren Luft von Nepal aufhalten. Selbst wenn es uns zu abenteuerlichen Urteilen verleitet, weil es unsere mitgebrachte Vorstellungswelt durcheinanderbringt, bleibt uns die innere Weltorientierung, die wir von zu Hause mitgebracht haben, treu.
Ganz anders, sobald wir den Äquator überschreiten. Nicht nur, daß man vom Sommer in den Winter kommt oder umgekehrt, das weiß man schon vor der Abreise. Aber weil es gestört wird, nimmt man plötzlich ein früher unbekanntes kosmisches Gefüge in sich wahr.
Welt und Himmel scheinen sich um eine andere Achse zu drehen. Was von Kindheit an galt, stimmt nicht mehr. Blickt man zur Mittagssonne auf, so brennt sie von Norden auf uns herab. Norden war doch immer die Heimat von eisigem Wind, Kälte, Schneestürme, und kalten Luftmassen »polaren Ursprungs« gewesen, eine Sammelgegend von pelzverhüllten Eskimos und Lappen, von Rentieren auf endlosen Schneeflächen oder gar Bären. Gegen den Norden mußte man sich schützen, er war von einer lebensbedrohenden Natur besetzt. Ihm kehrte man am besten den dickverhüllten Rücken zu,

Die Kanzel in der Kathedrale von Ravello bei Amalfi ruht als streng stilisierter Bau auf gehenden Löwen. Symbol dafür, daß der Geist von animalischen Grundkräften getragen wird. (Interpretation S. 357)

Heilung des Blinden. Die Lichtquelle (Jesus) und die Sehnsucht nach Licht sind in der braunen Farbe aufeinander bezogen. Selbst der Baumstrunk treibt wie lichthungrige Gewächse im Keller nur blaßviolette Triebe. Offen-

bar hatte sich ein Apostel mit Trost und großer Segenshand vordrängen wollen. Denn Jesus tritt ihm auf den Fuß, was heißt: Bleib zurück, hier bin nur ich zuständig. (Interpretation S. 358).

Zweiköpfige Schlange als Symbol der Erdkraft. Aztekisches Sakralbild. (Interpretation S. 359)

Die Kirche von Pampulha (Belo Horizonte), von Oscar Niemeyer erbaut, wurde wegen ihrer schlangenähnlichen Rückfassade nie durch einen Bischof konsekriert.

um sich der freundlicheren, sonnigen Südseite zuzuwenden. Nun aber, auf der anderen Halbkugel, kommt plötzlich alles Leben vom Norden. Die Winde aus dieser Richtung wärmen und wecken die keimende Natur.
Auch am nächtlichen Firmament bemerken wir, daß die mitgebrachte Welt nicht mehr stimmt. Ein fremder Mond leuchtet zwischen Sternbildern, an denen weder die Kindheit noch die Jahre der aufbrechenden Weltgefühle Anteil hatten. Von rechts nach links hin nahm er in der Heimat zu, also in die linke, die weibliche Richtung. Eine nach links sich füllende Mondsichel galt in allen frühen Kulturen als Symbol weiblicher Gottheiten. Der nach rechts geöffnete, abnehmende Mond, ein Kümmerling also, dem das völlige Verschwinden bevorsteht, war eine Ankündigung bevorstehenden Untergangs. Deshalb vollendet sich auch der Halbmond des Islam, der nur bei uns den etwas abwertenden Namen »Halb«-Mond hat, in arabischen Sprachen aber der »Wachsende« heißt, nach links. Sogar die Sichel im Revolutionszeichen der Sowjetunion, die zugleich als Werkzeug gedacht ist und deshalb einen Griff hat, öffnet sich symbolgerecht nach links.
Nun, auf der südlichen Halbkugel, ist auch diese in uns ruhende Rechts-links-Bewertung auf den Kopf gestellt. Der Mond wächst nach rechts hinüber; er nimmt zu, wenn man aus seiner Sichel ein »a« bilden kann, was in der Schule als Eselsbrücke für das Abnehmen gedeutet wurde, solche kosmischen Entsprechungen, wie wir sie von unserer Rechts-links-Orientierung erwarten, ließen sich vervielfachen. Der aufgehenden Sonne zugewandt, können wir es uns nicht anders vorstellen, als daß sie ihren Himmelsbogen rechts hinaus schlägt. Für den Betrachter auf der Südhälfte der Erde steigt sie jedoch nach links hinüber, um am Abend von links, also von Norden her, im Westen unterzugehen.
Merkwürdigerweise bleibt ohne Einfluß, was wir an persönlichen Früheindrücken aus Kindheit und Heimat mitbringen. Sollte damals an der Südseite unseres Elternhauses eine staubige, von Verkehrslärm dröhnende Straße vorbeigeführt haben und nach Norden zu ein stiller Garten voller Blumen und Früchte gelegen sein, wir werden die Sympathie für die Nordrichtung doch bald verlieren. Das Haus stand vielleicht auf einem Hügel, der den Weg in die weite Welt nach Osten hin anzeigte. Alle Verwandten kamen dorther, alle Ferienorte der Jugendjahre lagen im Osten, wohin auch die Phantasie am vertrautesten ausschweifte, dennoch werden wir der inneren Achsenordnung nicht entgehen. Die Völkerpsychologie hält überraschende Tatsachen

bereit. Wie erklärt man etwa, daß in allen Städten der Welt, auch dort, wo nicht vorwiegend Westwind weht wie in Europa, der die durch Schornsteine und Gaswerke verschmutzte Luft ostwärts treibt, die eleganten, reichen, durch Gärten und Parks aufgelockerte Wohnviertel im Westen liegen, die ärmeren, dicht bewohnten des »Volkes« aber im Osten? Die Erdumdrehung hat doch sonst keinen Einfluß auf das Wetter. Warum strebten von jeher alle Völker, sobald sie in Bewegung, ins Wandern gerieten, nach Westen? Mit welchen Qualitäten ist der Westen symbolisch besetzt?

Hängt es vielleicht auch mit unserer inneren Windrose zusammen, daß Volksstämme immer wieder in östliche und westliche auseinanderfallen, aber kaum in nördliche und südliche? Der Nord-Süd-Gegensatz bindet eher; vielleicht enthält er eine organische, womöglich sogar lebensnotwendige Spannung, während der ost-westliche schmerzlose Trennungen zuläßt. In jedem Volk wird die Nord-Süd-Spannung hervorgekehrt, offensichtlich fördert sie den Zusammenhalt. Bayern und Preußen, Nord- und Süddeutsche können ihre Verschiedenheit nicht pfleglich genug herausstellen, aber sie bleiben auf der Waage des Deutschtums unzertrennlich beisammen, und das nicht nur, weil Bismarck es so gefügt hat. Die im Lauf der Generationen immer wieder ins Gespräch gebrachte Utopie einer sogenannten Donauföderation vom Oberrhein bis an die ungarische Grenze konnte schon deshalb keine Lebenskraft gewinnen, weil sie keinen Nord-Süd-Gegensatz besaß. Bayern und Österreich, nahverwandte Stämme, aber Ost-West-Nachbarn, ertragen die Trennung ebenso leicht wie die alemannischen Elsässer und Badener. Skandinavien hat sich mit Schweden und Norwegen in östliche und westliche Parteien gespalten; ein ähnliches Beispiel sind Spanien und Portugal. Das alemannische Oberrheintal ist nach der Trennung vor 1100 Jahren nie mehr organisch und unlöslich zusammengewachsen. Der praktisch einst kaum regierbare badische Stiefel von Würzburg bis zum Bodensee, eine Schöpfung Napoleons, entwickelte dagegen als reiner Nord-Süd-Streifen rasch ein festes Zusammengehörigkeitsgefühl.

Trennungen in östliche und westliche Volksteile werden vom Gefühl leichter hingenommen als solche nach der anderen Achse. Ein Volk in seine Nord- und Südhälfte zu spalten, wird, wie im Falle Koreas und Vietnams, wo es inzwischen korrigiert ist, von jedermann als psychologischer Unfug empfunden. Man erwartet instinktiv, daß der säkulare Rhythmus der Geschichte solche Entscheidungen wieder einebnet. Man mag die Zukunft der deutschen Teilung programmieren, wie man will, ihr Fortbestand wird immer wieder an die Ost-West-

Teilung der Niederlande, des Elsaß oder Österreichs erinnern. Die Abtretung Schlesiens an Polen übersprang wohl eine Sprach- und Volkstumsbarriere. Sein Verlust für Österreich war seinerzeit aber besonders schmerzlich, weil es ein Nord-Süd-Gefüge zerriß. Eine verhohlene Neigung der Österreicher zum einstigen Böhmen und Mähren ist keineswegs eine Parallele zum westlich gelegenen Bayern.

Wie setzen sich die Gegensätze der Richtungen in den einzelnen Ländern fort? Die Völkerpsychologie mit ihren klassischen Autoren Friedrich Ratzel und Willy Hellpach wartet mit zahlreichen, immer wiederkehrenden Beobachtungen auf. Danach entwickelt jedes geschlossen angesiedelte Volk alsbald eine wechselseitig nördliche und südliche Gestimmtheit.

Bei den Nordteilen überwiegen Verstandes- und Willensseite, Fantasie und Gemüt hingegen bei den Südgruppen der Völker. Diese führen, dem Leben hingegeben, ein eher kreatürliches Dasein, die Bewohner der Nordteile ein bewußt planendes. Im Süden ist man leidenschaftlicher, im Norden nüchterner. Der Nordcharakter kehrt den politischen Willen hervor, im Süden hält man darauf, das kulturelle Erbe anschaulich darzustellen. Hier entstehen freispielendes Wesen, politische Unbekümmertheit und musische Fantasie, im Norden schaffen Wille und Gebot die straffen Einrichtungen für Politik, Heer, Verwaltung und Wirtschaft. Im Umgang erweist sich südliches Wesen als zutraulicher und heiterer, der nördliche Mensch gilt dagegen als reserviert und »zugeknöpft«: Er trägt das Pflichtgefühl vor sich her. Dies ist übrigens einer der Gründe, warum es ihm so wohltut, in der legeren Art des Südens selbst auftauen zu können. (Während der Sommerwochen gilt in München, daß man angereiste Preußen am sichersten an Lederhosen und Gamshüten erkenne.)

Wo sich Nord- und Südcharakter, also Wille und Fantasie zusammenfinden, kommen große Leistungen zustande. So ist aus der französischen Kultur die schöpferische Spannung zwischen Nord- und Südfrankreich nicht hinwegzudenken. Aquitanien mit Bordeaux, Burgund und die »Gegenmetropole« Lyon, die esoterisch orientierten Gebiete um die Provence gehören als markante Gegenstücke zur Normandie und Bretagne wie auch zu Paris.

Daß sich Nord- und Süditaliener so verschieden in angestrengter Lebenshaltung und anspruchsloser Lässigkeit geben, verleiht der Qualität dieses Volkes einen besonders vielfältigen Charme. Ja, es gilt geradezu, daß der Oberitaliener nur zu verstehen sei, wenn man sein Pendant in Sizilien und Kalabrien dazudenke. Die Engländer und

Schotten ergänzen einander so exemplarisch, daß man im einen immer sofort den anderen mitsieht. Über die harten unerbittlichen Basken und die verspielten, mit ihren phantastischen Umzügen berühmt gewordenen Andalusier (Karwoche) haben uns die Spanier Miguel de Unamuno und José Ortega y Gasset eingehend belehrt. Der Gegensatz der Nord- und Südstaaten in den USA tritt bei jeder Wahl in Erscheinung. Mit vielen Einzelzügen geben die Kenner Chinas Auskunft über die Spannung zwischen den schroff traditionalistischen Nordchinesen und den eher leichtlebigen, im Guten und Bösen wendigen Südstämmen des Reichs der Mitte.

Daß diesen Tatsachen eine kosmische Orientierung zugrunde liegt, wird durch die genaue Umkehrung der Werte auf der südlichen Hemisphäre bewiesen. Dort bezeugt gerade der südliche Teil eines Landes, Arbeit, Methode, Härte, Ausdauer und staatspolitische Potenz, der nördliche hingegen Unbekümmertheit, Sichgehenlassen, Musik und Vielfalt. Hier handhabt man den Schraubenschlüssel im Süden, die Gitarre im Norden. Kapstadt und Pretoria, Melbourne und Canberra, Buenos Aires, Sao Paulo liegen im Süden ihrer Länder. Am Beispiel Zaires erlebten wir vor einiger Zeit das Übergewicht der Südprovinz Shaba (früher Katanga) an Kraft, Ordnungswillen und politischen Eigensinn (nicht nur wegen der Gruben und Erzvorkommen): Sie wollte sich in die chaotischen Zustände des, wenn auch größeren, übrigen Zaire nicht eingliedern lassen.

Über die ganze Erde gesehen ist also »Norden« nicht nur ein geographischer Begriff, sondern auch ein geopsychischer. Dort ist der Mensch rauheren klimatischen Bedingungen ausgesetzt, schärferer Kälte, verkürzter Fruchtbarkeit der Erde. Ihm »wächst« nichts »in den Mund«. Der Natur und Umwelt kann er sich nicht anvertrauen, sonst verhungert oder erfriert er. Er muß sich vielmehr vorsehen und vorsorgen.

Dieses systematische Planen befähigt ihn dann auch zur Ordnung in Wirtschaft und Staat, ebenso zu einer strafferen Haltung im Alltag. Bei ihm wird kein gemütvolles Grüßgotteleswesen aufkommen; dem Singen und Musizieren aus Liebhaberei zieht er das gepflegte Konzert vor. Für folkloristische Tändeleien hat er wenig Sinn, er sieht sie sich bei den anderen an. Er hält auf sich selbst. Dazu gehört auch die Körperpflege. Das Bad im Haus hat, worauf Max Weber in anderen Zusammenhängen hingewiesen hat, nicht, wie man meinen könnte, seinen Ursprung im dem kühlungsbedürftigen Süden, sondern im kalten Norden. Die alten Griechen schwammen nicht; in ihrer gesamten Literatur kommt das Wort nicht vor. Auch bei den klassi-

schen Olympischen Spielen gab es die Disziplin »Wassersport« nicht.
Der Mensch im Norden ersinnt strenge Systeme der Ethik. Selbst bei der Entwicklung des Nationalsozialismus ließ sich beobachten, daß dieser als eine leidenschaftliche, phäakische Erscheinung aus dem Süden kam, aber erst von Norden her System und Stoßkraft gewann. Aus überbetonter Ethik entwickelt sich im Norden mitunter eine gewisse Prüderie, während der Süden sowohl im Körperlichen wie im Sprachlichen unbefangener bleibt. Die Dichtung im Norden der Völker bringt vergleichsweise mehr schwerblütige, problematische, auch mit dem Zwischenreich vertraute Werke hervor. Geahntes und Gewußtes gilt soviel wie Gesehenes. Das läßt sich bis in die Religion verfolgen, die im Norden zum paulinischen Protestantismus neigt, im Süden jedoch eine rauschende kultische Kirchenrepräsentation pflegt. Goethe: Die meisten Menschen im Norden haben viel mehr Ideales in sich, als sie brauchen, als sie verarbeiten können; daher rühren wohl die sonderbaren Erscheinungen von Sentimentalität, Religiosität, Mystizismus und so weiter.
Nicht nur die Schotten sind knauserig, auch die preußischen Könige drehten den Pfennig um und erfanden den sparsamen Staat. Hinter der kargen Backsteingotik steht nicht Armut, sondern nordische Formenstrenge, wie auch der sehr teuere Barock nicht auf Reichtum hinweist, sondern auf südliches Lebensgefühl. Das für seine Pracht aufgewendete Geld steht dann für andere Ausgaben nicht mehr zur Verfügung. In Brasilien heißt es – bei der umgekehrten Achsenwertung –, das Geld, das im Süden sauer verdient wird, werde im Norden leichtfertig verpulvert. Die Nordfranzosen und die Norditaliener werfen ihren Landsleuten ähnliches vor.
Kein Wunder, wenn man im Süden ein entgegengesetztes Ressentiment gegen den Norden pflegt. Hier muckt man gegen das politische und wirtschaftliche Übergewicht auf, gegen die Bevormundung, ohne sich freilich zu genieren, wenn von dort hilfreiche Ausgleichssummen angeboten werden. Man hört nicht auf, die Kargheit des Lebensstils anzuprangern, sträubt sich gegen die männliche Härte, wie sie der Süditaliener, Südfranzose, Süddeutsche, Südspanier, Südchinese, der Angehörige in den Südstaaten der USA von der Nordhälfte zu spüren bekommt.
Wiederum bestätigt sich dieses Verhältnis mit umgekehrten Vorzeichen auf der anderen Hemisphäre. In Johannesburg und Durban wird die strenge Apartheidspolitik, wie Kapstadt und Pretoria sie betreiben, als unerträglich hart empfunden. Man rät immer wieder zu milderen, versöhnlicheren Gesetzen.

Auf der südlichen Halbkugel verbringt man den Urlaub mit Vorliebe im Norden, auf der unseren in den südlicher gelegenen Ländern. Nicht nur, weil es da wärmer ist. Die ganze Umwelt trägt einen weicheren, einen weiblicheren Charakter. (Als Mönch ohne praktische Erfahrung, aber von verwegenen Ahnungen erfüllt, lehrte Thomas von Aquin sogar, daß die zufällige Windrichtung bei der Zeugung das Geschlecht der Kinder bestimme. Er schreibt (STh I, 99,2 ad 1-2): »Der Nordwind hilft zur Zeugung von Männern, der Südwind aber zur Zeugung von Frauen.« Da die Frau für ihn eine defekte Menschenart ist, kann auch der Südwind, der sie hervorbringt, nicht viel taugen, womit noch ein moralisches Element in die Windrose eingeführt wäre.)
Die südliche Nonchalance ist bei allen Völkern sprichtwörtlich. Hier lebt man nicht nur lockerer, man liebt auch die Maske und die Selbstironie. Trachten und Mode, Volkskunst und herkömmliches Brauchtum stehen im Schwang. Man feiert den Trunk in zahllosen Festen. Jeder versteht etwas von der Küche und gibt dies anerkennend oder raunzend kund. Umzüge, Heimatkult, Gedächtnisfeiern mit großem Lebtag lösen einander ab.
In diesem musisch durchwehten Ambiente gleich welchen Niveaus gedeiht auch die Kunst besser. Stellt der Norden gleich viele Talente solcher Art, so macht sie doch der Süden erst groß. Horst Krüger schreibt in »Deutsche Augenblicke«: »Diese Münchner Art, so lokker, so leicht, so vollkommen ohne Knirschen in den Gelenken, so ganz ohne Blei an den Füßen einherzugehen – mich verstört das. Die haben hier eine Art, mit dem Leben fertig zu werden, die man nicht ganz ohne Neid registrieren kann. Den ganzen Tag glücklich und immer zufrieden: mit sich, mit den anderen, mit der Welt und mit München natürlich ... Unsereinen vergrämt so etwas. Unsereinen, der Berlin-Charlottenburg, Hamburg-Altona, Frankfurt-Sachsenhausen etwa in den Knochen hat, bestürzt soviel schöner Schein ...«
Genug der Nord-Süd-Gegensätze. Wie steht es nun mit Ost und West? Ist auch dieser Akkord so deutlich zu intonieren? Natürlich gibt es hier keine Gegenprobe auf der südlichen Erdhälfte. Überall geht die Sonne im Westen unter.
Dem aufgehenden Licht zugewandt, geostet, sind nicht nur die alten christlichen Dome und die versunkenen Kulturbauten am Nil und Euphrat, »Ex oriente lux« gilt auf der ganzen Welt. Als Cortez mit seiner kleinen Abteilung von Soldaten in Mexiko ankam, wurde er – strategisch ein Verlorener – nach den Weisungen der aztekischen Priester als der schon immer erwartete Erlöser aus dem Osten

angesehen. Auch die heutigen Indianer Südamerikas, die Tupi, Guarani und Chavantes pflegen den Traum eines im Osten liegenden Landes ohne Leid, Angst und Gefahren. Da sie die Ostküste des Subkontinents kennen, wird dieses Sehnsuchtsland also jenseits des Meeres angenommen. Offenbar trat nichts, was sie mit den aus diesem Osten kommenden Kolonisatoren erlebt haben, unter die Schwelle dieser Ahnungen und Träume. Vielleicht braucht der Mensch jeder Kulturstufe einen inneren Osten als Sehnsuchtsland, als geistigen Raum, der Sinn- und Erfüllungsgedanken des Lebens liefert, nicht technische Patente wie der Westen. Ob freilich fernöstliche Ideen auf dem Humus westlicher Archetypen Organisches hervorbringen können, steht auf einem anderen Blatt.
Es gibt aber auch umgekehrte Nachweise, von denen wir nur einen anführen wollen: Eine rituelle Vorschrift in den Taufzeremonien der Ostkirche verlangt, daß zum Schutz des Taufbewerbers durch Blasen und Spucken nach Westen hin der Abscheu vor Satan und allen Dämonen ausgedrückt wird, die dort angeblich hausen. Man könnte dahinter die byzantinisch-römische Animosität vermuten, wenn nicht ähnliches als kosmische Anspielung auch bei Nichtchristen zu beobachten wäre.
Auch wird es kein Zufall und etwa mit Slaventum zu erklären sein, daß die Ostkirche nicht den leidenden und sterbenden Christus herausstellt, also das allgegenwärtige Kruzifix des Westens, sondern den Auferstandenen. Nie gab es in diesem Christentum des aufgehenden Lichts Stigmatisierte.
Osten, daß ist Ursprung, lichtgebärende, geheimnisvolle Region, in der nicht genau artikuliertes Wissen, sondern unausschöpfbare Zeichen gelten, wo noch nichts »verderbt«, die Unschuld des Werdens intakt, die zerstörerischen Kräfte der menschlichen Natur noch gefesselt sind.
Überall gilt der Osten als frommer, doch zivilisatorisch rückständiger als der Westen eines Landes. Deshalb wurden in unseren Augen die großen Ostmächte Rußland und China durch ihre totale Rationalisierung völlig entzaubert. Aufklärung, wertfreies Denken aus dem Osten, das wirkt nicht beispielhaft, das können wir selbst besser und reibungsloser. Dort wirkt es gewollt, übertrieben und missionarisch verfälscht. Vom Osten erwartet man Einwärtsschau, ungebrochenes Menschentum; dort sollte alles »drinnen« sein, nicht draußen. Ein völlig westlich gewordener Osten wäre eine kosmische Pervertierung. Es bedeutete eine Störung im Gefüge der Menschheit, wenn die östlichen Völker ihre Eigenart aufgäben. Mag das Erwachen der Ratio

in den Ostvölkern auch explosiv wirken und den Gedanken an einen jahrhundertelangen Stau und tiefes Atemholen nahelegen, der Westen gibt die heimliche Erwartung doch nicht auf, daß vom japanischen Zen-Buddhismus und vom chinesischen Taoismus, vom indischen Tantrismus noch reiche Früchte für ihn abfallen.
Täuschen wir uns, oder trifft es wirklich zu, daß sich die globale Ost-West-Erwartung auch in den einzelnen Völkern beobachten läßt? Daß sie in ihren östlichen Teilen innerlicher, seelenvoller, traditionsgebundener, mehr mütterlich, der geschlossenen Gemeinschaft stärker verschworen, in ihren westlichen dagegen liberaler, kritischer, aktiver, individualistischer, auch auf die Pflege einer freien, offenen Gesellschaft heftiger bedacht sind? Daß im Osten der Mensch bewahrt, im Westen dagegen zu jedweder Aktion entbunden ist, so daß die Östlichen immer von sich behaupten, sie hätten ihr Wort noch nicht gesprochen, sie kämen dann an die Reihe, wenn die Westlichen verbraucht seien.
Schon diese weitmaschig gewebten Muster zeigen, daß wir bei manchen Völkern bestenfalls Nuancen wahrnehmen können. Unter Italienern, Engländern, Norwegern, Schweden, Portugiesen lassen sich kaum östliche und westliche Gruppen unterscheiden. Außerdem ist Europa geographisch so zerklüftet, daß überall auch andere Elemente einbezogen werden müssen: Meer, Schiffahrtswege, Gebirge, Mündungsgebiete der Flüsse oder Inselcharakter. Doch liefert hier die Beurteilung eines Volkes durch seine Nachbarn einen aufschlußreichen Hinweis. Die Deutschen etwa, die für den Osten im Westen leben, bezeichnet ein russisches Sprichwort – weil sie geschickt, einfallsreich, erfinderisch und wendig, wohl auch unbeständig seien – als die »Affen der Menschheit«. Den Franzosen hingegen, für die Deutsche ein Ostvolk sind, erscheinen sie als schwerfällig, träumerisch, tiefsinnig. Madame de Staël nennt sie die »Bergleute des Gedankens, die in aller Stille die Reichtümer des menschlichen Intellekts ausbeuten«. Für Victor Hugo war Deutschland das »Indien Europas«. Die Unheimlichen, die unberechenbaren Deutschen, die Deutschen mit ihrem Wald draußen und drinnen, werden in der westlichen Welt immer wieder zitiert.
Wir haben eingangs erwähnt, daß die Wanderbewegungen der Völker mit Vorliebe nach Westen führten, dem Weg zur freieren Entfaltung, zu neuen, offeneren Dimensionen des Lebens. Man denke nicht nur an die Goten, Vandalen, Burgunder, die von den ebenfalls nach Westen drängenden Hunnen aufgescheucht wurden, sondern auch an die Araber in Spanien, die Türken in Nordafrika oder

an das stille Einsickern der Slaven in den deutschen Sprachraum. Im Westen liegt der Schlüssel zur Welt, zu Vorankommen und Wohlstand. »Go west, young man«, hieß es in den USA, solange der Pioniergeist lebendig war. Deshalb erwartet der Osten von uns zwar Ingenieure, Erfinder, früher auch Juristen, Städteplaner, Kaufleute und Militärs, also Fachleute, die für Organisation und Struktur des Lebens einen Vorsprung mitbringen. Ein Know-how über innere Existenz und Lebenssinn würde aber weder Europa von den Amerikanern, noch der Osten von den Europäern annehmen.

Das marxistische Denksystem einer revolutionären Weltbewältigung eroberte zwar von Westen her den Osten. Doch ist es für den Ostcharakter der kommunistischen Völker symptomatisch, daß sie diesem aus dem Westen kommenden Programm intellektuell hörig wurden, während West- und Mitteleuropa aus dem Marxismus längst einen gebändigten, demokratischen Sozialismus hervorgehen ließen. Er wurde und wird immer weiter domestiziert, während die Ostvölker an ihn als einer Offenbarung nicht zu rütteln wagen. Mit religiöser Inbrunst, wenngleich unter atheistischen Beteuerungen bringen sie dem nun einmal Übernommenen das Dankopfer der Freiheit dar. Wieder haben sie allein den wahren Glauben, diesmal die politische Orthodoxie. Dennoch ermangelt selbst der kommunistische Block nicht des obligaten Ost-West-Gefälles: Die Russen werden von den noch östlicheren Chinesen als Marxisten der Auflösung und Dekadenz verschrieen.

Niemals wird sich ein westlicheres Volk von einem Ostvolk sagen lassen, wie man die Welt handhabt. Man kann den Russen so wenig verübeln, daß sie sich von den Chinesen nicht indoktrinieren lassen, wie wir zur Meisterung unserer Aufgaben von ihnen keine Bevormundung annehmen.

In das Koordinatensystem der Windrose läßt sich die ganze Lebens- und Welterfahrung einbetten. Wäre es nicht verlockend, die Geschichte einmal nach den Wellenlängen der vier Himmelsrichtungen abzuhorchen? Was äußere Erfahrung lehrt, kann zugleich vom inneren Schema abgelesen werden; seine Entsprechung ist in uns selbst vorgezeichnet. Nord und Süd liegen nicht nur an den Polen, noch Ost und West allein bei Auf- und Niedergang der Sonne. Das kosmische Gefüge der Windrose liegt mitten in unserer Seele.

Symbolik der Farben, Figuren, Zahlen und Intervalle

GEOMETRISCHE FIGUREN UND KÖRPER

Wie für alle Dinge, die eine Gestalt besitzen, gilt auch für die abstrakten geometrischen Figuren, daß zwischen dem, was sie sind, und dem, was sie bedeuten, unterschieden werden muß. Denn auch diese erdachten Figuren sind zuerst das, als was sie definiert werden, was also ihr Begriff aussagt: ein Dreieck, eine Kugel, ein Fünfstern ... Nur zusätzlich symbolisieren sie noch etwas anderes. Ihre reiche symbolische Fülle überrascht um so mehr, als sie in der Natur gar nicht vorkommen, wenigstens nicht rein und genau. So weiß ein kundiger Regisseur, wenn er seinen Schauspielern die Plätze zuweist, daß er mit einem Kreis Sicherheit wie Angst andeuten kann. Angst, wenn sich etwa eine Gruppe ahnungsloser Menschen plötzlich von Unbekannten eingekreist sieht; Sicherheit, wo immer ein »Kreis« gleichgestimmter Menschen um den gewohnten Tisch herum oder Verschwörer am geheimen Treffpunkt versammelt sind. Wie bei jedem Symbol, gilt für geometrische Figuren gleichfalls, daß sie ihren Bedeutungsgehalt, ihre Information erst preisgeben, wenn wir mit den Reaktionen, die in unserem Gehirn bereitliegen, hinzutreten. Denn – wie schon gesagt – Symbole ereignen sich erst, wenn jemand sie »liest«.

Kreis und Kugel

Schon weil er sofort an die Sonne erinnert, gilt der Kreis als die vollkommene, gesündeste Figur. Ihm fehlen nicht nur Einbuchtungen oder ähnliche Unregelmäßigkeiten, die auf einen Schaden von außen hindeuten, sondern auch alle Winkel, in denen sich etwas Ungutes einnisten kann. Vielmehr tut seine Form dem Auge ebenso wohl, wie wir etwas, das wir für wohlbestellt halten, als eine »runde Sache« bezeichnen. Da der Kreis keinen Anfang und kein Ende besitzt, weder unterteilt, noch in der Stetigkeit seiner Linienführung gestört ist, stellt er ein Zeichen der Beständigkeit und Treue dar, die zu allen Zeiten mit einem kreisrunden Ring symbolisiert wurden.

Das trifft für Eheringe gleichermaßen zu wie für Ehrenringe, mit denen eine vieljährige treue Mitgliedschaft ausgezeichnet wird. Doch nicht nur Brautkränze deuten Zusammengehörigkeit und Lebenseinheit an, auch Diademe und die daraus entwickelten Kronen wollen eine lebenslange Verbundenheit mit Aufgaben und Menschen ausdrücken. Sogar die Treue übers Grab hinaus wird durch kreisförmig angeordnete Blumen angezeigt. Sträuße und Gestecke in Ehren – aber wenn es um pflichtschuldige Pietät geht, muß es ein Kranz sein, bei dem nicht nur die Blumen, sondern auch der Kreis die Zusammengehörigkeit mit dem Toten erkennen lassen.
Wie jede geschlossene Figur unterscheidet die Kreislinie zwischen drinnen und draußen. Sie schließt ein, was zusammengehört, schirmt es ab und trennt es zugleich von allem anderen. So spricht man von Künstler- oder Fachkreisen, von kirchlichen, politischen, landsmannschaftlichen, von Adels- oder Industriellenkreisen, in die keiner hineinkommt, der nicht dazugehört. Natürlich besitzt auch die Unterwelt mit mafiaähnlichen Geheimbünden ihre unzugänglichen »Kreise«. Da der Kreis nichts hinaus- und nichts hineinläßt, dient er auch als magische Bannform, über die nicht einmal dämonische Mächte hinwegkommen. Der alte Faust, der sich der Magie ergeben hatte, kannte sich ebenso gut damit aus wie Mephisto.
Zugleich kann der Kreis auch zum Zeichen geistiger Beschränktheit werden, eines borniertenen oder auch wahnhaften Denkens, das nur noch von einer fixen Idee tyrannisiert wird oder mangels frischer Gedanken ausschließlich um sich selbst kreist. Wegen dieser Zwanghaftigkeit verlassen jene Menschen, die zu ihrer Entfaltung ein freies, offenes Aktionsfeld brauchen, alle festen, verpflichtenden Kreise, während andere dort Geborgenheit und Förderung suchen. Von einem »Teufelskreis« sprechen wir, sobald ein Übelstand zwingend einen anderen hervorruft, so daß es keinen Ausweg, keine Rettung mehr gibt. Als Symbol wird der Kreis auch dort in Anspruch

genommen, wo es weit und breit keine Kreise zu sehen gibt, etwa beim Blutkreislauf oder dem Kreislauf des Geldes. Die zu sich selbst zurückkehrende, geschlossene Bewegung liefert hier das Zwischenglied des Vergleichs.

Im vorkommunistischen Tibet war der Gebrauch des Rades als öffentliches Verkehrsmittel verboten. Es gab weder Hand- noch Pferdewagen, denn das Lebensrad durfte als heiliges Zeichen nicht entweiht werden. Es bildete das unantastbare Symbol für den Kreislauf der Wiedergeburten. Ähnlich, jedoch ohne verpflichtende Folgerungen, sprechen auch wir bei der Rückkehr zur Erde vom vollendeten Kreislauf des Lebens. Ohnedies besitzt die Erde wie alle Gestirne Kugelgestalt – von der Abflachung an den Polen abgesehen.

Schließlich bildet diese geometrische Figur auch in unserem persönlichen Umfeld das am häufigsten wiederkehrende Zeichen. Auf kreisrunden Rädern oder auf Kurbeln, die die Kraft übertragen, beruht die Industrie, ja unsere gesamte Mobilität. Kein Fahrzeug, weder auf der Erde, noch im Wasser oder in der Luft, kommt ohne den Kreis aus. Er bleibt auch in unserem Alltag gegenwärtig, wo er mit Tellern, Tassen und Töpfen die Form unseres Eß- und Trinkgeschirrs, unserer Lampen und Zifferblätter, sogar unseres Hartgeldes bestimmt.

Noch stärker als der Kreis, der über die Zweidimensionalität nicht hinauskommt, symbolisiert der sphärische Kreis, die *Kugel*, ein Ganzes. Welches Ganze gemeint ist, hängt von dem Zusammenhang ab, in dem die Kugel gezeigt wird. Sie bedeutet die gesamte Schöpfung, wenn sie auf einem Dreifaltigkeitsbild von Gottvater in seiner rechten Hand gehalten wird. Hier umfaßt sie das Universum, zu dem in der Hand des Schöpfers auch Sonne, Mond und Sterne sowie die Tiefen der Erde und des Meeres hinzugedacht werden müssen (weshalb diese Weltkugel nie Umrisse von Kontinenten und schon gar nicht die Abflachung an den Polen zeigen darf). Dieses Universum ist also ein gedachtes, ein geglaubtes Ganzes ohne feste Grenze.

Genau umrissen sind dagegen die Herrschaftsgebiete, die mit dem

Reichsapfel der Könige und Kaiser angedeutet werden. Wiederum einen anderen Sinn zeigen die sogenannten »Fürsten dieser Welt« an, die zusammen mit den »klugen« und den »törichten« Jungfrauen die Portale der Dome flankieren. Ihre »Welt«, die sie als Kugel oder Apfel anpreisend emporhalten, ist das, was ihr Gegenpol, die asketische Mönchskirche als die »böse Welt« der ungehemmten Lebensfreude verurteilen, als das Reich der bösen Lust, der bösen Begierden, über das der Teufel herrscht. Da die Kugel im Unterschied zum Rad keine Achse hat, rollt sie, wohin sie will. Zu ihr gehören also die Willkür, der Zufall, die Unkontrollierbarkeit, wodurch sie zur Glückskugel, zum Gefährt der Glücksgöttin wird. Sie rollt im Spielkasino, am Billardtisch und auf der Kegelbahn, als Ball wird sie zum bevorzugten Spiel- und Sportgerät.

Dreieck

Mit wenigstens drei Ecken fangen alle regelmäßigen und unregelmäßigen Vielecke an, und sobald man sie mit Diagonalen zu unterteilen beginnt, entstehen wieder Dreiecke. Auf wenigstens drei Punkten muß ein Ding aufliegen, sonst kippt es. Die Dreidimensionalität verbirgt sich in jedem Körper. Sobald die beiden Enden einer Strecke noch mit einem dritten Punkt verbunden werden, wo immer er liege, entsteht ein Kräftefeld, in dem geschoben und gezogen wird, eine Dreieckssituation, die mit Seiten, Winkeln und Größenverhältnissen aufgeladen, sofort eine trigonometrische Unruhe aufkommen läßt.

Ob das Dreieck nun flach ausfällt wie der Giebel einer Almhütte, oder sich spitz hinaufzieht wie der Hut eines Zauberers, es fordert stets zur Begutachtung heraus, macht sofort eine symbolische Aussage. Deshalb will z. B. nichts behutsamer entworfen sein als das Dach eines Kirchturms, das sowohl mit seiner nächsten Umgebung wie mit der Landschaft, in der es steht, harmonieren muß. Soll es spitz sein wie die in der Nähe sich wiegenden Tannen, oder massiv-wuchtig wie die fernen Berge, oder hat es wegen des benachbarten Rathausturms einem klassischen Muster zu folgen? Ein Architekt muß über die symbolische Aussage gerade von Dreiecken genau Bescheid wissen. Kreise oder Vierecke sind wesentlich unempfindlicher. Dreiecke können aufregend oder langweilig sein. Folgen sie der Gleichseitigkeit, so geraten sie automatisch unter esoterische Zwänge.

Auch der Naturfreund begeistert sich leichter an schönen Dreiecksformen, wie etwa beim Matterhorn, als an Block- oder Tafelbergen. Ein dreieckig aufgebauter Berg mit seinen Flanken und der in die Wolken reichenden Spitze reißt auch unsere Gefühle empor. Derselben symbolischen Kraft eifern die monumentalen Pyramiden in Ägypten, der sagenhafte Turmbau von Babel und die mächtigen Kathedraltürme des Mittelalters nach. Diesen Dreiecken gegenüber bleiben die oft höheren kubischen Wolkenkratzer geradezu eindruckslos.

Quadrat, Würfel und Quader

Verglichen mit anderen Figuren ist das Quadrat seelisch stumm. Es regt die Fantasie nicht an wie die Dreiecke, die zeichnerisch und architektonisch immerzu variiert werden. Auch beim Kreis ist man immerhin gedrängt, nach dem Mittelpunkt zu suchen, auf den die Linie an jeder Stelle bezogen ist. Man spürt, daß der Abstand zu ihm als unsichtbarer Radius den Maßstab liefert, nach dem – zusammen mit der geheimnisvollen Zahl Pi – Umfang und Inhalt des Kreises bestimmt werden. Und da man diesen entscheidenden Punkt nie zu sehen bekommt, obwohl sich alles um ihn dreht, wird zu unserer Beruhigung die Mitte großer Rundplätze mit einem Obelisken, einer Säule oder wenigstens einem Brunnen markiert.

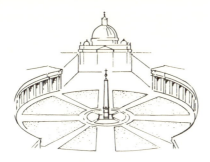

Hier, wo wir Kreis, Dreieck und Quadrat vergleichen, verstehen wir am leichtesten, warum diese Figuren auch eine geschlechtsbezogene Symbolik besitzen.

Der Kreis, der mit dem Radius nur sein inneres Maß besitzt, sonst aber keine Ecken, Kanten und Winkel aufweist, erinnert an alle Rundungen des weiblichen Körpers, insbesondere an die Brust. Besonders die Halbkugel, ob über sakralen oder weltlichen Gebäuden, besitzt weiblichen Charakter.

Beim Dreieck kommt es darauf an, ob es nach oben gerichtet ist. In diesem Fall diente es von jeher als Dreifaltigkeitssymbol und als angemessener Rahmen für das Auge Gottes, das alles sieht. Die Verwendung des Dreiecks reicht in die archaischen Urzeiten der Fels- und Höhlenmalereien zurück. Es lief über die altjüdische, die ägyptische und die Freimaurertradition bis in die Denkmalsarchitektur und abstrakte Malerei unserer Zeit. So wie sich hinter Dreiecken die gesamte männliche Welt verbirgt, symbolisiert das auf die Spitze gestellte, oben breite Dreieck die weibliche. Es umfaßt freilich unendlich mehr, z. B. die Umkehrung der verletzenden Waffe, die Hinwendung nicht zum Himmel, sondern zur Erde, die alles Leben hervorbringt, das zunächst betreut und erst dann idealisiert sein will.

Man möge solche Anmerkungen nicht für spielerisch halten. Giacomo Manzù, der von Papst Johannes XXIII. geförderte Bildhauer, wählte als Altarform für seine »Friedenskapelle« ein auf die Spitze gestelltes, also ein »weibliches« Dreieck. Sein Meisterwerk wird bis heute als »Entwurf« geführt; nie wird ein Bischof diesen anstößigen Altar konsekrieren, nie ein Priester darauf die Eucharistie feiern. Der in Jahrtausenden geehrte, heute als Wappen des Staates Israel eingesetzte Davidstern besteht nicht nur aus zwei gleichseitigen, ineinander verschlungenen Dreiecken, sondern auch aus einem »männlichen« und einem »weiblichen« Dreieck, die als gemeinsamen Innenraum das allgemein Menschliche miteinander teilen.

Das Quadrat wäre als mathematisch am strengsten reguliertes Gebilde eigentlich geschlechtsneutral, ist jedoch als zweigeschlechtlich anzusehen. Durch seine Vierseitigkeit (die Zahl vier ist eine erhöhte Zwei) kommt ihm feminine Kraft zu. Auch bildet es von altersher die Norm, nach der die (weibliche) Erde eingeteilt und in Besitz genommen, eine (ebenfalls weibliche) Stadt bei der Neugründung angelegt wird. Selbst die unsichtbare Landschaft der Seele pflegen die Visionäre im Osten und Westen in eine quadratische Mandala-Zeichnung einzutragen. Seine männliche Komponente ergibt sich aus den vielen männlich orientierten Formen wie dem Kasernenhof, dem Gefängnishof, dem zwingend quadratischen Innenhof eines Klosters (nie würde sich in der männlich orientierten Kirche ein Frauenorden erlauben, einen runden Kreuzgang erbauen zu lassen). Nach Planquadraten operiert das Militär aller Waffengattungen und, wo es kann, auch das Katasteramt.

Mit seinen rechten Winkeln und genau gleichen Seiten ist das Quadrat ein Ordnungsstifter ersten Ranges. Wo es in künstlerisch gestalteter Architektur verwendet wird, wie etwa als Rahmen für die berühmte Fensterrose des Straßburger Münsters, stabilisiert es den eher verspielten Eindruck der ganzen Vorderfront.

Hier sei ein Sonderaspekt des regelmäßigen Vierecks erwähnt: das *magische Quadrat*. Wir kennen es aus Albrecht Dürers berühmter »Melencolia«. (Siehe S. 34) Leider ging der Sinn für die symbolische Gewalt, die in magischen Quadraten steckt, allgemein verloren. Man behandelt sie als mathematische Spielereien, die, zusammen mit Rätseln und Quizfragen, meist nur noch wegen ihres Unterhaltungswertes in Jugendbüchern abgebildet werden.

Das potenzierte Quadrat, der *Würfel*, teilt zwar mit der Kugel die Beziehung zum Glück, übernimmt jedoch in der Symbolik eher die schwereren, schicksalhaften Zufälle. Denn die Kugel wäre als Bringerin des Unglücks einfach zu vollkommen, zu rund und glatt. Der Würfel »stolpert« über seine Kanten, kommt nicht zwischen vielem andern hindurch. Auch fehlt ihm, obwohl er auch zum Würfeln benutzt wird, das spielerische Element. Auf welche Seite er einmal gefallen ist, da bleibt er liegen. Soll auch die Kugel geometrisch genauso streng gebaut sein, so hebt ihre spielerische Bewegungsfreiheit dem Anschein nach die unerbittlichen Gesetze der Richtigkeit, für die der Würfel steht, wieder auf. Mit diesem kann man bauen, mit der Kugel bestenfalls schmücken. Sie ist so schön, daß selbst die steinernen Kanonenkugeln, die einst nur Unheil anrichteten, wie Museumsstücke aufbewahrt werden, während man die prosaischen Würfel, die ohnedies eher an Pflastersteine erinnern, sofort wieder in Mauern und Türme einfügt, auch wenn sie die ehrwürdigste Vergangenheit besitzen.

Ein Würfel muß immer behauen, ausgemessen, sorgfältig hergestellt sein, während die Kugel von annähernder Genauigkeit in jedem Flußbett zu finden ist, ja aus Lehm selbst in der Hand hergestellt werden kann. Bei manchem bayerischen Zwiebelturm wird die volkstümliche Form so aufgelockert, daß zuoberst eine Kugel auf einem Würfel aufruht. Die umgekehrte Reihenfolge wäre für unser Auge unerträglich. Selbst wenn der Kubus kleiner wäre, stünde es der Pflastersteinform nicht zu, eine edle Kugel zu drücken.

Mitunter trifft man Würfel auf Grabsteinen an, wo sie die Verpflichtung des Freidenkers zu exaktem Denken gegenüber einer verschwommenen Glaubenswelt oder einfach den Beruf des Architekten anzeigen. Dann stehen sie aber wohlausbalanciert auf einer Spitze, womit sie einen tänzerisch-eleganten Zug gewinnen. Wo Würfel – als Denkmal gemeint – einfach auf einer Seite liegen, wirken sie ausgesprochen langweilig. Dann bedarf es, um sie nicht schlechthin zu vergessen, einer mythisch-religiösen Aufladung wie beim Heiligtum der Kybele in Phrygien oder der Kaba der Mohammedaner in Mekka.

Auch wenn er seine Gleichseitigkeit aufgibt, verfügt der Würfel nur über zwei Variationen: Er kann höher oder breiter werden, bleibt aber immer noch ein *Quader*. Seine rechten Winkel, die Schub und Zug ausschalten und damit die statischen Berechnungen erleichtern, haben ihm den nahezu totalen Sieg über die moderne Architektur eingebracht. Selbst die fernöstlichen Kulturen mit ihren malerisch durchhängenden Dächern haben die nüchterne Kubusform des westlichen Hochhauses übernommen. Und mögen bei uns anthroposophisch orientierte Architekten über den rationalen Terror des rechten Winkels klagen, so müssen auch sie sich ihm beugen, wenn nicht erhebliche Zuschüsse zu den üblichen Baukosten zur Verfügung stehen. Das Rechteck, ob liegend oder aufrecht gestellt, ist zur Schablone der modernen Baukunst geworden. Meist lassen sich die Fassaden der Hochhäuser oder industriellen Zweckbauten dann wieder als das Doppelte oder Vielfache von Würfeln untergliedern. Geometrische Strenge verbietet spielerische Formen, daher die Langweile unserer Satellitenstädte.

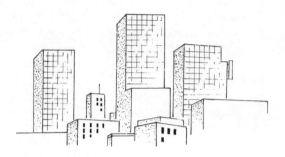

Wenn die Silhouette einer Stadt symbolisch ausgeglichen sein will, genügt es nicht, daß aus der eintönigen Dächerfront da und dort ein maskuliner Kirchturm herausragt. Es sollten auch weibliche Zeichen daruntergemischt sein: Kuppeln oder durchhängende Hohlformen, wie sie neuerdings bei den »Kulturpalästen« bevorzugt werden. Auch große Kubusformen dürften nicht fehlen.

Die uns innewohnende Leidenschaft, im Chaos Ordnung zu schaffen, hat sich zu einer architektonischen Orgie entwickelt und sogar auf die Sakralgebäude übergegriffen, so daß heute wieder von Staats- bis zu Wohnungsbauten, selbst bei den Möbelentwürfen die strenge Form des Rechtecks mit Kreis- und Dreieckselementen unterbrochen wird. Auch den zur Würfelform gehörenden Flachdächern wird immer häufiger das interessantere Satteldach mit Giebel vorgezogen.
Wo es die maschinelle Umwelt nicht erlaubt, wie in der Textilindustrie, die nun einmal Stoffbahnen produziert, im Buch- und Zeitungsgewerbe, auch in der Landwirtschaft bei der Bestellung der Felder, wird das Rechteck wie bisher das verbindliche Maß liefern.

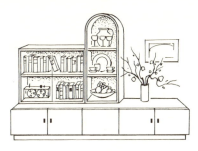

Daß wir uns in ein quadratisches Taschentuch schneuzen, ein rechteckiges Handtuch benutzen, die rechteckige Zeitung, das rechteckige Buch aufschlagen, in rechteckigen Betten zwischen rechteckigen Leintüchern und Bezügen schlafen, meist am rechteckigen Tisch sitzen, rechteckige Briefe schreiben und die rechteckige Briefmappe aus der rechteckigen Tasche ziehen, das gehört zu den zivilisatorischen Grundbeständen. Es schmeichelt nicht nur unserem Ordnungsbedürfnis, es erfüllt auch ein zwingendes Gesetz der Beziehungen, das nur am Rechteck sichtbar gemacht werden kann: den »Goldenen Schnitt«. Natürlich wäre er schon an der Linie abzumessen, aber sie ist optisch unergiebig. Die im rechten Winkel aufeinandergestellten Ränder und Kanten sind es, deren Beziehung zueinander uns wohltut oder stört. Mit den vielen wohlproportionierten Rechtecken schaffen wir uns ein Instrument der Harmonie zwischen innen und außen.

Der Goldene Schnitt

Symbole, so sagten wir vorher, ereignen sich erst, wenn sie jemand »liest«. Dazu muß er gewisse Informationen mitbringen, sonst bliebe das Symbol stumm. Doch wäre es um unsere wechselseitige Verständigung schlecht bestellt, wenn es neben den persönlich erworbenen nicht auch eine Grundausstattung zu richtigen Einsichten gäbe, und wäre es nur eine elementare Disposition, über die jeder Mensch verfügt, der mit klaren Sinnen ausgestattet ist. Immanuel Kant war es, der im Bereich der Ethik »Das moralische Gesetz in mir« gezeigt und damit ein gemeinsames Gitter nachgewiesen hat, an dem sich unsere Pflichtvorstellungen orientieren lassen. Solche »Gesetze in mir«, solche Vorweg-Eingeschultheit ins Denken gibt es auch im Bereich der Logik, wo schon Aristoteles sie als verbindliche »Kategorien« aufstellte, ebenso in der Musik, in der gewisse Intervalle und

Melodien bei allen Menschen die gleiche seelische Bewegung hervorrufen.

Am vernehmlichsten spricht jedoch ein uns innewohnendes Gesetz in der Ästhetik. Es ist der sogenannte »Goldene Schnitt«, ein genau bestimmtes Maßverhältnis zwischen Höhe und Breite. Ohne unsere Überlegungen abzuwarten, erteilt es uns auf den ersten Blick Weisungen in Kunst und Architektur. Wann immer der »Goldene Schnitt« übersehen oder verletzt wird, stört es uns, wo er eingehalten wird, tut es uns wohl: Dann empfinden wir die Proportionen von Höhe und Breite als harmonisch. Das »wir« meint in diesem Fall nicht nur uns an ästhetische Gesetze gewöhnte Europäer, Amerikaner, Asiaten oder Afrikaner, sondern auch abgeschieden und zivilisatorisch unbeeinflußt lebende Eingeborene, die von ästhetischen Normen nie etwas hörten. Denn auch sie finden ein Rechteck, dessen Länge und Breite dem »Goldenen Schnitt« folgen, sympathisch und geben ihm den Vorzug. Schon ihre ersten Schmuckversuche beweisen es.

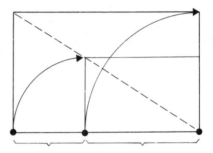

Wie lautet das Gesetz vom Goldenen Schnitt? Es sieht die Teilung einer Strecke genau so vor, daß sich das kleinere Teilstück zum größeren wie dieses zur ganzen Strecke verhält, in Zahlen ausgedrückt 1:1,62. Es bezieht sich auf Maßstäbe und Größenordnungen, von der Briefmarke bis zum Fußballplatz (und darin wieder auf den Strafraum). Diesem »göttlichen« Gesetz folgen die Proportionen der meisten antiken Tempel, aller maßgeblichen Staats- und Sakralbauten, der großen Fassaden, wie der Peterskirche in Rom, der Madeleine in Paris, den Propyläen in München, der Häuserfronten, der Türen und Möbel, der Zeitungen, Bücher und Schreibhefte, der Aktentaschen und Briefmappen, der Mattscheiben an unseren Fernsehern, auch aller Fotoformate.

Jeder Maler, der in der Zucht seiner klassischen Lehrer bleibt, wird sich bei der Anordnung seiner Figuren und ihren Größenverhältnissen an den Goldenen Schnitt halten. Die Biologen belehren uns, daß er auch ein durchgehendes Prinzip der Natur sei; so gilt der menschliche Körper, sofern er für wohlproportioniert angesehen werden kann, als genau nach dem Goldenen Schnitt unterteilt: die Stirne und das Gesicht darunter, der Kopf mit Hals und der Rumpf, Hand und Unterarm, Finger und Handteller. Der Jesuitenpater Erich Wasmann hatte einst als Ameisenforscher viele Arbeitsjahre dem Nachweis gewidmet, daß sowohl im Körper- und Gliederbau der Ameisen wie in den Konstruktionen ihrer Gänge und Nester alles nach dem Goldenen Schnitt geordnet sei. Seit einiger Zeit bietet die Deutsche Bundespost Einheitsschachteln für Pakete an, die in den Postämtern ausgestellt sind. Wer es der Mühe wert findet nachzumessen: Länge, Breite und Höhe entsprechen genau dem Goldenen Schnitt, dessen Verhältnis sich nach oben und unten bis ins Unendliche fortsetzen läßt.
Doch nun wird es Zeit, daß wir unsere Leser erleichtern und wieder etwas anschaulicher werden. Aus den Drei-, Vier-, Fünf- und weiteren Vielecken – die alle durch geometrische Konstruktion mit dem Goldenen Schnitt zusammenhängen – lassen sich bekanntlich auch Sterne bilden, deren Bedeutung wir aus unserer täglichen Umgebung wohl kennen. Schon wenn wir das gleichseitige Dreieck etwas »abmagern«, erhalten wir den bekannten Dreistern eines Autoherstellers – ein wahrhaft markantes und rechtlich schützenswertes Markenzeichen. Es muß natürlich mit der Spitze nach oben zeigen, also

männlich gestellt sein, wenn es »aufwärts«, »vorwärts«, »Tempo« bedeuten soll. Derselbe Stern mit der Spitze nach unten lüde eher zum Einschlafen ein; er wäre allzu friedlich, ja harmlos. Der Dreistern muß wohlfundiert dastehen und nach oben, d. h. in eine steile Zukunft weisen.
Nicht so einfach ist dies mit dem nächsten, dem *Vierstern*. Dessen hat sich vor Jahrzehnten schon einmal Maggis Suppenwürze als Marken-

zeichen bedient, aber mit einer so banalen Nebensache seinen Sinngehalt nicht hervorlocken können. Inzwischen rückte er zum Symbol der NATO auf, wo er deutlich davon Kunde gibt, daß dieser Wehrverband, der wachsam in alle vier Himmelsrichtungen blickt, ihn als symbolischen Marschkompaß ansieht. Als Zeichen des militärischen Bündnisses zeigen die Zacken des Viersterns die Verteidigungsbereitschaft nach Nord und Süd, Ost und West an.

Den geheimnisvollen *Fünfstern*, das *Pentagramm*, den Drudenfuß, mit dem man Geister bannt und herbeiruft, kennt man noch besser, weil ihn sowohl die amerikanischen als auch die russischen Flugzeuge und Panzer tragen. Die Amerikaner erbauten sogar ihr Verteidigungsministerium beziehungsreich als Fünfeck, als Pentagon. Das Fünfeck bzw. der Fünfstern steckt voller Magie und Hintersinn.

HINTERGRUND DER ZAHLEN

Der althergebrachte und selbst erlebte Umgang mit den Zahlen, ihre Handhabung im Geldgeschäft, beim Messen und Wiegen, beim Vergleich der Proportionen jeglichen Materials, ja schon unserer Jahre, insbesondere aber die fast ständige Begegnung mit ihnen im Alltag, vom Tacho im Wagen, den Entfernungstafeln am Rand der Autobahn bis zum Kuchenrezept mit seinen Gramm-Vorschriften – all das baut in uns ein unverrückbares Verhältnis zu den Zahlen auf, in dem sie geschätzt und gewertet sind, bevorzugt oder gemieden werden. Drücken sie ein Datum aus, so wird sich noch Freude oder Trauer hinzugesellen, kommen sie vom Finanzamt, so wecken sie Empörung, Gewinnzahlen bleiben in vergnüglicher Erinnerung. Wir mögen die glatten Zehner oder Hunderter, ja die geraden Zahlen schon deshalb, weil man sie so leicht halbieren kann. Wenn wir etwas verschenken wollen, so werden es nicht 19, 53 oder 107 Mark,

Schillinge, Franken usw. sein, sondern die runde Zahl daneben. Man mag den Zahlen auch aus dem Weg gehen, nicht nur, wenn hinter ihnen das Körpergewicht oder unser Alter steht. Auch die Blumen eines Straußes zählt man nicht, es sei denn, auf die Zahl der Rosen kommt es gerade an. Kurzum, während der Mathematiker aus Zahlen nur eine leere abstrakte Position herauslesen soll, dürfen alle anderen ihnen noch eine Bedeutung, einen Symbolwert auferlegen. Viele Zahlen besitzen ohnedies schon eine numinose Beiladung, manche sogar ein sakrales Gewicht. Es gibt komische, unglückliche Zahlen, wie etwa die 11, die knapp vor dem vollen, runden Dutzend stehen bleibt, oder die 13, die darüber hinausschießt. An Ehejahren stellt 49 gewiß eine stattliche Zahl dar, für ein Jubiläum aber taugt sie so wenig wie etwa 26. Und wenn die Schwaben von sich sagen, sie würden erst mit 40 gescheit, so wäre es sicher keine Schmeichelei, ihnen das schon mit 38 zu bestätigen. Wenn eine Hundertschaft Polizei eingesetzt wird, nimmt nur der Statistiker davon Kenntnis, daß es diesmal 97 Leute waren, für jeden anderen bleibt die Rundzahl hundert eine elementare Größe, die auch kleine Einbußen oder Überschüsse erträgt. Auch 102 sind nicht mehr als eine Hundertschaft. Über die Zahlen und ihre Symbolwerte, die in den unterschiedlichen Kulturen keineswegs die gleichen sind, informieren viele, höchst informative Bücher, von denen wir die wesentlichen im Verzeichnis der weiterführenden Literatur angeben. Hier dürfen wir uns mit einem kurzen Aufriß der Zahlensymbolik begnügen.

Eins:
Die *Eins* ist eigentlich noch keine rechte Zahl. Man kann mit ihr auch nicht viel anfangen. Doch sie verleiht den Rang der Realität, denn alles, was es gibt, ist nun *einmal* da. Sie besitzt auch die Würde des Anfangs, des Ursprungs, aus dem alles weitere hervorgehen kann. Das macht die Eins zur festlichen Zahl des Auftritts, auch zum Symbol für das absolut Einmalige. Nur sie kann in monotheistischen Religionen für Gott stehen. Wenn wir später, bei der Zahl drei die Dreifaltigkeit anführen müssen, so erscheint diese Dreizahl doch planmäßig aufgebaut, eher theologisch als natürlich. Der Zahl eins haftet nicht nur die Qualität des noch unmanipulierten Ursprungs an, sie stellt auch den ersten Grad für alles Fortschreitende dar. Sie ist die Eintrittskarte in die unendliche Zahlenwelt. Als Nr. 1 ist sie nicht nur neu, sondern gewissermaßen selbst geschaffen, ohne Herkunft und Belastung durch Vorfahren. Zum ersten Tag im Jahr, zum ersten Arbeitstag in einer Stellung oder Aufgabe beglückwünschen wir uns. Was an ihm geschieht, läutet die Zukunft ein. Zwar hört man

gelegentlich den Spruch »Einmal ist keinmal«. Doch ohne die Eins gäbe es nichts, das entschuldigt werden müßte, auch keine Wiederholungen. Indem sie allem anderen vorangeht, gilt die Eins nicht nur als die beste Note, sie läßt sich sogar steigern, wenn man ihr den ersten Buchstaben des Alphabets noch hinzufügt: 1a wird dann Qualitätsausweis. Schon ein-zig oder ein-malig hebt heraus und verbietet den Vergleich mit anderen. Wie alle ungeraden Zahlen gilt die 1 als männlich.

Zwei:
Auch die *Zwei* gehört noch nicht in die offene Reihe. Sie ist die erste weibliche Zahl, der in dieser Eigenschaft dann die Vier und alle übrigen geraden Zahlen folgen. In der Zwei ist das Paar verankert, das in einem neuen Sinn wieder eine Einheit bildet, wie etwa das Menschenpaar, das Augenpaar, die Beine, die nur miteinander das Gehen möglich machen, die Hände die sich bei der Arbeit vereinen – wie die Augen beim Sehen, die Ohren beim Hören – und so wiederum ein einziges Organ bilden. Andererseits hebt die Zwei die Einheit auf: Das Gegenüber, der Zweikampf ist da und mit ihm alle guten und bösen Polarisierungen. Was entzweit ist, verliert an Kraft. Zwillinge bedürfen besonderer Pflege, den Zwittern geht die Eindeutigkeit des Geschlechts ab. Wenn die Eintracht zur Zwietracht wird, setzt die Selbstzerstörung ein. Wenn jedoch zwei zu einer Einheit zusammengeschlossen sind, entwickelt sich sofort eine Dynamik, die das Auseinandergehen oder das Zusammenhalten betreibt. So steckt in der Zwei auch der Sinn für Treue, für die Verdoppelung der Kraft im Miteinander. Daraus kann ein Neues entstehen, wie aus dem Paar mit dem Kind die Familie, aus der These und Antithese die Synthese. Natürlich muß auch die gemeinsame Untat erwähnt werden, das im Bösen Geborene, weil es die Urheber wie Eltern zusammenbindet.

Drei:
Die *Drei* gilt wieder als männlich wie die Eins, ja als die intensivste Verstärkung aller Einserkräfte. Märchen, Mythos und Bibel verwenden sie, wenn die Eins besonders eindrucksvoll herausgestellt werden soll. Die dreifaltige Einheit oder einige Dreifaltigkeit haben wir schon erwähnt. Aus der Mythologie der Alten kennen wir die drei Spinnerinnen des einen Schicksalsfadens, die drei Erinnyen, die aus dem einen gequälten Gewissen emporsteigen. Auch die Chariten, eine liebenswürdige Art helfender Geister, treten zu dritt auf. Drei Männer kommen zu Abraham, in denen zusammen er Gott erkennt. Erst was doppelt und dreifach abgesichert ist, gilt im Sprichwort als zuverlässig. Dreimalige Einladung, Absage, Verwarnung oder auch

Täuschung stellt das Höchstmaß dar. Nicht vergessen seien auch die legendären drei heiligen Madeln Barbara, Katharina und Margarethe, von denen jede aus dem Turm herkömmlicher Zwänge ausbricht und auf ihre Art die freie, geistig ungebrochene und voll entfaltete Frau darstellt. In der Zahl drei werden auch das Zweifeln, die widersprüchlichen Bewertungen, »einerseits-andererseits« überwunden und eine Eindeutigkeit wieder hergestellt.
Die Drei ist ebenfalls im Dreieck, der ursprünglichsten aller geometrischen Figuren, enthalten. Mit dem abwertenden Wort »trivial«, dessen erste Silbe »drei« bedeutet, hat es folgende Bewandtnis: In der Antike und im Mittelalter wurde der freie Mann, der keine körperliche Arbeit verrichten mußte wie ein Sklave, in den sogenannten Sieben freien Künsten unterrichtet. Diese waren in die drei Elementarfächer Grammatik, Rhetorik und Dialektik gegliedert, die als Trivium zum Mindestmaß eines gebildeten Menschen gehörten. Wenn ihm die vier Fächer der Oberstufe, des Quatriviums (Arithmetik, Geometrie, Musik, Astronomie) verschlossen blieben, merkte man ihm an, daß er nur das Trivium beherrschte: er redete trivial.
Vier:
Mit der *Vier* eröffnet sich eine neue, eigentlich die ganze Welt. Die Vier zeigt das Achsenkreuz an, die Gliederung des inneren und äußeren Universums in vier Felder, zugleich auch in vier Hälften, eine linke und rechte und übereinander eine obere und untere. Schon die östlichen Mandalas zeigten die Vierteilung als Orientierungshilfe, gern wurde sie auch bei der Neugründung mittelalterlicher Städte berücksichtigt, wobei man den Kreuzungspunkt mit einem Brunnen oder Denkmal besonders markierte.
Mit der Vier lernen wir die Himmelsrichtungen kennen, sogar die vier Jahreszeiten, die vier Abschnitte des Tages, die vier Elemente, auch die vier Temperamente und schließlich die vier gleichen Seiten eines Quadrats. Die geometrische Form des Quaders hat durch die statische Erleichterung, die der rechte Winkel bietet, fast die gesamte Architektur erobert.
Weil mit der Vier alles Unübersichtliche eingeteilt wird, vom Universum bis zum Haushalt, ist sie die nüchternste Ordnungszahl. Sie ist die potenzierte Zwei und daher weiblich wie diese.
Fünf:
Um die Zahl *fünf* herrscht Poesie, sie gilt als die Liebeszahl, wie auch die Quint für das Liebesintervall gehalten wird (s. a. S. 136). In der Fünf verbinden sich die männliche Drei und die weibliche Zwei. Gegenüber dem Ordnungsprinzip der Vier bildet die Fünf ein Grund-

zeichen der belebten Natur. Die meisten Blüten sind fünfblättrig, fünf ist die Zahl der Finger und Zehen, ebenso der »echten« Planeten (Mars, Merkur, Jupiter, Venus, Saturn). Letztere bilden den Fünfstern, das magische Pentagramm, aus dem, wie schon gesagt, der Goldene Schnitt hergeleitet wird, jenes innere Gesetz der Proportionen, dem wir unbewußt, aber willig gehorchen. Weil man die Zahl Fünf an den Fingern ablesen kann, die gespreizt und ausgestreckt ein V ergeben, wurde auf ihr die römische Zahlenreihe aufgebaut. Das X für die Zahl zehn ist nichts anderes als das Aufeinandergestelltsein von zwei V, zwei Fünfen, das heißt zwei gespreizten Händen. Aus V und der Verdoppelung, X, baut sich die gesamte römische Zahlenwelt auf. Was fehlt, wird in Einzelstrichen davor-, was dazukommt, dahintergesetzt. Bei größeren Zahlen behilft man sich mit dem ersten Buchstaben des Wortes »hundert«, lateinisch »centum« = C; tausend, lateinisch »mille« = M. Bei 500 verwendet man ein D, die Hälfte eines M, bei 50 ein L = die Hälfte eines C. So lassen sich die sonst kaum lesbaren römischen Jahreszahlen auf Denkmälern und Grabplatten entziffern. Weil in der Antike, in der man nicht so alt wurde wie heute, ein Jahrzehnt schon einen großen Lebensabschnitt bedeutete, rechnete man nach Jahrfünften; das war handlicher. Ein Jahrfünft nannte man Lustrum.

Sechs:
Die *Sechs* bleibt an numinoser Bedeutung fast leer. Freilich findet sie sich als Sechseck im Bienenwabenmuster, das auch für manche Fliesen als Vorbild dient. Obwohl die männliche Zahl drei und die weibliche Zahl zwei zusammen die neutrale Fünf ergeben, bleibt 2 × 3 als 6 weiblich. Für die Bibel ist die Sechs eine vollkommene Zahl, weil sie das Sechstagewerk der Schöpfung spiegelt. In der Natur sind nicht nur die sechsblätterigen Blüten häufig, auch die Kristallform der Schneeflocken zeigt sich mit Vorliebe im Sechseck. Das berühmteste Sechseck, der Davidstern, wird unmißverständlich aus zwei gleichseitigen Dreiecken zusammengesetzt, deren Umrißlinien auch durchgezogen sind. Natürlich verweisen die symbolkundigen Theologen wieder auf das Sechstagewerk der Bibel. Doch soll der David-

stern zuerst die Siebentagewoche versinnbildlichen, wobei der siebte Tag, der Sabbat, als unsichtbar aber sinnstiftend in den sechs Arbeitstagen enthalten ist. Rechnerisch ist die Sechs die kleinste Einheit in einem Zahlensystem, das nach Dutzenden rechnet. So bildet sie wie beim Tierkreis, vielfach die Hälfte, was ihr freilich keinen Glanz verleiht.

Sieben:
Sieben ist die rechnerisch am schwersten zu handhabende, ja nahezu unbrauchbare Zahl, dennoch die geheimnisvollste. Sie bedeutet eine Ganzheit und wäre ihrer Symbolik nach oft mit »vollständig« gleichzusetzen. Wenn einer »seine sieben Sachen« beisammen hat, ist er rundherum ausgestattet. Ob man die Auszeichnung der Zahl sieben von den sieben Schöpfungstagen der Bibel, den sieben Planeten (wenn man Sonne und Mond dazuzählt), den sieben Sakramenten, oder den sieben Säulen der Weisheit, den sieben Gaben des Heiligen Geistes oder von der Siebentagewoche herleitet, immer steckt die Summe aller Möglichkeiten des Menschen in ihr. Margarete Riemschneider bezeichnet die Zahl sieben in ihrem Buch »Das Geheimnis der numinosen Zahl – von 0 bis 1001« als eine bedeutungsschwere und meint, »es würde nichts ausmachen, wenn an all den Stellen, wo sie auftaucht, das Wort ›groß‹ oder ›viel‹ stünde«.
Sieben Kurfürsten wählten einst den Kaiser. Von den »sieben freien Künsten«, in die das allgemeine Wissensgut im Altertum und noch im Mittelalter zusammengefaßt war, sprachen wir schon. Es fehlte nie an Kombinationen, um die besondere Bedeutung der Sieben zu erklären. Am bekanntesten ist die Zusammensetzung aus der göttlichen Zahl drei und der Vier, hinter der die gesamte Weltordnung stehen soll. Doch ergibt es wenig Sinn, wenn man eine Zahl erst vorbehandeln muß, ehe man ihre Bedeutung erfährt. Nein, die Sieben ist eine Rundzahl, die auch unzerstückelt Eindruck macht. Daß man die Weltwunder auf eine Siebenergruppe beschränkt, bedeutet keineswegs, daß es nicht acht oder zwölf gebe, sondern daß sie zu siebt eine eindrucksvolle Geschlossenheit gewinnen. Zu siebt treten auch die Sieben Weisen, Schneewittchens sieben Zwerge, ja sogar die abenteuernden Sieben Schwaben auf. Außer Rom gibt es noch mehrere »Sieben-Hügel-Städte«. Dabei kommt es weniger auf die tatsächlich vorhandenen (mitgezählten oder übergangenen) Hügel als auf die Zahl sieben an.
Wie nicht anders zu erwarten, bleiben auch die Vielfachen von Sieben noch Rundzahlen, wie bei den Vierzehn Nothelfern oder der einstigen Volljährigkeitszahl 21, die auch das Maß der Trümpfe im Tarock-

spiel ausmacht. Das Zehnfache der Sieben, also 70, galt im Alten Testament als Rundzahl für eine größere Gruppe von lebenserfahrenen (wohl auch siebzigjährigen) würdigen Herren, die einen Rat, (der Hohe Rat in der Bibel) oder einen ausgewählten Rückhalt aus dem Volk für den Verantwortlichen (Moses) bildeten. Es sei auch nicht übergangen, wieviel überzeugendes Material jene Forscher vorlegen, die sich mit den Jahresrhythmen in den Lebensläufen bedeutender Menschen beschäftigen. Dabei lassen sich die Wendemarken nach jeder Jahreswoche nicht übersehen (was übrigens auf jeden Menschen zutrifft). Besonders auffällig sind die Todesdaten, wenn gerade ein Siebener-Rhythmus zu Ende ging (so wurden 49 Jahre alt: Thomas von Aquin, Johannes vom Kreuz, Jakob Böhme, Paracelsus).
Acht:
Mit der vorangegangenen Sieben verglichen, ist die *Acht* eine offene, gut praktizierbare Zahl ohne jeden mystischen Hintergrund. Oft stellt sie einfach die Vier auf eine breitere, reicher gegliederte Basis. So wird das Achsenkreuz, das nur vier Richtungen angibt, fülliger, ansprechbarer. Schon wenn ein Bau als Oktogon ausgeführt ist, wirkt er gemessen am resolut-einfallslosen Viereck feierlicher – in ihm klingt das Universum an. Deshalb läßt es sich auch nicht steigern, denn sobald man seine Winkel noch einmal halbiert, um ein Sechzehneck zu erhalten, hat man ihm jeden Charakter genommen. Ein Sechzehneck spricht unser ästhetisches Gefühl nicht mehr an, weshalb man für den Chor von Kirchen und Domen, auf den während des Gottesdienstes die Blicke der Menschen gerichtet sind, entweder das Achteck oder gleich den Kreis wählt. Die Acht ist die dritte Potenz von zwei und kann ebenso leicht halbiert wie verdoppelt werden. In ihr kommt die Sieben zur Ruhe, und dies nicht nur in der Tonleiter, die es schlechthin verbietet, mit dem siebten Ton aufzuhören (obwohl er der letzte ist und der achte nur als eine transponierte Wiederholung des ersten hinzukommt). Schon im Alten Testament galt die Acht als Stufe der Vollendung, das symbolfreudige Mittelalter erhob sie gänzlich zum Zeichen der Wiedergeburt und Erlösung, weshalb Taufkapellen damals immer achteckig gebaut wurden. Nicht nur das Schachbrett besitzt 8 × 8 Felder, sondern auch die Modelltafel des chinesischen I Ging: In der Zahl 64 soll sich alle Weisheit verbergen.
Neun:
Die *Neun* wartet nicht mit symbolträchtigem Hintergrund auf. Nach der Sieben und der Acht wirkt sie wie ein Atemholen vor der wiederum wuchtigen Zehn. Zwar bildet sie eine Potenzierung der Drei, erhöht aber nur deren Zahlenwert, nicht deren Bedeutung.

Weil die Neun in Märchen nie vorkommt, bei den Erforschern der Traumsymbole einen allerdings verborgenen Sinn haben soll (Paneth), können wir sie hier übergehen.

Zehn:
An unseren *zehn* Fingern haben wir mit dem Rechnen begonnen. Doch ist es nicht nur die Fingerzahl, die uns dazu verleitet, mit der *Zehn* und dem Zehnfachen zu rechnen; die Zehn empfiehlt sich auch selbst. Schon die Fünf, die sich in ihr verdoppelt, war besonders praktikabel. Auf die Zehn konnte dann das Dezimalsystem aufgebaut werden, mit dem man spielend die größten Summen und Quanten bewältigt. Schon nach wenigen Potenzierungen entschwindet die Zehn ins Unvorstellbare. Alle Multiplikationen macht sie zum Kinderspiel, indem sie nur eine Null anzuhängen, bei der Teilung nur das Komma um eine Stelle zu verrücken verlangt. Aufgrund ihrer naturhaften Auszeichnung durch Finger und Zehen erwarb sich die Zehn noch zwei numerische Adelstitel. Denn einmal lieferte sie das Maß für die Zehn Gebote Gottes, und dann wurde sie von Pythagoras zur vollkommenen Zahl schlechthin erklärt, weil in ihr die Summe der ersten vier Grundzahlen enthalten sei: $1 + 2 + 3 + 4 = 10$. »Zähle bis vier«, heißt man eine Formel dieser zahlenbesessenen Denker, »zähle bis vier und du hast den Schlüssel des Universums in der Hand«.

Elf:
Mit der *Elf* steht es gleich wieder schlecht. In der Nachbarschaft solcher Favoriten wie der Zehn und Zwölf macht sie, noch dazu als Primzahl (= nur durch eins oder sich selbst teilbar), keinen guten Eindruck. Über die Zehn geht sie leichtsinnig hinaus, für die Zwölf reicht es aber doch nicht. So wird sie zur Narrenzahl, mit der man am 11. 11. morgens um 11 Uhr 11 den üblichen Schabernack treibt. Als »Zahl der Sünde« hängt man ihr auch einen religiösen Makel an, weil sie die heiligen Zehn Gebote, das gottgegebene Gesetz, übertritt und zu allem Übel die Apostelzahl im Zustand der Verminderung durch den Verrat des Judas anzeigt. Wer es ganz genau nehme, könne sie darum sogar mit der Passion Christi in ursächliche, wenn nicht gar schuldhafte Beziehung bringen.

Zwölf:
Bei der *Zwölf* natürlich, dem vollen Dutzend, geht es gleich wieder hoch hinaus. »Zwölf, das ist das Ziel der Zeit – Mensch gedenk der Ewigkeit!« riefen die Nachtwächter durch die Straßen und durch die Jahrhunderte. Die Bibel setzt die Zahl schon bei den zwölf Stämmen Israels ein, dann wieder bei den zwölf Aposteln, die nach dem Ausfall

des Judas sofort wieder durch Hinzuwahl auf die zwingende Rundzahl ergänzt wurden. Nicht nur das Zifferblatt der Uhr, auch der Tierkreis am Himmel wird in zwölf Einheiten unterteilt. Und wer je sein Horoskop in der Hand hatte, erinnert sich daran, daß jedes der Tierkreiszeichen 30 Grad aufweist; 30 × 12 ergibt die 360 Grad, die in der Geometrie eine so wichtige Rolle spielen. Bei jedem Rechteck, selbst wenn es zum Parallelogramm verschoben ist, beträgt die Summe der Innenwinkel 360 Grad, beim Dreieck zwangsläufig die Hälfte. Auch im Alltag rechnet es sich mit den Zwölferzahlen leicht, ob es sich um ein halbes Dutzend Eier handelt, oder ob man die Zwölf als Rundzahl nimmt, wenn man dem anderen etwas schon »ein dutzendmal« gesagt hat. Nach der Apokalypse soll die Zahl der Auserwählten am Jüngsten Tag 144 000 betragen, also 12 × 12000 – ein bißchen wenig bei den vielen Milliarden allein bisher Verstorbener. Aber das bedeutet nichts anderes, als daß diese endgültig Heiligen eben nur in einer heiligen Zahl zusammengefaßt werden können. Mit 120 Jahren, bei höherem Menschentum rund und wohlgetan, wird auch das Alter des Moses angegeben.

Unglückszahl dreizehn:
Wer die so vielfach ausgezeichnete Zahl zwölf überschreitet oder verlassen muß, gerät an die Unglückszahl 13. Natürlich hat nun jeder den Spott auf den Lippen, wie es sich ja immer gut macht, den Aberglauben der anderen anzuprangern. In der Touristik verhält man sich allerdings höflicher. In Flugzeugen, wo doch mitunter etwas Bangen aufkommt, wird keinem Gast zugemutet, auf Platz 13 oder auch nur in der 13. Reihe zu sitzen, es gibt sie nicht. Ebenso verzichten neue Großhotels bei Zimmertüren und oft schon bei Stockwerken auf diese Zahl. Aberglauben oder nicht, mit den Zahlen verhält es sich wie mit dem Leumund. Haben sie einen schlechten Ruf, läßt sich dieser so wenig mit Aufklärung aufheben, wie eine Ehrenerklärung die Folgen übler Nachrede beseitigen kann.

Die Zahlen über der Dreizehn:
Fast für jede Zahl von 14 bis 39 finden sich in irgendeiner Kultur oder in der Bibel bestimmte Wertungen, auf die wir aber bei den Grundzahlen schon hingewiesen haben. Daß die vierzehn Nothelfer zweimal sieben, daß 24 zwei Dutzend ausmachen, 28 (4 × 7) neuerdings in der Biorhythmik neben der 23 und der 33 eine für die Gesundheit maßgebliche Bedeutung erlangt, daß 36 zu den 360 Grad des Kreises gehört – das alles bedarf keiner Erklärungen mehr. Es sei denn, wir widmen der Zahl 17 noch die Anmerkung, daß sie sowohl bei der Dauer der Sintflut, wie beim Bau der Arche eine von den Symbolisten

bis heute ungeklärte Rolle spielte. Auch in der Odyssee kommt die Frist von 17 Tagen immer wieder vor. Es ist auch kein zwanghaftes Hineintragen von Bedeutungen, wenn zur Zahl 17 angemerkt wird, daß sie sich aus der Ordnungszahl 10 und 7, der Zahl des lebenspendenden Geistes, zusammensetzt. Obendrein ergibt die Summe aller Zahlen von 1 bis 17 jene sonst unerklärliche Zahl 153, die der »Menschenfischer« Petrus (nach Jh. 21,11) als symbolische Zahl aller Gerechten und Erleuchteten aus dem Netz zog.

Die Zahl *Vierzig* bringt von der Bibel die Qualität des Angemessenen mit. Noch heute halten wir die Quarantäne ein, die bei 38 Tagen bestimmt auch ihre volle Wirkung hätte, aber in der 40 verbirgt sich auch stimmungsmäßig ein »Ausreichend«. Das »Schwabenalter« galt bereits bei den Römern, wenn jemand Prätor werden wollte. Früher sprach man in mancher Hinsicht vom »kanonischen« Alter, das die jugendliche Unruhe abschließt, heute ist eher von der »midlife crisis« oder beruflichen Umstellungen die Rede. Vierzig Tage dauert die Fastenzeit, 40 Jahre waren die Israeliten von Ägypten ins Gelobte Land unterwegs. Daß er mindestens 40 sei, setzt man voraus, wenn jemand als »gestandener Mann« bezeichnet wird. Vierzig ist die Zahl der Erprobung.

Das Jubiläumsjahr *Fünfzig* sei hier genannt, auch die *Siebzig*, die nach der Bibel die Jahreszahl des Menschenlebens darstellt (heute freilich in allen Erdteilen, in denen kein Hunger herrscht, als Durchschnittsalter weit übertroffen ist), wurde bereits erwähnt. Die 75 wird wieder gefeiert, sei es als Geburtstag oder gar als Jubiläum. 100 und 1000 sind sicherlich die gängigsten Rundzahlen, die nur in der Buchhaltung oder am Bankschalter zwischen 99 und 101 bzw. 999 und 1001 liegen müssen. Sonst sind tausend Grüße eben viele Grüße und selbst die 1001 Nächte, in denen Scheherezade ihre Märchen erzählte, gewinnen ihre Eingängigkeit daher, daß die Zahl so dicht bei 1000 liegt. Jeder kann die Probe machen: 978 würde uns als Titel so wenig faszinieren wie etwa 1329. Die nicht mehr überbietbare Nähe zu 1000 macht es aus. Kein Tausendfüßler hat tatsächlich 1000 Füße, und die Heilextrakte aus dem von altesher bewährten Tausendgüldenkraut sollen mit diesem Namen natürlich nur einen Schätzwert andeuten. Die Million, von der wir so gern sprechen, übersteigt in Wirklichkeit schon unsere Fassungskraft. Keiner fände die Ausdauer, sich bis zu ihr durchzuzählen, bringen wir es doch über ein ganzes Jahr – wie jeder an seinem Taschenrechner nachprüfen kann – nur auf 613 000 Herzschläge.

WAS FARBEN AUSSAGEN

In den Farben begegnen wir mehr als nur physikalischen Tatsachen, wie den unterschiedlichen Wellenlängen des Lichtes etwa oder den Pigmentierungen in der Natur: Wo Farben sichtbar werden, wirken sie auch, ihre Strahlung weckt in uns ein seelisches Echo, sie bedeuten etwas. Manche unter ihnen »mögen« wir, anderen gehen wir aus dem Weg. Das zeigt sich, wenn wir einen Stoff, ein Kleid auswählen, uns für eine Tapete, einen Hausanstrich entscheiden, oder wenn wir nach den Zwängen der Konvention eine bestimmte Farbe tragen müssen, und sei es nur eine weiße, rote oder schwarze Krawatte. Seelisch robuste Naturen lieben ungebrochene Farben, und die Kontraste der Grund- und Komplementärfarben können gar nicht laut genug sein. Wenn es ein Blumenstrauß unter Liebesleuten ist, muß das Rot so grell wie möglich leuchten, damit der andere auch Bescheid weiß. Für feinfühligere Menschen ist schon das Spiel mit Farbnuancen interessant genug. Im Barock und Rokoko ging man den unverdünnten Farben geradezu aus dem Weg und erzielte damit so fein abgestimmte Innenräume, wie es sie zuvor nie gegeben hatte.

Die Symbolik der Farben geht von den Grundfarben Blau, Rot, Gelb aus, die im allgemeinen überall das gleiche bedeuten. Auch für die Ausdruckskraft der Mischfarben Grün, Orange, Violett läßt sich Verbindliches sagen. Bei Weiß und Schwarz, die eigentlich keine Farben sind – denn Weiß läßt keine Buntheit zu und Schwarz verschluckt sie – gehen die Würdigungen auseinander. Aber das haben sie mit der Farbenskala gemeinsam: Farben müssen erlebt werden. Sie sind Strahlungskräfte, die das Auge brauchen, um sich zu offenbaren, da sie nur wirken können, wenn sie »ankommen«. Deshalb kann der Blinde nicht von einer Farbe sprechen. Darum bleiben auch die prächtigsten Blüten im Dschungel so lange abwesend, solange sie von niemandem gesehen werden. Die Farben gehören zur elementaren Fülle der Welt, die nur dann zum Reichtum werden kann, wenn sie wahrgenommen wird.

Rot

Dem heutigen Menschen begegnet Rot täglich mehrfach als Haltsignal oder als Warnlampe, die aufleuchtet, wenn bei Motoren oder Apparaturen ein Schaden bevorsteht. Als die stärkste Farbe ist Rot

Hier, auf einem Feld der kassettierten Bilderdecke von Zillis, versucht der Maler mit schlichten symbolischen Mitteln anzudeuten, daß die dargestellte Person kein anderer als Johannes der Täufer sein könne. Er zeigt ihn vor seinem Zelt in der Wüste, im härenen Gewande – wenigstens sieht man noch den Pelzrand. In der linken Hand hält er ein Bild, das als ein Schaf gemeint ist (wenn es auch eher wie ein Pferd aussieht), denn das wird seine Berufung sein: die Menschen auf das »Lamm Gottes« hinzuweisen. Hier deutet der Bildrand die verschlungenen Pfade seines Lebens an, denn kaum hatte der Vorläufer seine Bußpredigten aufgenommen, wurde er schon ins Gefängnis geworfen und später auf Drängen der Salome und ihrer Mutter enthauptet.

Das »Hundertguldenblatt« von Rembrandt. Hier wird das Reich Gottes verkündet, ein Wertumbruch, eine völlige Abkehr von der Vergangenheit. Von rechts, von der Zukunft her fluten die Mühseligen und Beladenen

herbei, während die selbstzufriedenen, Macht und Recht verwaltenden Gestalten bereits der Vergangenheit angehören. Jesus steht nicht in der Mitte, sondern exakt in der Schnittlinie der Goldenen Teilung.

Mit einfacher, aber klarer Symbolik arbeitet der Maler der berühmten Bilderdecke von Zillis in Graubünden. Der abgebildete Apostel wurde zu seinem Schrecken Zeuge der Verklärung Jesu auf dem Berge Tabor und des Hinzutretens von Moses und Elias. Er kauert am Boden und versucht das Erlebte in sein Weltbild einzuordnen. Daß er damit noch nicht zu Ende gekommen ist, zeigt der Maler mit den beiden kleinen Wolken über ihm. Er sieht noch nicht durch. Auch der Rahmen wurde sinngemäß mit einer großen Anzahl von rätselhaften, labyrinthähnlichen Figuren bestückt.

laut und unübersehbar. Man stutzt vor ihr, und das nicht nur aus
Gründen der Verkehrserziehung. Sie ruft gleichsam »Achtung!«,
zeigt an, wenn das Weitergehen, das Betreten eines Raumes verboten
ist. Der roten Farbe bedient sich nicht nur die Feuerwehr, sondern,
wenn es sehr eilt, auch die Polizei. Bei Manövern sind es die »Roten«,
die zuerst angreifen.
Rot ist die Farbe des Aufruhrs. Eine Revolutionsfahne, die das Volk
zum Sturm auf die bestehende Ordnung mitreißen soll, kann nur rot
sein. Geht es hier noch auf Leben und Tod, so gelten in der politischen
Parteienordnung alle Gruppierungen, die an die überkommenen
Strukturen rühren, als »rot«, ob sie nun als sozialdemokratisch auf
eine schrittweise, allmähliche Veränderung programmiert sind oder
als Kommunisten den sofortigen Umsturz verlangen. Auf alle konservativen Gruppen, auf Kirchen und Wahrer der Tradition wirken
rote Fahnen, zu denen die erhobene Faust wohl paßt, wie ein Unheil,
das abgewehrt werden muß. Auch bei Reformwilligen stiftet Rot
Unruhe.
Von Politik und Gesellschaft abgesehen, stellen sich als erste Assoziationen zur roten Farbe die züngelnden Flammen eines offenen Feuers
oder das fließende Blut ein. »Feuerrot« oder »rot wie Blut« sind nicht
umsonst die häufigsten Wortverbindungen. Wer »rot« sieht, gerät
leicht in Panik, und um beim Bild des Tieres in der Arena zu bleiben,
so weiß man meist genau, welche Bilder, welche Bemerkungen auf
einen »wie ein rotes Tuch« wirken. Weil Rot anregt, aufreizt, gilt es
auch als die Farbe guter Gesundheit, der Lebenslust und robusten
Freude. Es ist die Farbe der Liebe, die bei der Auswahl von Rosen mit
genauem Bedacht ausgesucht, dazugemischt oder vermieden wird.
Rot fordert direkt auf. Ein Strauß von Kornblumen oder Vergiß-
meinnicht spräche behutsamer »durch die Blume«. Zum Eindeutig-
sein gehört auch die rote Laterne, das rote Zimmerlicht. Und da die
roten Backen gesunder Kinder oder »lachender« Äpfel und Pfirsiche
zu den herzerfrischendsten Anblicken zählen, gewann Rot in manchen Sprachen schlicht die Bedeutung von »schön«.
Die Nähe zu Flammen und zum Blut hat der Farbe Rot die Liturgiefä-
higkeit gesichert. Sie wird an den Festen der Märtyrer getragen, die
einst für den Glauben Blut und Leben opferten. Hier muß auch das
changierende Kardinalsrot genannt werden, von dem bei der Verleihung ausdrücklich als der Märtyrerfarbe gesprochen wird, obwohl es
als Purpur auch eine herrscherliche, der Leidensbereitschaft entge-
gengesetzte Symbolik beinhaltet. Am Pfingstfest werden, in Analogie zu den Feuerzungen, die sich als Zeichen der Herabkunft des

Heiligen Geistes auf die in Jerusalem versammelten Jünger niedergesenkt haben (Apg. 10.44), rote Meßgewänder getragen.

Der Farben-Psychologe Max Lüscher verweist auf eine ähnliche Reaktion von Mensch und Tier: »Farben bewirken bestimmte Gefühle. Da der Farbreiz vom Auge über das vegetative Nervensystem ins Zwischenhirn geleitet wird, entstehen diese Gefühle anscheinend im Zwischenhirn. Hier wird das Nervensystem und die Hypophyse gesteuert. Kein Wunder also, daß Tiere mit denselben Körpervorgängen auf Farben reagieren.« Als Interpretationshilfe für Kunstwerke schreibt er: »Franz Marc hat beim bekannten Bild »Die drei roten Pferde« die Pferde deshalb rot gemalt, weil sie ein impulsives, rasch erregbares Temperament besitzen. Für das eigentlich braune Fell hat er Rot verwendet, weil er den psychischen Ausdruck darstellen wollte.«

Goethe bemerkt (in seiner gehobenen Diktion): »Die Erscheinung eines gelbroten Tuches beunruhigt und erzürnt die Tiere. Auch habe ich gebildete Menschen gekannt, denen es unerträglich fiel, wenn ihnen an einem sonst grauen Tage jemand im Scharlachrock begegnete.« (*Farbenlehre* 776).

Blau – Farbe der Entgrenzung

Blau ist die Farbe der offenen Ferne, die uns ins Ungemessene mitnimmt, sei es in die Tiefe des Himmels oder in die Weite des Meeres. Deshalb läßt sie sich auch nicht steigern, so wie etwa Gelb im Gold oder Rot im Feuer erhöht werden können. Denn im dunklen Blau nächtigt es schon. Spiegelt sich der blaue Himmel aber in einem See, verdoppelt sich der Sog des Unendlichen keineswegs, sondern weicht einer anmutigen Lieblichkeit, die das Gemüt in Weltharmonie einstimmt und wieder in sich selbst versammelt. In der Nähe besitzen weder die Luft des Himmels, noch das Wasser am Meerestrand, auch nicht das Eis der Polarzonen oder der Schnee einer Winterlandschaft irgendeine Bläue. Dazu bedarf es der Tiefenwirkung der Ferne.

Ob hell oder dunkel, die Farbe Blau entgrenzt uns, schafft Distanz vom unmittelbar Gegenständlichen. Selbst der bespöttelte Zustand, »blau« zu sein, erhebt aus der Enge des Alltags in ungemessene, ozeanische Zusammenhänge, die auf jede handfeste Wirklichkeit verzichten. Wer einen »blauen Montag« feiert, weicht ihr ebenso aus wie der »blauäugig« Arglose, der ihre Härten nicht zur Kenntnis nimmt. Blau enthebt uns der prosaischen Nähe. Wirft uns ein

Verkehrsunfall aus dem schützenden Gefüge des Alltags, werden wir mit Blaulicht aus der Gefahrenzone geholt. Der Notarztwagen untersteht keinem Straßenreglement.

Es bewies tiefes Verständnis, wenn die romantische Allbezogenheit, als deren Symbol seit Novalis die »blaue Blume« galt, diese Farbe in Anspruch nahm. Die Romantiker weiteten ihre Denkweise über die Heimatgrenzen hinaus zu fernen Ländern und Kulturen, sie erforschten die Weisheit alter Märchen aus vorgeschichtlicher Zeit und wählten die schöpferischen Leistungen entlegener Jahrhunderte als Arbeitsfeld und seelische Heimat.

Wo die Natur mit blauen Blüten aufwartet, wie beim Enzian, der Glockenblume, dem Veilchen oder der Kornblume, erweckt sie unser besonderes Entzücken. Natürlich gebührt der Rose ein erster Preis, sie will ausschließlich bewundert sein. Blaue Rosen aber gibt es nicht. Den aparten Zauber einer enzianübersäten Bergwiese würden sie ohnedies nie erreichen. Blaue Blumen wirken auf blaßgrünem Hintergrund noch blauer. Wer sein Dasein nicht in Lebensenge und mühsamer Arbeit ums tägliche Brot hinbringen muß, sondern zeitliche und räumliche Distanz um sich ermöglicht, wer in weiträumigen Schlössern wohnt, die wiederum von Parks und Rasenflächen umgeben sind, wer einen Titel führt, der Respekt und Abstand verlangt: in dessen Adern fließt das »blaue Blut«, das man später ebenso dem Geldadel zubilligte. Auch im Wappen und Zeremoniell des Adels wird die blaue Farbe bevorzugt. In Schlössern wird das Blaue Zimmer immer als letztes gezeigt.

Blau bedeutet allgemein Gehobenheit. Das gilt für den blauen Anzug, das blaue Abendkleid bis hin zur blauen Uniform oder Dienstkleidung. In all seinen Variationen zeigt es eine dezente Verbindlichkeit an – im Unterschied zu den mehr lauten Farbtönen um Gelb und Rot. Wer sich auch werktags blau zu kleiden pflegt, will damit signalisieren, daß er sehr wohl auf sein Erscheinungsbild achtet. Schon ein vornehmer Römer hätte für seine Ausstattung nie die volkstümliche Ockerfarbe gewählt. Seine Toga war blau oder zumindest blau gerändert.

Daß die Fahne Israels dem blaugestreiften Gebetsteppich nachgebildet wurde, den der Mann zu Boden legt, wenn er sich dem Unendlichen zuwendet, ist bekannt. Die Blue jeans hätten in keiner anderen Farbe zum weltweiten Ausweis einer Gesinnung werden können, die sich ausdrücklich von geltenden Normen distanziert. Einen Jungfernkranz mit »veilchenblauer« Seide darf man dem Mädchen nur dann winden, wenn es als unberührbare Braut gefeiert wird.

Als dogmatisch gebundene liturgische Farbe kommt blau, die Farbe der Entgrenzung nicht vor, ja sie gilt als verpönt. Doch findet sich der blaue Saphir als bevorzugter Schmuckstein an Madonnenfiguren.
Ein kundiger Film- oder Bühnenregisseur wird jene Personen in blauer Kleidung auftreten lassen, die in Haltung und Aussage den symbolischen Hintergrund dieser Farben vertreten.
Die evangelische Theologin und Psychotherapeutin Dr. Dr. Ingrid Riedel bezeichnet, aufgrund ihrer Erfahrung mit den Träumen und künstlerischen Versuchen ihrer Patienten, blau als die Farbe für Traum, Rausch und Vision.
»So sahen wir das Blau gern an«, bemerkt Goethe, »nicht weil es auf uns dringt, sondern weil es uns nach sich zieht.« (*Farbenlehre* 781).

Gelb

Die dritte Grundfarbe, das Gelb, bedarf schon der Erhöhung ins Gold, um Rang und Würde zu erlangen, sonst stellen sich unangenehme Assoziationen zum Körper ein, der »gelb« wird vor Neid, oder, von Gelbsucht befallen, unansehnlich und aufs höchste gefährdet ist. Weil man das Gelb eher als Makelfarbe betrachtete, heftete man in den heruntergekommenen Zeiten der Pogrome den Juden einen gelben Stern an; eine schmutzigere Farbe ließ sich nicht finden. Gelb gilt zwangsläufig als die Farbe des Judas, auch der bitteren Galle, obwohl diese grün ist. Und welche Farbe der Eiter hat, weiß auch jeder.
Mit Gelb ist also kein Staat zu machen. Weil die Farbe aber am hellsten leuchtet, erhebt man sie einfach ins Gold. Dann wogen die Weizenfelder golden unter den goldenen Strahlen der Sonne, die Hellhaarigen tragen goldblondes Haar. Und da Gold nun einmal das edelste, auch unvergänglichste Metall ist, wird Gelb sogar zur Farbe der Ewigkeit. Gelb-Weiß sind die Farben des Papstes und, anders angeordnet, des Vatikans. Die Majestätsfarbe Gelb schmückte einst den Kaiser von China. Gelb gefärbt waren auch die chinesischen Drachen. Doch brauchen wir nicht so weit nach Empfehlungen zu suchen: In unseren Vorgärten leuchten die Sonnenblumen, auf den Wiesen der Löwenzahn, die Butter- und Sumpfdotterblumen und auf den Straßen die Kleider der Frauen.
Von besonderer Wichtigkeit ist der Hintergrund, vor dem sich die Farbe Gelb abhebt. Vor Grün leuchtet es besonders hell. Geradezu Signalwirkung verleiht es aber, wenn es selbst den Hintergrund

bilden darf. So gilt Schwarz auf Gelb als das wirkungsvollste Farbintervall. Die Standarten der römischen Legionen und mehrerer deutscher Kaiser zeigten den schwarzen Adler auf gelbem Grund. Natürlich haben auch die Fachleute der Werbung den hohen Erkennbarkeitsgrad von »Schwarz auf Gelb« eingesetzt. Nach ihren Tabellen soll er um vier Prozent höher liegen als der Kontrast »Schwarz auf Weiß«.

Der Goldgrund bedeutete in der byzantinischen Mosaikkunst und in der mittelalterlichen Malerei den stärksten Grad der Hervorhebung anderer Farben. Goethe zielt in seiner Farbenlehre ausdrücklich darauf ab, in bezug auf Vorhänge, Tapeten und sogar Kleider. Er meint: »Das Gold in seinem ganz ungemischten Zustand gibt uns, besonders wenn der Glanz hinzukommt, einen neuen und hohen Begriff von dieser Farbe; so wie ein starkes Gelb, wenn es auf glänzender Seide, z. B. auf Atlas, erscheint, eine prächtige und edle Wirkung tut.« An anderer Stelle beschreibt er die Zweiwertigkeit der gelben Farbe so: »Wenn die gelbe Farbe unreinen und unedlen Stoffen mitgeteilt wird, wie dem gemeinen Tuch, dem Filz und dergleichen, worauf sie nicht mit der ganzen Energie erscheint, entsteht eine unangenehme Wirkung. Durch eine geringe und unmerkliche Bewegung wird der schöne Eindruck des Feuers und Goldes in eine Empfindung des Kotigen verwandelt und die Farbe der Ehre und Wonne zur Farbe der Schande, des Abscheus und Mißbehagens umgekehrt. Daher mögen die gelben Hüte der Bankrottierer, die gelben Ringe auf den Mänteln der Juden entstanden sein, ja sogar die sogenannte Hahnreifarbe ist eigentlich nur ein schmutziges Gelb.« In seinem informativen Werk »Warum die Liebe rot ist – Farbsymbolik im Wandel der Jahrtausende« schreibt Rudolf Gross: »Die vornehme gelbe Farbe war zugleich die Farbe der ›unehrlichen Leute‹.« Und um die gelehrte, symbolkundige Psychotherapeutin Ingrid Riedel noch einmal anzuführen: »Nach psychiatrischer Erfahrung wird Gelb tatsächlich von Schizophrenen bevorzugt.« Zugleich zitiert sie ein Wort von Wassily Kandinsky, Gelb »könnte als die farbliche Darstellung des Wahnsinns wirken«.

Grün

Die wirkungsvollste, auch verbreitetste aller Mischfarben ist das aus Gelb und Blau zusammengesetzte Grün. Es hat seinen Ort und auch seine Jahreszeit im Kleid der Natur. Ja, es teilt sogar mit dem aufsprießenden Grün des Frühlings dessen Aufgeladenheit mit Leben. Grün gilt als Symbolfarbe der Hoffnung und Zuversicht. Sie ist mit Zukunft programmiert. Die Fahne des Propheten war einst nur ein grünes Tuch, das aber während der weltweiten Eroberungszüge des Islam nicht nur für die hinter ihm herstürmenden Moslems, sondern für die ganze damalige Welt zu einem Zeichen unwiderstehlichen Vorandrängens wurde.

Pflanzliches Grün, das zu seiner Entwicklung Licht braucht, birgt eine sympathische Feindschaft gegen dunkle, feuchte Räume, Keller und Verliese in sich. Unter der Erde wird nichts grün; bei Sonne und Regen gerät es freilich rasch ins Wuchern.

Im Spektrum der Parteien nennt sich heute jene Gruppe, die zur Erhaltung der Natur und Zukunft des Lebens angetreten ist, selbst die »Grünen«. Eine symbolbewußte Bezeichnung, und dies um so mehr, weil ihr Programm nicht nur auf die Zukunft ausgerichtet ist, sondern auch eine »grün« bleibende Umwelt schon für die Gegenwart verlangt. Und so wie nach Luther auch in der katholischen Kirche keine Ablässe mehr öffentlich verkauft wurden, werden auch heutzutage die anderen Parteien allmählich »grün«. Ein neues Verständnis für Natur und Wachstum, eine »grüne« Getimmtheit entstand und wird nun verständlicherweise von den berufenen Trägern der Fruchtbarkeit, den Frauen, getragen. Durch sie hat (nach Rot) die Symbolfarbe Grün so etwas wie Weltgeltung gewonnen. Tumultuarisch nach außen, doch von innen her organisch wie alles Grün.

Orange

Das Orange, eigentlich Rotgelb, hat den Namen von den Apfelsinen bekommen, die besonders wenn sie, von grünen Blättern umgeben, noch am Baum hängen, die gesunde, lachende Lebenslust darstellen. Im Orange, und enthalte es auch nur ein bißchen Rot, wird das Gelb von seiner schwefelfarbenen Blässe erlöst, es blüht auf, erhält Feuer und steht nun in vielem für das Gegenteil der Grundfarbe. »Das Rotgelbe«, schreibt Goethe, »gibt dem Auge das Gefühl von Wärme und Wonne, indem es die Farbe der höheren Glut sowie den milderen Abglanz der untergehenden Sonne repräsentiert.« Weil Orange der Sonne nahesteht, gilt es als Farbe der Erleuchtung und wird deshalb von Anhängern indischer Sekten getragen. Der Helligkeit des Gelb ist die Vitalität des Rot zugemischt, also erweckt die Farbe selbst dann noch Munterkeit, ja Erhebung, wenn sie im Sonnenuntergang erscheint. Der orange glühende Himmel strahlt Fülle und nie versiegende Energie aus, als stünde ein Brandherd darunter. Trotz der Leuchtkraft geht wohltuende Entspannung von der Farbe aus, man kann sich an ihr nicht satt sehen.

Violett und Purpur

Während Violett in seinen dunkleren und helleren Variationen durch eine Mischung von Rot und Blau entsteht, auch etwas von der Bedeutung dieser Grundfarben verwahrt, ist Purpur, das wiederum zwischen Orange und Violett changiert, absolut selbständig und auch durch keinerlei Kombination herzustellen. Im Violett werden Blau und Rot gebrochen, zurückgedrängt, ohne daß sie verschwinden – ganz anders als beim Grün, das von dem anteiligen Gelb und Blau nichts mehr sehen läßt. Violett ist auch nicht mit Orange zu vergleichen, das ein sonnenhaftes Lebensfeuer entzündet, mit dem Rot und Gelb allein nicht aufwarten können.
Violett ist eine Farbe der Verinnerlichung und Einkehr, auch der Beseelung, weshalb keine andere Farbe so viel besungen, so inbrünstig gefeiert wird – vom Veilchen bis zum Amethyst – wie Violett. Liturgisch ist es die Farbe des Advents und der Fastenzeit, des schweigenden In-sich-Gehens also. Daß beim Zweiten Vatikanischen Konzil auch erfahrene Farbsymboliker am Werke waren, ist schon erwiesen, indem nun bei Beerdigungen und Trauergottesdiensten das einstige finstere und farbleere Schwarz durch Violett bei Stola und Meßgewand ersetzt wurde, eine Farbe, die zum Überdenken von Tod und Vergänglichkeit, rotfarbiger Lebenslust und blau-entrücktem Jenseits anregt. Es ist eine Farbe des Übergangs, auch des Zwischenreichs. Wenn die Bischöfe Violett tragen, soll damit angedeutet sein, daß sie zur Betreuung des Ewigen im Menschen während seiner gefährdeten Erdenlaufbahn bestellt sind.
Der Farben-Psychologe Max Lüscher liest aus dem Violett den Wunsch heraus, magische Beziehungen einzugehen. Auch das fügt sich dem Amtsvermächtnis und den pontifikalen Befugnissen der Bischöfe wohl ein, denn sie tragen nicht nur die Verantwortung für das Seelenheil ihrer Gläubigen, sondern haben ebenso für Existenz und Disziplin ihrer Untergebenen zu sorgen.
Da Violett eine Farbe des Ausgleichs ist, in der das handfeste Rot mit dem verdämmernden Blau zusammengebunden wird, steht es jenen gleichfalls an, die sich von Berufs wegen mit Freund und Feind

gleichzeitig beschäftigen müssen, nämlich den Offizieren der Generalstäbe. Sie tragen karmesinrote, also blaßviolette Biesen und schmücken auch ihre Hosennähte mit karmesinroten Bändern.

So schmutzig und übelriechend einst die Herkunft war, so exklusiv, eigentlich nur den Majestäten und Göttern vorbehalten, blieb die Farbe des Purpurs. Man gewann es einst in einem widerlichen Vorgang aus dem Blut der Purpurschnecke. Sogar die Färber, die mit diesem undelikaten Geschäft ihr Brot verdienten und wegen des übelriechenden Dunstes, in dem sie den Tag zubrachten, selber stanken, auch ihre roten Hände nie mehr hell bekamen, wurden verachtet. Um so teurer aber bezahlte man die Farbe selbst. Heute wird Purpur synthetisch hergestellt, überdies in besserer Qualität, denn die Anilinfarben bleichen nicht so leicht aus wie das einstige Schneckensekret.

Da es nur noch wenige Majestäten gibt und auch diese nur bei Krönungs- oder Jubiläumsfeierlichkeiten mit ihren symbolischen Machtinsignien ausgestattet werden, stellt sich, wenn das Wort »Purpurträger« fällt, als Assoziation zuerst der kirchliche Rang des Kardinals ein. Nun ist echter Purpur jene eindrucksvollste aller Farben, vor der man automatisch »in die Knie« sinkt, so daß die Kardinäle mit gutem Grund zunächst an ihren würdevollen Auftritt in der Öffentlichkeit denken dürfen. Erst in zweiter Linie müssen sie jene Unterstellung beherzigen, sie wären in der blutroten Farbe des Martyriums gekleidet und trügen nur deshalb Purpur, weil man Christus während der Passion zur Verspottung mit einem alten, ausgebleichten Purpurmantel bekleidet hatte.

Purpur verlangt Respekt und Huldigung, es ist eine Farbe, die Öffentlichkeit braucht. Wer byzantinische Mosaiken ansieht, ahnt, in welch feierlichen Augenblicken dem Kaiser von Konstantinopel der Purpurmantel umgelegt wurde.

KUCKUCKS-TERZ UND LIEBESQUINT

Nichts, glauben wir, unterstehe unserem Belieben selbstverständlicher, als irgendwo im Wald und auf der Heide »juchhu!« zu rufen. Doch wir täuschen uns, insbesondere wenn jemand den Ausruf hören und vielleicht Antwort geben sollte. Das Juchhu besteht nämlich nicht nur aus zwei Silben, die sich zu einem Wort zusammenge-

schlossen haben, sondern ebenso aus zwei Tönen, die gemeinsam ein Intervall bilden.
Jedes Intervall weckt aber in unserem Gemüt ein besonderes Echo. Schon mit dieser seelischen Reaktion beginnen die Geheimnisse, denn mit den beiden Tönen wird ihr gegenseitiges Verhältnis angezeigt, das in unserem Juchhu-Fall sicher heiter und fröhlich ist. Ob wir unser Gehör organisch oder psychologisch prüfen, ihm nur akustische Ereignisse zur Weiterleitung zubilligen oder auch Wahrnehmungen, die zur Menschenkenntnis gehören, desgleichen solche subtiler Art, wie das Wahrnehmen angsterfüllter Sprachlosigkeit oder stillen Abendfriedens, immer wird sich herausstellen, daß es unser feinstes, edelstes, unser menschlich reichstes Organ ist. Dies sogar im Vergleich zu den viel schärfer hörenden Tieren, den Hunden, Rehen oder den sogar »elektronisch« ausgerüsteten Fledermäusen.
Denn die Geräusche, die als akustische Wellen unser Ohr treffen, werden gleichzeitig seelisch abgehorcht. Diese verborgene Membrane reagiert aber keineswegs so neutral wie das körperliche Organ. Im Gegenteil, sie ist sozusagen parteiisch eingestellt: Alles, was sie aufnimmt, wird erst an die Gehirnzentrale weitergeleitet, nachdem es mit einer seelischen Marke wie »sympathisch«, »widerlich«, »willkommen«, »angsterregend«, »verheißungsvoll« versehen wurde. Das geschieht bereits, wenn wir mit jemandem sprechen, den Klang, die »Farbe« seiner Stimme hören, den Rhythmus und die Melodik seiner Sprache aufnehmen. »Automatisch« entsteht unser Urteil: Was für ein gewinnender Mensch! Welch widerlicher Kerl! Diese Fülle und Wärme! Oder auch: Vorsicht! Ein heimtückischer Zeitgenosse!
Hinter diesem persönlichen Echo, das bei anderen über die gleiche Person durchaus gegenteilig ausfallen könnte, hält unsere seelische Membrane aber auch Reaktionen bereit, die allen Menschen gemeinsam sind. So wie Immanuel Kant auf das »Moralische Gesetz in mir« ein für alle verbindliches System der Ethik aufbauen konnte, oder das Verhältnis des Goldenen Schnitts rund um den Erdball als die ideale Proportion von Höhe und Breite empfunden wird, genauso zuverlässig und allgemeingültig ist unser seelischer Nachklang auf gewisse Intervalle der Tonleiter, bei denen die Töne ja ebenfalls in einer bestimmten Proportion zueinander stehen. Wir können uns hier auf die beiden markantesten Intervalle beschränken, auf die kleine Terz, in unserer Tonleiter von c nach a herunter, wie sie der Kuckuck im Wald ruft – weshalb die kleine Terz mitunter »Kuckucksterz«

genannt wird –, und auf die nach oben angeschlagene Quinte, c–g, das fünfstufige vielgerühmte »Liebesintervall«.

Daneben sei aber noch kurz an die eher prosaische, wenngleich belebende Quarte, das vierstufige »Feuerwehrintervall« erinnert, das wir als »Tatü-Tatü« von allen Notsituationen her kennen, ob es nun brennt, oder ob der Notarzt und die Polizei herbeigerufen werden. Die Symbolträchtigkeit dieser Tonfolge ist so stark, daß jeder sofort aufhorcht, auch wenn er sie nur von weitem vernimmt. Die Quarte gehört in den Symbolkreis des Quadrats und damit des rechten Winkels, der wiederum mit direkter Konfrontation zusammenhängt. Jede angrenzende Seite gebietet Halt wie eine Sperrwand. (Die Astrologen belehren uns, daß die Quadratur unter den Aspekten eines Horoskops noch unerbittlicher wirke als die Opposition.) Das vierstufige Intervall der Quarte jedenfalls bringt einen gebieterischen Effekt. Manche Wanderlieder werden durch sie eingeleitet: »Das Wan-dern ist des Müllers Lust...«, oder »Wohlauf – die Luft geht frisch und rein«. Die Quarte signalisiert etwas Neues.

Eine ganz andere Saite unserer Innenwelt bringt die kleine, also die um einen Halbton verminderte Terz, zum Klingen. Weil der Kuckuck dieses Intervall, zwar nicht immer genau, doch deutlich erkennbar ausruft, trägt sie seinen Namen. Wenn wir einander im Wald mit einem gedehnten »Hallo!« suchen oder uns sonst im Freien über eine größere Entfernung ansprechen oder grüßen wollen, unterlegen wir dem »Hallo!« oder dem Namen, den wir rufen, stets diese Kuckucksterz. Sie ist zweisilbig, und manche Sprachforscher meinen, unsere Vornamen seien hauptsächlich deshalb meist zweisilbig, damit sie sich mit dieser Naturterz auch auf Entfernung besser ausrufen lassen. Immerhin dehnen wir bei Rufen auch einsilbige Namen auf dieses Intervall aus: »Ha-ans, Ru-uth!«. Die kleine Terz, die dem Ha-llo unterlegt wird, besitzt jedenfalls eine zusammenführende, gemeinschaftsstiftende Wirkung. Jeder, der mit ihr angerufen wird, gibt mit ihr Antwort. Ebenso hat sie etwas Brüderliches an sich, ist frei von aller Befehlerei oder Unterordnung. Üblicherweise bezeugt diese Terz eine seelische Aufgeräumtheit, wie sie auch dem oben genannten »juchhu!« entspricht. Desgleichen kann sie aber mit Unruhe oder gar Angst aufgeladen werden, z. B. wenn jemand sich im Wald verlaufen hat und zu seinen Wanderkameraden wieder Kontakt sucht. Der zärtliche Zuspruch zu Kleinkindern wird ebenfalls gern mit diesem Intervall untermalt, wie ja in Kinderliedern besonders häufig mit der kleinen Terz gespielt wird (»Hänschen klein ging allein«, »Ihr Kinderlein kommet«).

Es wäre erstaunlich, wenn die Kirchen mit ihren alten Liedern nicht nach diesem brüderlich zusammenschließenden Intervall gegriffen hätten. Wer sich noch an die lateinisch gesungenen Hochämter erinnert, weiß genau, daß gerade an der liturgisch wichtigen Stelle, an der der Priester das gemeinsame Glaubensbekenntnis anstimmt, die alle Gläubigen darin zusammenschließende Kuckucksterz erklingt: Das laut gesungene »Credo« untersteht genau diesem brüderlichen Intervall. Ebensowenig wird es den Fernseh-Zuschauern, sofern sie an hohen Festtagen ihr Gerät zum päpstlichen Segen »Urbi et orbi« aus Rom eingeschaltet haben, entgangen sein, daß dieser feierlich gesungene Segensspruch mit der weltumschließenden Kuckucksterz endet: »... et maneat semper«, sind die letzten Segensworte, und im »semper« erklingt sie. Auch das auf der ganzen Welt gesungene Weihnachtslied »Stille Nacht, heilige Nacht« ist voller kleiner Terzen, ebenso die Wiegen- und besonders die gefälligsten Liebeslieder, die auf diese musikalische Bestätigung des Textes nicht verzichten: »Leise zieht durch mein Gemüt ...«

Von Leonardo da Vinci ist ein berühmtes Wort überliefert und verbürgt, dessen Standort sich leider nicht feststellen ließ, das aber trotzdem als authentisch hier zitiert sei: »Der Goldene Schnitt ist nicht nur in Zahlen und Maßen zu finden, sondern auch in Tönen, Gewichten, Zeiträumen und Lagen, sowie an jeglicher Wirkungskraft, die es gibt.« Der Goldene Schnitt, nach der Architektur, der Malerei, der Plastik, in den anatomischen Verhältnissen der Natur überhaupt (Albrecht Dürer hat diese »göttliche« Proportion nicht weniger als 25mal in den Unterteilungen des menschlichen Körperbaus nachgewiesen) nun auch in den Proportionen der Töne, den Intervallen? Es kann nur die kleine Terz sein, in der dieses Verhältnis, das uns auf Anhieb so wohltut, wiederzufinden ist. Hier muß ich mich auf das Lebenswerk zweier maßgeblicher Gelehrter berufen, von denen jeder auf seinem Gebiet die schöpferischen Einsichten für alle Kenner in seinem Fach geliefert hat, auf Hans Kayser, und seine Bücher »Vom Klang der Welt« und »Orphikon, Eine harmonikale Symbolik« (nach seinem Tode von Julius Schwabe herausgegeben) sowie auf den Altmeister der Symbolwissenschaft Julius Schwabe mit seinem Hauptwerk »Archetyp und Tierkreis, Grundlinien einer kosmischen Symbolik und Mythologie«.

In seinem Standardwerk schreibt Schwabe (S. 186) unter ausdrücklicher Bezugnahme auf Hans Kayser: »Akustisch stellt sich Jupiter weitaus am besten mit Merkur ... Mythologisch drückt sich das in einer gewissen Unzertrennlichkeit der beiden aus. Jupiter ist auf seinen behenden Sohn angewiesen, kann ihn, der sein Faktotum ist, keinen Tag entbehren. Merkur ist der Vertraute und Mitwisser aller Pläne, Sorgen und Begierden seines Vaters. Durchaus problematisch dagegen erscheint die zwischen Jupiter und Mars herrschende kleine Terz.«

In der Symbolik der Siebentagewoche bleiben Merkur und Jupiter, Mittwoch (»mercoledi«, »mercredi«, Merkurtag) und Donnerstag (»jovedi«, »jeudi«, Jupitertag) unzertrennlich nebeneinander. Dienstag (»martedi«, »mardi«, Marstag) und Freitag (»venerdi«, »vendredi«, Venustag) bilden dagegen den heftigsten Spannungsbogen. Er gilt als das eheliche Intervall, die geschlechtliche Spannung, die große Terz. Nimmt man diesem mit der geschlechtlichen Spannung beladenen Intervall eine halbe Stufe weg, indem man den Mars statt mit der Venus am Freitag mit dem Jupiter am Donnerstag in Beziehung setzt, so ist alle Geschlechtsbelastung, Fortpflanzungspflicht und eheliche Vertragshärte nach außen verbannt. Das Intervall der kleinen Terz ist nur noch mit Freundschaft, Zuneigung, Sympathie und wechselseitigem Wohlwollen gefüllt. Es wirkt sofort angenehm, wie der Goldene Schnitt, dem es auch entspricht. Vielleicht liegt darin einer der Gründe, warum sich moderne Komponisten die Verwendung der kleinen Terz als kitschig streng verbieten.

Besuchen wir noch die Schule des dritten Meisters der Symbolkunde, des Musikwissenschaftlers Rudolf Haase, der von Kayser und Schwabe nur in dankbarer Verehrung spricht. In seinen »Grundlagen der harmonikalen Symbolik« geht er auf die Sprachmelodie ein, die man vom Sprecher auf der deutschen Bühne fordert: »So wird beispielsweise bei einem Ausruf die Stimme um eine Quarte gehoben, bei einer Frage um eine Quinte. Forschen wir nun nach der diesbezüglichen Funktion der Terzen, so stellen wir fest, daß sie im Sprachmelos immer dort verwendet werden, wo Zärtlichkeiten beseelt ausgedrückt werden, wo ein geliebter Name innig ausgesprochen wird, wo eine Mutter ihr Kind ruft, also immer dort, wo die Liebe den Ausdruck formt.« (S. 73)

Von der Quinte, dem fünfstufigen Intervall, gilt einhellig, daß sie als Verhältnis der Liebe in unserer Seele verwurzelt ist. Schon die Zahl fünf bringt (durch die Verbindung von weiblicher Zwei und männlicher Drei) Hochzeit, Ehe, Zeugung und Kind in den Umkreis der Quinte. Die antiken Venustempel haben meist fünfeckigen Umriß. Auch aus der Ableitung, daß die Fünf aus der weiblichen Zahl zwei und der männlichen drei zusammengesetzt sei, sich daraus aber nicht nur summiere, sondern als neue Größe, sozusagen als Kind hervorgehe, eröffnet sich eine ganze Reihe sinnverwandter symbolischer Zuordnungen. In der Pflanzenwelt entfalten die Blüten als das botanische Liebesorgan bei den meisten Bäumen und Sträuchern fünf Blütenblätter. Die Analogien zwischen der Fünf und der Liebe sind durchgängig und in allen Kulturen zu beobachten. So weist Leo Frobenius die Fünf bei den Bantunegern als Geschlechts- und Hochzeitszahl nach, im alten Ägypten galt sie als Zahl der Ehe, in China als »Zahl des Erzeugens«. Hesiod billigt der geschlechtsreif gewordenen Frau vier Jahre des Mädchentums zu, im fünften aber habe sie zu heiraten. Als musikales Symbol ist die fünfstufige Quinte, das »Liebesintervall« zwar vielgerühmt und wegen der zahlreichen Parallelen auch allgemein bekannt. Dennoch läßt sich die Kraft seines seelischen Echos mit der der kleinen Terz nicht vergleichen.

Die Natur und ihre Symbolik

DIE VIER ELEMENTE

Die Vielfalt der Erscheinungen auf wenige Einheiten zurückzuführen, wenigstens die Kräfte ausfindig zu machen, die aus dem Verborgenen durch sie hindurch wirken, das hat schon immer zu den geistigen Leidenschaften der Menschheit gehört. Unsere Generation ist auf dieser Suche an jene gefährliche Grenze geraten, wo die Spaltung des Atoms alle herkömmlichen Vorstellungen von Materie und Kraft ablöste, indem sie bewies, daß beide identisch sind, daß die Materie gar nicht ruht, sondern, von uns unbemerkt, als eine gefesselte Energie am Werke ist. Hinter der vertrauten Physik baute sich wie eine Geheimwissenschaft die Kernphysik auf. Auch die Chemie, die bisher über hundert Grundstoffe als chemische Elemente bekanntgab, weiß, daß sie mit ihren Entdeckungen noch nicht am Ende ist. Diese Grundstoffe, deren kleinste Teile Atome und keine Moleküle mehr sind, konnten also nicht gemeint gewesen sein, wenn seit Empedokles und Aristoteles immer wieder von den vier Elementen gesprochen wurde, die »die Welt im Innersten zusammen«-halten. Daß etwa Feuer, eines der vier, zwar ein Vorgang, ein Ereignis, aber kein Stoff ist, weiß jedes Schulkind (wie es uns auch mit der chemischen Formel H_2O beweist, daß jedes Wassermolekül wiederum in zwei unterschiedliche Elemente aufgeteilt werden kann). Mit den »vier Elementen« sind in Wahrheit keine chemischen Grundstoffe gemeint, sondern jene Grundkräfte, auf die die Welt der Erscheinungen letztlich zurückgeführt werden kann. Sie heißen Erde, Wasser, Feuer, Luft.

Das klingt für ungeschulte Ohren zwar recht naiv, riecht auch ein bißchen nach Barfuß-Philosophie, gewinnt aber sofort einen abgründigen Tiefsinn, wenn wir in diesen »Elementen« nicht die üblichen Erscheinungsbilder, sondern Symbole sehen, mit denen uns etwas Nichtanschauliches wahrnehmbar gemacht werden soll. Also nicht das Stück Erde, das wir im Garten umgraben, das plätschernde

Wasser, das wir vom Hahn ins Becken rinnen lassen, das Feuer im Ofen und die gute oder schlechte Atemluft, die wir zum Überleben brauchen, nicht diese vier zufällig griffbereiten Erscheinungen um uns her sind es, sondern die Naturgewalten, die dahinter stehen, sogar eins ins andere verwandeln können.
Am besten ist es, mit der Erde, dem handfestesten »Element« anzufangen. Sie bietet uns nicht nur den festen Boden unter den Füßen, sondern auch Heimat; obendrein ernährt sie uns. Es wird also immer »erdhaft« um uns her, wenn wir uns in stabilen, gesicherten, zukunftsträchtigen Umständen befinden, bei guter Gesundheit, festgefügtem Gemüt sind, gewinnbringend wirtschaften und insgesamt ein natürliches, auch die Sinne erfüllendes, wiederum fruchtbares Leben führen können; auch wenn wir in unserer Umgebung nicht verfremdet, sondern »daheim« sind. Solche eher psychologische Erdhaftigkeit legt uns zuerst einen prüfenden Blick auf die Menschen nahe, die sie offenkundig zur Schau tragen. Damit sind wir sowohl bei der alten Gruppierung in Temperamente, im Fall der Erde beim Melancholiker, als auch bei den astrologischen Trigonal-Typen des Stiers, der Jungfrau und des Steinbocks und dem »Athletiker« in den von Kretschmer formulierten Zusammenhängen von »Körperbau und Charakter« angelangt.
»Athletiker« und »Stier« sind am besten dafür ausgestattet, der Erde ihre Gaben abzuringen, sie zu bebauen und mit ihren Schätzen etwas anzufangen. Auch der Realist, der sich wie der Melancholiker nicht über die Tücken, die Schwere und Trägheit täuscht, gehört hierher. Erdhaftigkeit kann sichtbar sein oder vermißt werden in der Architektur, der Kunst, Literatur, sogar in Politik und Religion. Allen Luftschlössern, allen verstiegenen, versponnenen, überhitzten oder formlosen Werken gebricht es, wie wir auf der Stelle erfühlen, an Erdhaftigkeit, am Urelement der »Erde«.
Allerdings steckt im »Wasser« keine mindere Urkraft. Ihm entstammt alles Leben, wie wir wissen. Unser Leib besteht zum größten Teil aus Wasser, das, wie unser Durst anzeigt, zu den Grundnahrungsmitteln gehört. Hier muß unerläßlich jener berühmte Satz von Novalis eingefügt werden, der in »Die Lehrlinge von Sais« steht: »Nicht unwahr haben alte Weisen im Wasser den Ursprung der Dinge gesucht, und wahrlich, sie haben von einem höheren Wasser, als dem Meer- und Quellwasser gesprochen ... Wie Wenige haben sich noch in die Geheimnisse des Flüssigen vertieft und manchem ist diese Ahndung des höchsten Genusses und Lebens wohl nie in der trunkenen Seele aufgegangen. *Im Durste offenbaret sich diese Welt-*

In den Stahlstichen »Allegorisch-historischer Bildersaal« von Gottfried Eichler werden die vier Temperamente durch allegorische Figuren in einer gleichgestimmten Umgebung dargestellt. Hier der Melancholiker vor einem Hintergrund zerfallenden, schon vermoosten Gemäuers, auch hinsinkender Menschen und Bäume. Er selbst meditiert offenbar über die Vergänglichkeit und Rückkehr alles Lebens zur Erde.

seele, diese gewaltige Sehnsucht nach dem Zerfließen. Die Berauschten fühlen nur zu gut diese überirdische Wonne des Flüssigen ...« Statt anderer Argumente nach dem Dichter noch ein Bibelwort, ausgesprochen beim nächtlichen Besuch des »Ratsherrn« Nikodemus: »Wenn du nicht wiedergeboren wirst aus Wasser und Geist, wirst du nie ins ewige Leben kommen!« Mit »ewig« ist nicht »zeitlich endlos«, sondern das eigentliche Leben gemeint. Das fließende Wasser, der wehende Geist – hier geraten wir sogar schon an das vierte Element, die Luft – befreien uns symbolisch vom Starren, Verholzten, Versteinerten. Das Märchen, das noch kein abstraktes Denken kennt, macht uns diesen Minuszustand der Verhärtung mit der gefühllosen Hexe und dem arbeitsbesessenen Zwerg anschaulich.
Da das Wasser, wenn seine Schwerkraft nicht in Arbeit verwandelt wird, immer nur in die Tiefe abfließen, in jede Ritze eindringen oder versickern will, gesellt man ihm das Temperament des Phlegmatikers zu. Nicht daß diesem Wort schon immer die üble Bewertung angehaftet hätte, die es inzwischen aus dem pädagogischen Normenkatalog angehängt bekam. Die vier Temperamente sind gleichrangig; ohne das Eindringen des Wassers verlöre die Erde ihre Fruchtbarkeit, würde zur Wüste, besäßen die Meere nicht ihre geographischen Umrisse. Auch weist das dem Wasser zugeordnete Trigonal Krebs-Skorpion-Fische eher auf schlummernde Kräfte, die jederzeit aufspringen können, wie ja Überflutungen die zuvor gebändigte Kraft des Wassers in so dramatischer Form anzeigen, so daß die symbolische Nähe zum seelisch-emotionalen Bereich in die Augen springt.
Beim dritten »Element«, dem Feuer, das brennen, sich also ereignen muß, wenn es ein solches sein will, wird am deutlichsten, daß hier von einem Grundstoff nicht die Rede sein kann. Wir können auch nur vergleichsweise vom prasselnden Feuer reden, in dem alles zu Asche zerfällt. Gemeint sind vielmehr die Flammen selbst, das, was wahrnehmbar wird, wenn etwas verbrennt. Am genauesten trifft hier das Wort von Hans Carossa: »Zerfallend senden wir Strahlen aus.« Von der brennenden Kerze bis zur Feuersbrunst verzehrt sich etwas, das entzündet, entflammt wurde. Auch hier gilt, was soeben von Überflutungen gesagt wurde, daß das Feuer, sobald es sich unbehütet entfalten darf, »einhertritt auf der eignen Spur«, eine Katastrophe herbeiführt. Mit Feuerflammen ist jegliche Art von Verstrahlung gemeint, von der wir die radioaktive als jüngste Gefahr kennengelernt haben. Ob Atombomben oder Kernkraftwerke, immer spielt die Bändigung die wichtigste Rolle. Übrigens eine altvertraute Aufgabe des Menschen, an die nicht nur die Nachtwächter vieler Jahrhunderte

Der Schwerkraft des Wassers, das ohne eigentliche Tätigkeit in alle Poren und Ritzen eindringt, wird der Phlegmatiker zugesellt. Da er alles sich selbst überläßt und nirgends eingreift, scheint die winterlich-trostlose Welt um ihn her stillzustehn. Andererseits braucht Leben und Natur, um ausruhen zu können, die aktionslose Selbstheilung. Den Dingen ihren Lauf lassen, sich aller Eingriffe zu enthalten, auch das kann im Verein mit den anderen Lebenselementen legitim sein.

erinnert haben (Bewahrt das Feuer und das Licht!), sondern – nun auf den Menschen übertragen – die besorgten Erzieher aller Generationen. Denn was sich da entzündet und entflammt, sind in ihren Augen zuerst einmal die »gefährlichen«, weil alles verzehrenden Leidenschaften, die geläutert und gelenkt werden müssen, damit aus ihnen das Feuer der Begeisterung werde. Nur selten sublimiert sich allerdings die Entflammung zur geistigen Strahlkraft, wie sie Hans Carossa meinte. Das bleibt der seltene Glücksfall; in der Regel wird sie in sorgfältig vorbereitete Kanäle der Aggression abgeleitet, die auf den jeweils »bösen Feind« gerichtet sind. Hat man keine religiösen, nationalen, rassischen Feindbilder mehr, so bietet sich gelegentlich ein Fußballstadion an oder einfach ein primitiver Fremdenhaß. Weitaus bedeutender und wirkungsvoller als solche sensationellen Ausbrüche ist das innere Feuer natürlich für alle schöpferische Begeisterung, für alle gründende und vorantreibene Kraft, die über Pflichtübungen hinaus im Zupacken, auch in der Opferbereitschaft zum Ausdruck kommt. Für die Opferbereitschaft, also Einsatz mit Gut und Leben, war die leuchtende, dabei sich selbst verzehrende Kerzenflamme immer das anschaulichste Symbol. Es versteht auch jeder, daß hierher das cholerische Temperament gehört, dem sich wiederum das Trigonal Widder-Löwe-Schütze zuordnet. Feuer und Wasser gelten als klassische Gegensätze, beide »Elemente« ebenso gefährlich wie lebensnotwendig, sonst ginge in der natürlichen wie in der geistigen Welt nichts mehr voran.
Gebändigtes Feuer, gebändigtes, kanalisiertes Wasser – im natürlichen wie im übertragenen Sinne – bilden Grundelemente jeder Zivilisation. Hier kann der Mensch auch seine Macht zeigen, wenn man von schweren Naturkatastrophen wie Vulkanausbrüchen oder Überflutungen durch das Meer (Atlantis!) absieht. Völlig wehrlos bleibt er jedoch, wenn das festeste aller »Elemente«, die Erde selbst zu rumoren anfängt. Seit zwei Jahrhunderten wird im deutschen Sprachraum bei fernen Katastrophen das Goethewort gegenwärtig: »Du, Erde, warst auch diese Nacht beständig und atmest neu erquickt zu meinen Füßen.« Das Feste, das meistens Beherrschbare ... zu Erde, Wasser, Feuer kommt als viertes »Element« die Luft, die wiederum andern Gesetzen untersteht und über andere Kräfte verfügt. Sicher versucht der Mensch auch die Luftstürme abzuwehren, ob sie trocken dahinfegend die Gebäude einstürzen lassen, als Hurrikane alles mit Meer- und Regenwasser ertränken, oder in der Arktis unter Schnee, in den Tropen unter Sand ganze Dörfer begraben. Immerhin kann er auch da Hindernisse aufbauen, mögen das Schutz-

Zum Feuer paßt das cholerische Temperament mit seinen martialischen Berufen, aber auch der zupackenden Kraft, wenngleich sie verletzt. Es ist die Heftigkeit, die Feuer und Choleriker miteinander verbindet. Von seiner Entschlossenheit wird die Welt umgetrieben, auch wenn ihm, gleich dem Feuer, manches zum Opfer fällt.

zäune gegen Schneeverwehungen oder gegen Seitenwinde auf den Autobahnen sein. Er kann den Wind auch wie anderwärts das Wasser arbeiten lassen. Doch das gehört alles zum Naturbereich, das mit dem Wort »Luft« wiederum nur ein vertrautes Beispiel für das liefert, was mit dem »Element« Luft gemeint ist.
Schon die Bibel läßt uns aufhorchen, wenn sie berichtet, daß Gott nach der Erschaffung des Leibes, also als Letztes und Höchstes, dem Menschen eine Seele »einblies«. Hier wird die Luft zum Atem Gottes. Andererseits kennen wir auch ihre innere Verwandtschaft zur seelischen Atmosphäre, in der man wie bei der Luftzufuhr aufleben oder ersticken kann, ohne daß sich der Brustkorb zu heben und zu senken braucht. Doch besitzt die Atemluft, verglichen mit dem Essen und Trinken, schon deshalb höchsten Rang, weil wir auf Speise und Trank wohl einige Zeit verzichten können, ohne Luft aber schon nach wenigen Sekunden sterben. Auch der lebenswichtige Austausch zeigt einen maßgebenden Unterschied. Verglichen mit der Innen-Oberfläche des Magen- und Darmtrakts, beanspruchen die osmotischen Austauschflächen der Lungenbläschen ein vielfaches, wie die Fachleute angeben, nämlich 300 (dreihundert) Quadratmeter. Der Atem wird auch zum letzten Lebenszeichen. Einst prüfte man mit einer Flaumfeder, ob der Mensch tot war oder nicht.
Die Luft, das frei Bewegliche, nicht Greif- und Meßbare als Symbol. Der Mensch würde viele Stufen zurücksinken, wenn ihm dieser offene Entfaltungsraum seiner Gedanken und Pläne, seiner Ahnungen und Ängste, seiner Ideale und Visionen abginge. Es ist in Wahrheit sein einziger seelischer Spielraum. Mit dem Ruf »Ich brauche frische Luft!« stürzen wir nicht nur aus stickigen Räumen, sondern auch aus engen, »borniertem«, mit Vorurteilen überfüllten gesellschaftlichen Verhältnissen: auch aus allzu strengen, freiheitsfeindlichen Denksystemen, seien sie kirchlicher, nationalistischer oder sektiererischer Art. Wo der Mensch nicht mehr prüfen und verwerfen, kombinieren und aussortieren, aus seinen persönlichen Überzeugungen eine eigene Welt bauen kann, bricht er aus. Wo dem frei wehenden Geist eine Uniform angezogen wird, reißen die Kadetten (wie Schiller und Rilke) aus den Kasernen aus, flüchtet, wer kann, über den »Eisernen Vorhang«. Auch die vielen Ordensaustritte und Laisierungen gehören hierher. Nur in weltoffener, freier »Luft« sind Vergleiche und persönliche Impulse möglich. Daher entspricht dem vierten Element auf der Temperamentseite der Sanguiniker, im Horoskop das Trigonal Zwilling-Waage-Wassermann.
So gehören – abseits von den beschriebenen Urzeichen der Spirale,

Der Sanguiniker mit seinen vielen Einfällen und seiner Heiterkeit schafft um sich her eine gesellige Atmosphäre des Musizierens und fröhlicher Begegnungen. Der Sanguiniker wird der Luft zugeordnet. Er nimmt nichts schwer; sein Temperament belebt die Umgebung wie frische moussierende Luft.

des Labyrinths, des Mäanders, des Achsenkreuzes – auch die vier Elemente, die eher Kräfte als Grundstoffe sind, zu jenen Urzeichen, die im abendländischen Kulturkreis jedem Menschen einsichtig sind.

PFLANZEN UND TIERE

Pflanzen und Tiere haben im Umgang des Menschen mit der Natur seit Urzeiten eine Zeichenhaftigkeit und Symbolfülle von vielfältigstem Reichtum gewonnen. Von manchen dieser Lebewesen geht eine so eindeutige Bildkraft aus, daß schon der flüchtigste Anblick genügt, um Freude auszulösen – wie bei Blumen oder manchen Jungtieren –, aber auch Schrecken einzujagen – wie bei Tigern oder Schlangen. Es gibt Tiere, deren Häßlichkeit uns geradezu mitleidig stimmt, wie einige tropische Schildkröten oder soeben ausgeschlüpfte Papageien. Andere wiederum vermögen den Menschen, dem sie sich zugesellt haben, so zu bezaubern, daß er sich nicht mehr von ihnen trennt. Was die domestizierten Tiere, die Hunde, Katzen und Pferde, oft genug in echter Partnerschaft, zu seiner seelischen Ausgeglichenheit beisteuern, was Stalltiere wie Rinder, Geflügel oder Schweine für seinen Lebensunterhalt bedeuten, hat sich alles in eindeutiger Symbolik niedergeschlagen.
Manche Beziehung zum Tier entwickelt sich beim Menschen zu heller Bewunderung. So erklärte der Schweizer Psychiater und Insektenforscher Auguste Forel ohne Scheu, er verzichte sogar auf einen Himmel, wenn es darin keine Ameisen gebe. (Vielleicht hatte ihn der ständige Umgang mit seelisch gestörten Menschen zur ausgleichenden wissenschaftlichen Beschäftigung mit den instinktsicheren Ameisen gedrängt.)
Die Lebensgemeinschaft mit Tieren veranlaßt uns oft, von ihnen zu lernen. Nicht nur unsere Segelflieger »machen es den Schwalben nach«, auch die Stromlinienform der Land- und Wasserfahrzeuge ist an den Windhunden oder Fischen abgelesen.
Im Grunde ließe jedes der uns bekannten Tiere eine symbolische Ausdeutung zu. Wir benutzen sogar Tiersymbole, die nur aus den Erlebnissen unserer Vorfahren oder fremder Völker abgeleitet wurden. Wer hat schon einen wilden Bären gesehen, wenn er etwas als »bärenstark« bezeichnet, oder ein Rudel hungriger Wölfe, oder einen brüllenden Löwen, einen heulenden Schakal?

Daß wir auch auf die stille Welt der Pflanzen geradezu schicksalhaft angewiesen sind, wird in vielen Sinnzeichen deutlich. Die Pflanze kleidet und ernährt uns, liefert uns das Dach über dem Kopf, schenkt uns gefährdeten, konfliktbeladenen Menschen Ruhe und Gesundheit allein durch ihr sanfteres Lebensgesetz. Aus uralter Erfahrung wissen wir, daß wir einen Landstrich ebenfalls verlassen müssen, wenn sich die Pflanzen daraus zurückgezogen haben, um der Steppe oder Sandwüste Platz zu machen. Wir kennen den Nährwert, die Heilkraft und Gifte der Pflanzen, ihre Lust zu wuchern und ihren Gehorsam, wenn der Gärtner Hand an sie legt. Das alles ist in tausend sprichwörtlichen Vergleichen niedergeschrieben. Und gibt es letztlich ein stärkeres Element, das Pflanzen und Tiere dem Menschen gemeinsam entgegenhalten, als ihre Schönheit und Lebensweisheit, das Sich-nicht-unterkriegen-Lassen, den ungebeugten Lebenswillen?
Weil wir Pflanzen und Tiere ständig vor Augen haben, quillt auch unsere Sprache von Ausdrücken aus ihrer Lebenswelt über. Wir blühen auf und reifen, wir wurzeln und gipfeln, unsere Hoffnungen keimen und verdorren. Wir ergreifen das Hasenpanier, gelten als Windhund, sind flink wie ein Wiesel oder kommen im Schneckentempo daher, vergeuden unser Vertrauen, wenn wir eine Schlange am Busen nähren, und obwohl keiner je einen Drachen gesehen hat, weiß er doch genau, was ein »Hausdrachen« ist. Der Fuchs, der Esel, das Kamel finden sich im Sprichwort so eindeutig wieder wie das Veilchen, die Eiche, der Holunderstrauch. In der täglichen Wirklichkeit und im Symbol begleiten uns Pflanzen und Tiere durchs ganze Leben.

Der Baum

Obwohl wir Menschen im Gegensatz zum Baum beweglich und warmblütig, mit Geist ausgestattet und vielfältiger Freiheit teilhaftig sind, stellt sich gerade der unbewegliche, statische Baum als ein Gleichnis unseres eigenen Lebens dar. Von daher rühren auch die vielen Anspielungen: Lebensbaum, Stammbaum, stark wie ein Baum, festverwurzelt wie ein Baum, den Stürmen trotzend wie ein Baum ... Zum Baum-Sein gehört es, daß er in zwei Bereichen lebt und weitergedeiht: droben in der Sonne, wo alles grünt und blüht und wo die Früchte reifen, und zugleich unter der Erde, in der er sich mit seinem Wurzelstock festhält und dabei eine zweite, andere Nahrung findet, als sie Sonne und Licht zu bieten haben. Grübe man

das Erdreich sorgfältig aus, so ließe sich eine Zweiteiligkeit des Baumes erkennen, wobei, wie etwa im Fall der Eiche, das verborgene Wurzelgeflecht der Baumkrone an Umfang kaum nachstünde.
Auch der Mensch ernährt sich aus zwei Bereichen, dem leiblichen und dem seelischen, und er verkümmert, wenn ihm eine der beiden Nahrungsquellen entzogen wird.
Der Baum ist nicht nur die größte Pflanze, durch sein Jahrzehnte, oft Jahrhunderte überschreitendes Alter gewinnt er schicksalhafte Züge, kann von Stürmen zerzaust, von Blitzen gespalten, von Hochwasser und Muren entwurzelt werden und lebt trotzdem weiter, wie der von Heimsuchungen gebeutelte Mensch. Außer diesen Anklängen an unsere Existenz bringt der Baum auch Früchte hervor, läßt sich veredeln, mitunter beschneiden. Er erträgt Parasiten und ernährt sie mit. Und ist schließlich seine Zeit vorbei, hinterläßt er nach den Jahren des Früchtetragens noch sein Holz als Vermächtnis. Aus dem Baumstumpf schießen neue Sprößlinge hervor, die sich vom allmählich verfaulenden Wurzelholz ernähren. Das Emporwachsen beginnt von neuem, womit dem Baum sogar eine Art Unvergänglichkeit zukommt. Sprachforscher leiten aus dem frühestbekannten Wort für den fruchtbaren Baumstumpf, »mat«, zugleich den ältesten Laut für »Mutter« ab. Mit seinem sprießenden Wurzelgrund, auch der Nahrungsspende durch seine Früchte und der Unterkunft, die er den Vögeln zum Nestbau bietet, wird der Baum zu einem exemplarisch weiblichen Symbol, mit dem hohen, die geräumige Krone tragenden Stamm dann wieder zum männlichen, weshalb der Sohn ein »Stamm-halter« genannt wird. Die Familie verzweigt sich zwar, doch »entstammen« alle dem tief eingewurzelten Baumstamm.

Die Eiche

Unter allen europäischen Baumarten symbolisiert die Eiche den stärksten Typus. Im Unterschied zur flachwurzelnden Tanne und Fichte, ist sie tief und sturmfest in der Erde verankert, entwickelt ein knorriges, nicht schlitzendes Astwerk und bringt ein zwar schweres, aber unverwüstlich dauerhaftes Holz hervor, von dem einst galt, daß es sogar unverweslich sei. Eichenmöbel wirken besonders stabil und dauerhaft. Diese Eigenschaften machen die Eiche zu einem Sinnbild robuster Festigkeit, die allen Wettern gewachsen ist, obwohl sie durch ihre tief ins Grundwasser hinunterreichenden Wurzeln die Blitze anzieht (»die Eiche weiche«). Stellvertretend für den ganzen Baum zählt denn auch das »Eichenlaub« (ähnlich dem Lorbeerblatt) zu den allegorischen Auszeichnungen, insbesondere für Tapferkeit vor dem Feind.

Die Palme

Dieser schöne, im Profil besonders malerische Baum des Südens und der Tropen, dessen Wedel, wenn sie fiederig sind, unvergleichlich dekorativ wirken, betrachtet man in seiner Heimat – wie die Eiche bei uns – ebenfalls als auszeichnendes Symbol. Wer »die Palme errungen« hat, ist der Sieger. Meist wird dieser Sieg im übertragenen Sinn als das schließlich gut absolvierte Leben gesehen, weshalb Palmwedel gern auf Grabsteinen, Epitaphen, ja sogar bei Todesanzeigen verwendet werden. Wählt man den Lorbeerzweig als sportliche Auszeichnung, das Eichenlaub als symbolische Anerkennung der Tapferkeit, so galt die Palme einst als Ehrenzeichen für das durchgestandene Martyrium. Auch die Palmen produzieren Früchte – Datteln oder Kokosnüsse –, doch ist ihr Holz kaum verwertbar. Der Ruhm der Palmen liegt in ihrer Schönheit.

Der Holunderstrauch

In Brauchtum und Naturheilkunde ist der Holunderstrauch, der »Hollerbusch«, mit besonders reichen Qualitäten ausgestattet, die von erwiesener Heilkraft bis zur abergläubischen Verehrung reichen. Er darf in keinem Bauerngarten fehlen und soll möglichst nahe beim Haus stehen. Als die »lebendige Hausapotheke des Bauern«, die schon mit Blüten und Blättern, Rinden und Wurzeln unterschiedlich wirkende Heiltees liefert, schenkt sie mit dem Holundersaft und der Holundermarmelade weitere heilkräftige, bzw. Krankheiten abwehrende Hausmittel. Bekannt ist auch die auf Magnetkraft und Elektrizität reagierende Empfindlichkeit des Holundermarks, die wiederum eine blitzabwehrende Kraft anzeigen soll. In Bayern und in Vorarlberg heißt es volkstümlich: »Man soll den Hut abnehmen vor dem Holunderstrauch.« Schon Albertus Magnus (1193–1280) pries ihn als Heilpflanze. Holunder wird von den indianischen Ureinwohnern Amerikas ebenso respektvoll gezüchtet wie von den Bewohnern Ostsibiriens.

Die Rose

Obwohl man unter den Schönheitswundern der Blütenpflanzen keine Rangordnung aufstellen kann, besitzt die Rose unter ihnen allen die stärkste Symbolmacht. Schon der Umgang mit ihr weckt Sorgfalt und Behutsamkeit, weshalb es kein Zufall ist, daß die Rosenzucht mit ihrer stets feierlich begangenen Kreation neuer Sorten zu den erlesenen Liebhabereien zählt. Erregten schon der einzelne Rosenstock oder die zu Rabatten und Feldern gruppierten Rosenbüsche unser Entzücken, so steckt die zum Verschenken abgeschnittene einzelne Rose voll tiefer, hintersinniger Bedeutung, wobei sogar Einzelheiten wie die Farbe, die Länge des Stiels, möglicherweise die ihr noch anhaftenden Tautropfen, ja sogar die Stacheln interpretiert werden können. Der abgeschnittenen Rose – sie sollte geschlossen sein, damit sie beim Beschenkten aufblühen und verwelken kann – liest man außerdem eine bestimmte Analogie zum Leben ab. Sie zu überreichen, aufs Grab zu legen, im Gedicht zu besingen, verlangt eine würdige Geste, wie sie keiner anderen blühenden Pflanze zusteht. Ob sie schon vor Jahrtausenden der Liebesgöttin Aphrodite zugeordnet wurde, im christlichen »Rosenkranz«, in der Signaturenlehre der »Rosenkreuzer« symbolisch weiterverehrt, mit der Herstel-

lung des Rosenöls sogar industriell verwertet und vermarktet wird, immer bleibt die Rose vom Symbolbereich der Liebe, Verehrung, Huldigung umkreist, immer wohnt der Überreichung von Rosen mehr Bedeutung inne als einer anderen Blumengabe. Obwohl die prachtvollen Rundfenster unserer Kathedralen zuerst an sonnenähnliche Blüten erinnern, wurde ihnen dennoch überall wegen ihrer besonderen Schönheit der Name »Fensterrose« zugeteilt. Im »Rosenwunder« der heiligen Elisabeth wird die Mildtätigkeit und Güte einer barmherzigen Frau in den symbolischen Rang von Rosen erhoben.

Das Edelweiß

Weil es eine Gebirgshöhe von rund 2000 Metern braucht, um sein strahlend helles Weiß zu gewinnen – denn weiter unten wird es nur grünlich-weiß – und unter diesen kargen Lebensbedingungen auch nicht so häufig sein kann wie Wiesenblumen, zählt das Edelweiß zu jenen alpinen Blütenpflanzen, die gar nicht gepflückt werden sollten. Gelangt ein Edelweiß dennoch als Gruß und Geschenk ins Tal, wird es dort besonders geschätzt, weil es von Finderglück, Wagnis und Lebensgefahr umwittert ist. Das Edelweiß vergleicht sich mit keiner Garten- und Feldblume. Viel besungen, gemalt, geschnitzt, tausendfach fotografiert, auch als Abzeichen und Schmuckstück imitiert,

liefert es bei all seiner schlichten Schönheit den Namen für mancherlei Elitäres. Es dient als Symbol für Bergsteiger und alpinistische Vereinigungen und wird gern als Markenzeichen verwendet, denn in seinem Namen klingt der hohe Wert der Selten- und Begehrtheit an.

Weitere Blumensymbolik

Von den altbekannten Blütenpflanzen verfügt fast jede neben ihren naturwissenschaftlichen Qualitäten noch über besondere Bedeutungen. Wer »mimosenhaft« empfindlich ist, erinnert an die sofortige Reaktion der Mimosa pudica, die bei der leisesten Berührung die Blätter zusammenklappt und die Blattstiele absenkt, als wäre ihr ein Leid geschehen.
Mit dem »*Kornblumen*blau« kam in die vielfältige Farbskala eine so unverwechselbar leuchtende Nuance, daß sie durch nichts anderes als die Blume selbst bezeichnet werden kann. Ähnliches gilt im fernöstlichen Kulturbereich von der Lotosblume, die als eine heilige Pflanze und als Sinnbild von Schönheit, Reinheit und ewigem Leben mit keiner andern Blume vergleichbar ist.

Vom *Fingerhut* weiß jeder, wie giftig er ist, so daß man die Kinder vor dem Pflücken warnt. Die heilkräftige Wirkung der Digitalisglykoside bei Herzinsuffizenz gewann allerdings noch höheren Ruhm als die schon als besonders malerisch konturierte Staudenpflanze.
Den gleichen Ruf genießt übrigens auch das *Maiglöckchen*. Sein Gift wird ebenfalls in Medikamenten zur Herzstärkung verwendet. Gemessen an der Zeichnung und Farbenpracht all der gefeierten Rosen, Nelken, Chrysanthemen, die über viele Monate hin blühen, verkörpert dieser kurzlebige, unscheinbare Frühlingsbote im Mai eher eine zierlich-heitere Schönheit von freilich erlesenen Umrissen. Daher auch die fast unwiderstehliche Lust, diese lieblichen, trotz ihrer Giftigkeit anmutigen Waldblumen zu pflücken.

Der Adler

Uraltes Symbol- und Wappentier, das als »König der Lüfte« sowohl Herrschaft wie Freiheit anzeigt. Der Adler nistet in unnahbaren Höhen und galt von alters her als der größte und stärkste Vogel. Er lebt auch nicht in Scharen, wie die meisten anderen Vögel, sondern für sich allein. Aus seiner Lebensweise ergeben sich Parallelen zu allen Herrschern, die ursprünglich, abgesetzt von den Niederungen, auf alleinstehenden, schwer einnehmbaren Burgen, auf Felsen und Bergen wohnten und, bis sie ihre Macht errungen hatten, meist einen unbeirrbaren Raubtierinstinkt zeigten. Der gelegentlich in der Heraldik anzutreffende Doppeladler zeigt (wie im Fall Österreich–Habsburg) nicht eine Verdoppelung der Adlereigenschaften, sondern den Zusammenschluß zweier Reiche (Österreich-Ungarn) an. Er ist also etwas »Gemachtes«, für das es keine Urerfahrung gibt, das auch nicht lebensfähig wäre, eher ein Sinnbild als ein echtes Symbol.

Bekannt ist die Verwendung des Adlers als Begleiter des Evangelisten Johannes, was freilich nichts mit Adlertugenden, sondern mit dem astrologisch erklärten Tierkreis zu tun hat (s. S. 43). In der christlichen Ikonographie werden seine Raubtiereigenschaften nicht hervorgekehrt. Dort gilt der Adler als Symbol unserer »Aufschwungskräfte«, zugleich herrscherlicher Weisheit, oft auch für Christus selbst.

Der Esel

Das geduldige, geprügelte, als Lastenträger meist überforderte Tier wird in allen Mittelmeerländern als Symbol unermüdlicher Arbeit betrachtet – wegen seiner Anspruchslosigkeit und weil er sich leicht mißbrauchen, alles mit sich anfangen läßt, auch als dumm. Diese »Dummheit« des Esels ist jedoch anderer Art als etwa die des Kamels oder der Gans; sie leitet sich von seiner besonderen Gutmütigkeit ab.

Wer ein »Esel« genannt wird, merkt nicht, was man mit ihm treibt. Als symbolisch für eine geschundene Kreatur gilt auch das markerschütternde Schreien des Esels, das sich stoßweise, wie ein Hilferuf oder eine um Mitleid flehende Klage erhebt, aber keineswegs eine Reaktion auf Prügel und Hunger ist, sondern wie das Wiehern des Pferdes oder das Muhen der Kuh, das Blöken der Schafe als eine normale Lebensäußerung zu gelten hat. Wenn also einer »brüllt wie ein Esel«, heißt das, daß er zu laut oder deplaziert herumschreit. In der Kunst wird häufig die dienende Bravheit des Esels als Symbol verwendet. Er gehört zu den Tieren an der Krippe von Bethlehem, trägt die Mutter Maria und das Kind auf der Flucht nach Ägypten, ebenso den Messias beim Einzug in Jerusalem. Zum Schlagwort wurde der »Starrsinn« des Esels, sein unbeirrtes Stehenbleiben, wenn er nicht mehr weitergehen will.

Der Hund

Obwohl als treuer Begleiter, auch als Beschützer des Menschen geschätzt, galt er in der Bibel als unreines Tier, weshalb er, abgesehen von Darstellungen des Tobias, in der christlichen Kunst, besonders der Altarkunst, nicht verwendet werden darf. Als ein Symbol der Treue, jedoch auch ›hündisch‹ unterwürfiger Haltung und wahlloser streunender Geschlechtlichkeit (Promenadenmischung) wird er auch als Zeichen der Verwahrlosung verwendet (»auf den Hund gekommen«). Doch tritt er in zahllosen Legenden und Anekdoten als verläßlicher Gefährte auf. So nahm der berühmte Prediger des Straßburger Münsters, Geiler von Kaysersberg, seinen Hund sogar mit auf die Kanzel, wo er an der Treppe seinen Herrn bewachte. Kundige Besucher des Straßburger Münsters gehen am Geländer der Kanzeltreppe nicht vorbei, weil der Hund Geilers, in Stein gehauen, als Curiosum dort dargestellt ist.
Von allen Tieren hat sich der Hund am engsten an den Menschen gebunden, kommt seinem Leben oft schicksalhaft nahe, so daß in seiner Symbolik die positiven Informationen überwiegen. Richtig geführt und mit Achtung behandelt, war der Hund zu allen Zeiten des Menschen gelehriger Helfer (Polizeihund, Jagdhund), oft sein Lebensretter (Bernhardiner), sein Wächter und Genosse seiner Einsamkeit. Auf den Hundefriedhöfen (etwa in Paris oder São Paulo) wird echte Trauer und Dankbarkeit bezeugt. Als Symboltier gehört er an die Seite des Menschen.

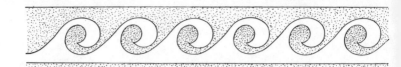

Das dem Mäander nachgebildete Ornament »Der laufende Hund« erinnert an die Art, wie ein Hund seinen Herrn begleitet, indem er zwar gern vorausläuft, aber keineswegs den Weg angibt, sondern immer wieder zurückschaut, ob ihm der Herr auch folgt, und erst dann weiterspringt oder umkehrt.

Das Kamel

Der Symbolgehalt des zweihöckerigen Kamels oder des einhöckerigen Dromedars resultiert aus folgender Wirklichkeit: Es kommt 17 Tage ohne Wasser aus und kann dabei unter schweren Lasten große Entfernungen zurücklegen. Der einst sprichwörtliche Gestank in den Karawansereien, das eintönige Dahinziehen über endlose Sand- und Felsenstrecken, das stundenlange Stehenbleiben auf der gleichen Stelle, wenn es nicht angetrieben wird, trugen ihm den Ruf der Stumpfheit ein, obwohl die Kamelreitertruppen gerade von seiner Feinnervigkeit berichten. Bevor dieses geheimnisvolle Wüstentier mit seinem häßlichen »Gesichtsausdruck« aus seiner zentralasiatischen Heimat in die arabischen Länder eingeführt wurde, blieben wasserlose Strecken unpassierbar. Die später berühmten »Weihrauchstraßen« (über die auch die Königin von Saba gezogen war) waren ungangbar, solange man nur Esel und Maultiere zur Verfügung hatte, die einer täglichen Tränke bedurften. Da sich das Kamel wie das Schaf scheren läßt und ohne Widerstand jede Mühsal auf sich nimmt, hat man es ebenfalls mit der Nachrede, dumm zu sein, belohnt! Gerade bei uns, die wir es einst nur vom Hörensagen und von Bildern kannten, ist sein Name als Metapher des Unverstandes verbreitet; allerdings wurde es von kundigen Werbefachleuten als Markenzeichen für eine Zigarettensorte gewählt. Offenbar erforschten sie, daß wir mit dem Bild des Kamels auch viele positive Eigenschaften assoziieren, vielleicht die Verläßlichkeit oder die hohe Leistung zu einem viel zu niedrigen Preis.

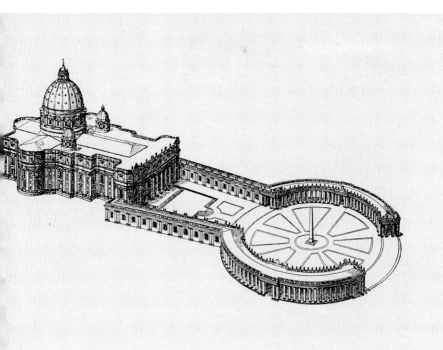

Eine eher psychologische Wirkung, wenn nicht gar einen suggestiven Druck üben die Kolonnadenbögen des Petersplatzes in Rom aus. Wer ihn betritt, allein oder im Rahmen eines Freigottesdienstes vor der Fassade, verliert etwas von seiner Freiheit. Als ob er in einer Zange wäre, zieht es ihn nach vorne die Treppen hinauf und in die Basilika hinein. Geniale Architekten wissen sehr gut, welchen Einfluß sie mit ihren Bauformen auf den Menschen gewinnen.

Die Beseeltheit eines Platzes bestimmt zugleich seinen symbolischen Rang. Deshalb renoviert man mit gutem Grund die alten Häuserfassaden und Stadtplätze, denn sie versetzen die Menschen in eine positive Gestimmtheit.

Wer eine starke Symbolik der Landschaft und ihre Wirkung auf den Menschen erleben möchte, der suche die Felshöhlen von Göreme in der Türkei auf. Hunderte von Wohnungen, Dutzende von Kirchen sind in diese Tuffsteine hineingegraben, und jeder sieht auf den ersten Blick, daß diese nahezu unzugänglichen Wohnungen aus Furcht vor Feinden eingerichtet wurden. In der Tat waren hier die Familien und später die Mönche vor den Reiterheeren sicher, die das Land verwüsteten und die Menschen ums Leben brachten. Ihre Angst überträgt sich noch heute auf den Besucher.

Jeder Ort kann von seiner Umgebung symbolisiert werden, also von ihr eine Bedeutung aufgeladen bekommen, die er von sich aus gar nicht besitzt. Wie eine Festpredigt oder eine Festrede durch Musik und Dekoration so feierlich umrahmt werden kann, daß es letztlich gleichgültig ist, was auf der Kanzel oder am Rednerpult gesagt wird, denn der hohe Rang steht von Anfang an fest, so können auch Orte allein durch ihr Umfeld so hohe Bedeutung gewinnen, daß es ein Ärgernis wäre, sie zu einem niederen Zweck zu mißbrauchen. Unser Bild zeigt eine prachtvolle, kathedralenartige Dorfkirche auf der Insel Gozo bei Malta, die den Mittelpunkt des Sakralbaus so stark hervorhebt, also bedeutend macht, daß man an dieser Stelle niemals einen Tisch mit Stühlen, einen Verkaufsstand oder etwas ähnlich Banales einrichten könnte. Durch die edlen Sakralformen der Architektur erhält er zugleich eine gewisse Weihe, die noch dadurch hervorgehoben wird, daß man ihn wie eine Sonne mit weitem Strahlenfeld markiert hat.

Der Kolibri

So wie wir das Kamel nur aus zweiter Hand kennen und deshalb einseitig beurteilen, legen wir dem Kolibri ebenfalls eine nur bei uns gültige Bedeutung bei. Dort, wo er lebt, teilt niemand diese Wertschätzung. Im Gegenteil, er gilt, bei aller Lieblichkeit, als unheimliches Tier. Zwar übersieht man seine Schönheit nicht, aber man meidet ihn und scheut sich, ihn anzurühren. Ohnedies sind die Kolibris keineswegs so eindeutig heiterer Natur wie die Singvögel. Sie fliegen ja auch nicht, sondern schwirren wie die Fledermäuse. Obwohl sie meist mit einem zauberhaften Federkleid ausgestattet sind, haftet ihnen etwas Geisterhaftes an. Es heißt, die Kolibris hätten das unbewegliche Stehen in der Luft, ja das Rückwärtsfliegen »erfunden«. Den Kindern schreibt man in die Bücher, Kolibris lebten nur von Nektar, den sie tief in den Blütenkelchen fänden, daher ihr langer, wenig schöner Schnabel. In Wirklichkeit sind sie in Urfeindschaft auf eine ganz bestimmte Tierart eingeschworen, nämlich auf kleine Spinnen, die sich dort aufhalten. Aus Spinnengewebe bauen sie auch ihr Nest. Man hat den Mageninhalt eingefangener Kolibris untersucht, ein Zehntel bestand aus Nektar, neun Zehntel aus winzigen Spinnen. Die Feindschaft ist wechselseitig.
Das Märchen weist darauf hin, daß kein anderer Vogel das Stehen in der Luft und das Rückwärtsfliegen nachahme. Gewiß, auch unsere Lerche steht »flatternd hoch im Ätherblau«. Aber dieses scheinbare Verharren für ein paar Augenblicke ungefähr am selben Ort geschieht mit großem erregtem Kraftaufwand, während sich der Kolibri selbst im starken Wind wie ein fixierter Punkt zu halten vermag. Daß er sogar rückwärts fliegt, nimmt ihn aus der Gemeinschaft aller Gefiederten völlig heraus, verleiht ihm etwas Unnatürliches. Vorwärts ist die Richtung des Lebens auf den Tod zu. Wer sich, ohne in Gefahr zu sein, rückwärts zu bewegen pflegt – auch der Krebs zieht sich nur auf der Flucht rückwärts zurück –, steht zum Tod in einer anderen Beziehung. Bei allen Indianern gilt der Kolibri als Totenbote. In den zahlreichen Märchen, die bei den Inkas, Azteken, Tupis und Guaranis über ihn verbreitet sind, bleibt er trotz seiner grazilen Erscheinung und der Farbenpracht seines Federkleides das am meisten gehaßte und gefürchtete Tier. Da er sich mit seinen winzigen Krallenfüßen nirgends niederlassen, sondern nur flüchtig festhalten kann, ist er kaum gefährdet. Hinzu kommt sein geringes Gewicht, das den Raub kaum lohnt. Es gibt Arten, die mitsamt den Federn nur zwei Gramm wiegen. Ihr Herz muß kleiner als eine Erbse

sein. Niemand weiß, wie der Kolibri stirbt. Die Indianer glauben, daß er beim Überwintern in Höhlen und Grotten, wo er, an den Wänden festgekrallt, zu Hunderten anzutreffen sei, einfach verendet. Er darf keines üblichen Todes sterben, sagt ein Märchen aus den Anden, sondern muß sich aufhängen, wenn seine Zeit gekommen ist.
Ich habe selbst unzählige Kolibris beobachtet. Sie machen einen zwittrigen Eindruck zwischen Vogel und Schmetterling, und jenes kreatürlich-nahe Gefühl, einen so kleinen Warmblüter einmal in der Hand halten zu wollen, stellt sich nicht ein. Der Kolibri hat eine gespaltene Zunge, die er vorschnellt wie die Vipern. Mit ihr erwischt er die in tiefen Blüten lebenden kleinen Spinnen, bevor sie sich verbergen können. Suchte er allein Nektar, so bräuchte seine Zunge weder gespalten zu sein, noch bedürfte es dieser eiligen Bewegungen. Die intim-feindliche Bezogenheit zu den Spinnen gibt auch einen Hinweis auf das Alter seiner Art, denn die Spinnen zählen zu den ältesten Tieren der Erde. Oft wurde beobachtet, wie ein Kolibri beim Zerreißen eines Netzes oder beim Stehlen der Beute von der Spinne selbst gebissen wurde und dann tot in ihrem Netz hing. Da der Kolibri aus Spinnweben oder Haaren, also dem Ausgeschiedenen und Toten anderer Lebewesen sein Nest baut, vergraben die Indianer ihre Haare nach dem Schneiden. Würde sie ein Kolibri forttragen, müßte sich der frühere Eigentümer über kurz oder lang selbst erhängen. Hinter der Schönheit des Kolibris verbirgt sich ein Stück rätselhafter Natur.

Die Schlange

Dämonisiert durch den Verführungsbericht im Paradies, in dem sie den Fluch Gottes und die Mühsal des Menschenlebens verursachte, wurde die Schlange nicht nur zum Symbol tückischer Schläue, sondern alles Bösen überhaupt. Abseits dieser Belastung durch den Schöpfungsbericht repräsentiert sie aber alles Schleichende. Zudem wird jede Schlange für gefährlich giftig gehalten, auch wenn sie zu den harmlosen Nattern zählt. Besonders die Frau ist von Abwehrängsten gegenüber Schlangen erfüllt, selbst in Ländern wie Brasilien, wo die Begegnung mit ihnen zum Alltag gehört. Vielleicht lebt in dieser Angst noch etwas aus den Erfahrungen mit den Sauriern und Drachen der Frühzeit fort.
Da einige Schlangenarten Junge zur Welt bringen, andere Eier legen, entstand schon bald die Vorstellung von gefiederten Schlangen und nach Vogelart fliegenden Drachen. Fabelwesen als Wasserschlangen

gesellten sich hinzu. All die sagenhaften Wasserungeheuer von der Antike bis zu den Berichten von Loch Ness dürfen niemals harmlose Fische, sie müssen – unter symbolischem Zwang – geheimnisvolle Schlangen sein. Obwohl in allen Lebensbereichen (in ihren Erdlöchern, im Wasser, am Boden und in der Luft) angetroffen, gilt die Schlange als Sonnentier. Und weil sie sich alljährlich häutet, sieht man in ihr ein Symbol der Verjüngung, ja der Auferstehung. Völlig entzaubert wird sie freilich in den Serpentarien von Butantan bei São Paulo. Die Fachleute dieses Instituts, die als »Giftmelker« eines der aufregendsten Reiseziele Brasiliens bilden, stellen aus Schlangengift die wirksamsten Medikamente her. Lepra z. B. wird im Frühstadium mit Schlangengift sicher geheilt.

SYMBOLIK DER LANDSCHAFT

Alle Geschichte braucht einen Schauplatz, auf dem sie sich ereignen kann, der sie zugleich verortet. Selbst dann, wenn sie an ruhelose, heimatlose Menschen gebunden bleibt, teilt sich dem Ort, an dem diese ihre Tat ausführten, ihre Vision hatten (wie Paulus vor Damaskus), den alles entscheidenden Entschluß faßten (wie Cäsar am Rubikon), das Gewicht dieses Ereignisses zu. Auch wo sie starben oder zur Welt gekommen waren. Das kann Glanz und Ruhm bedeuten; manchem Ort wurde allerdings auch ein Fluch aufgebürdet. Die Stellen, an denen einst der Galgen stand oder Hexen verbrannt wurden, sind heute noch verfemt. Niemand will ein solches Grundstück kaufen oder gar ein Haus darauf bauen. Der Ort wird – Aberglauben hin, Einbildung her – seinen schlechten Ruf nicht los. Wo etwa ein Dorf dem Erdboden gleichgemacht wurde, nahm der Boden gleichsam die Angstschreie, Flüche und Klagen in sich auf. Sollte es jemand wagen, am frei gewordenen Unglücksplatz ein Luxushotel zu errichten, er müßte mit baldigem Bankrott rechnen – ein Unheilsort duldet keine unbefangene Lustbarkeit. Würde ein Unternehmer selbst einen schon als vorzüglich bekannten Markenartikel mit dem Herstellungsort Buchenwald oder Dachau etikettieren, so bliebe er auf seiner Ware sitzen. Die Symbolik dieser Orte würde den Artikel unverkäuflich machen. Trotz der ungeheuren Zahl von Touristen läßt sich neben dem Fort de Douaumont, der Schädelstätte

bei Verdun, kein Kaufhaus errichten. Wo eine Million Menschen ihr Leben lassen mußte, blieben Händler und Käufer unentschlossen. Man könnte sich den absurden Einfall denken, daß ein reicher Sektenführer, um sich ins Gespräch zu bringen, in Bethlehem seinen Zentraltempel bauen ließe. Dennoch käme es nie zu feierlichen Gottesdiensten, denn Bethlehem ist als Geburtsort Christi symbolisch so eindeutig aufgeladen, daß Nebenbedeutungen, schon gar religiöse, überhaupt nicht aufkommen könnten. Vor Jahren, als Bethlehem noch nicht israelisches Staatsgebiet war, wurde bekannt, daß der Gemeinderat hier wie in Nazareth mehrheitlich kommunistisch, die jeweiligen Bürgermeister notorische Atheisten waren. Das hatte auf die Weltgeltung und den Pilgerstrom zu diesen beiden Orten überhaupt keinen Einfluß. Die Bürgermeister von Dachau bemühen sich seit Jahrzehnten, für ihre Stadt ein neues Image zu gewinnen. Vergebens, Dachau bleibt die KZ-Stadt. Schon die fast Tag für Tag eintreffenden Besichtigungsgruppen festigen die fatale Gleichsetzung des Orts mit dem einst vor seinen Toren liegenden Lager.
Orte verwahren nicht nur Emanationen – sei es von verzweifelten oder verbrecherischen Menschen, einer auf ihnen begangenen Bluttat oder einem großen Glück –, sie strahlen sie auch wieder aus. Die Piazza dei Fiori in Rom, auf der Giordano Bruno verbrannt wurde, zählt trotz des sehenswerten Denkmals nicht zu jenen Örtlichkeiten, die man den Pilgern zeigt. Umgekehrt macht die bayerische Stadt Landshut aus der Erinnerung an eine einst rauschende Fürstenhochzeit alle paar Jahre ein wahres Volksfest. Hier wären auch die vielen Wallfahrtsorte anzuführen, an deren Namen der Ruf wunderbarer Heilungen, auch feierlicher Weihestunden und für die Pilger oft Jahrhunderte hindurch Trost erhörter Anliegen hängt. Nicht nur die Polizei, auch der Psychologe weiß, daß und warum der Verbrecher an die Stelle seiner Untat zurückkehrt! Der Ort hat sich unverlierbar in seine Erinnerungswelt eingeflochten. Solange er ihn nicht als harmlos und im Grunde gar nicht bemerkenswert löschen kann, bleibt er für ihn ein Zeuge seines Frevels. Wir alle vergessen Orte nicht, an denen wir starke Erlebnisse hatten. Noch nach einem halben Leben erinnern sich ältere Menschen, worüber sie einst als junge Liebende an diesem Waldrand, an diesem Bach sprachen, wo ein Zerwürfnis stattfand, wo man Glückseligkeit empfand, wo das alles entscheidende Wort fiel.
Es gibt nicht nur notorische Unfallstellen auf Wegen und Straßen, an denen sich das Unglück häuft, ohne daß sich dies erklären läßt, wie im

berüchtigten Bermudadreieck, oder Gegenden, die von der Natur besonders düster ausgestattet wurden, wie die Via-Mala-Schlucht in Graubünden. Man hört auch von unheimlichen, gespenstischen Orten, an denen uns die Angst überkommt, ohne daß wir sagen könnten, warum und wovor. Hierher gehören auch die echten Spukorte, die ihren schlechten Ruf unserer inneren Forderung nach ausgleichender Gerechtigkeit verdanken: Ein Übeltäter, der eine ungesühnte Schuld mit in den Tod nahm, darf keine Ruhe finden und muß nächtlicherweile den Ort seines Verbrechens aufsuchen, womöglich einen Grenzstein auf der Schulter, den er einst heimlich versetzte. Ein anderer mag eine Leiche vergraben oder Diebesgut versteckt haben.

Es ist der Sinn vieler Denkmäler, den Ort eines Ereignisses für immer zu markieren, damit nicht vergessen werde, was auf ihm geschah.

So wie historische Geschehnisse den Ruf eines Orts prägen, bestimmt auch die geographische Lage seine symbolische Bedeutung. Schon Platon warnt davor, Hafenstädte zu Metropolen eines Landes zu erheben. Ihr ständiger Austausch mit Menschen und Ideen aus aller Welt mache sie charakterlos, verderbe meist die Bodenständigkeit. Denn das Meer lockt in die Ferne, zu Abenteuern oder zu überseeischen Zweigniederlassungen, die der internationale Handel erforderlich macht. Nicht selten sind Hafenstädte bereits von ihrer Gründung her Ansiedlungen von Kolonisten oder von Vertriebenen fremder Völker. So wurde Trapezunt im kolchischen Winkel des Schwarzen Meeres ursprünglich nur von milesischen Kolonisten bewohnt, Marseille von Griechen gegründet und zum Welthandelsplatz ausgebaut, Karthago, die einstige Konkurrentin Roms, von phönizischen Flüchtlingen aus Kleinasien. Deshalb gelten die Bewohner von Hafenstädten zwar als weltläufige, auch urbane Menschen, als Leute der Begegnung und des Gesprächs; für nationalen Lokalgeist, Überbewertung der eigenen Qualitäten und Heimattümelei, die in einer Hauptstadt gerne gepflegt werden, taugen sie aber keineswegs. Ja, oft wurde es sogar nötig, die Hauptstadt ins Landesinnere zu verlegen, weil der ursprünglich glücklich gewählte Ort, wie etwa Konstantinopel oder Rio de Janeiro, seine Bewohner im Lauf der Jahrhunderte auf korrupte, nur noch von Handel und Profit besessene Menschen herunterkommen ließ. Im Vergleich zu dem leichtlebigen Istanbul macht das im anatolischen Hochland gelegene Ankara heute trotz seiner Überbevölkerung einen geradezu asketischen Eindruck. Und wer das amusische Brasilia mit der ehemaligen, lebenslustigen Hauptstadt nicht nur des Landes, sondern auch des Karnevals vergleicht, versteht die scherzhafte Feststellung, daß das Beste an Brasilia das Flugzeug nach Rio sei.

»Kann denn von Nazareth etwas Gutes kommen?« diese abwertende Symbolfrage unterstellte dem Mann aus diesem Dorfe, der in Jerusalem als Lehrer auftrat, daß er die Enge des Horizonts, die dörflichen Vorurteile, die Kenntnislosigkeit der Welt, kurz, den rückständigen Provinzgeist mit sich herumschleppe. An anderer Stelle dieses Buchs sprechen wir von der notorischen Eigenart aller Insulaner, über die man auf dem Festland Bescheid zu wissen glaubt, bevor sie ihre Stimme erheben, seien sie Engländer oder Japaner, Sizilianer oder Korsen. »Alle Kreter lügen«, hieß es im Altertum. Ohne Frage entstand dieses Vorurteil zu einer Zeit, als die rechtschaffen-schlichten, auch primitiven Festlandsbewohner dem raffinierten Gesprächs- und Gesellschaftsleben von Knossos noch nicht gewachsen waren. Das Urteil dieser Einfältig-Aufrichtigen blieb an den Kretern hängen. Durch die Aufladung eines Orts oder eines Landstrichs mit menschlicher Geschichte, seien es große oder schlimme Taten, Heimsuchungen der Natur oder Kriegskatastrophen, entsteht ein noch lange gültiges Miteinander, das zwar gelegentlich durch Wahrzeichen oder Denkmäler markiert wird, sich aber auch anonym in Rede und Erinnerung forterhält. Umgekehrt wird auch der Einfluß von Erde und Landschaft auf ihre Bewohner wahrnehmbar. Das Gebirge bringt einen anderen Menschenschlag hervor als die Küstenregion, in einer weiten, offenen Ebene denkt und fühlt man anders als im engen Tal. Heimat entsteht immer nur aus dieser tiefen, wechselseitigen Bindung. Um Heimat zu sein, genügt es nicht, Wohnung oder Unterkunft zu bieten. Das Land muß erlebt, die Erde durch einen langen Aufenthalt auf ihr vermenschlicht, hominisiert worden sein.

Das Hochgebirge

Die erste Eigenschaft, die der Name anzeigt, ist die Höhe, selbst schon ein Symbol für das Hohe, das »Oben« und »Über«, die Macht. Dann faßt die Vorsilbe »ge« eine ganze Gruppe von Bergen in die Einheit eines Gebirgsstocks oder gar Gebirgszugs zusammen. Die Gipfel stehen, in ihren Fundamenten vereinigt, seit undenklichen Zeiten fest beisammen: ein Symbol der Treue und Standhaftigkeit. Von unten her betrachtet, weckt das Hochgebirge zuerst den Eindruck gewaltigen Emporragens aus dem Bereich menschlicher Siedlungen bis in seinen eigentlichen Ort, den Himmel, zumindest aber in die

Wolken hinein. Es ist nicht nur eine unerschütterlich feste, in ihrer Gestalt immer gleichbleibende Gesteinsmasse, sondern es steht auch in Kontakt mit dem Himmel, dem Ewigen, dem verborgenen Ort der Schicksalsmächte. Diesem Bild unbeirrbarer Beständigkeit können weder die Zeit, noch die Stürme der Geschichte, noch die Verwüstungswut der Menschen etwas anhaben.
Trotz seiner Festigkeit ist das Hochgebirge aber nicht harmlos. Wer darin herumwandert oder dort einen Beruf ausübt (wie die Jäger), kennt seine Gefahren, seine zerrissenen Formationen, seine dürftige Fruchtbarkeit, die nur anspruchslose Pflanzen und mit karger Kost zufriedene Tiere am Leben erhält; ebenso weiß er um die Neigung zu Blitzen, Sturm und Wettereinbruch. Er kennt die Eiswüsten mit den kaum bedeckten Gletscherspalten, die Steinschläge, Felsabstürze, kurz, ihm ist bewußt, daß der Mensch seiner Natur nach dem Hochgebirge nicht zugeordnet ist. Dennoch läßt es ihn nicht gleichgültig, weckt seine Abenteuerlust, seinen Drang nach oben, sogar seinen Todesmut. Gerade weil das Hochgebirge heute Jahr für Jahr mit seinen warnenden Unglückslisten aufwartet, versteht man, warum sich der Mensch bis vor wenigen Generationen weigerte, dort hinaufzugehen, wo soviel Unheil herkommt. Selbst wenn man die abergläubisch-heidnische Frühzeit anspricht: Menschenfreundliche oder gar weibliche Gottheiten wohnten nie im Hochgebirge. Dagegen trieben heimtückische Dämonen, Unholde von abschreckender Mißgestalt und blutrünstige, Kinder wegzerrende Raubtiere ihr Unwesen.
Diese überwältigende Macht von Zeichen und Erscheinungen wirkte immer schon folgenreich auf die Bewohner in den Tälern und an den Hängen der Hochgebirge und formte ihre Denkungsart. Wer im Anblick solch majestätischer Gebilde lebte, wurde trotz aller Beschwernis, die sie dem Leben auferlegen, selbst standhaft und treu, verlässig in der Behütung des Ahnenerbes, dem Schicksal ergeben, konservativ in kirchlicher und politischer Gesinnung, auch voller Verachtung gegenüber allen Neuerungen, die von »unten« und »draußen« kamen. Die (auch an anderer Stelle erwähnte) Schweizer-

garde beim Vatikan, die sich einst (1527 Sacco di Roma) bis zum letzten Mann niedermachen ließ, um das Leben des Papstes zu schützen (der bereits in Sicherheit war), lebt nicht nur von dieser Ruhmestat der Treue, sondern wird bis zum heutigen Tag von den katholischen Bergbewohnern der alpinen Schweiz rekrutiert. Es ist ein Ehrendienst, der nie zur Diskussion gestellt wurde.

Die eindrucksvolle Schönheit der Gebirgsstöcke, das Farbenspiel um ihre Gipfel in der Abend- und Morgensonne, die Auge und Gemüt ansprechende Formenvielfalt der alpinen Landschaft überhaupt mag für die beispiellose, selbst den Auswanderer nie verlassende Heimatliebe mit verantwortlich sein.

Die Ebene

Menschen, denen kein Gebirge, kein Höhenzug den Horizont verstellt, die in endlosen Ebenen daheim sind, natürliche Grenzen also nur kennen, wenn sie von einem Strom oder vom Meer gezogen sind, waren von jeher expansiv und für Nachbarn gefährlich. Niemand sonst konnte die Pferdezucht so leidenschaftlich betreiben, ja überhaupt erst »erfinden«, als die Bewohner der endlosen innerasiatischen Steppen. Von dort kamen dann nicht nur die Pferde, sondern auch die alles überrennenden Reiterarmeen der Hunnen und Magyaren mit ihren Attilas und Tamerlanen. Diese beiden Namen wurden berühmt, Dutzende anderer dem »unberittenen« Abendland zum Verhängnis. Nur wenn im Westen gegen die flinken Hunnen, Türken, Araber ebenfalls Reiterarmeen aufgestellt werden konnten – auf dem Lechfeld oder vor Wien, auf den Katalaunischen Feldern oder bei Tours und Poitiers –, wurde der Druck aus dem Osten abgewehrt.

Menschen der weiten Ebene überblicken zu viel Land, als daß sie eine Zivilisation der Häusler und Kleinbauern, eine Kultur der engen Handwerkerstuben, der stillsitzenden Musiker und Maler, der ungestört arbeitenden Poeten hervorbringen könnten. Die hochbegabten Stämme der Völkerwanderung wurden erst schöpferisch, als sie zur Ruhe kamen. Dieses Gesetz gilt aber auch für weniger ausgedehnte Ebenen, deren Menschen zwangsläufig großräumiger denken, auch organisatorisch überlegen sind, weil sie, des anschaulichen Gegenübers ungewohnt, sich in verwegenen Plänen leicht zurechtfinden. Gliedert sich ein Land in einen gebirgigen und einen ebenen Teil, so werden sich die politischen Kräfte in der Ebene konzentrieren (Berlin, Paris, Madrid, Moskau).

Die Wüste

Wer die Wüste nur vom Hörensagen kennt, stellt sich darin das Leben wie eine schwere Heimsuchung vor. Doch lieben die Nomaden, die dort wohnen, ihre Heimat über alles und würden sie auch ohne Not nie verlassen. Es sind nicht zuerst die Sandstürme, die Gefahren des Verdurstens und des Auf-sich-selbst-Angewiesenseins, die den Wüstenbewohner prägen, vielmehr das Alleinsein, der Umgang nur mit sich selbst, mit seinen Gedanken und seinen Emotionen. Freilich auch mit den elementaren Einwirkungen der Umwelt, dem Nachthimmel, der Luft, die durch die Trockenheit ein Übermaß an Gestirnen zeigt, die absolute Stille, der erhebliche Temperaturunterschied zwischen Tag und Nacht, monatelange Regenlosigkeit, bei der dennoch Pflanzen gedeihen, die der noch taufrischen Morgenluft genügend Feuchtigkeit zum Überleben abnehmen können. In den offenen Sandwüsten kommen die Verwehungen hinzu, die mit immer neuen oder verschwundenen Hügeln sowohl den Marsch wie die Orientierung erschweren, als auch die Lebensgefahr durch überlange Durststrecken erhöhen.

Vor dem Hintergrund dieser Naturtatsachen wurde die Wüste auch für jene zu einem symbolischen Ort, die nie eine Wüste erlebt oder betreten haben. Sie gilt als Durststrecke, die man mit Glauben und Selbstvertrauen durchstehen muß, in der aber auch Kraft und neue persönliche Orientierung zuströmen können. Da sie als »Öde« und »Wüstenei« monoton daliegt, weder durch Pflanzen noch Tiere oder landschaftlichen Zauber ablenkt, fördert sie Konzentration und Besinnung auf das Wesentliche. In keiner Entstehungsgeschichte von Religionen fehlt die Wüste. Jesus selbst zog sich für 40 Tage dahin zurück (d. h. wie wir in der Zahlensymbolik gesehen haben: für eine angemessene Zeit), bevor er zu lehren anfing; Mohammed, schon von Natur ein Wüstensohn, tat das gleiche. Und Moses, der einst das israelische Volk aus Ägypten herausführte, stand mit den Geretteten, bevor sie das Gelobte Land erreichten, einen Wüstenaufenthalt von nicht weniger als 40 Jahren durch. Dabei sollen der Überlieferung nach von denen, die mit ihm Ägypten verlassen hatten, nur noch zwei am Leben gewesen sein, Kaleb und Josua, die später als Kundschafter mit der großen Traube heimkehrten.

Die Wüste überträgt ihre Gesetze auf den Menschen, der ihr zugehört, auch wenn es Generationen her sind, daß er in ihr gelebt hat. Klassische Wüstenvölker wie Araber, Perser, Türken gehören nicht nur der Wüstenreligion an, die auf Allah eingeschworen ist, sie sind auch von lang her gewohnt, sich von diesem dynamischen Monotheismus in Marsch setzen zu lassen wie einst unter den Kalifen und Sultanen. Der um eine einzige Idee kreisende Islam läßt sich noch leichter säkularisieren als das Christentum. Ob Ghadafi oder Khomeini als Beispiele dienen, die beide asketisch und im Falle des Libyers sogar als Nomade im Zelt leben und jeweils über eine religiös motivierte, zugleich politisch fanatisierte Gefolgschaft verfügen, oder ob wir die praktisch unheilbare Feindschaft zwischen Israel und Arabertum anführen, immer begegnen wir dem gnadenlosen »Auge um Auge, Zahn um Zahn«-Gesetz der Wüste. Sie macht ihre Menschen hart.

Das Meer

Wenn das Meer auch keine Land-schaft ist, keine Menschen auf ihm ihre Kindheit verbringen, ihren Wohnsitz haben, besitzt es dennoch eine starke Prägekraft auf die menschliche Seele. Die Menschen wohnen an seinen Ufern, erleben, wenngleich vom sicheren Port aus, die Stürme und Brandungen, erheben ihr Gemüt an den Wechselbildern des Tages, die den Horizont mit der Pracht der Sonnenaufgänge und der Poesie ihres Versinkens, mit der nächtlichen Stille und der Mittagsglut ausstatten. Vor allem aber unterstehen Menschen, die an der Küste wohnen, ein Leben lang dem Sog des Meeres in die Ferne. Es gibt keine Generation, die ihm nicht erlegen wäre und keine Opfer zu beklagen hätte. Fügt man hinzu, wie beständig das Meer nicht nur seine Anrainer, sondern noch viele Bewohner des Hinterlands ernährt, welche Fülle von Berufen im Umgang mit ihm entstehen, so ermißt man seine großen Vorteile. Fischer und Schiffer, Bootsbauer und Segeltuchweber, Maschinisten und Erfinder der vielen Orientierungshilfen auf hoher See (vom Kompaß bis zum Blinklicht), heute die Ingenieure und Werkleute der großen Werften, sie alle leben von ihm.
Der ständige Blick auf die Weite des Ozeans weckt den Wagemut, entreißt den Küstenbewohner seiner ländlichen Enge, um ihn an unbekannte Ufer zu anderen Menschen zu führen, wo er erfährt, daß es sich auch anders leben läßt als bei ihm zu Hause. Wieder ist es das Meer, das ihm die Scheu vor dem Fremden nimmt, um ihn weltoffen und weltmännisch zu machen. Es weckt auch seine Fantasie.
Falls er zurückkehrt, wird er den Daheimgebliebenen nicht nur Wahres und Erfundenes berichten, Völkergeschichte und »See-

mannsgarn« auftischen, er kann auch von Schiffbrüchen und Rettungen, von See-Ungeheuern, von schwarz-, gelb- und rothäutigen Menschen und ihren Sitten erzählen. Er wird eine Welterfahrung einbringen wie sie dem Binnenländer versagt ist.
Die Reisen übers Meer und die Gäste vom »anderen Ufer« ermöglichen Kulturvergleich und Austausch von Ideen. Deshalb wird es in einer Stadt am Meer nie eine konservative oder nationalistisch gesonnene Wählermehrheit geben, ob sie nun Hamburg oder Bremen, Marseille oder Genua, New York oder Los Angeles heißt. Die Heimsuchungen des Meeres machen trotzig und stolz. Obwohl es in der Bretagne Dörfer gibt, die fast nur Fischerwitwen beheimaten, zieht die junge Generation wieder hinaus. Und kein Admiral wird sich mit einem General, kein Matrose mit einem »Landser« vergleichen.

Der Mensch als Symbol

DIE ZEICHENHAFTIGKEIT DES KÖRPERS

Wie die Ursymbole, die sogar erst mühsam gefunden werden mußten, zeigt der menschliche Leib symbolische Grundtatsachen an, die jedermann leicht ablesen kann. Zunächst sitzt der Kopf mit dem edelsten, auch schärfsten Organen und dem, wenngleich verborgenen Gehirn, das die Urteilskraft und Menschenwürde ausmacht, oben, während sich die Füße, die mit dem Schmutz in Berührung kommen, auch nur dem Stehen und der Fortbewegung dienen, unten befinden. Äußerlich ist unser Körper zwar symmetrisch gebaut, innerlich aber, wie wir aus der Anatomie wissen, nur zum Teil. So wichtige Organe wie das Herz oder die Leber, haben ihren zwar angemessenen, aber vom Formalen her willkürlichen Platz.
Als edelstes, auch von Knochen am sorgfältigsten geschütztes Organ hat das Auge zu gelten. Im Unterschied zum Gehör, Geruch, Geschmack oder Tastsinn, denen eine ausschließlich passive Rolle zugewiesen ist, so daß sie Reize von außen brauchen, um in Funktion treten zu können, besitzt das Auge außerdem, daß es sieht, noch eine eigene, von innen nach außen wirkende Kraft. Es wird »Tor der Seele« genannt, weil es seelische Regungen am deutlichsten zum Ausdruck bringen kann. Wir sprechen von einem freundlichen oder spöttischen, einem strafenden oder ironischen Blick; wir können »fahrig« oder konzentriert, traurig oder lustig dreinschauen. Schon das Kleinkind liest am Blick der Mutter ab, ob es erwartet oder unwillkommen ist. Die stärkste Ausstrahlung besitzen die Augen jedoch mit ihrer erotischen Kraft, die vom freundlichen Blick bis zum beseligenden Lächeln reichen kann. Abgesehen von dieser körperlich-seelischen Gewalt der Augen, verlangt unsere Zivilisation, daß jene Frauen, die einen öffentlichen Dienst versehen oder als Fernsehansagerin von Millionen angeschaut werden, ständig ein freundliches Lächeln bereithalten, auch wenn es ihnen keineswegs danach zumute ist. Das hat seinen guten Sinn.

Denn so wie das Gesicht mit Sprache, Blick und Mienenspiel in Bewegung kommt, spiegelt es den inneren Zustand der Person, ihre Aufgeräumtheit oder Verkrampfung, ihren Griesgram oder ihre Fröhlichkeit. Frauen hinter dem Schalter oder Ladentisch brauchen deshalb ein Standardgesicht, das seelisch leer sein kann, aber Kummer, Neurosen oder Verbitterung nicht zur Schau stellen soll.
Es gibt auch Gesichter, die vom Knochenbau und der Muskulatur her ausgesprochen häßlich gestaltet sind, mit dem Sprechen aber aufleuchten und einen seelischen Reichtum an den Tag legen, daß sich der Gesprächspartner geradezu beschenkt fühlt. Albrecht Dürer vermerkt in seinem Tagebuch, daß er an der Anatomie des menschlichen Körpers 25mal das Verhältnis des goldenen Schnitts festgestellt habe. Natürlich gilt dies auch für das Gesicht, dessen Stirnhöhe sich zu dem Abstand von der Nasenwurzel zum Kinn so verhalten sollte wie diese Strecke zur ganzen Gesichtslänge. Läßt sich dieses Verhältnis schon im Gesicht ablesen, dann erst recht an den Armen und Händen, innerhalb der Hände noch einmal, und mit besonderer Deutlichkeit in den Handlinien. Die Handlesekunst stellt – entgegen ihrer zigeunerischen Verrufenheit – einen jener Wissenszweige dar, die aus den Formgesetzen der Handlinien zwar keine Zukunft prophezeien, aber Formgesetze des Charakters und Lebenslaufes abzuleiten vermögen. Ordnung und Verworrenheit, Winkelzüge oder offene Figuren sind da und dort dieselben.

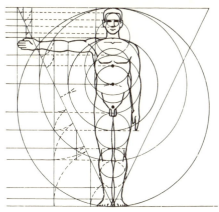

Im übrigen kann man mit der symbolischen Ausdeutung des Körpers nicht vorsichtig genug sein, wie ja auch körperliche Gebrechen, Deformation der Knochen oder der Muskulatur, unharmonische Proportionen oder physiognomische Abweichungen zu schwersten

Fehlschlüssen führen können, denn sie bedeuten meist etwas ganz anderes. Umgekehrt steht hinter dem Spruch, nach dem ein gesunder Leib eine gesunde Seele anzeige, nur ein frommer Wunsch. Hier gibt es keine verbindlichen Schlüsse.

DIE LEBENSSTUFEN

Die Wahrzeichen der Jugend

Daß die Jugend als ein legitimer Lebensstand zu gelten hat, der seine eigenen Gesetze nicht nur hervorbringt, sondern ihnen auch folgen muß, wenn er echt und natürlich bleiben soll, das mußte von unerschrockenen Reformpädagogen, von Psychologen und mutigen Lebensreformern hart erkämpft werden. Denn früher galten Kinder und junge Menschen als noch nicht fertige Erwachsene, als eine defiziente Menschenform, der das menschliche Vollmaß, die Erfahrung, die Reife noch fehlte. Einst wurden Kinder und Jugendliche auch nach Art der Erwachsenen gekleidet und schon früh angehalten, sich wie große Leute zu benehmen. Erziehung in Schule und Elternhaus konnte nicht hart genug sein, so daß die jungen Menschen unter einem solchen moralischen Druck eigentlich immer im Unrecht waren, im Verzug mit ihren Pflichten, mit ihrem Fleiß, mit der geforderten Dankbarkeit. Die Bildungsanstalten formten den gefügigen, zu allem verwendbaren Staatsbürger. Wer nicht dieser Norm entsprach, galt als mißraten. Der Umbruch erfolgte weltweit durch die beiden Weltkriege, die nicht nur äußere Katastrophen, sondern einen inneren Zusammenbruch der Erwachsenenwelt mit sich brachten. Seitdem gehört zu den markantesten Merkmalen der Jugend eine unverhüllte Gegensätzlichkeit zur Elterngeneration. Hatte schon um die letzte Jahrhundertwende der »Wandervogel« einen freieren Lebensstil zu entwickeln versucht, so gilt heute der Widerspruch zur Bürgerlichkeit als jugendliches Grundgesetz. Verstärkend wirkt noch die Befreiung der Frau aus der patriarchalischen Hörigkeit, ihr Zutritt und die Bewährung in vielen ihr einst verwehrten Berufen. So besitzt die Zukunftsvision der Jugend zuerst abwehrende, verneinende Züge: So wie die Welt ist, darf sie nicht bleiben, so wie sie die Alten dahintreiben lassen, darf es nicht weitergehen. Die Erwachsenen haben in den Augen der Jugend schon wieder wie seit Jahrhunderten die für sie obligate Kriegswelt aufgebaut, die unter einem unerträglichen Rüstungsdruck steht. Also ist auch das Einstehen für den Frieden eine Abwehr gegenüber den Erwachsenen. Zweitens wurde die Umwelt in den letzten Jahrzehnten so folgenschwer verdorben, daß man darin vielerorts kaum mehr leben kann. Auch der Kampf um eine Natur, in der zukünftig auch noch gesunde Kinder gedeihen, richtet sich gegen die Erwachsenen.

So hat sich eine Jugendgeneration militante Züge angeeignet, die sich oft schon im Gymnasium, erst recht auf den Universitäten als ein kritisches Verhältnis gegenüber den Lehrern zeigen. Hier ereignet sich eine folgenschwere Umkehrung symbolischer Werte:

Eine ihrer Lebensstufe nach mit Zukunft programmierte und von der Zukunft ihren Lebenssinn erwartende Jugend hat das Vertrauen in die Beispielhaftigkeit der Väter und die von ihnen repräsentierte Kulturtradition verloren. Damit ging sie der ihr zustehenden unbesorgten Fröhlichkeit verlustig. Die standestypischen Lebensaufgaben haben sich verkehrt: Anstatt die Erwachsenen der Jugend die Zukunft sichern, spielen diese mit Waffen und Kriegsangst, so daß die Jugend diese Elternaufgabe der Friedenssicherung selbst übernehmen muß. Ob freiheitlich-westliche Wirtschaftsordnung oder östliche Staatsindustrie, die Natur wurde so lange unbedenklich verwüstet, bis die Jugend aufbegehrte, was in Wahrheit die Elterngeneration für die Jugend hätte tun müssen ...

So entstellte sich die klassische Symbolik der Jugend, spielerischer Wetteifer gewann Züge der Gehässigkeit, problemlose Geborgenheit im Elternhaus wurde zur Dauerpolarität, jede Sportveranstaltung braucht Polizeischutz, weil sich die Aggressionslust nicht löst, sondern aufheizt. Zu symbolischen Jugend-Institutionen wurde die Diskothek, ein Ort der Absonderung von der Elterngeneration, wo in dröhnender, überwachter Erregung ein erstes Wehen des neuen Zeitalters zelebriert wird.

Der alternde Mensch

Was uns die Ruinen von Tempeln und Burgen, von Kirchen und Klöstern, selbst halbzerstörten Städten an erlittener Geschichte vor Augen führen, das trägt auf seine Weise jeder ältere Mensch in den vom Schicksal verhängten Zutaten des Lebens mit sich herum. Wir meinen hier nicht besonders schwer Betroffene, die durch Krieg oder

Unglück mit einem versehrten Leib weiterleben müssen. Auch nicht jene seelisch Geschlagenen, die ihr Dasein für ruiniert halten, weil die wirtschaftliche Existenz zusammenbrach und vielleicht die Kreditwürdigkeit unter sich begrub, oder weil sie als Opfer einer Brand- oder Naturkatastrophe um Hab und Gut gekommen sind. Auch jene sind nicht gemeint, die durch eigene Schuld in äußeres und inneres Elend gerieten. Von wem hier gesprochen werden soll, daß ist der Mensch in seiner Normalexistenz. Jeder von uns also, der trotz aller Mühe, die er sich geben mag, den Mächten ausgesetzt bleibt, ob er sie nun drinnen oder draußen ansiedelt. Für ihn gilt, daß keiner ernst zu nehmen ist, niemand als exemplarischer Vertreter unseres Geschlechts gelten kann, der nicht Schweres mitgemacht hat.

Alle Religionen und Mythologien, mögen sie uns nebenher noch so viele kampfgewohnte Helden vorführen, stellen als die maßgebliche Zentralfigur immer den Dulder heraus, den Menschen, der Schläge erhielt, Existenzeinbrüche ertrug, dessen Lebensentwurf massiv gestört wurde, ohne daß er aufgab. Nicht nur Hiob wurde mehrfach zerbrochen, ehe er seine eigentliche, ihm zuvor verborgene Lebenshöhe erreichte. Auch das andere geistig erwachsene Volk des Altertums, die Griechen, verklärten in ihren Tragödien den schuldlos Geschlagenen, in ihrem großen Epos jene Männergestalt, die nicht nur wegen ihrer listigen Einfälle, sonden zuerst als der »Dulder« Odysseus Unsterblichkeit gewann.

Bauwerke stürzen ein und werden zu Ruinen. Der Mensch, der sich aus Zusammenbrüchen wieder erheben kann, hat als Symbol seiner selbst den Mythos vom Phönix erdacht, der sogar aus seiner Asche noch einmal aufsteigen darf. Hat es nicht jeder von uns schon erfahren, daß er aus Verlusten oder katastrophalen Wendungen gestärkt hervorging und neue, vorher ungeahnte Kräfte zu entwickeln vermochte?

»Der Schurke steht nicht im Gericht«. Mit dieser schicksalserhellenden Weisheit, die das Alte Testament gleich im ersten Vers des ersten Psalms ausspricht, wird aus den schweren Widerfahrnissen des

Lebens sogar die Erwählung zu einem geläuterten, höheren Menschentum abgeleitet. Es war Ricarda Huch, die uns in einem bedeutenden Essay auf diese biblische Lebenskunde hinwies, gerade weil sie so unverhüllt allen gängigen Glücksvorstellungen widerspricht. In der Tat schlummert in jedem Menschen das Bedürfnis, sei es im Guten oder Schlimmen, von den Mächten nicht übersehen zu werden, wie immer diese in seiner religiösen Überzeugung artikuliert sein mögen: als Schutzengel, als gütige Vorsehung, als die Hand Gottes, die ihn durchs Leben führt.

Viele von uns erinnern sich noch der Erlebnisberichte von Kriegsheimkehrern. Auch daß sie keineswegs mit erschlagenen Feinden prahlten, sondern immer wieder erzählten, durch welche wunderbaren Zufälle sie dem Tod entgangen, aus dem Kessel gerade noch herausgekommen, vor dem vielfältigen Verderben um sie herum bewahrt worden waren. Sie bestätigten damit, daß der Mensch, je wesenhafter er geworden ist, desto weniger damit rechnet, überall so glatt durchzuschlüpfen wie der Schurke im oben zitierten Psalm. Im Gegenteil, er will vom Schicksal auf die Waage gelegt und für die Feuer des Lebens als nicht zu leicht befunden worden sein. Er weiß, daß ihm von Anfang an Teiluntergänge, Abschiede von geliebten Menschen und Gütern, auch schmerzliche Wendungen zugemessen sind. Mit einem Wort, daß sich der Tod nicht auf das schließliche Verscheiden eingrenzen läßt, sondern mit leichteren oder schwereren Einbußen bereits die Lebensjahre durchzieht. Schon unsere vitale Grundausstattung ist einer rapideren und gnadenloseren Vergänglichkeit ausgesetzt als die den Stürmen und Wettern preisgegebenen Burg- und Klosterreste. In ihren Ruinen verwahren wir mit den Bürgschaften rühmlicher Vergangenheit auch die Zeugnisse für alles Angeschlagene. Im Grunde schützen wir mit ihnen zugleich uns selbst, so wie König Ludwig II. von Bayern, wenn er seinen Hatschieren befahl, vor alten, knorrigen Bäumen zu salutieren, nicht nur irgendwelche Linden respektieren ließ, sondern hinter ihnen alles, was den Stürmen standgehalten hatte, eingeschlossen, versteht sich, so alte Geschlechter wie das seine.

Der Tod im Leben – auch er bringt seine besonderen Schönheiten hervor, obgleich dieser schleichende Verlust an jugendlichem Charme, an Gesundheit und Frische tiefer schmerzt als das schließlich müde und gestillte Abschiednehmen für immer. Denn er trifft den noch lange Lebendigen. Verbietet uns auch die Höflichkeit, von einem ruinösen Zustand zu sprechen, wird auch die Einübung ins Lassen-Können zur immer leidigeren ärztlichen Vorschrift, so wissen wir dennoch, daß der Mensch zu keiner Zeit mit Gesundheit und Jugendfrische allein zu umschreiben war. Ihr Verlust ist ohnedies vorprogrammiert. Denn noch viel schwereren Schaden erleidet, wer zeitlebens auf einer jugendlichen Entwicklungsstufe stehenbleibt oder aus den Zwängen einer einseitigen Gesinnung nicht mehr hinausfindet. Obendrein hinterläßt alles, was einmal Besitz von uns ergriffen hat, sei es eine tiefe, entgrenzende Liebe, seien es Jahre der Verbitterung, in unserem Gesicht seine physiognomischen Spuren. So verliert etwa eine Greisin, wie hinfällig sie auch sei, nie ganz den Zauber einst bewunderter Schönheit. Ob heute faltenreich und wächsern, ihre verwandelte, vielleicht vergeistigte Grazie ist so eindrucksvoll wie »einst im Mai«, zumal sie nicht mehr das leere Puppengesicht umherträgt, sondern Lebensbewährung darin eingebracht hat, vielleicht sogar den Adel gütiger Menschenfreundlichkeit.

Das Lebensende ist nicht die Lebenshöhe

Andern mag es, unbekümmert um den körperlichen Verfall, gelingen, ihren Geist weiterhin schöpferisch zu entfalten, dabei altgewohnte Bedürfnisse und Ansprüche zu löschen und so jene neue Freiheit zu gewinnen, die nichts mehr nötig hat. Hier wäre Plato mit seinem Erfahrungssatz anzuführen, daß der Mensch erst dann wirklich zu hören und zu sehen, ja überhaupt wahrzunehmen beginne, wenn sein Augenlicht, sein Gehör, seine ganze Merkfähigkeit nachlasse. Doch ereignet sich auch das Gegenteil, nämlich daß der geistige Abbau dem körperlichen vorauseilt. Stellvertretend für viele Leidensgenossen seien da zwei große Namen genannt, die trotz unablässiger geistiger Arbeit ins arteriosklerotische Dämmerlicht zurücktraten. Der universale Denker des Mittelalters, Albertus Magnus, einst gefeierter Lehrer an den ersten Universitäten Europas, ein Weltstar, den jedermann kennenlernen wollte, mußte sich zuletzt in seiner Mönchszelle verriegeln lassen, um niederschmetternde Begegnungen zu vermeiden, die seinen Ruf zerstört hätten. Und der andere Vordenker seiner Zeit, der die ganze bis dahin geltende Philosophie aus den Angeln gehoben hatte, Immanuel Kant, war allmählich kindisch geworden. Beide Leuchten ihres Jahrhunderts spielten, um eine heutige Formel zu gebrauchen, zuletzt mit Bleisoldaten.
Russische Gutsbesitzer stuften einst ihren Besitz nicht nach Hektar Land, sondern nach Seelen ein, die ihnen mit der Zahl der Leibeige-

nen zugeordnet waren. Ein menschlich habhaftes Maß und, schieben wir die kaum erhebende Gutsherrentradition beiseite, so liefert diese altrussische Elle eine ergiebige Symbolik für die Vergänglichkeit auch der inneren Bestände. Denn jeder von uns verwahrt in seinem Gemüt als die eigentliche Ernte des Lebens eine Gemeinde von Seelen, lebenden und toten, die einmal seinen Weg gekreuzt, ihn ein Stück begleitet, seine Freuden und Leiden geteilt haben. Dabei zeigt sich, daß selbst der Tod, dieses eiserne Schlußdatum, vergänglich ist. Denn die einstigen Weggefährten sind gar nicht so ganz tot oder ins steinerne Erinnerungsbild abgesunken. Vielmehr melden sie sich ungefragt zu Wort, sei es mit Vorwürfen oder in der alten Zuneigung. Dabei entgeht uns nicht, daß sie die von uns erinnerte Gestalt abstreifen oder verlieren, um die einst verdeckte Wahrheit preiszugeben. So geschieht es, daß etwa ein in der Kindheit glühend verehrtes Vorbild auf einen wesenlosen Prahler absinkt oder umgekehrt plötzlich die heroische Beispielhaftigkeit eines Menschen wahrgenommen wird, der einst nie aus dem Schatten allgemeiner Geringschätzung herausgetreten war. Auch unter den Dichtern und Künstlern holen wir manchem den Lorbeer wieder herunter, mit dem wir ihn in jugendlicher Überschätzung gekrönt haben. Noch lange über den Tod hinaus wirkt die Vergänglichkeit weiter. Auch der Tod selbst vermag sie nicht aufzuhalten.

Symbole um das Alter

Das Alter kann zweierlei Qualitäten besitzen: einmal die hohen Lebensjahre, eben das Greisentum, das jeder erreicht, wenn er nur lange genug lebt. Die andere zeigt sich als eine Reifestufe, die ihre besondere Würde, ihr eigenes Gesetz gegenüber den vorangegangenen Lebensabschnitten besitzt. Beiden Erscheinungsformen, dem nur Zu-vielen-Jahren-gekommen-Sein, ohne die Würde des Alters erreicht zu haben, wie auch der ehrfurchtgebietenden Weisheit des Greisentums sind noch jene Symbole gemeinsam, die sich auf Gebrechlichkeit, Schwäche, auch Hilfsbedürftigkeit des Alters beziehen, eine Daseinsform auf Abruf, in der Nähe des Todes also, mit allen Nebenwirkungen der nachlassenden Sinne, geistiger und körperlicher Unsicherheit und der Verfremdung in einer veränderten Welt.
Als markantestes Alterssymbol hat der Krückstock zu gelten, früher ein langer Stock als »Stab und Stütze«. Auf ihn spielt schon die

Rätselfrage der Sphinx an Ödipus an, wer das sei, der zuerst auf vier, danach auf zwei und zuletzt auf drei Beinen gehe. Das Bild des Alters ist der sich auf den Stock stützende Mensch in gebeugter Haltung (ob sie poetisch mit der Last der Jahre erklärt wird, oder medizinisch aufgrund des Kalkverlusts in den Knochen). Auch die Geste, die Hand hinters Ohr zu halten, wie um die Muschel zu vergrößern, gilt als Zeichen schwerhörig gewordenen Alters, während die Lesebrille, einst die typische Großmutterausstattung – unvergänglich dargestellt in dem berühmten Bild von Hans Thoma »Die Großmutter liest der Enkelin aus der Bibel vor« –, heute nicht mehr alterstypisch ist. Dasselbe trifft auf die einst sprichwörtliche Zahnlosigkeit der »Alten« zu, ihr Geifern, weil sie beim Sprechen den Speichel verlieren, oder ihre Triefäugigkeit.

Wenn sich Wachheit des Geistes, geschulter Blick für Menschen und Verhältnisse, unbestechliches Urteil mit der Erfahrung eines langen Lebens verbinden können, ohne daß die Verengungen des Greisentums schon sichtbar werden, dann tritt die Symbolfigur des »großen Alten« vor uns, die in allen Religionen und Kulturen vorkommt, sei es als »greiser Seher« und Dichter, als legendäre Gründerfigur, oft genug auch als Leitbild einer Zeitenwende vom uralten Moses – dem schon die Kraft fehlte, den Arm hochzuhalten, den man aber als Weisung zum Sieg brauchte und deshalb stützte – bis zum alten Adenauer, der, obwohl politisch ungebeugt, dennoch »nicht mehr alles mitbekam«.

Die Ruinen

Es ist besonderen Nachdenkens wert, daß wir unsere Ruinen, die doch schon lange ihrer Funktion, ja selbst ihres Bausinns verlustig sind, mit einer Beflissenheit vor weiterem Verfall bewahren, als ob wir mit ihnen unverzichtbare Lebensgüter zu verteidigen hätten. In der Tat wurden die meisten von ihnen in den Jahrhunderten ihrer Vergangenheit mit so viel Symbolmacht aufgeladen, daß ihr Verlust einen echten kulturellen Schaden bedeuten würde, ob es sich um einen verfallenen Tempelbereich handelt, wie auf der Akropolis von Athen, um ein halb abgetragenes Amphitheater, wie beim Kolosseum in Rom, um ein zerschossenes Schloß, wie dem über Heidelberg, oder einfach um die nächste zerstörte Ritterburg in unserer Heimat. Obwohl sie alle nur noch als Zeugen früherer Epochen dastehen, keinen Zweck mehr erfüllen können, weil sie (trivial gesprochen)

kaputt sind, auch nichts mehr nützen, genießen Ruinen eine auffällige Wertschätzung – ganz abgesehen von ihrer Anziehungskraft auf Wanderer und Touristen, an die freilich ihre einstigen Erbauer am wenigsten dachten. Es scheint, daß wir ihre symbolische Aussage deshalb so leicht ablesen können, weil in unserer eigenen Existenz etwas Sinnverwandtes steckt, wie ja zur Entzifferung eines Symbols immer ein Grundverständnis mitgebracht werden muß.
Noch sind Ruinen kein Trümmerfeld. Sie halten sich vielmehr als teilweise zerstörte Zeugen der Vergangenheit auf einem Stand sozusagen zwischen Leben und Tod, wo sie überraschenderweise wieder eine neue Schönheit hervorbringen, die sich enger mit der blühenden und wuchernden Natur verschwistern darf, als es den intakten Gebäuden erlaubt ist. Von jeglicher Beschädigungsangst befreit, spielt die Ruinenschönheit nur noch mit sich selbst. Sie beseelt die Atmosphäre der Landschaft und wird damit zum beliebten Motiv künstlerischer Nachgestaltung. Ohne auf deutliche Artikulierung angewiesen zu sein, teilt sie jedem Betrachter mit, daß sie zwar Schlimmes hinter sich hat, gleichwohl aber auf ihren ursprünglichen Fundamenten steht. Dieses Vom-Schicksal-Getroffensein nach Jahren dramatischer Lebensgeschichten, rauschender Feste, Gefahren und Nöte läßt die Analogie zum Menschen unmittelbar aufleuchten. Weil also Ruinen geradezu ihren Sitz auch in unserem Leben haben, wird soviel Sorgfalt auf ihre Erhaltung verwendet (gleich den uralten knorpeligen Bäumen in unseren Parks).
Doch braucht ihr melancholischer Zauber keineswegs von morbider Art zu sein. Manche Tempel, gerade auf dem Erdbebengürtel des Mittelmeers vom Kap Sunion etwa über Paestum bis Agrigent, überstanden eine längere, auch stabilere Ruinenzeit, als es jene wenigen Jahrhunderte bedeutet hatten, in denen sie den Rahmen für festliche Gottesdienste bilden durften. Sie waren unwiderruflich auf die Schattenseite leeren Vorhandenseins geraten, sobald sie der Mensch sich selbst überlassen und dem Verfall preisgegeben hatte. Mögen wir Späteren auch von den zarten Goldtönen ihres Marmors angetan sein, er gehört doch zur Totenwelt. Und das ihm angemessene Gestirn ist der geisterhafte Mond mit seiner unverläßlichen

Helligkeit. Tempel bedürfen, da sie von Menschen geschaffene Gebilde des Geistes sind, mit diesen ihren Schöpfern eines ehrfurchtsvollen Dialogs. Ohne dieses Echo erlischt ihre solare Potenz. Sobald ihre Strahlkraft nicht mehr erwidert wird, sinken sie zum Museum ihrer selbst ab, auch wenn ihnen keine zerstörerische Gewalt geschieht. Dafür liefert die Hagia Sophia in Istanbul das klassische Beispiel. Die herrlichen altrussischen Kathedralen teilen in ihrer nunmehr atheistischen Umgebung das gleiche Schicksal, mögen sie auch um der Touristik willen noch so kunstgerecht renoviert sein. Das Numen entflieht. Was sich nur noch als attraktive Sehenswürdigkeit der Besichtigung empfiehlt, was, wenn es ein Sakralbau ist, nicht mehr durch Andacht und Ehrfurcht lebendig gehalten wird, stirbt atmosphärisch ab. Es bedürfte vieler Generationen von Betern und Tausender von Feierstunden, um etwa die Hagia Sophia wieder zu einem christlichen Gotteshaus zu machen, das noch einmal jene überwältigenden Schauer hergäbe, die in dem mächtigen Bauwerk schlummern. Hier deutet sich bereits an, was mit einer seelischen Ruine gemeint ist.

Kehren wir für einen Augenblick zu den sakralen Freilichtbauten der Antike zurück. Nicht daß sie schon totes Gestein wären, dafür ist zu viel unvergängliche Größe in sie eingebannt worden. Da ihnen aber viele Jahrhunderte nicht mehr die altgriechische Ehrfurcht vor den Göttern zutragen konnten, kehrten sie, um ein Wort Schillers zu gebrauchen, »zum Element zurück«. Die Friese, die Kapitele, die Säulenfluchten geben als Gestein nur noch Antwort auf Stilfragen. Ihre Seele ist zerredet, wegfotografiert, in tausend Bildbänden profaniert. Vielleicht war einst ein Blitzschlag, ein Erdbeben oder irgendein blindwütiger Eroberer, der mit seinen Standarten andere Götter ankündigte, zum ersten Vollstrecker geworden. Doch den Untergang erlitten sie erst, als man sie innerlich ins Abseits stellte.

Deshalb beschwören Ruinen keine dramatische Vergangenheit mehr herauf, sondern strahlen Frieden aus. Mag er auch resignative Züge tragen. Es wäre daher verkehrt, aus Ruinen obligate Vermächtnisse herauszulesen. Alle Versuche, die Welt der Altvordern noch einmal einzurichten oder sie gar »als Enkel besser auszufechten«, führten in eine lähmende Restaurationsgesinnung. Denn, sehen wir von den Bombenkriegen ab, die gegen Obdachlosigkeit und kulturelle Entblößung einen raschen Wiederaufbau erzwangen, so war doch mit dem ruinösen Ende eines markanten Bauwerks meist auch seine Epoche untergegangen. Hier, mit den ehrwürdigen Steinen, sagen die Jahrhunderte dasselbe aus, was ältere Menschen schon nach sechs oder sieben Jahrzehnten feststellen müssen: daß die Zeit, die sie umbrandet, nicht mehr die ihre ist. Darum wären heute nicht nur die griechischen Tempel unverwendbar, auch Kathedralen könnten, wo sie verfallen sind, wie vielfach in Kleinasien, aber ebenso in Europa, nicht wieder aufgebaut werden. Am eindrucksvollsten zeigen das die im Jahr 1536 aufgelassenen Abteien in England, Schottland und Irland, deren Kirchen uns heute als besonders malerische Ruinen bezaubern. Oft genug stünde genügend Geld zur Verfügung, mitunter sogar asketische Bereitschaft, um die einstigen Kulturdenkmäler wieder zu beleben. Aber man würde gegen die Zeit bauen und äußerlich wie geistig nur Museales fertigbringen. In der Entscheidung, diese Kirchen nur als Ruinen zu erhalten, steckt mehr Wahrhaftigkeit und geschichtsbewußtes Denken. Obendrein haben die meisten Ruinen durch ihr offenkundig vorgezeigtes Einverständnis mit dem Schicksal mehr Anmut gewonnen, als sie zu ihren guten Zeiten besessen hatten. An ihnen gemessen, wirken manche unversehrt erhaltenen oder wiederhergestellten Burgen eher langweilig. Diese haben das Altern versäumt und sind damit in eine Zeit hineingeraten, die sie nur noch zu Vorzeige-Objekten verwenden kann. Ein Gärtner muß verhindern, daß ihnen die wuchernde Natur mit Hecken, Moos oder wildwachsenden Bäumen jenen längst fälligen Mantel der Poesie umwirft, der uns in verfallenen Burgen und Klöstern so anheimelt.

Ob wohlerhalten oder restauriert, alle Bauten, in denen sich eine lange Vergangenheit eingenistet hat, sind wie bei uns zu Gast. Mit dieser wunderlichen Fracht gehören sie einem Zwischenreich an, aus dem sie niemand mehr befreien kann – auch nicht die Denkmalpfleger, denen es ausschließlich um die Bausubstanz und deren Erkennbarkeit geht. Die Seele eines Bauwerks mag erloschen sein, wenn nur die Fassade stimmt. Mittelalter läßt sich ja auch spielen, wie die vielen historischen Festzüge zeigen. Die Vergangenheit wird zur Dekoration der Gegenwart ausgeliehen.

Umgekehrt gerät uns etwa der Gang durch eine Ruinenstadt wie Mistra, Ephesus oder Pompeji zu einer Fundgrube neuer Einsichten über die Endgültigkeit des Verfalls. Städte sind durch Kriege und Naturkatastrophen zu skeletthaften Geisterplätzen geworden, zwischen deren Straßen und Mauerresten sich der Besucher kaum noch den einstigen Umtrieb Tausender von Menschen vergegenwärtigen kann, so überwältigend trifft ihn die Zeichensprache des Untergangs. Am beklemmendsten gilt das von jenen Häusern und Räumen, die einst dem Lebensgenuß in seinen ekstatischen Formen dienten. Das sind wahre Auskunfteien der Vergänglichkeit und dies besonders deshalb, weil sie das raschere Untergangstempo des Menschen mit dem langsameren des Gemäuers in eine vergleichende Beziehung bringen. Generationen, die sich hier vergnügten und alterten, sind hingesunken, die animierenden Fresken schmücken, inzwischen makaber geworden, die Wände immer noch.

MANN UND FRAU

Der Mann, seit Jahrtausenden Beherrscher und Gestalter dieser Erde, befindet sich heute im Verteidigungszustand. Er wurde zum infragegestellten Wesen. Nicht daß er einen Kampf oder auch nur einen Wettstreit verloren hätte; es gibt überhaupt keine Fronten in diesem Umbruch der Werte. Dieser wird am besten gekennzeichnet durch ein Vorkommnis, das in der Bibel mehrfach als ein Zeichen der Wende herausgestellt wurde: die Frau trat hinzu. Ob es gleich Adam war oder jene späteren Männer, die in der Bibel durch das Hinzutre-

ten der Frau verunsichert wurden, die Wende erfolgt automatisch und keiner ist imstande, sie abzuwehren – wie heute auch. Die bis dahin unterdrückten Frauen treten aus der Entmündigung heraus, erweisen sich sofort, was ihnen immer abgesprochen wurde, als ebenso gescheit wie die Männer, aber unbefangener, weil vorurteilsloser. Sie besuchen (noch dazu unter der Ermunterung durch ihre Väter!) Schulen und Universitäten. Der erstaunte Mann hat zuzusehen, wie sie ihm allmählich die Hälfte und mehr aller einflußreichen, auch maßgeblichen Stellungen abnehmen. Keine Entrüstung, keine Gegenmaßnahme hilft, denn es gibt keine echten Auseinandersetzungen, vielmehr wälzt sich alles automatisch um, wie wenn ein Naturgesetz dahinter stünde. Für seine Verteidigung stehen dem Mann auch keine Argumente zu Gebote, an die er noch selbst glauben kann. Was seine Kriege an Weltverwüstung nicht vollenden konnten, übernimmt die maßlos expandierende Industrialisierung, die durch die systematische Weckung immer neuer Bedürfnisse zuerst die Umwelt, dann den Menschen selbst verdirbt, dadurch die Menschheit in eine Wolke voller Kriegsangst oder Furcht vor einer Zukunft hüllt, in der man nicht mehr leben kann.
Hier bilden sich zwar Fronten, aber der Mann, vor allem in seiner Eigenschaft als Interessenvertreter und Verteidiger von Privilegien, stellt sich ihnen nicht, sondern verteufelt sie, indem er Friedensbewegung und Umweltschutz für illegal und böswillig erklärt.
Rückzugsgefechte, bei denen der Mann zwar Zeit gewinnt, aber weiter neurotisiert, weil er innerlich dem »Feind« rechtgeben muß. Die Umwandlung von einer Obrigkeitswelt in eine Partnerschaftswelt, in der die Kommandostellen täglich weniger werden, verlangt vom Manne Tugenden, für die er seelisch noch nicht vorbereitet ist. So wird er den immer bevorzugten Stand der Eiferer, der unheilvollen Vereinfacher zurückziehen müssen, um an ihrer Stelle den heute geforderten Typ gesprächsfähiger Friedensstifter hervorzubringen. Er muß, was er nie gekonnt hat, ein Leben ohne den erhebenden Kult von Feindbildern führen lernen. Auch wird er als Hauptgeschädigter der von ihm geschaffenen Kultur für sich selbst die Beseelung seines Daseins wieder lernen müssen, was etwas anderes ist als rastlose Aktivität. Gegenüber einer verfremdeten Jugend und der unbeirrt zur Verantwortung drängenden Frau ringt die Mann- und Vätergeneration von heute um ihre gültige Identität.
Wer anzeigen wollte, wofür die Frau ein Gleichnis ist, müßte eine Bibliothek eröffnen, weshalb wir uns hier auf eine einzige Geste beschränken. Dieses freilich stammt noch aus dem Paradies, blieb

aber bis heute für die Frau ein Schlüsselerlebnis: ihr Auftritt nämlich. Er besaß zu allen Zeiten die symbolische Wucht einer Initialzündung. Viel zu selten, wenn überhaupt, werden wir auf die Beispielhaftigkeit ihres ersten Auftritts und schon gar nicht auf die Höflichkeit der Bibel verwiesen, als ob man angesichts des Unheils, das die Frau über die Menschheit gebracht haben soll, das heilige Buch nicht in den Verdacht unverzeihlicher Nachsicht bringen dürfe. Immerhin wird niemand in Abrede stellen wollen, daß sich mit dem Hinzutreten der Frau stets eine Wende vollzog, meist sogar auf Kosten des Mannes, ob diese biblische Frau nun Eva oder Rebekka, Esther, Thamara, Judith oder Maria hieß. Immer gerieten die Männer in ihren Schatten, wovon natürlich nie direkt gesprochen wurde, denn in der Regel verstummten die Männer zuerst einmal vor den weiblichen Energien des Menschengeschlechts. Heute und weiterhin wird es so sein, wie es die Bibel exemplarisch zeigt, daß sich Tonart und Gestimmtheit sofort ändern, wenn eine Frau hinzutritt, auch daß der Mann über diese atmosphärische Potenz noch nie verfügt hat. Aber sobald man der geflissentlich überschwiegenen Höflichkeit der Bibel auf die Spur kommt, reiht sich eine Geste dieser Art an die andere an. Zunächst wird der Frau der lange heikle Entwicklungsgang vom Lehm bis zum Gesprächspartner mit allen unerfreulichen Zwischenstufen geschenkt. Den bürdet die Bibel allein dem Manne auf, womit der ebenfalls männlich gedachte Schöpfer von der heiklen Aufgabe dispensiert wird, der Frau eine Seele in die Nase blasen zu müssen, nachdem er sie von Kopf bis Fuß aus Lehm geformt hatte. Vor den Moralisten der Spätzeit hätte sich solches Tun ohnedies nie rechtfertigen lassen. Nein, eine Frau wird nicht aus Lehm, aus Dreck gemacht. Aus purer Höflichkeit setzt die Bibel, wenn es um sie geht, ein paar Stufen höher an. Natürlich weiß die Bibel so gut wie wir, daß alles gemeinsam angefangen hat, daß es nichts Ungeborenes gibt, daß folglich alles seine Herkunft, seine Mutter haben muß, weshalb auch dem Adam mit keinem Wort unterstellt wird, etwa keinen Nabel zu besitzen. Nie könnte es ein Künstler wagen oder sich von textverschworenen Theologen heißen lassen, dem »Erstling der Schöpfung« einen solch anatomischen Defekt anzutun. Übrigens steht die Erschaffung aus Lehm einer mütterlichen Herkunft durchaus nicht im Weg. Ihr Denkansatz trifft nur die Evolution in einem früheren Stadium an. Denn der Lehm, der Staub, aus dem wir alle kommen, ob Männer oder Frauen, ist archetypisch der gleiche, zu dem wir zurückkehren. Aber noch einmal: Aus reiner Höflichkeit und sicherlich auch voll Mißtrauen gegenüber unserer ausschweifenden Fantasie

vermeidet die Bibel die plastische Herstellung der weiblichen Formen aus Lehm. Die Frau wird vielmehr aus dem schon fertigen Menschen entnommen und weitergebildet. Adam hat ihre Gestalt, wenn auch als Rippe verhüllt, schon mitgebracht und muß sie, während er schläft, abgeben.
Wunderbarerweise fehlt ihm diese Rippe nachher nicht, denn die weibliche Anima durfte er behalten. Sowie er aus seiner Umnachtung erwacht und plötzlich einer bisher nie wahrgenommenen Frau ansichtig wird, entfährt ihm ein verräterischer Ausruf: »Endlich!« atmet er auf, und es hört sich an, als ob er aus einer Erniedrigung erhöht würde, »endlich Fleisch von meinem Fleisch«. Es war seine Begrüßung, auch eine Art von Legitimation, denn er gab ihr auch gleich den Namen »Männin«. Und wäre es nicht die Ur-Eva gewesen, sondern die heutige, die durch ein vieltausendjähriges Patriarchat hellhöriger geworden ist, er hätte ohne Frage sofort eine Antwort bekommen. Aber die Bibel verleiht der Stammutter das weise Lächeln der Diskretion: Sie schweigt. »Was weißt du schon, wer ich bin!«
Mit dem »Endlich« wies Adam offenkundig auf eine Zeit hin, in der es dieses ebenbürtige weibliche Gegenüber noch nicht gegeben hatte. Die Kabbalisten, dafür bekannt, aus jedem Wort ganze Welten herauszulesen, ließen sich diese »Endlich« nicht entgehen. Friedrich Weinreb, einer ihrer kundigsten Meister, unterstellt der Männerwelt vor Eva denn auch ungeniert, daß man in ihr bis zum Überdruß Sodomie getrieben habe. Im Augenblick, da Eva hinzutrat, änderte sich alles schlagartig. Kommentarlos läßt die Bibel den Umschwung der Dinge vor sich gehen.
Nicht so die Interpreten, die gleich Schlimmes heraufkommen sehen. Auch im heidnischen Mythos wird, wie jeder weiß, an den »verhängnisvollen« Auftritt der Pandora sofort ein patriarchalischer Untergangskommentar angehängt. So deckt man auch den schlichten Bericht der Bibel alsbald mit strafenden Donnerworten zu. Nach Evas erstem Erscheinen findet in der Tat ihr folgenreiches Gespräch mit der Schlange statt. Über die Zwischenzeit hieß es nur, daß Adam und Eva nackt waren, sich aber nicht »schämeten«. Was es mit den verhängnisvollen Früchten auf sich hatte, wird von Fachleuten unterschiedlich erklärt. Hier, wo es um Zeichen und Symbole geht, ist nur wesentlich, daß es eine Zeit ohne Eva gab, daß sich die beiden ersten Menschen dann eine Weile nicht schämten und dann wiederum ausschließlich durch Eva die Scham in die Welt kam. Wir können auch sagen, das Gefühl für das, was sich gehört und was sich nicht

gehört. Das Goethewort »Willst du erfahren, was sich ziemt ...« hätte schon von Adam ausgesprochen werden können. Doch er war noch nicht so weit.

Ohnedies kann Scham weder verordnet noch erfunden werden, sondern nur in äonenlanger Entwicklung wie ein neues seelisches Organ heranwachsen. Nicht erst prüfen und reflektieren zu müssen, sondern intuitiv zu erfassen, was sich ziemt oder anstößig ist, das war ein Novum, das es in der Natur bis dahin nicht gegeben hatte. Auch konnte es niemals aus zugreiferischer Männerart, sondern nur aus den behutsamen weiblichen Kräften des Menschen hervorgehen. Das heißt, es durfte sich langsam mit immer neuen Ansätzen vorwagen, bis es nach dem Essen der verbotenen Frucht sofort offenbar werden konnte.

Wie symbolisch exakt die Bibel sein kann! Genau daran, daß sich die Menschen voreinander bedeckten, nicht etwa am Sündenfall selbst, läßt sie den Schöpfer wahrnehmen, daß etwas passiert war. – Was immer die Schlange an Verlockungen zu bieten hatte, nur mit der Unterscheidung zwischen dem, was sich gehört und was sich nicht gehört, wurde eine neue Stufe in der Schöpfung erreicht. Fortan war für die Menschen im schamfreien Garten der Tiere des Bleibens nicht mehr länger. – Als Adam zur Rede gestellt wurde, antwortete er ohne Zögern: Sie war es! Sie ist an allem schuld, ich habe nur nachgegeben. Es klingt übrigens gar nicht unmodern. Wieder hatte der Auftritt der Frau alles verändert.

Nun aber wieder eine Huldigung an die Höflichkeit der Bibel, die schon vor Jahrtausenden eine Sprache führte, als ob sie uns Heutige meinte! Dies freilich nur in den eher verdeckten Berichten, weniger in den redigierten Donner-Kommentaren, Verfluchungen und Todesurteilen. Denn die Bibel ist ein Gottesbuch, kein Menschenbuch. Wie unmaßgeblich die Menschen bleiben, ja, gemessen an Gott, fast nie aus dem Zustand des Angeklagten herauskommen, zeigt das klassische Beispiel des Uriasbriefes.

Als König David zerknirscht sein Leben überdachte, fiel ihm natürlich auch die Schandtat gegen den hethitischen General Urias wieder ein, den er mit dem später sprichwörtlich gewordenen Uriasbrief (Überbringung des Todesurteils durch das ahnungslose Opfer) an die Front beordert hatte, damit er ungestört mit dessen schöner junger Frau Bathseba zusammenleben konnte. Sicher nichts Neues unter der Sonne; einmalig ist aber die ausschließliche Selbstanklage Davids, daß er sich damit gegen seinen Gott versündigt habe. Was er dem arglosen, kurz darauf prompt umgekommenen Urias antat, spielt

überhaupt keine Rolle, wird auch mit keinem Wort mehr erwähnt.
Dies sicher auch mit Rücksicht auf den guten Ruf der Bathseba, die ja
Davids Gemahlin und Mutter des Königs Salomon werden sollte.
Von Anfang an war sie von der Bibel, der es sonst wahrhaftig nicht an
Worten gebricht, die teuflischen Verführungskünste der Frau anzuprangern, mit erlesener Höflichkeit behandelt worden. Bathseba, die
meist allein gelassene Soldatenfrau (noch dazu in der Mischehe mit
einem Goi, also einem Nichtjuden), besaß wohl eine Dienstwohnung
in der Nähe der höher gelegenen königlichen Burg, von der sie, wie
sie wohl wußte und mit einrechnete, beim Baden auf dem flachen
Dach gesehen werden konnte. Eine exemplarische Verlockung, der
kein orientalischer König gewachsen war. Ausführlich wird erzählt,
wie Bathseba huldvoll in die Königsburg hinaufgerufen, alsbald
schwanger und Königin wurde, kein Wort der Fürsprache für die
Rettung ihres früheren Mannes verlor und in hohen Ehren ihre Tage
beschloß. Keine Vorbehalte, kein »obwohl«. Solange kein Prediger
das Wort ergreift, schmälert die Bibel die schicksalhaften Verdienste
der Frauen in keiner Weise.
Doch kehren wir zu den Ursprüngen ins Paradies zurück, wo die Frau
zum erstenmal als Symbol für die Wandlung der Welt herausgestellt
wurde. Der jüdische Gelehrte Gershom Scholem wirft mit Recht die
Frage auf, ob das Paradies durch die Vertreibung der Menschen nicht
viel mehr verloren habe als diese selbst. Denn nun war es überflüssig
geworden – auch das hatte die Eva verursacht –, ohne den Menschen
würde es ohnedies rasch verwahrlosen. So wurde es für ihn zum
seligen Erinnerungsstück, in das er nun nicht mehr hineingehörte.
Was, um Gottes willen, hatte diese unglückselige Eva alles angerich-
tet! Was war auch in Adam vorgegangen, daß er der von Gott
zuerteilten »Genossin«, die er damals, als sie sich noch nicht schämen
konnten, als »Männin« begrüßte, nun voller Respekt den Ehrentitel
»Mutter der Lebendigen« verlieh? Waren sie nicht durch ihre Schuld
verflucht, in Not und Elend verstoßen, Eva sogar zu würdeloser
Entmündigung abgeurteilt, heimatlos, auf der Flucht in eine finstere
Zukunft? Und wurde nicht, damit es ihnen ja nicht einfiele, umzukehren und um Gnade zu flehen, ein Engel mit flammendem Schwert
hinter ihnen hergeschickt? Und nun diese Würde, noch dazu vom
Mann erteilt, mußte es sich da nicht um eine ganz andere Lebendig-
keit handeln, als sie sie zuvor im Paradies genossen hatten? War
Adam vielleicht an Eva gewachsen, sogar selbst verwandelt worden?
Auf all diese Fragen werden Theologen nie eine Antwort geben,
stehen sie doch im Banne der Verdammungstexte und obendrein

einer langen patriarchalischen Tradition. Doch sprechen auch Dichtung und Wissenschaft zur Bibel, die ohnedies allen gehört.
Der jüdische Gelehrte Pinchas Lapide weist uns darauf hin, daß die Schöpfungsgeschichte den gottgewollten Lauf der Evolution schildere. Und an anderer Stelle seines Buches »War Eva an allem schuld?« heißt es in bezug auf die Tradition der Rabbiner: »... wenn die Schöpfung einen Aufwärtsrhythmus zeigt, vom Regenwurm über die Säugetiere bis hin zum Menschen, so ist Eva als das letzte Stück im Grunde die Krönung dieser Schöpfung.« Dieser Gedanke wird durch einen Mysterientext von Eleusis (zitiert und übersetzt nach Victor Magnien »Les Mystères d'Eleusis«) vortrefflich ergänzt: »Die Menschen, die einst auf vier Füßen gingen, richteten sich auf, als die Frucht ›Demeter‹ gefunden war.«
Niemals konnten die männlichen Energien im frühen Menschen die Aufrichtung betreiben, denn diese machte nur langsamer und schwerfälliger, gefährdete ihn unnötig und brachte für den Jäger und Sammler ausschießlich Nachteile. Daß sich der Mensch auf die Beine erhob, ist mit besserer Nahrungsfindung und Lebensbewältigung so wenig zu erklären wie mit den emphatischen Hinweisen auf seine »gottgewollte« Königs- und Herrenrolle in der Welt. Keine Evolution führt von den langen praktischen Geh-Armen zur schwierigen Balance des Gleichgewichts auf den Hinterbeinen. Die Impulse zur Aufrichtung kamen überhaupt nicht aus der Natur, sondern aus jenem Hunger nach Veredelung, Erhebung, Kultivierung, den der Naturwissenschaftler Adolf Portmann den »Pfeil des Humanen« nannte. Und sie konnten nur von der weiblichen Gattung des Menschengeschlechts durchgehalten werden, in dem während jener Zeit, als sich die Menschen noch nicht »schämten«, der Sinn für das Geziemende, Schickliche heranwuchs.
Sich aufzurichten, war die erste Kulturleistung. Sie hat das Menschentum gegenüber der Nur-Naturhaftigkeit des Tieres, das ihm fortan aus dem Weg ging, herausgestellt. Wenn je der Erfahrungssatz »cherchez la femme« anzuwenden war, dann hier. Denn nur durch die allmählich erzwungene Aufrichtung kam die Frau aus der wahllosen, von ihr nicht kontrollierbaren Begehung des Geschlechts heraus. Sie nahm sich selbst aus dem öffentlichen Markt, indem sie die frontale Begegnung, das nun prüfbare Gegenüber und damit die Freiheit ihrer Zustimmung erzwang.
Schon der äußere Gewinn bewiese hinreichend, daß es die Frau gewesen sein muß, die den Menschen veranlaßte, aufrecht zu gehen und zu stehen. Denn fortan kam nicht nur ihre Schönheit ins Spiel,

ihre ästhetische Potenz, die früher der Erde zugekehrt war; sie war aufrecht auch besser verwahrt und mit der »von Gott geschaffenen« Ausstattung bestens »gekleidet«. Mehr noch, die Augen, früher nur auf Weg und Steg, Nahrungssuche und gefährliche Annäherungen eingeübt, gewannen nun die Kraft erotischer Ausstrahlung, des ersten Ja- oder Neinsagens, des seelischen Dialogs.
Bald bemerkte auch der Mann, wieviel er selbst mit dem persönlichen Gegenüber gewonnen hatte, wie viele Vorformen des Glücks nun ihrer Entfaltung harrten, wieviel seelische Kraft auch für ihn aus der Frau zu gewinnen war. Wenn Goethe, den wir im Umfeld des Paradieses schon einmal zitieren durften, an den wohlbedacht markantesten Punkt seines größten Werkes, als Schlußzeile des Faust wie ein Lebensfazit die Worte setzt »Das Ewig-Weibliche zieht uns hinan«, so meint er natürlich keine Teilaspekte, etwa das Mütterliche, oder die Sexualpartnerin oder die Gehilfin des Lebens, sondern jene seelische Macht des Weiblichen, die zu artikulieren die Künstler und Dichter, die Denker und Gesellschaftsreformer seit Menschengedenken bemüht sind.
Dies alles steht in der Bibel, wenn wir es mitunter auch zwischen ideologischen Verwünschungen herausklauben müssen. Vielleicht meinte sie mit dem »Schlaf« Adams, der der Erschaffung Evas (aus schon vorhandenem Menschenstoff) voranging, jene Zeit, in der er gar nicht wußte, was er an ihr hatte, sondern nach Tierart gedankenlos dahinlebte, bis sie ihm als Partnerin frontal gegenüberstand. Sein »Endlich!« kam aus tiefster Seele, denn augenblicklich begriff er, daß ihm mit Eva *die* Chance seines Lebens geboten wurde. Was er dann hinzufügte, das von »Fleisch von meinem Fleisch« und »Bein von meinem Bein«, klingt ein wenig provinzlerisch, man merkt ihm den unbeholfenen Neuling in einer neuen Existenzform an. Aber stammeln wir Männer nach so vielen Millionen Jahren nicht immer noch ein wenig, wenn wir der Frau begegnen, die unsere innere Existenz angeht?
Anstelle von tausend unterschiedlichen nannten wir zwei Schlüsselsymbole der Frau, die den Zugang zu allen anderen eröffnen: erstens ihren Auftritt, der immer und überall eine Veränderung bewirkt, darum den Charakter einer Premiere besitzt, und zweitens die Dezenz, die jegliche Kultur erst möglich machte – der erste geistige Akt der Menschheit überhaupt. Mit ihm erzwang die Frau die Aufrichtung, auch den Geschlechtspartner nach ihrer Wahl, was von genbewußten Gruppen, wie dem Adel und den Juden, besonders gut verstanden wird. War es nicht der spanische Adel, der einst als

Minimum von einem Mitglied die Bürgschaft von dessen Vater verlangte, daß er der Sohn von jemandem Bestimmten, ein »hi d'algo«, ein Hidalgo, und kein Zufallsergebnis aus einer Masse von Zeugungsversuchen war? Die Frau weiß sehr wohl, daß es eine ausschließlich weibliche Kulturleistung war, durch die Aufrichtung ihre Herausnahme aus dem öffentlichen Angebot zu erzwingen. Deshalb ist wiederum sie es, nicht der Mann, die über die Frau auf dem Markt das härteste Urteil spricht.

Nach langer psychotherapeutischer Erfahrung sagte Freud, der Verlust von Scham sei das erste Zeichen von Schwachsinn. Scham konstituiert also den geistig gesunden Menschen, auf welchen Stufen sie auch praktiziert wird, ob in unzeitgemäßer Prüderie oder in befreiter natürlicher Schicklichkeit. Gerade der sportlich-amazonische Lebensstil unserer Zeitgenossinnen, der nicht mehr im Banne der Männer steht, zeigt an, daß es die Frau ist, die das jeweilige Maß dafür liefert, was sich ziemt.

Wenn schon, wie wir gesehen haben, die Frau selbst die Erfinderin des Dialogs ist, aus dem dann der Mann in eigener Regie die machtvollsten Gedankengebäude entwickelte, so wäre es selbst für Feministinnen vorteilhaft, wenn sie eine dialogische Spur im frontalen Gegenüber offenhielten.

Das seit Menschengedenken gegenständliche Symbol der Frau bildet der Schleier, der zwar verhüllt, aber nicht verbirgt. Er ist es, der die Frau geheimnisvoll macht und die Fantasie des Mannes erregt. Schon die jüngste Eva, die noch nicht lesen kann, von Bibel und Mythos, von Kulturgeschichte und Psychologie der Frau keine Ahnung hat, bereits die Vier- und Fünfjährige erprobt ohne Anweisung das Prinzip des Schleiers: durch gezielte Betulichkeit auf sich aufmerksam zu machen. Der Dialog ereignet sich wortlos und mit der Frische des Ursprungs in jedem Auftritt der Frau, der, wenn nicht wahrgenommen, sinnlos wäre.

Die Orchideenzüchter tropischer Länder, die auf der Suche nach neuartigen Blüten oft wochenlang den Dschungel durchstreifen, berichten über Blütenpflanzen von hinreißender Schönheit, die besonders an sumpfig-unzugänglichen Orten gedeihen. In zauberischer Gestalt und Farbenpracht blühen sie auf und verwelken ungesehen wieder. Mögen sie auch einige ihnen zugeordnete Insekten aufregen, so bleibt doch ihre geometrische Vollkommenheit, ihre Farbharmonie, ihr Duft, ihre Signatur ohne Echo, kurz, für den Pfuhl quakender Frösche, zischelnder Schlangen, umgestürzter verfaulender Bäume sind sie zu schön. Ihr Auftritt ist unangemessen.

Die Schönheit der Frau bedarf des Menschen, der sie wahrnimmt, ob sie nun pfirsichfrisch oder runzelig, pflanzenhaft oder hellwach, auf angesehenem Posten oder Analphabetin im Busch ist. Selbst wenn sie sich nicht auf einen Lebenspartner, sondern auf ihren Beruf festgelegt hat, sieht der Mann in ihr zuerst die Frau, auch wenn sie Ministerin oder Ärztin ist, eine Schule leitet oder die Robe des Richters über ihrem Kleid trägt. Die Grundpolarität schlägt durch, mit all ihren Kräften gegenseitiger Verwunderung.
Vor unseren verblüfften Augen findet heute ein neuer Auftritt der Frau statt. Wenn er diesmal bewirkt, daß der Mann das weibliche Restpotential auch in sich selbst wachruft, was ihm zu einer gemüthaften Bereicherung verhelfen und das Mit- oder Nebeneinander entspannen würde, könnte das Leben eine Vielfalt gewinnen, die bisher unbekannt war.

DAS PAAR

In jedem Paar verdichtet und verhüllt sich das Leben. Es treibt Kult mit neuen Geheimnissen, die zum ersten gemeinsamen Besitz gehören. Denn obwohl es zusammen zwei Menschen sind, bilden sie miteinander eine Einheit, einen programmierten, mit gemeinsamen Zielen aufgeladenen Neuanfang vom Rang des noch nie Dagewesenen. Verheißungsvolles, Angezieltes und Ernüchterndes kommen herauf und mischen sich ins neue, noch knisternde Kräftespiel. Keiner, der in den Stand des Paares eintritt, bleibt der gleiche Mensch, der er zuvor gewesen ist. Nun erfüllt ihn die Gestimmtheit des Partners, macht ihn zu einer Menschenart, die er als Alleinstehender nicht kennen konnte. An dieser Stimmung gemessen, war alles Vorangegangene schal. »Wie hab' ich nur leben können ohne dich?« Hier versagen die Erfahrungsformeln der anderen, und was sie als seelische Automatik zu kennen glauben, stimmt nicht. Kein Paar läßt sich mit einem anderen, ja zu verschiedenen Zeiten nicht einmal mit sich selbst vergleichen.
Es gibt immer nur »dieses eine«, mit seiner besonderen, explosiven oder verschmelzenden Dynamik ausgestattete Paar. Noch weiß keiner von beiden, in welcher Phase der Empfänglichkeit es den anderen antraf, ob der gerade seiner Güte oder Schärfe bedurfte, die er bald

nicht mehr erträgt. Auch nicht, ob er den stürmischen Wellenschlag, den er beim anderen hervorrief, noch lange durchhalten kann. Liebe und Verzauberung, die das Paar so mächtig zusammenhalten, gefährden es zugleich. Wie ahnungsvoll jeder in die Zukunft blickt, für das, was wirklich kommt, gibt es keine Vorzeichen. Die gemeinsamen Lebenssymbole beginnen erst im Untergrund zu keimen. Bis sie die Kraft zum Tragen gewonnen haben, lebt das Paar auf seelischen Vorschuß.

Liebe auf den ersten Blick

Der Beginn eines Miteinander steht ohnedies jeder numinosen Deutung offen. Ein anrührender Blick, eine imponierende Reaktion, eine enthüllende Geste oder einfach das erste Einander-gegenüber-Stehen können ein Zusammengehören für immer signalisieren. Dann gibt es keine prüfenden Einwände mehr, denn die Sympathie produziert immer neue Mauern der Unbelehrbarkeit.
Doch verfremden bald die Vorurteile der unterschiedlichen Weltbilder, so daß nur ausnahmsweise aus dieser verklärten Anfangssicherheit etwas Endgültiges wird. Hat sie sich aber als krisenfest erwiesen, so spricht man nicht umsonst sein Leben lang von dieser »Liebe auf den ersten Blick« als von einer großen, denkwürdigen Sache. Und da reihum die meisten dieser verzauberten Anfänge vor der Zeit wie taube Knospen abfallen, hebt sich eine bestätigte Erstgewißheit wie eine magische Verfügung aus dem dunklen Hintergrund des Lebens ab.
Als eine klassische Verfügung aus dem Dunkeln gilt die Brautfindung des Tiefenpsychologen C. G. Jung. In seinen Lebenserinnerungen erzählt er, wie er als junger Mann einmal von Basel aus einen Studienfreund in Schaffhausen besuchen wollte. Seine Mutter schlug ihm vor, bei dieser Gelegenheit doch auch die Familie Rauschenbach in Schaffhausen aufzusuchen, da man Frau Rauschenbach vor vielen Jahren als Mädchen gekannt habe. Jung erzählt: »Wie ich ins Haus trat, sah ich auf der Treppe ein Mädchen stehen, etwa vierzehn Jahre alt, mit Zöpfen. Da wußte ich: Das ist meine Frau! Ich war tief erschüttert davon; denn ich hatte sie ja nur einen kurzen Augenblick gesehen, aber sofort mit absoluter Sicherheit gewußt, daß sie meine Frau würde. Ich erinnere mich heute noch genau, daß ich es unmittelbar nachher meinem Freund erzählte. Aber er lachte mich natürlich nur aus ... Als ich sechs Jahre später um Emma Rauschenbach warb,

erhielt ich zunächst einen Korb. Nach einigen Wochen aber wendete sich das Blatt und aus dem Nein wurde ein Ja. Es wurde daraus meinerseits ein Ja zur Welt.«

In jedem Paar gelten die ersten, beim anderen notierten Äußerungen als symbolträchtig. Ob sie gleich eine Liebe entfachen oder zu einer Entfremdung führen, die dann wieder überwunden wurde, ob sie Feindschaften gründeten, gegen die man sich dann gemeinsam wappnete – die Zeichen des Anfangs behalten Gültigkeit.

Wir programmieren einander

Sobald wir uns mit einem anderen Menschen zusammengetan haben, befinden wir uns in einem Kräftefeld, das uns überlegen ist und sofort seine eigenen Gesetze zu entwickeln beginnt. Diese kümmern sich weder um unseren Beifall, noch ändern sie sich, wenn das Entsetzen wächst. Denn leider gibt es auch eine unwillkürliche Wahl mit bösen Vorahnungen vom ersten Augenblick an, und ihr wohnt keine schwächere Lebensmacht inne als der vom Glück beseelten Entscheidung. Gerade deshalb wünscht man sich für das Miteinander Glück und auch, daß es Bestand habe. Was wir auch an Vorsätzen und Planungen einbringen, verwirklicht wird schließlich nur, was im langen, bewegten Miteinander Gestalt gewinnen kann. Der andere ruft aus uns einen Menschen hervor, den wir bisher nicht kannten, und nur mit ihm zusammen werden konnten. Insgeheim programmieren wir einander.

Mag die seelische Wucht des Ineinanderfallens auch alle Vorbehalte der Gesellschaft, der religiösen und politischen Herkunft ignorieren, so weckt sie doch Früherlebtes und dann wieder Vergessenes im seelischen Untergrund, einst Erträumtes, heimlich Ererbtes, Haltungen, die man sich plötzlich schuldig ist, obwohl niemand dazu zwang. Andere wieder entfremden sich alsbald, finden die ursprüngliche Angerührtheit unbegreiflich und versuchen in später Ratlosigkeit die Motive ihrer einstigen Wahl aus unerklärlicher Verblendung, aus Bann und Zauber zu ergründen. Welchen Namen wir auch der rasch oder allmählich erschütterten Verschmelzung geben, es können sich sowohl beim Partner wie bei uns selbst lemurenhafte Seelenräume auftun, von deren Vorhandensein wir früher keine Ahnung hatten. Der im ersten Augenblick für ebenbürtig Angesehene mag plötzlich eine bis dahin unbekannte Niedrigkeit hervorkehren, die auch den anderen in entwürdigende Kumpanei zwingt.

Aus jeder Partnerschaft gehen wir verändert hervor. Solange Jason nicht in ihr Leben getreten war, bedurfte Medea keiner dunklen Kräfte. Erst der Geliebte aus der Fremde rief die Zauberin in ihr wach, um sie sofort in Anspruch zu nehmen. Die dann dem Führer der Argonauten zugeschworene, auf schicksalhafte Erdkräfte umgepolte Medea glich in nichts mehr der sonnenhaften, des Lebens unkundigen Tochter des Königs von Kolchis, die sie vordem war. Mythische Geschichten ereignen sich täglich.

Sobald wir in die innere Nähe, in eine als gültig angenommene Bindung zum andern geraten, werden wir ein Echo dieses Partners. Das trifft auf partnerschaftliche Liebe wie auf erzwungene Gemeinschaften zu, auch auf ein autoritatives Verhältnis oder eine freiwillig eingegangene Hörigkeit. Die liebende Frau unterscheidet mit sicherem Instinkt, in wessen Armen sie zur Aphrodite aufblüht oder keiner beseligenden Verwandlung fähig ist.

Jeder hat es erlebt, wie dürr und unergiebig sein eigener Gesprächsbeitrag ausfällt, wenn sich sein Gegenüber als langweiliger Tropf erweist. Das Gespräch wird ohnedies bald zum Spiegel des Miteinander. Werden wir fortdauernd provoziert, steigern wir uns leicht in Extreme hinein, die uns gar nicht entsprechen. Das Elternhaus, die Schule liefern Beispiele, wie der zuvor Arglose selbst auf Tücken kommt, sobald ihm dauernd Heimlichkeiten unterstellt werden.

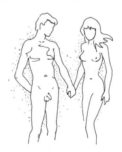

Alles Heiter-Spielerische verstummt, wenn jede spontane Regung mißdeutet oder auf Hintergedanken bezogen wird. Jeder Charakter ändert sich unter dem Einfluß eines ständigen Gegenübers. Wer allzuviel Härte hinnehmen muß, wird selbst ausfällig oder gerät in die Rolle des Märtyrers, der nur noch Undank und Anschläge gegen sich wittert. Umgekehrt ruft ein Leichtsinniger im anderen den Moralisten, ein ewiger Schwarzseher den Optimisten wach.

Unter den vielen Entfaltungsweisen, die in jedem schlummern, wird ihm vom anderen nur ein einziger Part zugebilligt. Hier bahnt sich ein geheimer Steg von der Liebe zur Treue an, denn jeder Liebende hat früher oder später aus dem anderen einen ganz bestimmten Menschen gemacht, der dieser – im Guten oder Schlimmen – mit keinem anderen hätte werden können. Also schuldet er ihm in dieser totalen Bezogenheit ein Mindestmaß von Lebenstreue. Selbst wenn die beiden ein Gaunerpaar waren, registrieren wir es als menschliche Ungebührlichekeit, wenn einer den anderen mit moralischen Argumenten verläßt oder gar anzeigt.

Jedes Paar führt seine eigenen Gezeiten mit sich herauf, die weder zu steuern noch zu vertagen sind. Da wird es immer wieder offenbar, ob schöpferische Erhöhung bevorsteht oder der Wärmetod problemloser Harmonie. Auch einen herannahenden Absturz können sie ankünden, sei es ins gemeinsame Verhängnis oder nur in den Untergang eines einzigen Teils. Daß einer des anderen Opfer werden kann, mag die dunkle Seite der Unzertrennlichkeit andeuten. Und wer kennt nicht jene zu allen Zeiten beobachtete und von vielen Dichtern dargestellte Tragödie, in der nur einer der beiden Partner die Abgründigkeit der Bindung wahrnimmt, während der andere mit seelenloser Umtriebigkeit ihre Tiefe überspielt.

Freilich, auch nach noch so langem Leerlauf kann in einer einzigen Entrückung das Mal unvergänglichen Zusammengehörens empfangen werden. Ein solches Erlebnis hat die Macht, das Gewissen zu binden. So war die Bajadere in Goethes »Ballade« mit dem Gott zusammen ein echtes, vom Schicksal versiegeltes Paar geworden, obwohl er sie nur ein einziges Mal »in der Liebe Haus« besuchte.

Das hohe Lebensfest

Jedes Liebespaar muß den Aufbruch ins Unbegrenzte, den gemeinsamen Aufenthalt – und sei es nur für einen Atemzug – in der reinen Luft des Absoluten kennen. Dieser Ausstieg aus Zeit und Raum harmonisiert aber den Menschen keineswegs, sondern potenziert, vertausendfacht ihn. Die Nähe der Liebe zum Tod, ihre Ekstase, ihr Sturz aus der buchhalterisch verwalteten Umwelt, das alles wäre mit harmonischer Ganzheit falsch gekennzeichnet. Das ekstatische Paar lebt aus dem Urgrund der Welt. Unzertrennlich geworden zu sein, bedeutet hier das völlig Außerordentliche, das hohe Fest des Lebens, von Dionysos selbst veranstaltet, in keinem Kalender festlegbar. Es ist weder zu planen, noch in der Wiederkehr des Datums aufs neue zu begehen. Es wird gewährt und stattet uns mit Überlegenheit gegen-

über allem aus, was kommen mag, indem es jene hellwache Gewärtigkeit gründet, die jedem Widersacher die Stirn bietet. Anstelle lebensverödender Harmonie ist das Liebespaar mit Gründergeist und Schöpfungshunger aufgeladen. Das neue »Wir« ist unendlich mehr als die Summierung zweier Ichs.
Seit Platons »Gespräch über die Liebe« stehen zwei Modelle zur Verfügung, wenn das Zustandekommen eines Paares, wenn eine Hochzeit gefeiert wird. Genau besehen bilden sie zwei Stufen. Das Wiedererkennensmodell als jäher, alles verwandelnder Einschlag, der je nach seiner Stärke Selbst- und Weltverlust mit sich bringt – ein Erlebnis, das als innerer Besitz mit keinem Dritten, schon gar nicht mit der Öffentlichkeit geteilt werden kann. Das andere, das öffentliche Modell, steht im Glanz der Spiegelung, rundherum »wohlgetan«, er ganz Kraft, sie voller Lieblichkeit, zweimal pralle Gesundheit, zweimal reicher Besitz, sei es eine Fürsten- oder eine Bauernhochzeit. Jeder denkt an die gesunden Erben, die aus dieser Ehe hervorgehen, von denen auch als gewissermaßen der Hauptsache sogleich gesprochen wird. Die eheliche Begehung ist als kosmischer Urtypus gesehen. Deshalb wird mit Böllern, Musik, Rausch, Reigen, Schmuck und Geschenken »Kosmos« gespielt. Liebe, vorhanden oder nicht, bleibt gegenstandslos.
Hier weist das *Wörterbuch der deutschen Volkskunde* auf eindeutige Volksbräuche hin. »Der Hochzeitszug wird um die Wiege herum geführt ... Der Blick richtet sich auf die Zukunft, denn, ›was sich zweit, das drittet sich‹.« Auch Ernst Bloch äußert sich in *Atheismus im Christentum* ausführlich über die Symbolik gerade des Hochzeitspaares. »Fange man ganz im Alltäglichen an«, schreibt er, »bei dem Jüngling etwa, der durchaus wünscht, mit seinem Mädchen auch gesehen zu werden. Meist eitel, gewiß, doch hebt sich an diesem Wunsch nicht noch ein Bild ab, das sich eben sehen lassen will? Vor allem eines, worin Strenges, sozusagen, und Zartes, männliche Stärke und weibliche Anmut sich wohl ergänzen möchten? So etwas geht bis in den Kitsch, der ja ältere Bedeutungen oft länger hält, bis zur Zeitungsphrase von ehedem: Der Erbprinz und seine hohe Gemahlin haben unsere Stadt betreten. Sie, ganz Huld, er, ganz Kraft; Mondhaftes und Sonnenhaftes ... sehr Altes, Nachscheinendes ist mit letzterem offenbar zugleich im Bild.«
Die klassischen Gestalten des Liebespaares bedürfen der Legitimation durch das Standesamt nicht. Ja, Tristan und Isolde dürfen gerade nicht heiraten, wenn sie Unsterblichkeit gewinnen wollen. Den anderen, den undramatischen Weg, der weniger leuchtet, weil er die

große Leidenschaft in der kleinen Münze täglicher Zugetanheit fordert, gehen Philemon und Baucis. Sie nehmen es auf sich, miteinander zu ermüden und zu altern.
Kein Liebespartner kann den anderen immerzu in die Unendlichkeit entführen. Aber das Miteinander-dort-gewesen-Sein, die Glut der jungen Jahre in Güte und Menschenfreundlichkeit zu verwandeln, das gibt ebensoviel vom Geheimnis des Paares wie auch davon kund, wie tief das Paar einst angelegt war. »Willst du mit mir alt werden?« hieß im alten Japan die Formel, mit der ein junger Mann um die Hand des Mädchens warb.

Liebe und Treue

Treue kann Liebe hervorbringen und wachsen lassen, wie das schöne, zurecht berühmt gewordene Gespräch des viktorianischen Staatsmannes Benjamin Disraeli mit seiner Frau am Tag der silbernen Hochzeit dartut: »Was willst du«, sagte Disraeli leichthin zu ihr, »ich habe dich damals doch nur um deines Geldes willen geheiratet«, worauf ihm seine Frau erwiderte: »Heute aber würdest du mich aus Liebe heiraten.«
Vernunftehen waren noch nie zerbrechlicher als die Liebesheiraten, und selbst aus der Zeit, als die Eltern den Lebenspartner für die Kinder, zum mindesten für ihre Töchter aussuchten, was unter der Zwangsvorstellung der »guten Partie« oft genug auf eine Verurteilung zu »Lebenslänglich« hinauslief, selbst aus diesen Zeiten ist uns die Ehe nicht als ein Ort obligaten Leidens überliefert. Freilich, man sprach nicht darüber, und oft genug mag auch die primitive Rechnung der Heiratsstifter aufgegangen sein: Wenn die Zusammengekoppelten einmal im Bett sind, werden sie schon auf den Geschmack kommen. Doch kann das elementare Erlebnis, wenn es nicht ersehnt wird, sondern als pflichtschuldige Vollstreckung hingenommen werden muß, nicht nur binden, sondern auch abschrecken, ja den ganzen Gefühlshaushalt pervertieren.
Alle zurechtgelegten Denkmodelle gehen von der irrigen Annahme aus, daß das Paar ein machbares Gefüge sei, das einmal zusammengestückt, auch ein fester Block sein müsse. Als ob Lebensbereiche der Mechanik vergleichbar seien!
Allerdings werden sie auch immer wieder bestätigt durch einen Opfersinn, der bei innerer Auswegslosigkeit neue Kräfte zur Lebensbewältigung auf den Plan rief, der Frustration zu begegnen.

Selbst die klassischen Paare der Literatur gehen mit Tränen und Herzeleid über die Bühne: Tristan und Isolde, Romeo und Julia, Paolo und Francesca, Abälard und Heloise. Nicht alle! Philemon und Baucis tragen ebenfalls ein Banner, dem viele folgen; König und Lady Macbeth wurden beispielhaft für viele. Und wenn wir hören, daß Hölderlin am Todestag der fernen Diotima der Umnachtung verfiel, so beginnen wir noch ganz andere Tiefen schicksalhafter Unzertrennlichkeit zu ahnen.

Auf einen sonst unbeachteten Zusammenhang weist Ernst Fuhrmann hin: »Beim Auseinanderfall der Emanationsgemeinschaft zwischen zwei Menschen wird der Ausfall für den Überlebenden nicht nur gefühlsmäßig, sondern rein physisch in gefährlicher Weise bemerkbar. Hier ist der Beweis schwierig. Man sagt, daß der Überlebende ›dahinsiecht‹ ... Er stirbt an mangelnder Kräftezufuhr oft unmittelbar nach dem Ende seines Partners.«

Mit der Unzertrennlichkeit also, nicht etwa mit dem Liebesglück, ist das konstituierende Geheimnis des Paares angesprochen. Und ein Hauch von diesem Anteil, sei er auch noch so flüchtig, reicht bis zu allem Gedoppelten, das seinen Namen trägt, seien es Zwillinge oder rasch Zusammengruppierte bei Tanz und Reigen, bei Sport und Arbeit. Er trägt Paare über lange Lebensabschnitte hinweg, die ganz ohne Eros, vielleicht aus ethischen Gründen oder Berufsehrgeiz miteinander verbunden sind. Ein echtes Paar können etwa zwei Geschäftspartner sein, die einander das Schicksal ihrer Familien in die Hand legen, darauf eingeschworen, daß in der Stunde der Krise nicht nach dem merkantilen Gesetz des Vorteils gehandelt, sondern ein höherer Anspruch an das Menschentum des anderen gestellt wird. Manches gefeierte Liebespaar – auf der Bühne, in der Arena, auf dem Eis – begeht (durch Homoerotik getrennt) nur die Partnerschaft der künstlerischen Karriere. Kriege, Katastrophen und Notzeiten schmieden Menschen, die starke seelische Belastungen miteinander durchgestanden haben, zu unauflöslichen Paaren zusammen. In welcher geradezu geschlossenen Welt gegenseitiger Bezogenheit leben oft Mutter und Kind! Selten bilden allerdings Geschwister ein Paar. Aber Kain und Abel waren gewiß ebenso eines wie Jakob und Esau oder Kreon und seine Nichte Antigone. Und um in der Literatur zu bleiben: Ein lebensvolleres Paar als Don Quijote und Sancho Pansa könnte die Wirklichkeit gar nicht hervorbringen.

Yin und Yang als Urmodell des Paares

Wo immer zwei Menschen in lebendiger Spannung aneinander gebunden sind und beisammenbleiben, läßt sich – auch wenn sie kein Geschlechterpaar bilden – früher oder später ein verhüllter sekundärer Geschlechtsmodus erkennen. Einer von ihnen spricht zuerst und bedarf des Echos, einer hört mit Vorliebe zu. Einer hat Ideen, Initiative, kann sich auch damit stark machen, der andere versteht zu schweigen, zu warten, zu ertragen. Nie können zwei »Sonnen« miteinander ein Paar bilden, sie würden gleich auf Distanz gehen, da sie einander zu wenig Eindrucksvolles mitzuteilen haben und keiner den anderen freundlich widerspiegelt. Ebenso wären zwei Partner mit jeweils lunarer Gemütsart zu keiner befreienden Erhebung fähig, sondern peinigten einander zu Tode. Es wird immer dann gut gehen, wenn nur einer von beiden vorangeht und treibt, der andere sich aber, wie Sancho Pansa, damit begnügt, hinterher und zu seiner Zeit recht zu bekommen.

Wessen ein Paar nicht bedarf, obgleich es auch nicht daran zugrunde gehen muß, das ist die Staffelung in Herrschaft und Hörigkeit. Hier führt uns die Tiefenpsychologie mit ihrer Kunst, durch Ausgraben verschwiegener und verdrängter Lebensinhalte zu heilen, in neue Erkenntnisbereiche ein. An ihren Paradebeispielen sehen wir, daß ein Mann durchaus den nachgiebigen, »weiblichen« Part in Freundschaft und Ehe übernehmen und ohne seelischen Schaden durchhalten kann, wenn dies nur seinen Kindheitserlebnissen entspricht. – Umgekehrt gilt das auch für die Frau. Desgleichen aber zeigen sie, daß quälerische und Märtyrerneigungen, ob sie zueinander passen oder nicht, zerstörerisch wirken.

Nach einem geistreichen Wortspiel gilt als das Maß der Liebe gerade die Liebe ohne Maß. Ein Paar, das sich nur mit Vorbehalten für das gemeinsame Leben einrichtet, zählt im Hinblick auf seine »Tugend« zum Mittelmaß, zum stumpfen Messer und lahmen Rennpferd. Es zählt überhaupt nicht.

Am genauesten und zugleich tiefsten haben die Chinesen das seelische Gefüge des Paares dargestellt. Yin und Yang, in einen Kreis verschlungen, stellen für sie die Grundkräfte allen Lebens dar, schließen also jegliche moralistische Wertung, wie sie bei uns im Westen üblich ist, aus. Das Lichte und das Dunkle, das Aktive und das Passive, das Schöpferische und das Beständige, das Geistige und das Erdhafte, das Männliche und das Weibliche sind absolut gleichrangig wie die weißen und schwarzen Felder eines Schachbretts. Jedes erhält

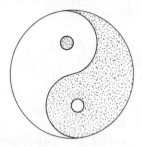

seinen Sinn nur im Gegenüber des anderen. Nur zusammen bilden sie eine Lebensordnung.

Indem wir ein Paar werden, geraten wir über alle erotische Bezogenheit hinaus in die knisternde Spannung der Dualität, der Lebensschule schlechthin. Das ist nicht nur die heilsame, von den Alleingängern freilich verabscheute Infragestellung durch einen anderen. In Wirklichkeit vollbringen wir unser Lebendigstes unter den Augen und auf einen einzigen Menschen hin. Ob wir ihn finden oder nicht, entscheidet über die Errettung aus Einsamkeit und Lebensangst. Daß wir für einen Mitmenschen »der« andere werden können, ist für uns aufschlußreicher als äußere Leistungen, wie ja das Gebrauchtwerden zum Kern unserer Selbstbestätigung gehört. Ein Mensch, der von niemandem mehr gebraucht, benötigt wird, kommt sich auf der Welt verlorener vor als Robinson auf seiner Insel (die bewegendste Klage unserer »überflüssigen« Senioren!). Der französische Psychologe Henri Wallon erklärt sogar, daß es jenseits des Paares und seiner Dialektik nicht einmal ein formulierbares Denken gäbe. Nach ihm liefert die elementare Beziehung, die durch das Paar dargestellt wird, die Denkform des Erwachsenen, »selbst in seinen höchsten wissenschaftlichen Konstruktionen.« (Zitiert nach Fritsch.)

Für glücklich Vereinte wird gern die Legende aus Platons »Gastmahl« als anschauliche Metapher angeführt. Nach ihr begegnen in der Liebe einander zwei Seelen wieder, die früher einmal ein Ganzes waren (symbolisch gefaßt: eine Kugel, etwas Rundes), dann durch den Spruch des Zeus auseinandergerissen wurden und nun in der Erschütterung des Eros die Wonne der einst vollkommenen Ganzheit wiederfinden. Mit der Gründung des Liebespaares vollzieht sich also ein Akt des Wiederkennens, des Erkennens überhaupt, freilich unter dem Aspekt des einmal Zusammengehörthabens, also der Niveaugleichheit. Beliebige Begegnungen, die je nach dem Temperament selten oder häufig ins Leben eingestreut sind, stiften solches Erlebnis nicht.

Merkwürdigerweise hat Platon diesen Mythos dem Spötter Aristophanes in den Mund gelegt, so daß man nie genau weiß, wieviel ernst und wieviel ironisch gemeint ist. Vielleicht dürfen wir den Grund darin suchen, daß die Antike nur unzertrennliche, füreinander todbereite Freunde als Leitbilder kannte, nicht jedoch große Liebespaare. Dafür öffneten sich die Augen erst nach der persischen, arabischen und christlich-abendländischen Mystik. Man verkennt auch nicht, daß beim platonischen Sichwiederfinden getrennter Seelen der körperlichen Seite kein Gewicht zugebilligt und nur eine abgemessene Harmonie gefeiert wird, wie ja die Antike überall dem Unendlichen auswich. Was außerhalb der herakleischen Grenzen vor sich ging – draußen und drinnen – blieb tabuiert.

Symbolschule des Märchens

Mit gutem Grund stellten die Brüder Grimm jene beispielhafte Lebensgeschichte »Der Froschkönig oder der eiserne Heinrich« an den Anfang ihrer Märchensammlung, in dem zwei schicksalhaft verbundene einander zu verwandeln haben. Sicherlich wollten die Erzähler damit zeigen, worauf es bei Paaren zuallererst ankommt, nämlich auf die Wandlungsfähigkeit. Das Spiel am Brunnen und die Hochzeitsfeier zählten noch nicht. Da gab es nur Peinlichkeiten und Mißverständnisse. Aber schon die erste Nacht brachte eine Wende. Die von ihrem Vater zur Hochzeit gezwungene Braut, die zwar obenhin ihr Wort verpfändet hatte, aber den Partner nicht ausstehen konnte, ertrug es nicht, auf Froschniveau geliebt zu werden, auch nicht um den Preis, am Morgen wortbrüchig dazustehen. Sie hätte ihre Seele in die Liebe mit einbringen wollen, was ihr Partner aber nicht gewahr wurde. Deshalb schmetterte sie ihn entrüstet an die Wand, und siehe da, diese Sprache verstand er und wurde augenblicklich zum zärtlichen Prinzen. Nun konnten sie den gemeinsamen Lebensweg antreten. Auf dieser lebenslangen Reise tauchte nun ein Diener auf, der aber in die Person des Prinzen hineingehörte und in anschaulicher Stellvertretung dessen immer wieder erfolgten Wandlungen sichtbar machen mußte: Dabei sprang ihm jedesmal ein eiserner Ring um das Herz weg. Das heißt aber nichts anderes, als daß die unerwachte Seele und das noch gepanzerte Gefühlsleben des Prinzen Schritt für Schritt frei wurden, daß er sich unter dem Einfluß der Frau zuerst vom Kaltblut des Frosches und dann vom »eisernen Heinrich« in einen warmherzigen Menschen entwickeln konnte.

Aus gutem Grund wurde das Paar in Literatur und Kunst, in Film und Theater symbolisch reich ausgestattet, gleichgültig, ob ihm das Joch des Miteinanders leicht oder schwer fiel, ob es darunter zusammenbrach oder sein Glück fand. Dialogisch zu leben, heißt immer, den ausgiebigsten Lehrgang zu absolvieren, der uns offensteht. Abschließend geben wir daher einem Autor das Wort, der als Lehrer dialogischen Lebens vielen Menschen den Weg gewiesen hat, Martin Buber: »Zu allen Zeiten ist geahnt worten«, schreibt er, »daß die gegenseitige Wesenbeziehung eine Urchance des Seins bedeutet... Und auch dies ist immer wieder geahnt worden, daß der Mensch eben damit, daß er in diese Wesensbeziehung eingeht, als Mensch offenbar wird, ja daß er erst damit und dadurch zu der ihm vorbehaltenen Teilnahme am Sein gelangt.«

SYMBOLIK DES ALLTAGS

Auch die kleine Welt, die unser tägliches Leben umgibt, spiegelt das Ganze, und könnte also tausendfach nach ihrer symbolischen Aussage befragt werden. Deshalb brauchen wir nicht alle ihre Teile zu registrieren, noch nach ihrer Wichtigkeit einzuordnen, denn jeder gäbe wiederum eine ganze Welt her. Wir begnügen uns mit den wichtigsten Geräten und einigen immer wiederkehrenden Schlüsselereignissen, in denen die Menschen einander begegnen oder in der Handhabung ihrer Umwelt symbolische Erfahrungen sammeln.

Gebärden, Gesten und Gewänder

Die Sprache der Gesten ist so reich und mannigfaltig wie die der Worte, außerdem besitzt sie den Vorteil, über alle nationalen Grenzen und Zeitläufte hinweg verstanden zu werden. Bis auf geringe Variationen, die das Herbei- oder das Abschied-Winken betreffen, geben sie auch überall den gleichen Inhalt bekannt. Meist ist ihre Bildkraft sogar stärker als Worte. Wenn der römische Kaiser bei Gladiatorenkämpfen als obersten Entscheid über Leben und Tod seine Hand ausstreckte, um mit dem Daumen nach unten zu deuten, wußten alle neugierigen Zuschauer im Kolosseum sofort Bescheid.

Diese Geste wird heute noch als »Fertigmachen« (körperlicher oder seelischer Schädigung) verstanden und ist – wenn auch für niemanden mehr lebensgefährlich – immer noch im Gebrauch. Hätte der Kaiser nur einen verbalen Tötungsbefehl gegeben, wäre dieser längst vergessen. Seit die Päpste die Welt bereisen, erleben wir im Fernsehen, wie sie vor jeder offiziellen Begrüßung die Erde des Gastlandes »küssen«, eine einprägsame Huldigung an die Heimat all der fremden Menschen, denen ihr Besuch gilt. Gebärden unterstehen wie Uniformen, Trachten und Festgewänder einer zwingenden Ordnung. Wohl

darf eine Königin mit der Hand winken, nicht aber die Hofdame neben ihr. Wenn ein Minister als immerhin öffentliche Amtsperson in Turnschuhen und ohne Krawatte zum Dienst erscheint, provoziert er die bürgerliche Gesellschaft stärker, als er es mit Worten tun könnte.

Anders als der Schauspieler auf der Bühne oder der Prediger einst auf der Kanzel, der Staranwalt, der die Geschworenen mit allen rhetorischen Mitteln vom Todesurteil abbringen will, anders auch als die gestikulierenden Politiker im Wahlkampf, kommen wir im Alltag mit wenigen spontanen Gesten aus. Sie ergänzen unsere Sprache, zeigen die Erregungen des Gemüts an und werden damit – wie das Lachen und Weinen – zur wirklichen Mitteilung. Da sie gleichzeitig mit dem gesprochenen Wort entstehen, bedürfen sie als dazugehörige Lebensäußerung der Echtheit so dringend wie dieses der Wahrheit. Gekünstelte, ja schon erkennbar eingeübte Gebärden gehen ins Leere. Desgleichen setzt den Rang seiner eigenen Rede herab, wer jeden Satz mit mimischem Pathos begleitet oder ununterbrochen mit den Händen herumfuchtelt – abgesehen davon, daß er den Gesprächspartner, der solche beunruhigenden Allüren ertragen muß, nur irritiert. Denn exaltierte Gesten legen den Schluß nahe, daß sie aus ungefestigten Formen des Denkens kommen.

Weil Gesten und Gebärden allgemeinmenschliche Gültigkeit besitzen, weil sie also überall das Gleiche symbolisieren, kann man einen Film beliebig oft synchronisieren, d. h. der Schauspielkunst jede Sprache unterlegen, ohne sie zu mindern. Oder, um noch einmal den Papst zu erwähnen, so muß er zwar in zwanzig oder fünfzig verschiedenen Idiomen seine Ostergrüße aussprechen, kann aber dann all diese Volksgruppen auf dem Petersplatz mit der einzigen gleichen Segensgeste im Glauben vereinen. Einer Geste, die beeindrucken soll, gebührt Seltenheit. Sie verlangt wenigstens zuvor und danach eine wahrnehmbare Stille oder Applaus, in dem jede andere Mitteilung verstummt. Auf der Bühne geht die Hauptfigur sparsam mit Gesten um und erhöht auch damit noch ihren Rang, während der Hanswurst ausgiebigen Gebrauch davon macht.

Weder einem »Bruder Lustig« noch einem notorischen Miesmacher, auch nicht einer Frau, die je nach Bedarf ihre Tränen einsetzt, gelingt die Hervorhebung dessen, was sie sagen wollen. Im Gegenteil, sie ermüden die anderen. Umgekehrt erlangt jedes Gespräch seine Beseeltheit und Würze gerade durch die zeichenhaften Zutaten, und seien dies nur ein Heben oder Senken der Stimme, ein zustimmendes Lächeln oder die gestrafften Züge der Entrüstung, bestätigende oder abwehrende Handbewegungen oder schlicht, das die Reden begleitende vergnügte oder entsetzte Mienenspiel. In den Gesten steckt ebensoviel Bekenntnis wie in den Worten. Wer ihnen ausweicht, gerät in den Verdacht, zu lauern oder sich gar im stillen »Notizen« zu machen. Es sei denn, er erlegt sich aus Höflichkeit die dem Gast gebührende Zurückhaltung auf.

Obwohl Gesten und Gebärden natürlich ausfallen sollen, sind sie keineswegs ein Produkt der Natur. Es ginge also in die falsche Schule, wer jene Naturstämme aufsuchte, die mit einer noch undifferenzierten Sprache durch die Savannen streifen, – für unser Empfinden brutale – Initiationsbräuche veranstalten und bei ihren folkloristischen Tänzen keinerlei Formenreichtum entwickeln. Gebärden entstehen vielmehr aus der strengen Disziplin des Zeremonials in einer gestaffelten Lebensordnung und Kultur. Da in der Demokratie jeder Bürger vor dem Gesetz gleich ist, stellt sie eine an Gebärden ärmere Lebensform dar als die Monarchie, was auch für die reformierten Kirchen gegenüber der katholischen gilt. Doch hindert dies nicht daran, daß sich auch der Demokrat höf-lich, d. h. nach Richtlinien benimmt, die er einst vom Hof übernommen hat, wie auch in romfreien Kirchen manche alten Sakralgebärden weiterleben.

Geburtsstätte aller Zeremonien ist der Hofdienst, dessen Muster meist auch von der Liturgie übernommen wurden. Der Kult um die Majestät legte die Gesten der Ehrerbietung, des Bittens und Gewährens, der Begrüßung und des Abschieds fest. Dies ahmte der Bürger später nach mit Hutabziehen, Anklopfen, Warten, bis ein »Herein« zu hören ist, wiederum Warten, bis man gebeten wird, näher zu treten und Platz zu nehmen, usw. Manche verwerfen es als verlogene Konvention, doch es verliert dadurch seinen Wert nicht. Der Umgang mit der Frau, die Handhabung der Eßgeräte und Tischsitten, das Geleit und das Gespräch, die Beachtung des Anspruchs auf Vortritt, die Wertunterscheidung von »rechts« und »links«, von »davor« und »dahinter«, die Kunst, eine nicht zu unterwürfige Verbeugung, einen rechten Knicks zu machen, zur richtigen Zeit zu schweigen und zu sprechen, kurzum, die wohlabgemessene Form des Umgangs, die Kenntnis der Symbolmacht von Gesten und Gebärden sind der Schlüssel zur Welt. Erst dann kommen Sprachkenntnisse, Fachwissen und Fertigkeiten.

Die einstigen Herrschaftszentren der Chaldäer und Ägypter, der Perser und Römer, später auch der westlichen Höfe suchten ihren Gästen und Untertanen stets mit einem aufwendigen Majestätskult zu imponieren, verschüchterten sie damit und erniedrigten sie als unzivilisiert. Unnahbare Würde auf erhöhtem Sitz, Pfauenwedel, um die Luft zu kühlen, Leibwache, untertänige Hofbeamte – all dies sollte darauf hinweisen, vor welch großem Herrn sie standen. Kein Wort und kein Befehl reicht an die Eindruckskraft von Gesten und Gebärden heran. Noch heute wird, wer die Gemächer einstiger Könige betritt, von der erdrückenden Macht der Formen, keineswegs von der Beschreibung des Kastellans überwältigt.

Bei der Entwicklung liturgischer Formen stand der byzantinische Hofstil vielfach Modell. Verlangten schon die Vorgänge am Altar einen würdigen Verlauf, abgemessene Bewegungen und feierliche Gesten, so waren außerdem noch die klassische Orantenhaltung und des kniebeugenden, auch des den Altar küssenden Priesters wenn möglich wiederholt unterzubringen. Bei der Gebärde des Oranten hält der Priester die ausgestreckten und abgewinkelten Arme hoch, die Hände sind nach vorne offen. Er hat sich damit von aller irdischen Tätigkeit und Bindung befreit und beide Hände wie Antennen nach oben gestreckt, um die »Wellen« der göttlichen Kraft aufzunehmen. Gleichzeitig befindet er sich in einem Zustand der Wehrlosigkeit. Besonders wenn er das gotische Meßgewand trägt, wie es seit dem Konzil allgemein üblich ist, hat diese Gebärde, die zur Lesung bestimmter Texte in unmittelbarer Nähe des Altars gehört, eine starke Symbolwirkung. Archäologische Funde beweisen, daß die Orantenhaltung auch schon in frühen, vorchristlichen Jahrhunderten als typisch priesterliche Haltung galt. Unmittelbar am Altar beugt der Zelebrant zwar mehrfach die Knie, kniet aber selbst, wie es von den übrigen Gläubigen erwartet wird, nie hin. Hingegen küßt er den Altar mehrfach, eine Geste, die bedeuten soll, daß er von dort die Kraft holt, gewissermaßen absaugt, die er dann mit dem Segen an das Volk weitergibt.

Gerade dieses mitbetende Volk ist es aber, das mit dem Gottesdienst auch an einem Lehrgang gehobenen Lebensstils teilnimmt. Hier ist die ruhelose, unsystematische, sich selbst voranschiebende Berufs- und Haushaltswelt durch ein Intermezzo unterbrochen, das gerade mit seiner ausgeprägten Zeichenhaftigkeit beweist, wie wenig es dem natürlichen Umkreis des Menschen entspringt. Denn die behutsame, in Geräusch und Bewegung zurückgenommene Gestik und Haltung des Kirchenbesuchers sind dem Zeremoniell um die Majestät nachgefühlt, das hier auf den heiligen Ort übertragen wurde.

Bleiben wir noch ein paar Augenblicke beim katholischen Hauptgottesdienst, so weist nicht nur der festlich ausgestattete Raum auf die Herkunft vom Hofe hin – manche Barockkirchen sind sogar von einem weltlichen Raum gleichen Stils, einer Bibliothek etwa oder dem Repräsentationssaal eines königlichen Schlosses kaum zu unterscheiden. In ein solches Ambiente, ob weltlich oder geistlich, gehören nicht nur würdige Bewegungen ohne Hast und Gedränge, vom Hofstil geprägte Umgangsformen der Huldigung, Verneigung und Beweihräucherung auf der einen Seite, des Gewährenlassens und Segnens auf der anderen, es verlangt auch edle, golddurchwirkte, von vielen dienstbaren Händen gestickte Brokate, Paramente, die eher der Dekoration als der Bekleidung dienen. (Solche Paradestücke sind naturgemäß auch schwer, so daß man das Tragen dieser viele Kilogramm wiegenden Altarkleidung manchem älteren Priester nicht mehr zumuten kann. Seit dem Zweiten Vatikanischen Konzil sind die Prachtparamente, die »Baßgeigen-Kaseln«, durch leichtere liturgische Gewänder ersetzt worden.) Ohne Frage gibt es zwischen dem im Design vom byzantinischen Hof entliehenen Levitengewand, das bei besonders feierlichen Hochämtern getragen wird, und den Entwürfen moderner Frauenkleidung ebenso feste Stilzusammenhänge wie zwischen dem Rauchmantel, (dem ehemaligen Königsmantel) dem Chorhemd, gelegentlich sogar dem Birett, den malerischen Mönchskleidungen mit ihren Kapuzen und der Mode überhaupt. Was vor Zeiten zum Gesetz erhoben wurde, daß nämlich ein Gewand den, der

Das »Gottesurteil« auf dem Kaisersarkophag Tilmann Riemenschneiders im Dom zu Bamberg. Um die Wahrheit über den Ehebruch seiner Gattin, die von Höflingen verdächtigt worden war, an den Tag zu bringen, wählte der Kaiser das sogenannte Gottesurteil: Er ließ seine Frau, anstatt die üblen Zuträger einzusperren, über glühende Pflugscharen laufen. Verbrannte sie sich die Füße nicht, so war sie unschuldig; und da sie es in der Tat war, geschah auch das Wunder. Eine Flucht vor der Verantwortung der Vernunft in die Zeichenhaftigkeit, die einen jeder Verantwortung enthebt. Siehe auch unter »Treue« Seite 199.

Nur ein unbefangener Künstler wie der von Johannes XXIII. beauftragte Bildhauer Giacomo Manzú konnte es wagen, innerhalb der Mauern des Vatikans einen Altar zu errichten, der die Form eines nach unten gerichte-

ten, also »weiblichen« Dreiecks hat. Wohl auch überflüssig zu sagen, daß dieser Altar nie als Messaltar dienen durfte, sondern alsbald zum musealen Kunstwerk erklärt wurde.

Schutzmantelmadonna. Dieses vielgenannte Fresko entwickelt mit seinen Zeichen eine Heilslehre, in der »Heimsuchungen« den stärkeren Schutzmantel Mariens nicht durchschlagen können. (Interpretation S. 359)

es trägt, nicht nur kleiden, also gegen Wetter schützen, sondern klassifizieren, dekorieren, jedenfalls vor anderen hervorzuheben, ja deren Blicke anzuziehen habe, das gilt in gewissem Maß auch für jeden Menschen. Denn alle Kleidung sagt über den, der sie trägt, etwas aus; sie besitzt Symbolcharakter.

Ob sich jemand lieber in Uniform, im Trachtenanzug oder im Dirndl zeigt als im unverbindlichen Zivil, ob er sich streng zu kleiden pflegt oder das Legere bevorzugt, es läßt immer einen Schluß auf ihn selbst zu. Die Kleidung wird in jedem Fall zur verräterischen Gebärde. Das spüren wir schon, wenn wir hineinschlüpfen, uns sofort wohlbestellt oder verlegen fühlen. Kleider machen Leute – sie können einen Gecken zur ansehnlichen Figur erhöhen, aber auch einen Menschen demütigen, sei es, daß er Sträflingskleidung tragen, oder mit abgetragenem, nicht gepflegtem Gewand den sozialen Abstieg dokumentieren muß. Gerade weil die Kleidung so viel von uns preisgibt oder über uns vortäuscht, weigern wir uns, mit unangemessener Ausstattung »auf die Straße zu gehen«, in einer anderen dagegen feiern wir voller Stolz Premiere. Das Wechselspiel der Mode, die mit ihren Entwürfen von der aristokratischen Überlieferung ebenso gern etwas entleiht, wie sie im Spannungsfeld zwischen Verhüllen und Entblößen das eben aufkommende Körpergefühl erwittern muß, dieses auf immer neue Veränderungen, und seien es nur Nuancen, erpichte Versteckspiel der Designer besitzt vor allem in der weiblichen Psyche ein legitimes Hausrecht. Daß von der Mode Zwänge ausgehen, bezweifelt niemand. Daß diese Zwänge aber niederer Art seien, wie es einst die Trägerinnen von Reformkleidern, heute große Teile der naturbewußten Jugend anprangern, ist als Vorwurf schon deshalb unberechtigt, weil gerade mit deren Kleidung die rigorosesten ideologischen Zwänge zum Ausdruck gebracht zu werden pflegen. Wer sich selbst »natürlich« kleidet, muß es ertragen, wenn sich andere scheuen, in der Mode von gestern auf die Straße zu gehen.

So manifestiert sich in jeder Kleidung nicht nur ein Bekenntnis, sie gibt – jenseits aller Worte und Erklärungen – Aufschluß über den Stand der inneren Freiheit.

Lachen und Lächeln

Natürliches Lachen sprudelt wie eine Quelle aus uns heraus, in seiner eigenen Regie sozusagen, meist der Kontrolle unseres Willens entzogen. Da es einen Seelenzustand bekanntgibt, können wir es auch als spontan, herzlich oder befreiend, umgekehrt als hämisch oder unverschämt empfinden. Und weil es zu den informativen Ausdrucksmitteln gehört, lassen sich mit ihm innere Zustände anzeigen oder vortäuschen, weshalb der Schauspieler eine breite Skala bereithalten muß, deren oberste Stufe kein lautes Hinauslachen, sondern eher ein feines Lächeln sein wird. Gerade im Lächeln zeigt sich dann wieder eine große Variationsbreite, die vom frivolen, vom ironischen Grinsen bis zum verführerischen, ja weisen Lächeln reicht. Lachen braucht auf allen seinen Stufen ein Motiv, aus dem es hervorgerufen wird. Für das Lächeln mag eine kleine Geste, ja schon ein Einfall genügen. Dem dauernden Lacher und ewigen Späßemacher, dem bekannten »Bruder Lustig«, attestieren die Psychotherapeuten gern einen manisch gefärbten Charakterzug, der die Ansiedlung des Seelenlebens oberhalb der Lebenswirklichkeit verrät. Ohnedies bleibt Lachen immer aufschlußreich. In Gesellschaft erweist sich einer, der jede Pointe sofort mit einem schelmischen Lächeln quittiert, ebenso als heller Kopf, wie ein anderer, weil er einen plumpen Witz braucht, um loslachen zu können, als schwerfällige Natur.

Das Lächeln einer Frau, sei es der Mutter oder Geliebten, steht für die Menschenfreundlichkeit der ganzen Welt. Es behält seinen Rang, ja bleibt sogar noch dort notwendig, wo es beruflich verschenkt wird, sei es von einer liebenswürdigen Beamtin, von einer Verkäuferin oder Fernsehansagerin.

Das Lachen gehört der natürlichen Lebenswelt an. Es ist weder liturgiefähig, noch wurde es von irgendeiner Religionsgemeinschaft beim Gottesdienst zugelassen. Das Tanzen wohl, damit hatte schon König David ein Beispiel gegeben. Auch Jauchzen und Jubeln kann als fromm gelten. Das Lachen jedoch wurde aus dem Gotteshaus verbannt, selbst bei kunsthistorisch motivierten Besuchen. Auch die Bibel rät, wenn sie auf das Lachen zu sprechen kommt, eher zum Aufhören.

Schenken und Danken

Die Stunden, in denen wir schenken und beschenkt werden, rufen auch unsere Dankbarkeit auf den Plan. Allerdings kann sich diese nicht so deutlich zeigen wie ausgepackte Weihnachtsgaben, es sei denn, man lese sie vom gerührten Gesicht eines Kindes ab. Dennoch erweist sie sich als ein seelisches Potential, das wiederum zum Handeln drängt, dabei aber fortentwickelt und kultiviert werden will. Jedem Geschenk wird ja heimlich ein Anteil Güte beigepackt, die uns deshalb unmittelbar anrührt, weil sie sich hinter den Gaben versteckt, also ungesehen und unberedet unser Herz finden möchte. Güte aber soll nicht zuerst wiedervergolten, sondern weitergetragen werden. Sie ist wie ein Same, ein Körnchen verdichtetes Menschentum, das mit Entfaltung auf neuem Grund programmiert ist. Vom Geschenk wird sie nur angedeutet. Es dient ihr als Symbol.

Herzensgüte, und zeige sie sich nur als Hilfsbereitschaft, kann sogar zum stilisierten Erbstück werden, das wie alter Schmuck von einer Generation zur anderen weitergereicht wird – vielleicht als ein verpflichtender Familienstil, der höheres Menschentum nicht erst im erfolgreichen Umsichschlagen gewinnt, sondern schon im schlichten Heroismus der Menschenfreundlichkeit. Umgekehrt findet man kaum etwas Törichteres, als bei Geschenken immer nur auf angemessene Gegengaben zu sinnen. Wer in sklerotischer Starrheit am Brauch des Sich-Revanchierens festhält, wird in seinem Umfeld jede hellere Zukunft verbauen. In Wahrheit gibt jeder, der durch ein Geschenk erfahren hat, wie ein anderer ein Opfer für ihn bringt, und sei dies noch so klein, mit der Annahme zu verstehen, daß er den Impuls ebenso aufgenommen hat und sich selbst im Schenken versuchen wird. Denn ein Geschenk anzunehmen ist symbolisch ebenso bedeutsam, wie es zu verweigern. Sich nun selbst im Schenken zu versuchen, wäre das schöpferische Gegenteil zur Banal-Gesinnung: Ich habe mich revanchiert, ich bin keinem mehr etwas schuldig. Bei der Güte bleibt man immer ein wenig in Schuld. Kinder und Mütter, aber auch Liebende wissen das.

Jedes Fest, persönlich oder allgemein, bietet Anlaß, einen Blick hinter die starr ritualisierten Gepflogenheiten zu werfen. Mögen wechselseitige Verpflichtungen einer Mechanik folgen, der sich landauf, landab keiner entziehen kann, so bringt diese »gebotene« Höflichkeit doch nur wohlabgemessene Gaben auf den Tisch. Die versteckte, wenngleich wohlbemerkte Güte zwischen Menschen, die einander zugetan sind, weckt dagegen eine neue Gesinnung, eine schöpferische

Kraft, die über alle erstarrten und deshalb bedeutungslosen Konventionen hinausreicht. Was ohnedies fällig ist und von jedermann geübt wird, ist symbolisch erloschen.
Doch kann auch gesellschaftliche Automatik durch zusätzliche persönliche Zeichen belebt werden, die der Feinfühlige gerührt wahrnimmt, auch wenn sie von einem Berg obligater Geschenke zugedeckt sind.

Gruß und Abschied

Die Zeichenhaftigkeit des Grußes gibt über Kultur und Zivilisation sinnfällige Auskunft. Zwar verarmt die Vielfalt seiner Formen, wenn ein Einheitsgruß politisch befohlen oder moralisch erzwungen wird – auch da, wo man eine wohlabgemessene Schlichtheit der Gesten pflegt, wenn etwa Nonnen innerhalb eines Klosters einander mit einer nur angedeuteten Verneigung begrüßen. In einer freien Umgebung gewinnen Gruß und Abschied jedoch einen formalen Spielraum. Nicht daß sie ungebunden wären und jedesmal neu erfunden werden könnten. Ein Bauer z. B., der im Stil des Herrn Kommerzienrates feierlich den Hut schwenkte, würde sich ebenso lächerlich machen, wie ein alter seelenvoller Pfarrer, der sich militärischer Zackigkeit befleißigte. Grußgesten mögen konventionell, d. h. von Stand und Gepflogenheit bestimmt werden, man kann sie aber auch – wiederum im üblichen Rahmen – persönlich gestalten. Die besten Freunde werden sich, selbst wenn sie soeben von einer gemeinsamen Weltreise zurückkehren, nun nicht gegenseitig die Nase reiben. Der in herzlicher Vertraulichkeit herausgesprudelte »Schwäbische Gruß« würde bei den Negern zu peinlicher Betroffenheit, in Japan zu einem Beleidigungsprozeß führen. »So streng sind dort die Bräuche« – das gilt zuallererst für die Begrüßung.
Einst bei Hofe oder unter Militärs, auch wo Bürger oder Arbeiter unter sich sind, folgt(e) der Gruß einem vorgeprägten Ritual. Man grüßt und antwortet, »wie es sich gehört«. Anders wenn eine Begegnung seelisch aufgeladen ist. Hier wäre an die Wiedersehensfreude von Liebenden zu denken oder an betuliche Unterwürfigkeit ängstlicher Leute, auch an die Eisigkeit eines peinlichen Zusammentreffens. Ein unterlassener Gruß mag Rücksicht auf Ort oder Begleitung bedeuten. »Blamier' mich nicht mein liebes Kind, und grüß' mich nicht unter den Linden ...« Der Vers von Heine hat universale Gültigkeit bis hin zum Gläubiger. Freilich kann ein Nichtgruß, ein

nicht erwiderter oder schroff verweigerter Handschlag ebenso als Beleidigung gemeint sein oder so verstanden werden.
Sehen wir vom Lüften des Huts ab, das unter Militärs wie bei liturgischen Begrüßungen verpönt ist, so steht unter den traditionellen Grußgesten der Kunst, vom Kaiser auf seinem Postament bis zum

Verkündigungsengel in Nazareth, die erhobene, offene, rechte Hand an erster Stelle. Es ist dieselbe Hand, die die Waffe zu führen pflegt, sich also als unbewaffnet zeigt und damit der Höflichkeit Platz macht. Öffnet man beide Arme, so signalisiert man höchstens Willkommensein, da man einander jetzt nur noch »an die Brust nehmen« kann. Wie auch immer, die konventionellen Grußgesten liefern die verbindliche Form für ein zivilisiertes Miteinander. Sie werden durch die Wärme oder Kälte der Stimme, die Freundlichkeit des Blicks, durch einen spontanen Ausruf oder einfach durch ein Lächeln ergänzt.
Gruß und Abschied mögen sich nach ihrer Intensität unterscheiden, auch nach den Worten, die bei der Begegnung dazugesagt, beim Gehen unter guten Wünschen wiederholt werden. Doch ließe sich dies alles mit dem Rohstoff gut gemeisterter Höflichkeit absolvieren. Wer aber Begrüßung und Abschied, seien sie bewegend oder flüchtig, auch zu beseelen vermag, beschenkt zusätzlich. Er schafft Kultur, was keinem entgeht.

Bett und Lager

Die Symbolfülle des Bettes leitet sich aus seinen zahlreichen Lebensbezügen ab. Gegenüber dem »Lager«, das überall und jederzeit hergerichtet werden kann, im Freien wie im Stroh, auch in allen Notsituationen des Krieges, der Flucht, des Elends, besitzt das Bett einen gewissen Rang der Beständigkeit. Es ist ein Möbelstück, das zu einem geordneten Leben und in eine Wohnung gehört. Sein »Gestell« variiert von der harten, schmalen Pritsche des Gefangenen oder Asketen bis zum breiten, hochstilisierten, mit einem Baldachin ausgestatteten Paradebett des Fürsten oder reichen Lebemanns. Solche Prachtbetten, heute meist museale Stücke in ebenfalls unbewohnten königlichen Schlössern oder Palästen mächtiger Araberscheichs, lieferten früher den Rahmen für die feierlich inszenierten Stationen des Schlafengehens und Aufstehens des »Erlauchten«.

Besonders um das letzte, das »Lever« herum entwickelte sich ein strenges Ritual, bei dem für die einzelnen Handreichungen offizielle Titel, einträgliche Ämter und in Auswirkung eines rigorosen Zentralismus dann Privilegien und Pfründe in der Provinz verliehen wurden. Über die vom Bett des Fürsten ausgehende Macht der Kurtisanen berichten die Historiker.
Mit dem Bett verbinden sich also Ruhe, Schlaf, Zärtlichkeit, Liebesspiel, Ermattung und Intrigen. Es kann der Ort geistreicher Gespräche sein, worüber wir die klassischen Klagen des Autors Benjamin Constant besitzen, der viele Jahre unter der nicht mehr enden wollenden Ideenflut von Madame de Staël zu leiden hatte. Auch von manchen Denkern wissen wir, daß ihnen die besten Einfälle im Bett kamen (nach guter Ruhe mit gut durchblutetem Gehirn), weshalb sie nach dem Vorbild Montaignes alle einen Notizblock auf dem Nachttisch liegen hatten. Und welcher Schüler malte sich nicht die aufregende Szene des Archimedes aus, der mit dem unsterblich gewordenen Ruf »heureka!« – ich hab's – aus dem Bett sprang. Nicht allen fällt etwas ein. Für die Faulenzer und Müßiggänger, für die Wehleidigen und Zimperlichen ist das Bett ebenso der angemessene Ort. Besonders aber für die wirklich Kranken und jene Unglücklichen, die vor ihrem Tod ein langes Schmerzenslager durchhalten müssen. Weil der Kranke leidet oder doch schwach ist, werden üblicherweise nur Berufene ans Krankenbett zugelassen: Angehörige, Pfleger, Ärzte und Seelsorger, auch Freunde, die mit ihren Gaben oder

Blumen erscheinen. Andererseits haben Päpste und Fürsten vom Krankenbett aus über Jahre hin kraftvoll regiert, ihr Kabinett versammelt, Gesandtschaften empfangen und Botschafter verabschiedet. Bei manchen Hysterikern beobachtet man, daß sie sich erst wohlfühlen, ja geradezu aufblühen, sobald sie sich im Bett inszenieren können, während sie draußen voller Schmerzen und Beschwerden nur herumjammern.

Viele dramatisch-fatalen Begegnungen, Dolchszenen in Drama und Oper, die von einer In-flagranti-Überraschung abgeleitet werden, kreisen ebenfalls um ein Bett. Es ist einer der zentralen Orte des Lebens. »Unter den linden an der heide, da unser Zweier bette was ...«, singt Walther von der Vogelweide, wobei er das Liebeslager unwillkürlich zum Bett erhebt – wie sich umgekehrt ein zerknülltes oder schmutziges Bett als »Hundelager« abwerten läßt. Aus den Verwendungen von der ehrenwerten Bettstatt bis zum anrüchigen »Lotterbett« gewinnt es immer neue Symbolzüge. Im übertragenen Sinn wird schließlich auch die Erdrinne, die das strömende Wasser aufnimmt, ein Fluß-Bett.

Während ein Lager überall zustande kommen und sofort wieder weggeräumt werden kann, wandelt das immer gleiche Bett seine Funktionen als Ruhestatt, Liebesnest, Kindbett, Kranken- und Sterbebett und wird so zum Urgerät für das Leben selbst. Deshalb hat es seinen guten Grund, daß das Bett als ein Ort intim-verdichteter Lebensvorgänge von der Frau und nicht vom Mann gepflegt wird, weshalb auch sie allein, wenn es schmutzig und verwahrlost ist, als schlampig gilt. Um das Bett steht ein Hauch von Dezenz; man zeigt seinen Gästen wohl die Wohnung, aber nicht das Schlafzimmer.

Tisch und Stuhl

Obwohl zwei grundverschiedene Möbelstücke, bilden Tisch und Stuhl doch eine Einheit. Sie fassen Lebensvorgänge zusammen, die nur, oder am besten, mit Tisch und Stuhl zu bewältigen sind: Mahlzeiten, Geselligkeit, Kartenspiel, Lesen und Schreiben. Sie müssen sicher stehen und Bequemlichkeit bieten. Tisch und Stühle sind es, die einen Raum erst wohnlich machen, weshalb die Möbelschreiner und Designer auf ihre Stilisierung besonderen Wert legen. Weil sogenannte Bauernmöbel gerade als Tisch und Stuhl so markant und unverwüstlich wirken, werden sie auch dort bevorzugt, wo sonst kein bäuerlicher Lebensstil gepflegt wird. Mit Bett und Schrank zählen

Tisch und Stuhl zur elementaren Möbelausstattung, so daß in harten Notzeiten, wenn das Land seine Menschen nicht mehr ernähren konnte und das Heiraten deshalb von Staats wegen erschwert wurde, neben einer kleinen Geldsumme immer der Besitz von Tisch und Stuhl, Schrank und Bett nachgewiesen werden mußte, wenn ein Paar zum Standesamt ging. Auch in der Kunst symbolisieren Stühle und Tische den suggestiven Ort des Miteinanders. Verliert das Leben durch allzu große Üppigkeit seinen Rahmen, sind also die gewohnten Möbel nicht mehr an ihren Zweck gebunden, so werden zuerst Tisch und Stuhl durch verspielte Formen ersetzt. Der Impressionismus verzichtete besonders gern auf sie, um der aufgelösten Geselligkeitsform des Picknicks den Vorzug zu geben. »Der« Tisch, d. i. der gemeinsame Eßtisch der Familie, bildete bis in die jüngste Zeit den verbindlich zentralen Ort der Familie. Hier fanden die Auseinandersetzungen statt, hier wurden Rechte und Ansprüche zu klären versucht. Vielzitiert ist die patriarchalische These, daß zu gehorchen habe, wer seine Beine unter diesen Tisch strecke.

Schon ein einziger Tisch mit zwei Stühlen symbolisiert Lebensgemeinschaft. Bei Hoch und Nieder, Arm und Reich bilden diese drei die Grundausstattung und zugleich den Mittelpunkt dessen, was der Italiener »Ambiente«, das Drumherum, nennt.

Kelch und Becher

Ohne eines Worts über den jeweiligen Symbolwert zu bedürfen, erfühlt jeder, daß mit einem Becher keine sakralen Handlungen, etwa eine Meßfeier, verrichtet werden soll, wie auch umgekehrt kein Kelch der Lust fröhlichen Pokulierens zu dienen hat. »Der König in Thule« in Goethes beziehungsreichem Gedicht konnte von der sterbenden »Buhle« nur heimlich einen goldenen Becher geschenkt bekommen

haben, den er freilich als Erinnerungsschatz verwahrte. Die Königin hätte ihm in aller Öffentlichkeit einen Kelch überreicht. Die Geliebte, wohl wissend, daß sie einem, anderen, wenngleich tieferen Lebensbereich angehörte, mußte sich mit dem Becher begnügen. Aus reinstem Gold auch er, versteht sich; dennoch darf er in der apollinischen Feierlichkeit hoher Stunden nicht erhoben werden.
Zum Becher greift man in dionysischer Entgrenzung. Sein Gold symbolisiert nicht Wohlbestelltheit, sondern heimliche, das Leben beseligende Liebesglut. Er hat etwas Illegales an sich. Um den Kelch dagegen stehen Würde und stilisiertes Leben. Man »erhebt« ihn. Er verlangt einen hohen Anlaß, Erinnerungstage oder Gäste, die man ehren möchte. Als einen edel geformten, durch Fuß und Stiel erhöhten Becher füllt man den Kelch, auch das Kelchglas, mit einem edlen Tropfen. In der Vitrine wird er vor dem niederen Staub geschützt. Zu ihm gehören abgemessene, behutsame Gesten, während man mit Bechern »herzhaft« und kräftig anstößt. Der Kelch ist als erhabenes Gefäß anspruchsvoll in Preis und Pflege, während der Becher, aus jeglichem Material, sogar aus hartem Leder gefertigt, irgendwo herumstehen kann. Ohne besondere Behandlungsansprüche will er nur gefüllt oder geleert sein. Bei entsprechender Gelegenheit gibt er sich auch zum Würfeln her. Erreicht das Pokulieren seine Ausgelassenheit, dann wird das ausgiebige »Bechern« zum Erlebnis, die Trinkrunde zur Brüderschaft.

Um den Becher herum ist es laut. Mit dem Kelch feiert man eine Ordnung; der Becher weist auf den Rausch hin. Er heißt auch »Becher der Freuden« im Unterschied zum »Kelch des Leidens«. In der Bibel gießt Gott den »Zornesbecher« aus, am Altar wird der »Kelch des Heils« erhoben.
Als der König in Thule seinen Becher, der noch von den Emanationen der Geliebten aufgeladen war, ins Meer geworfen hatte, sank er selbst leblos dahin. Den Kelch der Gemahlin hatte er ohne Erschütterung zur musealen Ausstellung freigeben können. Aber sie war es, die ihm Thron, Reich und legitime Erben sicherte. Um die Bastarde der

Geliebten rankten sich eher dramatische Geschichten. Das goldene Gefäß geheimer Erinnerungen gehört nicht zur Beredung künftiger Geschlechter in die Vitrine, sondern symbolgerecht ins Meer, dem Ursprung Aphrodites und mit ihr aller Beseligungen, die das Weib zu vergeben hat. Denn es ist Becher der kurzen Lust und Meer der Glückseligkeit in einem.

Der Kitsch

Für Kitsch gibt es keine untrüglichen Merkmale. Er entsteht von Fall zu Fall, bedarf der Menschen, die nach ihm hungern oder ihn hervorbringen, weshalb es angezeigt ist, behutsam mit dem Wort und seiner Symbolik umzugehen. Das gilt vom Gartenzwerg, an dem ein Kind seine echte Freude haben kann, bis zur Festrede, in der mit erhabenem Pathos Gemeinplätze vorgetragen und damit der hohe Rang der Feierstunde verdorben werden. Beethoven als Hintergrundmusik für eine abendliche Gartenparty auszuwählen, kann kitschigen Geschmack verraten, auch wenn es sich um die »Mondschein-Sonate« handelt. Eine mit Bedacht hochstilisierte Ansprache mag vor arglosen Zuhörern als Zeichen von Bildung gelten, vor anderen wird sie zum Zeugnis verkitschten Lebensgefühls. Fanatiker bewegen sich mit ihrem unangebrachten Pathos meist am Rande des Kitsches. Kitsch braucht sein Umfeld und seine Menschen, um aufzublühen.
Schon eine endlose Wiederholung kann in die Nähe des Kitsches führen, selbst bei der Nationalhymne, die nun einmal einen Anlaß und würdigen Rahmen verlangt. Einen Choral von Bach kann man nicht pfeifen oder auf der Mundharmonika spielen, ohne ihn zu verkitschen. Wer das »Abendmahl« des Leonardo da Vinci mit bunten Wollfäden strickt oder stickt – was immer wieder einmal gezeigt wird –, entwickelt kitschigen Eifer. Die hohe Kunst mancher Politiker, die etwa am Flugplatz vor das Mikrophon treten und nach einem bedeutsam inszenierten Redefluß von fünf Minuten schlechthin nichts mitgeteilt haben, bleibt stilistisch einwandfrei. Spricht ein Minister, so darf er auch jeden Zweifel ausräumen, daß die soeben absolvierte Mission aufgrund seiner langbewährten Geschicklichkeit und seiner vorzüglichen Beziehungen ein voller Erfolg war. Prahlen gehört nun einmal zu seinem Handwerk. Spräche aber ein geistlicher Herr, so müßte er am Schluß seiner weihevollen Ausführungen die Hoffnung zu Gott aussprechen, daß seine bescheidenen Bemühungen

gesegnet seien. Auch das bliebe stimmig. Ein Stilbruch wäre es jedoch und aus seinem religiösen, immer deduktiv orientierten Auftrag heraus sogar kitschig, wenn er mit seinem Geschick ohne Gottes Beistand auskäme. Den klassischen Fall rhetorischen Kitsches liefert aber der Parteipolitiker, der ins religiöse Tremolo gerät, um die bevorstehende Wahl in Erinnerung zu bringen.
Es redet auch selbst kitschig, wer den Gartenzwerg als eines der notorischen Kitschmerkmale brandmarkt, mit denen unsere Umwelt leider bestückt sei. Denn mit der Geste des kulturkritischen Sprechers teilt er nur mit, was vor ihm schon Hinz und Kunz ausgestreut haben. Und fügte er diesem Gemeinplatz noch in süffisanter Überlegenheit die Produktion der Andenken- und Devotionalienindustrie hinzu, so würde er nur zeigen, daß er nichts vom Menschen versteht. Auch die unterentwickelten Partien unseres Gemüts besitzen ihr Lebensrecht, weshalb es zu allen Zeiten und in allen Kulturen Kitsch gab. Er liefert die kleinen Erholungsräume, die wir zwischen der nackten Wahrheit und der eiskalten Richtigkeit als Atempause brauchen: das Unverbindliche, die überflüssigen Zutaten. Der Fabrikant geschmackloser Aschenbecher oder süßlicher Madonnenfigürchen spricht gezielt die infantilen, gewissermaßen auf der Baby-Stufe stehengebliebenen Seelenbereiche in uns an. Dabei will er uns weder belustigen noch erheben, sondern Geld verdienen.
Wer mir an der Straßenecke mit erhobener Miene einen »Wachtturm« entgegenhält, ist kein erfolgloser Verkäufer, der hier seine Zeit verplempert, sondern ein Bekenner. Deshalb schaue ich auch nicht auf die Titelseite seines Blattes, auf dem vielleicht ein aufgeregter Erzengel mit dem Schwert um sich schlägt, sondern ich blicke ihm fragend ins Gesicht, welche Wege es bis zu dieser Station gegangen sein mag. Das alles kann echtes Leben sein, ohne Verfremdungen, selbst wenn sich solche Begegnungen häufen. Kitschig wird es erst, wenn mir der Bekenner bei einem Hausbesuch versichert, daß er selbst zur Herrlichkeit Gottes berufen sei, während ich dem Strafgericht von Harmagedon entgegentaumle. Als Kaiser Wilhelm II. erklärte: »Ich führe euch herrlichen Zeiten entgegen«, war das rhetorischer Kitsch; so spricht man nicht über die von der Macht des Schicksals abhängige Zukunft. Der »größte Feldherr aller Zeiten« hat sich als vorerst letzter noch einmal an ähnlich hybriden Weltverfügungen berauscht.
Man strickt ein Kunstwerk nicht nach; man pfeift nicht »Oh Haupt voll Blut und Wunden«. Die Unangemessenheit wird immer das zuerst erkennbare Merkmal des Kitsches sein.

Unversehens sind wir damit doch wieder in den Umkreis des Devotionalienhandels gelangt. Auch er geht ja gelegentlich mit Gott und den Heiligen um, als dürften sie sich uns erst zeigen, wenn sie beim Friseur waren – drei Löckchen rechts, drei Löckchen links – oder wenigstens von Make-up-Fachleuten salonfähig gemacht wurden. Vergessen wir aber nicht: soll seelische Schönheit schon ins Bild gebracht werden, muß man sie auch ablesen können. Einen pfeilgespickten Sebastian, der widerlich anzusehen wäre, ein von Qualen verzerrtes Gesicht zeigte, ertrügen wir auf die Dauer nicht. Wenn schon voller Wunden, dann sollte er wenigstens ein körperlich wohlgestalteter Jüngling sein. Daß auf den Isenheimer Altartafeln das Haar der Mutter Maria frisch onduliert ist und ihre Wangen ein soeben aufgelegtes Rouge verraten, von der kosmetischen Perfektion des Engelskonzerts ganz zu schweigen, das hat noch nie gestört. Den heiligen Florian, der auf Altären oder Lüftlmalereien seinen Wassereimer über brennende Häuser ausschüttet, kann man nun einmal nicht in der Nüchternheit des Alltags als Feuerwehrmann darstellen, ohne alle Poesie zu zerstören. Ein religiöses Idyll verlangt die ihm angemessene künstlerische Behandlung.

Hier lauert für volkstümliche Meister allerdings immer die Gefahr, vom Schönen ins Süßliche, vom Wunderbaren ins Spektakuläre abzugleiten. Eine untergehende Sonne ist künstlerisch an sich schon ein Grenzthema. Das hindert die gutverdienenden Schnellmaler aber nicht, die Farben des Abendrots noch »ergreifender« zu kombinieren, als es der Natur gelingt. Auf jeder Waldwiese lassen sie muntere Rehlein äsen, und wenn es um die rosigen Leibesrundungen einer Schönen geht, treiben sie den arglosen Betrachter, wenigstens den männlichen, in wohlgezielte Unruhe.

In den Romanen von Hedwig Courths-Mahler, die eine Auflage von 27 Millionen Exemplaren erzielten und ihr den Erfolg als meistübersetzte deutsche Autorin einbrachten, wird stets ein glücklich vereintes Paar zurechtgezaubert. Die dunkle Seite des Lebens, Konflikte und Heimsuchungen bleiben ausgespart, die Leserin (oder der Leser) wird durch immer wieder glückliche Wendungen, ergreifende Abschiede, beseligende Wiedersehenserlebnisse in eine Wolke ständiger Ergriffenheit gehüllt! Auch die Welt der Schnulze ist frei von beängstigenden Fallen und Tücken, dafür werden die Abenteuer und Heldentaten ins Maßlose übersteigert.

Aber vergessen wir nicht, schon der Tropfen Öl, den wir als übliche Höflichkeit im Getriebe unseres Miteinanders brauchen, erträgt keinen Wahrheitstest. Wir würden in einem gnadenlosen Rigoris-

mus verdorren, der jede Gesprächsfähigkeit aufhöbe, wenn wir uns um den kleinen, unbeaufsichtigten Spielraum von Zwischentönen brächten, um den spielerischen Leerlauf, den jede Gesellschaft im Umgang mit sich selbst braucht. Kitschig wird solche Höflichkeit erst, wenn wir sie zum theatralischen Lebtag aufbauschen. Jede allzu betuliche Gastfreundschaft, die nicht durch wirkliches Nahesein gedeckt wird, macht sie bereits ungenießbar.
Damit sind wir beim dritten Merkmal des Kitsches, den unechten Gefühlen, angelangt. Ob es mit Worten, Bildern oder Musik versucht wird, im Theater, Kino oder Fernsehen, Kitsch will »ans Herz« rühren. Die Motive sind gleichgültig, wenn nicht gar überflüssig. Es geht ausschließlich um die seelische Bewegtheit selbst. Je spontaner desto besser, und ja keine prüfenden Vergleiche: dafür schluchzende Versöhnungen, Trauer, die »das Herz bricht«, aufopfernde Mütter, die nie an sich selbst denken, harte Väter, die dann doch von weiblicher Klugheit gelenkt werden, tapfere Soldaten, die »in finstrer Mitternacht an ihr fernes Lieb« denken, heroische Ärzte, die mit letzter Kraft das Leben ihrer Patienten retten, Kumpel und Bergsteiger, die einander pausenlos zum Helfer in der Not werden und natürlich eine Heimat, die von traulichen Bächen durchzogen, von lachenden Höhen umstanden, gar nicht anders kann, als von Lieblichkeit überzuquellen. Das Klischee für solchen Edelkitsch ist unvergänglich. Man muß nur eine Handlung erfinden und dann die Personen mit ihrer künstlichen Innenwelt aus der Schublade ziehen. Es ist unsere geistige Anspruchslosigkeit, unsere Wohligkeit im Altvertrauten, die den Kitsch lebendig erhält, ja immer wieder durch Nachfrage hervorbringt.
Der Straßburger Gelehrte Abraham Moles hat in seiner »Psychologie des Kitsches« den Überflußcharakter unserer Zivilisation als eines der Ursprungsfelder für den Kitsch herausgestellt. In der Tat bringen die vielen Anlässe zum Kaufen und Schenken eine Fülle von liebenswertem Unrat zusammen, dem meist das symbolische Kennzeichen des »Darüber-Hinaus« ebenso deutlich abzulesen ist wie dem geschäftigen Leerlauf sorgsam inszenierter Termine. Das »Darüber-Hinaus« führt immer ins beliebig Unverbindliche, ob es nun in einen Bereich hinübergreift, der ihm nicht zusteht, oder mit Übertreibungen das rechte Maß verliert oder eine Als-ob-Welt erregter Gefühle vortäuscht.
Von jeher bildete deshalb das Spiel mit dem Gefälligen und Schönen ein Ärgernis für alle strengen Realisten und »Bilderstürmer«. Doch fehlt auch den rigorosen Neinsagern das rechte Maß. Schon die

geradezu seelentötende, an leere Vorratsräume erinnernde Kahlheit ihrer Sakralräume, die kaum erträgliche Verfremdung ihrer Bilder und Figuren zeigen mehr ideologische Zwänge als Menschenfreundlichkeit. Dagegen symbolisieren die geschmückten, wo es möglich ist, sogar mit Kunstwerken ausgestatteten Kirchen, aber auch jene, die anspruchslos volkstümlich geblieben sind, eine Zustimmung zum Menschen, wie er nun einmal ist.

Unsere Sympathien und Abneigungen, unsere Illusionen und schöpferischen Einfälle sollen in aller Unschuld aufblühen dürfen, bevor sie weiter gefördert oder verworfen werden. Die überschwenglichen Briefe, die wir mit Zwanzig geschrieben, erscheinen uns Jahrzehnte später als kitschig; aber damals waren sie echt. Zwei Drittel der Gartenzwerg-Produktion geht in die Dritte Welt, wo diese neckischen, bunten Figuren bei der kindlichen Mentalität jener Menschen helles Entzücken auslösen. Von Kitsch keine Spur, alles ist einander angemessen und steht dort, wo es hingehört. Und wer bei uns die Freiheit besäße, ein paar dieser Zwerge in seinen Garten zu stellen, weil sie ihm Spaß machen, verhielte sich weniger kitschig als sein Nachbar, der es auch gern täte, aber nicht für ungebildet gehalten werden möchte. Wer von einer Wallfahrt nach Lourdes oder Altötting eine der gängigen Devotionalienfiguren mitgebracht hat und sie auf seine Kommode stellt, um sich weiter an ihr zu erfreuen, braucht keineswegs ein kitschiger Mensch zu sein, denn die Produktion und sein Kunstverstand stimmen überein. Hätte aber der in Kunstgeschichte geschulte und deren Normen bewußte Pfarrer die gleiche Mini-Madonna auf seinem Schreibtisch stehen, so erwiese er sich als kitschig. Ist der musikalisch wohlausgebildete Dirigent eines Dorfkirchenchores so vermessen, die Matthäuspassion aufzuführen, obwohl er weder Solisten noch ein entsprechendes Orchester zur Verfügung hat, so wird er bei allem Eifer nur Kitsch produzieren. Die Symbole des Kitsches, Unangemessenheit, Übertreibung und Gefühle, die nur wuchern, lassen sich nur aus den Zusammenhängen von Mensch und Umwelt herauslesen.

Das Gebrechen

Obwohl ein eisernes Gebot der Menschenfreundlichkeit verlangt, Gebrechen, wie Schielen, Stottern, Hinken, zu übersehen, ja bei dem unglücklichen Betroffenen den Eindruck zu erwecken, sie wären gar nicht wahrzunehmen, sind sie mit soviel negativer Symbolik gesät-

tigt wie nur irgendein Laster oder verfemendes Merkmal. Wer nicht so ist wie jedermann, sondern mit irgendeinem Gebrechen von der Norm abweicht, gilt als gezeichnet und begegnet mancherlei unverdientem Mißtrauen.
Schon rote Haare mahnen zur Vorsicht, sie »wachsen wie das Erlenholz auf keinem guten Boden«. Judas, der Verräter, angeblich auch bekannte Hexen, wurden im Mittelalter rothaarig dargestellt. Daß der Teufel hinkt, was Mephisto auf der Bühne nachzuvollziehen hat, leitet sich nicht nur vom Pferdefuß ab (der wiederum mit dem bocksfüßigen Pan zusammenhängt), es deutet vielmehr den gestörten Takt und Lebensrhythmus an. Der Gang, das Abschreiten der Zeit, hängt mit der Geschichte zusammen, die der Mensch hervorbringt. Der Teufel kann nur eine gestörte Geschichte inszenieren. Zu den klassischen Hinkenden zählen z. B. Hephäst und auch Wieland der Schmied. Als kunstfertiger Metallbearbeiter wurde Hephäst zwar überall benötigt, von seinen göttlichen Eltern aber eher verleugnet als geliebt, von den alten Römern als unansehnlicher, rußiger Geselle sogar offen verachtet.
Neben dem Hinkenden wird der Bucklige mißtrauisch angesehen, als habe er an einer geheimen Last zu tragen, von der niemand etwas wissen dürfe. Beides, Hinken und Buckligwerden kann die Folge eines Unfalls, einer Krankheit oder einfach des Alters sein. In jedem Fall bedeutet es eine Behinderung des Lebens, die nur von unverständigen Zeitgenossen als Aussonderung betrachtet wird. Schließlich zählt ebenfalls jede entstellende Krankheit zu den üblichen Gebrechen, ja ein ganz normales Alter, wenn es nur hoch genug wird.
Psychologisch führt freilich ein Scheel-angesehen-Werden beim Betroffenen ebenso zu einer Entfremdung, die nun auch von seiner Seite her ein argloses Zusammenleben stört, vor allem den körperlichen Kontakt belastet, weshalb jeder, der damit leben muß, seinen Defekt so lange und so gut es geht verbirgt. Aus solchen Erfahrungen heraus wird Menschen mit offensichtlichen Gebrechen der Zugang zum Bischofsamt, meist schon zum kirchlichen Dienst als Pfarrer

verwehrt. Bei Bischofskandidaten gilt der Grundsatz, daß er nicht geradezu häßlich und nicht mit abstoßenden Manieren behaftet sein dürfe. Er soll in allem seiner selbst sicher sein. »Hüte dich vor den Gezeichneten!« – So dumm der Ausspruch ist, soviel altüberlieferter Aberglaube in ihm steckt, die Symbolwirkung eines offensichtlichen Gebrechens gehört doch zu den Realitäten des Lebens.
Selbst wenn die psychische Aussonderung der Gebrechlichen nur durch törichte Vorurteile entsteht, die einer dem anderen ungeprüft nachredet, bildet dies dennoch den Humus, auf dem schließlich die Ausrottung vieler Unglücklicher unter dem Nationalsozialismus möglich war. Aus der gleichen Zeit stammt aber auch die profunde Studie des Arztes und Dichters Gottfried Benn über die außergewöhnlichen kulturellen Leistungen der »Bionegativen«, der Stotterer, Stammler, Hinker, der Blutspucker und Krummen, der Sonderlinge, »Zwerge« oder Überlangen. Nicht daß ein körperlicher Defekt eine besondere Begabung bewirke, doch oft genug muß das Genie für seine schöpferische Überlegenheit leibliche Mängel in Kauf nehmen. Die Symbolik des Gebrechens verbürgt gar nichts.
Wir erinnern uns, daß es zur brutalen Justiz früherer Zeiten gehörte, einen Missetäter zu »zeichnen«, indem man ihm die Ohren oder die Nase abschneiden, Dieben die Hand abhacken ließ (was in Muamar Gadhafis »neuer altislamischer« Gesetzgebung durch kunstgerechte chirurgische Entfernung geschieht). Rechnet man mit ein, wie viele Fehlurteile einst durch den Druck der gehässigen »Straße«, durch falsche Zeugen oder Justizirrtümer zustande kamen, dann läßt sich auch ermessen, wie viele falsch »Gezeichnete« es zu allen Zeiten gab. Nicht nur die Bibel, auch die arabischen Märchen wimmeln von Hinkenden, Buckligen, Blinden, Lahmen und »Besessenen«, die alle herzlos als Symbole gedeutet werden. In seinem gerühmten »Hundertguldenblatt« gruppiert Rembrandt sie als ein ergreifendes Gegenüber zu den mit unsichtbaren Seelendefekten behafteten Satten, Gerechten, »Gesunden«.

Das Begräbnis

Seine Symbolik beugt sich strengen Stilgesetzen. Kleidung, Gespräche und Bewegungen nehmen die gebührliche Würde und Gemessenheit an sich, zuerst vor der Majestät des Todes und dann vor dem Gedenken an andere, die hier schon zu Grabe getragen wurden. Deshalb folgt man auch dem Sarge der Tänzerin oder des professio-

nellen Spaßmachers, der nie im Leben ernst sein konnte, ebenfalls mit bedächtiger Ehrerbietigkeit. Ausstattung und Kleidung verzichten auf alles Auffällige; vor allem die Farbe rot, die das glühende Leben symbolisiert, wäre unpassend. Da Rot aber zugleich die Farbe der Liebe ist, wählt man, wenn diese bezeugt werden soll, zum Schmuck des Sarges und Grabes ausdrücklich rote Rosen, rote Nelken, rote Blumen überhaupt. Zur Symboleinheit eines Begräbnisses gehören die unerläßlich auf Trost und Auferstehung hinweisenden, mit einschlägigen Rezitationen der Bibel bestätigten Worte des Geistlichen ebenso wie die würdig-stumme Behandlung des Sargs durch die Friedhofangestellten, ja sogar deren Trauermiene, mag sie auch nur berufsmäßig sein. In allen Teilnehmern ist ohnedies das Dichterwort Theodor Fontanes gegenwärtig: »Alle Bauern und Büdner mit Trauergesicht sangen ›Jesus meine Zuversicht‹«.
Zurecht wird über die dürftige symbolische Aussagekraft unserer Grabsteine geklagt, die öde Nachahmerei von Albrecht Dürers »Betenden Händen« bis zu den leeren Bezeugungen, daß die Toten »unvergessen« blieben. Was aber jeden Besucher stets von neuem anspricht, ist die gnadenlose geometrische Ordnung des Friedhofs,

seine winzigen rechteckigen Felder, die der egalisierende Tod für jeden bereithält, desgleichen die mit Efeu und Zypressen bewirkte Einstimmung in die Vergänglichkeit alles Lebens. Dazu gehört auch die Geste, dem Verstorbenen zum Zeichen, daß wir die Sterblichkeit mit ihm teilen, eine kleine Schaufel voll Erde auf den Sarg zu werfen. Blumen sind augenfälliger, Erde aber tiefsinniger.
Hier wäre noch ein Wort über Begräbnisse in den Tropen anzufügen. Bestattungen in diesen Regionen können den unseren nicht entsprechen, weil die große Hitze zu sofortiger Beerdigung, jedenfalls noch am Todestage, zwingt. Würdige Feierlichkeit oder auch nur dunkle Kleider sind also nicht möglich. Telefonisch verständigt man Freunde und Bekannte, die in ihren weißen Tropenanzügen Büro oder

Arbeitsplatz verlassen, um in aller Eile dem soeben Verstorbenen die letzte Ehre zu erweisen. Alles muß schnell und umständelos gehen. Gefeiert und gesprochen wird, wenn es die Verhältnisse erlauben, auf einer späteren Trauerfeier. Auf dem Friedhof bleibt man nur kurz. Da Blumen und Kränze in wenigen Stunden verwelken, bringt sie der Gärtner unmittelbar vom Kühlhaus ans Grab. Arme Leute behelfen sich mit Papier- und Kunststoffblumen.

An dieser Stelle sei daran erinnert, daß die jüdische und die islamische Religion aus subtropischem Klima kommen, das zu Begräbnis und Friedhof ein anderes Verhältnis entstehen läßt als bei uns. Für beide Glaubensbekenntnisse gilt der Friedhof als ein unreiner Ort, den man nicht betritt. Natürlich wird das religiös motiviert. Man stört die Ruhe der Toten nicht durch Umhergehen. Deshalb kennt ein jüdischer Friedhof keinen Schmuck, keine Blumen oder Zierde, auch keine Kieswege und Rasen oder Blumenrabatten.

Es gibt nichts Trostloseres als islamische Friedhöfe im Nahen Orient oder in Nordafrika. Das Verbot, sie zu betreten, gilt natürlich nicht für Hunde, Katzen, Hühner und Getier aller Art, das sich ungestört dort herumtreibt und alles verschmutzt. Hat man einem Verstorbenen dadurch die letzte Ehre erwiesen, daß man ein paar Schritte an seinem Sarg mittrug, so bleibt er für immer aus der Mitte der Lebendigen entfernt. Selbst nach vielen Jahrhunderten ist es verboten, sein Grab zu öffnen um die Überreste der Toten zu sammeln – womit sich zum Teil die drangvolle Enge jüdischer und islamischer Friedhöfe erklärt.

TYPISCHE SYMBOLTRÄGER

Der Adel

Über Entstehung, historische Leistungen, Verdienste und Schuld gibt die Geschichte, über seine Gliederung und gesellschaftliche Bedeutung liefert die Soziologie Auskunft. Seine Symbolik ist davon zwar nicht unabhängig, weil sie von jahrtausendealten Erfahrungen gespeist wird, aber sie war auch immer gewissen Fehldeutungen ausgesetzt, sei es der Überschätzung in feudalistischen Epochen, sei es der Verwerfung vor und während der Revolution (»Frieden den

Hütten – Krieg den Palästen«). In die Symbolik des Adels mischen sich erlesenes Menschentum und parasitäre Belastung der Mitwelt, hohe Leistungen auf kulturellem, soldatischem, ebenso staatsmännischem Gebiet und rücksichtsloser Ausbau von Privilegien, beispielhafte Durchstehkraft und geschickter Fahnenwechsel. So besitzt der Adelige, zumal er nie auf gängige Durchschnittsmaße festzulegen war, auch unter militanten Demokraten eine Reihe symbolischer Auszeichnungen.

Nach Aristoteles weist er sich durch Bildung und alten Reichtum aus. Schon die ererbte Freiheit vom Rackern ums tägliche Brot sichert ihm »gute Nerven« und verleiht jenen unbenommenen Umgang mit Besitz und Geld, den weder der Neureiche noch andere kennen, die erst durch Fleiß und besondere Mühe zu Wohlstand gekommen sind. Gegen die Besessenheit, ein großes Vermögen zu horten, ist er gefeit, weil er es schon hat. Und da er die gesellschaftliche Konvention von Grund auf beherrscht, kann er sich eine gepflegte Ungebundenheit der Manieren, eine Freundlichkeit gegenüber jedermann leisten, die dem Selfmademan nur selten gelingt. Sagt man einem Menschen nach, er habe ein adeliges Wesen, so meint man zuerst, daß ihm engherzige Betulichkeit fehle, daß ihn vielmehr eine ausgeruhte Großzügigkeit auszeichne, mit einem Wort, daß er ein »Herr« sei. »Adelig« ist, obwohl wortverwandt, nur teilweise mit »edel« identisch. Jedenfalls intoniert es Distanz, Schlösser mit servil gehaltenem Gesinde, große Jagdreviere, Spielbanken und exklusive Clubs. Das

sprichwörtliche Nicht-nötig-Haben verbietet dem Adeligen, seine Weltkenntnis aus umfangreichen Studienreisen, meist auch seine akademischen Titel, seine Vielsprachigkeit, seine länderübergreifende Verwandtschaft eigens vorzuweisen. All das verdichtet sich in einem Lebensstil, der selbst den verarmten Adeligen noch kennzeichnet.

Da die Erhebung in den Adelsstand zwar auch gekauft, erheiratet oder durch Adoption erworben sein kann, bei alten Geschlechtern aber meist auf einen hervorragenden Urahn zurückgeht, da obendrein die Gattenwahl zur Wahrung oder Steigerung hervorragender Fähigkeiten mit geradezu züchterischer Sorgfalt gehandhabt wird, gilt das Studium der Genealogie, das die Auskünfte über die weitverzweigten Stammbäume liefert, geradezu als adelige Familienpflicht. Nur jüdische Geschlechter, angeleitet schon durch die Stammbäume der Bibel, verfolgen die Bahnen ihrer durch Jahrtausende gehüteten Gene mit ähnlicher Sorgfalt. So wird unter dem symbolträchtigen »blauen Blut« eine Bürgschaft für Bewährung verstanden, die sich nicht erst erweisen muß. Wenngleich Adelsprädikate in manchen Ländern verboten sind, die symbolische Fülle des adeligen Standes läßt sich damit nicht löschen.

Gerade im Blick auf Königshäuser, die sich um die Festigung demokratischer Lebensformen verdient gemacht haben, ist der Vertrauensvorschuß, ja der Nimbus des Adels beim Volk nicht verblichen. Krönungsfeierlichkeiten und höfisches Zeremoniell haben trotz aller

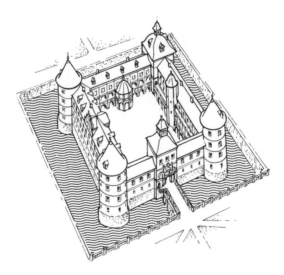

Revolutionen ihren Zauber nicht verloren. Sollte es eines Tages darum gehen, der europäischen Einigung durch ein wirksames Zentralsymbol rascher voranzuhelfen, um den Kontinent als Weltmacht zu stabilisieren, so könnte der Hochadel damit aufwarten. Mit seiner Grenzen überbrückenden Verwandtschaft, seiner finanziell abgesicherten Verflechtung im Kapitalmarkt der Welt hat er schon jetzt ein Stück zukünftiges Europa vorausrealisiert.

Der Soldat

Vor dem Hintergrund des »Zivilisten«, der die natürliche Lebenshaltung, den natürlichen Schritt, die natürliche Art zu sprechen, zu rufen, zu grüßen, mit einem Wort, die »unsoldatische« Gesinnung repräsentiert, vertritt der uniformierte Soldat einen besonderen Stand. Der Name geht auf Sold, eine besondere Art der Entlöhnung und damit auf Zeiten zurück, in denen »Söldner« geworben und mit Handgeld verpflichtet wurden. Seit es die allgemeine Wehrpflicht und Nationalarmeen gibt, verlor dieser Sold wie auch das einst verrufene Söldnerleben seinen symbolisch-zwielichtigen Hintergrund. Denn jeder Bürger war nun als ein in Ehren dienender oder gewesener Soldat zeitweise in Zucht, Ordnung und Gehorsam geschult. Dennoch blieben auch bei ihm der gesellschaftliche Rang und damit die symbolische Bedeutung nie lange konstant. Vor und während eines Krieges wurde der Soldat glorifiziert, nach verlorenem Krieg verachtet, nach gewonnenem für überflüssig gehalten. Wer sich weigerte, mit der Waffe in der Hand Kriegsdienst zu leisten, wurde – zur Abschreckung für die anderen – erschossen, wer, in gleich welcher Gesinnung, an der Front stand, heroisiert. Worauf weder Landsknechte noch Söldner, ja nicht einmal die einst von ihren Fürsten verkauften Soldaten Anspruch gehabt hatten, das gebührte automatisch jedem wehrpflichtigen Soldaten: Er starb den Heldentod. Dennoch verband sich mit Militärpersonen der geschichtlich überkommene Ruf einer rüden Männergesellschaft, einer derben Soldateska oder des landsknechthaften Beutemachens im Feindesland, des freieren Umgangs mit Frauen und einer gesellschaftlichen Herausgehobenheit im Schmuck schöner, einst malerisch attraktiver Uniformen. »Die blauen Dragoner, sie reiten ...«
Heute, da die Wehrpflicht verfassungsmäßig eingeschränkt ist, symbolisiert der Soldat einen in Gehorsam, Disziplin und Waffendienst wohlgeübten, auch sportlich durchtrainierten Jungmännertyp, der

viele Vorteile beruflicher Weiterbildung genießt, deshalb die Einförmigkeit des Kasernendrills ohne seelischen Schaden überstehen kann. Je nach der Truppengattung gilt er als technisch vorzüglich ausgebildet. Zwar steht er, gemessen am Ersatzdienstleistenden im Licht einer brisanteren Opferbereitschaft, die freilich im atomaren Zeitalter wieder annulliert wird. Weil vom Soldaten unreflektierter Gehorsam verlangt wird, hält man seine geistige Welt für eingeschränkt auf ein Freund-Feind-Denken, so daß in allen Kulturstaaten die eines Feindbildes bedürftigen Militärs den weitsichtigeren, in schwierigere Zusammenhänge eingeweihten Politikern untergeordnet bleiben. Wo sich Berufssoldaten Militärdiktaturen einrichten, artet die Kasernendisziplin leicht in Terror gegen jedermann und in allgemeine kulturelle Verarmung aus. Eroberer lassen die unwahre Geschichte der Siegreichen schreiben; darin kommen die auf der Wahlstatt liegen Gebliebenen nicht vor, obwohl sie meist die Mehrzahl ausmachen. Nicht die »im Pulverdampf ergrauten« Generale, sondern der Zivilist Henri Dunant hat sie erst mit der Gründung des »Roten Kreuzes« gegen den heftigen Widerstand der Militärs geschichtsfähig gemacht.

Auf dem Soldaten als überzeitlicher, auch übernationaler Erscheinung ruht nicht nur das schwankende Glück, von ihren Herrschern und Feldherren dauernd gerühmt zu werden, sondern auch der Glanz, unendliche Mühsal überstanden, Schmerzen, Hunger und Durst gelitten, geblutet und Strapazen unter glühender Sonne, in Eis und Schnee hinter sich gebracht und, falls der Krieg verloren ging, dies alles vergebens ertragen zu haben. Auch wegen dieses unvergänglichen Glanzes steht um das »Grabmal des unbekannten Soldaten« überall in der Welt eine so dichte Symbolik erlittenen und erstrittenen Menschentums. Hier kann sich verneigen, wer sonst ungerührt an stolzen Kriegerdenkmälern vorbeigeht. Ob im Sold fremder Herren oder als Wehrpflichtiger eingezogen, dem Soldaten wurde immer mehr versprochen als später gehalten. Im Soldaten, der in einem fernen, ihm ebenso unbekannten wie unverfeindeten Land den Tod fand, auch im Krüppel, der den langen Rest seines Lebens im Schatten zubringen mußte, ist der leidende Mensch repräsentiert. Die Darstellung ins Elend geratener Invaliden gehört deshalb zu den häufigen wie ergreifenden Werken der Kunst. War Henri Dunant noch ein Zivilist, so beginnt sich die Symbolfülle der Soldaten nun auch durch ihre Mitarbeit am Frieden abzurunden. Und so wie einst der »Sieg über den Feind« den Lebenssinn des Soldaten bildete, steht er heute unter Waffen, »um einen Krieg zu verhindern«.

Priester und Pfarrer

Der Priester vertritt, in gleich welcher Religion, das Recht und die Ansprüche der Gottheit gegenüber den Menschen sowie deren geistiges Schicksal gegenüber der Gottheit. Er lebt daher von der Allgemeinheit abgesondert, reduziert seinen Lebenshunger durch Askese und Studium, legt die heiligen Schriften als Offenbarung und verbindliche Norm auch allen Menschentums aus, das er deduktiv aus ihnen bestimmt. Auch das grenzt seinen Berufsstand ein. Der Ort des Priesters ist der Altar, wo er stellvertretend für die anderen das Opfer darbringt, dieses freilich nicht frei gestaltet, sondern symbolisch festgelegt – wie ja alle Liturgie anschaulich gemachtes, also »gespieltes Credo« ist.
Über dieses Priestertum des berufenen Mittlers hinaus gilt der Priester als Vertreter eines Menschentyps, der den anderen durch Disziplin und Schulung überlegen ist, nicht nur Weihen, sondern auch Einweihungen erfahren hat, die er nicht weitergibt. Er handhabt Kraftströme und verfügt über Machtwissen, wie es schon die ägyptischen Priester, die jüdischen Eingeweihten, die Tempelpriester der Antike, die Druiden der keltischen Völker, auch die Priesterschaften der Azteken verwaltet haben. Deshalb wird in Auseinandersetzungen mit der politischen Macht von dieser immer wieder verlangt, daß sich die Priester in die Tempel, in die »Sakristei«, in ihre geistlichen Zentren zurückziehen. Man argwöhnt ihren Machthunger über die Welt.
Priestertum ist an keinen bürgerlichen Stand gebunden. Es kann im Gewand des Mönchs, des Politikers, des Eremiten, des Wanderapostels oder in der häufigsten Existenzform des christlichen Priesters, als Pfarrer (bzw. Pastor) leben.
Während um das Priestertum ein Hauch von Unantastbarkeit weht, und wo Gewalt geschieht, sofort von Martyrium gesprochen wird, ist der Pfarrer als geistliche Person in alle Zwänge des gesellschaftlichen Lebens eingebunden. Leitet sich sein Ansehen auch von den priesterlichen, also sakralen Funktionen ab, so ist er als der »Herr Pfarrer« doch zuerst eine moralische Symbolfigur, die das letzte Wort über das, »was sich geziemt«, also über die guten Sitten spricht. Verleiht der Altar und die Verwaltung der Sakramente dem Priester seine Unantastbarkeit, so verbürgt der Ort des Pfarrers, die Kanzel, nicht so viel. Hier kann er Untauglichkeit zeigen, seine Forderungen überspannen, in Tagespolitik abgleiten, sich mit seiner Gemeinde zerstreiten, sogar unerträglich werden. Ebenso unterscheidet selbst der

einfältige Gläubige durchaus, daß der Priester am Altar Gott vertritt, also eine geistige Welt und ein Schöpfungsganzes, auf der Kanzel aber seine Kirche mit allen ihren eigenen Interessen, ihren Freunden und Feindschaften, ihren Verdiensten und Mängeln. Als Priester ist er ein »Gottesmann«, als der Herr Pfarrer ein »Kirchenmann«.
Nur wenn es ihm gelingt, diese beiden unterschiedlichen Symbolwelten in sich zu vereinigen, als ein frommer Denker und geistig Hungernder sein Priestertum und die kirchlich beaufsichtigte und bezahlte Pfarrerstelle zu vereinen, kann ihm jene schöpferische Synthese gelingen, die das hohe Ansehen des Seelsorgers begründet hat. Weder der kirchliche Eiferer noch der sich von allen Sorgen und öffentlichen Aufregungen fernhaltende Geistliche wird die Zukunft gewinnen. Man kann es an den äußeren Symbolen ablesen: Die Kanzel, von der einst heruntergedonnert wurde, ist beseitigt oder zur musealen Kirchenausstattung herabgesunken. Die Erklärung der Schrift und religiöse Unterweisung erfolgt ohne Pathos vom Ambo aus, einer Art Katheder. Der Donnerer wurde zum Lehrer. Auch der Altar, der Priesterort, steht nicht mehr im fernen Chor, sondern mitten in der Gemeinde oder ihr doch zugewandt und nähergerückt. Auch die Nicht-Gleichzeitigkeit der Kirche (Karl Rahner), also ihre rückständige Verschworenheit auf alte fortschrittsfeindliche Leute, ihr Antimodernistentick, wurde mit deutlichen Symbolen überwunden: Pfarrer und Bischöfe sind motorisiert, selbst der Papst jettet rund um die Welt, kirchliche Ämter wurden elektronisch ausgestattet. Es gibt Missionsstellen, zu denen man den Ausweis als Flugzeugpilot braucht, und sicherlich ist die Zeit nicht fern, daß zum Antritt einer Vikarsstelle der Führerschein vorgelegt werden muß, weil an einem Sonntag jeweils mehrere Gemeinden zu versehen sind.
Priester und Pfarrer, Altardienst in Blue jeans unter den Paramenten, geistliche Mitkämpfer für eine bessere Welt: Die Symbolkraft alter Zeichen erlischt – Soutane und Talar eingeschlossen –, eine neue Synthese, in die begabte junge Menschen hineinwachsen wollen, muß erst noch gefunden werden. In ihr wird der Priester das Übergewicht haben müssen.

Der Prophet

Obwohl alle Kulturen und Völker ihre Warner, oft auch Untergangsverkünder, ihre Seher und Orakelstätten besaßen, brachte nur das Judentum den Propheten als große Symbolgestalt hervor – als ein von

Gott berufener, unter der Last seiner Visionen leidender, außerhalb jeder Gemeinschaft lebender Mensch. Die Propheten des Alten Testaments waren weder Hellseher noch Katastrophenanmelder, sondern Erneuerer der religiösen Berufung ihres Volkes.
Da Propheten in der Geschichte der Völker mitunter verlacht, verjagt oder umgebracht wurden, sich oft genug mit Weltuntergangsterminen lächerlich machten oder nur kleine Gruppen religiöser oder politischer Sonderlinge um sich scharten, wird ihre »Berufung« zu Lebzeiten selten anerkannt. Der Anthropologie ist der weit verbreitete Alterstick ohnedies bekannt, einer nicht mehr verstandenen und ungeliebten Zeit den baldigen Zusammenbruch vorauszusagen.

Der Ketzer

Um die Wirkung, die vom Ketzer ausgeht, so zu erklären, daß sie für jedermann gültig bleibt, müssen wir anerkannte Urteile sowohl aus der Stammkirche, die auf die ältesten und längsten Auseinandersetzungen mit dieser Art von Wahrheitssuchern zurückblickt, wie auch von einem notorischen Ketzer selbst anführen.
In der katholischen Kirche zählen die großen, Gegenkirchen stiftenden Ketzer, ob verbrannt oder nicht, längst zu den legitimen »Gestalten des Glaubens«. Bei den Protestanten besitzt der Ehrentitel »Ketzer« schon lange keine zündende Kraft mehr, weil auch sie die katholische Glaubenswelt und Kirchenstruktur im »brüderlichen« Geist wieder ernst nehmen. Dennoch bleibt der Ketzer als symbolische Figur, die immer wieder in neuem geistlichen Gewand auftritt, unauslöschlich. Inzwischen haben ja die evangelischen Kirchen ihre eigenen Ketzer hervorgebracht und, wenn sie sie auch nicht verbrannten, unerbittlich von Altar und Kanzel entfernt. Es wundert uns deshalb nicht, daß die beiden im Glauben getrennten Gewährsmänner, der Jesuitengelehrte Rupert Lay und der protestantische Autor Walter Nigg nahezu inhaltsgleiche Definitionen des christlichen Ketzers liefern. Ja, der Jesuitenpater weist darauf hin, daß das Christentum seine Ketzer produzieren muß, um überhaupt christlich bleiben zu können, ähnlich wie die alte jüdische Religion notwendig Propheten hervorbringen mußte, wenn der Jahwe-Glauben nicht untergehen sollte. Und wie schwer es der Ketzer oder der Prophet immer gehabt habe, gehe schon daraus hervor, daß das Bewahren von altgewohnten Sicherheiten die Menschen zu allen Zeiten viel heftiger auf den Plan rief als das Erkennen von Wahrheit.

Für die ausschließlich zum Hüten und Bewahren Motivierten gäbe es natürlich nur eine einzige, nämlich emotionale Definition des Ketzers, die in ihrer Härte so lautet: »Ketzer, das sind Menschen, die man, durch die Kirche geschützt, ja von ihr aufgefordert, hassen, verachten, verleumden, quälen, martern und töten darf.« Die ausführlichere Bestimmung von Professor Rupert Lay, die er seinem Buch »Die Ketzer. Von Roger Bacon bis Teilhard« voranschickt, lautet hingegen: »Ketzer sind Menschen, die, an der Peripherie, weitab vom ideologischen Zentrum stehend, die Antworten einfordern, die unangenehm, beängstigend sind und nicht konform gehen mit der allgemeinen Selbstverständlichkeit. Wer aber Selbstverständlichkeiten in Frage stellt, weckt Ängste.«
Walter Nigg, dessen »Buch der Ketzer« schon vor einer Generation die Gläubigen beunruhigte, hebt hervor, daß der Ketzer als religiös lebendiger Mensch für seinen Glauben alles opfert. Er sei der stärkste

Gegenpol zum religiös Indifferenten, zum diplomatischen und kirchenpolitisch orientierten Menschen. »Eine christliche Glut erfüllte diese Persönlichkeiten, die einen nötigt, sie zu den religiös wertvollsten Menschen zu zählen.« Deshalb hat nach Walter Nigg »Häresie nicht das geringste mit einer feindseligen Bekämpfung des christlichen Glaubens zu tun. Ketzerei ist vielmehr Christentum, Christentum in denkbar stärkstem Maße, wie es von einem religiös lebendigen Menschen nicht anders zu erwarten ist.«
So lebt der Ketzer in einer besonders streng gefilterten, auf Wahrheit und Lüge, Gott und den Teufel reduzierten Luft, in der es wenig seelischen Spielraum und schon gar keinen Humor gibt. Als ein Mensch des Widerspruchs aus enttäuschter Liebe geht er mit seinen Widersachern ebenso hart ins Gericht, wie er dann selbst verworfen wird. Zwar weiß man nicht erst seit der Verbrennung des Jan Hus in Konstanz, daß die Flammen eines Scheiterhaufens weiterleuchten,

auch wenn er gelöscht ist; daß umgebrachte Häretiker stärker sein können als lebende. Aber Zerwürfnisse dieser Art entstehen immer wieder von selbst.

Da der Ketzer aus den eigenen Reihen kommt, sonst wäre er ein gewöhnlicher Glaubens- oder Kirchenfeind, und weil die »eigenen Reihen« gegen die Widersacher schon immer »dicht geschlossen« werden mußten, haftet ihm ein Ruch von Verrat an. In seiner Unbestechlichkeit, die auch disziplinär nicht zu beugen ist, stellt er jenen Typus eines Abtrünnigen dar, der um seiner persönlichen Wahrheit willen Existenz und Leben riskiert. In solch unbestreitbarem Heroismus steckt natürlich ebenso ein verschwiegener Vorwurf gegen alle, die mit der Konvention ihren Frieden machen, wiewohl sie von ketzerischen Gedanken nicht völlig frei sind. Für alle, die Gehorsam und Schweigen obenan stellen, ist der Ketzer ein besonderes Ärgernis. Seine ursprünglich religiöse Erscheinung (sein Name leitet sich von der Glaubens- und Widerspruchsbewegung der Katharer ab) ist längst säkularisiert und liefert das Stichwort für alle Aufrührer, sei es in der Politik, in Kunst und Wissenschaft, oder in provokativen Formen des Lebensstils.

Für die glaubensreinigende Wirkung der Ketzer sei erwähnt, daß nach dem Auftritt Luthers auch in der alten Kirche keine Ablässe mehr für bares Geld verkauft wurden, daß die in Acht und Bann geschlagenen Ketzer der Heilkunst, Theophrastus Bombastus Paracelsus und Samuel Hahnemann, als Wegweiser an Bedeutung gewannen, oder so verworfene Abtrünnige wie Karl Marx oder Sigmund Freud ihren Widersachern von einst den Beweis nachlieferten, daß eine Welt, die Freud und Marx nicht kennt, bald undenkbar sein würde.

Der Ketzer tritt stets in anderem Gewand und in anderen Denkräumen hervor und begleitet als Symbolfigur die gesamte Geschichte der Menschheit. Sein Schicksal bleibt bei allen Spielarten dasselbe, ob er den Giftbecher trinken muß, gesteinigt, gekreuzigt, auf den Scheiterhaufen, ins Konzentrationslager, nach Sibirien, in die Irrenanstalt geschickt oder nur als Dissident um Beruf und Existenz gebracht und isoliert wird. Sobald totalitäre Bewegungen mit ihrem Anspruch auf die ganze und absolute Wahrheit den einstigen Part der Kirchen an sich zu reißen wagten, wie es der Stalinismus realisierte und der Nationalsozialismus plante, wuchsen ihnen die Ketzer automatisch zu.

Der Bauer

Der Lebenspartner des Bauern ist die Erde. Von ihr wird der Rhythmus seines Daseins bestimmt, sein Wohlstand, seine Armut, sein Schicksal. Zusammen mit der Erde stellt er die zentralen Symbolbilder des Sämanns, des Pflügers, des Menschen also, der die Ernte einbringt, der Obst pflückt, Wein keltert, Vieh züchtet, Bezüge, die auf Arbeit übertragen wurden, deshalb auch sprachlich übernommen und in zahllosen Sprichwörtern niedergelegt sind. Doch repräsentiert der Bauer den ältesten und ohne Frage auch den notwendigsten Stand des Menschengeschlechts. Von den reichen oder kargen Erträgnissen der Scholle lebt er, ernährt die Seinen und viele anderen dazu. Seiner Lebensmühe legt die Erde das Maß auf. Ist der Boden feucht oder zu sauer, so verlangt er Dränage und laufende Verbesserung; liegen die Äcker und Wiesen am Hang, so vervielfacht sich die Anstrengung. Desgleichen häufen sich am schrägen Boden die Arbeitsunfälle mit den Fahrzeugen oder durch Verletzungen, starke Gewitter schwemmen die Erde fort, Muren und Lawinen erschweren das Leben des Bergbauern zusätzlich. So wird er zum Urbild des Fleißes, der Anspruchslosigkeit, der Überforderung, oft auch allzu früher Invalidität.

Doch bringt das Bauerntum im ganzen gesellschaftlich ebenso viele arme und reiche Leute hervor wie andere Stände. Es liefert den sich abrackernden Häusler mit seinen vielen Kindern, der kränkelnden Frau und dem alten, vom Schuften steif und buckelig gewordenen Knecht und daneben den reichen Herrenbauern, der schon mit seinem Auftritt, seinem Maschinenpark einschließlich großem Pkw, wenn möglich eigener Jagd und Pferdekoppel, imponieren kann; an seiner Seite die kaltherzige Bäuerin, die genau weiß, daß sie nur wegen ihrer reichen Mitgift an Ländereien und Bargeld geheiratet wurde. Noch eine Stufe höher steht der Großagrarier, der sein Leben schon »nach Gutsherrenart« gestaltet, seinen ärmeren Standesgenossen meist an Klugheit und Weltkenntnis überlegen ist, weshalb auch er und nicht der syndikalistische Bauernverband die Agrarpolitik des Landes bestimmt.

Obwohl der Bauer zur Dorfgemeinschaft gehört, die er mit nachbarlichem Einvernehmen, mit Kirchen- und Wirtshausbesuch aufrechterhält, lebt er doch auf seinem Hof allein. Im Hinblick auf die wirtschaftliche Organisation und die unausbleiblichen Wechselfälle bringt dies meist das berühmt-berüchtigte Bauernpatriarchat hervor, das die jungen Mädchen heute so oft abhält, in einen Bauernhof einzuheiraten. In völliger Abhängigkeit zu leben, für jede Entscheidung die Erlaubnis des Bauern einholen zu müssen, bedeutet für einen jungen Menschen heute ein größeres Ärgernis als die ihm so geflissentlich unterstellte Scheu vor schwerer Arbeit und ungeselligem Leben. Der Umgang auf dem Bauernhof beschränkt sich nun einmal auf die eigene Familie, die Gelegenheitskontakte und das Vieh. Es kann nicht ausbleiben, daß der Mensch dabei »verbauert«, einsilbig, mitunter schwerfällig, begriffsstutzig wird und damit das Gegenbeispiel zum gewandten urbanen Typus bildet. Zwar bleibt ihm viel Zeit zum Nachdenken, weshalb ihn die »Blut-und-Boden«-Literatur, ob er nun säte, ackerte oder nur über Land ging, immer in den tiefsten Sinneszusammenhängen von Welthintergrund und Menschenschicksal dahinwandeln ließ.

Als hochstilisiertes, zugleich unverbindliches Idol gegenüber dem »dekadenten« Bewohner der Großstadt. Viele Städter weisen mit einem gewissen Stolz auf ihre bäuerliche Abstammung hin, weil sie einen familiären Hintergrund von Redlichkeit, Fleiß, auch Gesundheit und Kindersegen liefert, auch die »Bauernschläue« gilt als ein typisches Stück Lebenskunst, das man gern geerbt haben möchte. Es ist die Fähigkeit, den anderen ohne verbale Verführung, wenn möglich sogar ganz ohne Worte hereinzulegen und dabei die Haltung eines »thumben« Partners zu wahren.
Jeder Bauernhof entwickelt als ein geschlossener Lebensbereich seine eigene Atmosphäre, die man sofort wahrnimmt, wenn die ersten Worte gewechselt, die Stube betreten ist. Eine Überraschung bildet oft die beispielhafte Menschenfreundlichkeit der Bäuerin. Immer wieder brachte der Bauernstand diese großartige mit ihrer symbolischen Ausstrahlung geradezu zeitlose Frau hervor. Und weil sie meist nicht in eine gesellig-wärmende Umwelt eingehüllt ist, die ihr mit Rat und Tat zur Seite steht, sondern auf ihrem einsamen Hof alles allein klären muß, auch von Krankenpflege, natürlichen Heilmitteln

und richtiger Ernährung etwas verstehen sollte, noch dazu die Kraft haben müßte, wenn es not tut, die ganze Familie mitsamt dem Gesinde seelisch durchzutragen, sei ihr ein besonderes Wort gewidmet.

Außer der schweren Arbeit in Haus und Stall, Garten und Feld hat sie in der Regel noch zahlreiche Schwangerschaften durchzustehen, mehrere Kinder grozuziehen, immer wieder Todesfälle, Schuldensituationen, Mißernten, früher auch Viehseuchen zu verkraften – dies alles nicht selten neben einem harten, oft verständnislosen Mann. Und sie weiß, daß sie sich in Krisensituationen nicht gehenlassen darf, sondern für alle die tragende Mitte bleiben muß. Die gute, fromme Bäuerin, wird zurecht in vielen epischen Werken als Muster erfüllten Menschentums gefeiert. Sie ist es übrigens auch, die den Garten beim Haus anlegt, der nicht, wie die Felder, nur Nutzen zu bringen hat, sondern zuerst schön sein muß, voller Blumen, Heilkräutern, Gewürzen und Stauden. Das Brauchtum wartet mit mehreren obligaten Blumenarten und Sträuchern auf, die bei festlichen Anlässen, z. B. für den Weihkräuterbusch an Mariä Himmelfahrt, zur Hand sein müssen. Auch der Blumenschmuck des Hauses folgt einem Stilgesetz, das die Bäuerin wie das ganze vielfältige Herkommen mit seinen Trachten und Liedern kennt und an ihre Kinder weitergibt.

Mehr als bei jeder anderen Existenzform ist der Bauer den Wechselfällen der Geschichte ausgeliefert, ob das nun Kriegsverwüstungen und Kontributionen oder unheilvolle Strahlenwolken sind, die sein Obst und Gemüse unverkäuflich machen. Er hat immer herzugeben. Natürlich schützt man ihn durch Beihilfen und Versicherungen, aber die primäre Preisgegebenheit trifft ihn zuerst seelisch. Schon jedes Unwetter kann seine Existenz gefährden. Überschwemmungen und Hagelschlag, Frost zur Unzeit, Dürre und Nässe, auch Ungeziefer und Schädlinge können die Arbeit eines ganzen Jahres vernichten. Ob er Viehzüchter ist, Wein, Getreide oder Kartoffeln und Gemüse anbaut, der Erfolg seiner Arbeit ist immer vom Wetter abhängig, auch der Preis für seine Erzeugnisse wird nicht von ihm, sondern von anderen bestimmt. Besonders hoch ist dieses Risiko bei Monokulturen. So verfolgt man in Brasilien, wenn ein Nachtfrost über die Kaffeeplantagen gefallen ist, während der nächsten Tage neugierig die Selbstmordziffern der Pflanzer in der Zeitung, denn die Kälte ruiniert nicht nur die Ernte, sondern auch die Sträucher, was einen Ertragsausfall von fünf Jahren ausmacht.

Wie erklärt sich, daß die Selbstmordziffer unserer Bauern trotz ihrer lebenslangen Klagen über ihre Mühsal und die schlechten Preise erstaunlich nieder bleibt? Dafür gibt es zwei wichtige Gründe: Zum einen ist der Bauer fromm. Wieviel er auch arbeitet, sein Leben wird von außen bestimmt, was letztlich zu den Verfügungen Gottes gehört. Ohne Gottvertrauen ließe sich sein Leben gar nicht durchhalten. Und zum anderen liebt der Bauer trotz aller Plage sein Feld, seine Wiesen, seine Berge und Tiere. Er betrachtet sie am Sonntag voller Stolz und Genugtuung, daß er (auch im ökologischen Sinne und besonders im Falle des Bergbauern) ein Stück Erde fruchtbar erhält, nicht der Verwahrlosung preisgibt.

Der Bauer bildet einen exemplarisch konservativen Stand. Er übt sich lebenslang in Frömmigkeit, Kirchentreue, in der Bewahrung des Herkommens und der Ordnung der Väter. Deshalb liefert der Bauernstand die meisten Geistlichen und konservativen Politiker. Wenn man einer Berufsgruppe als Stand die Unvergänglichkeit vorhersagen kann, dann ist es die der Bauern.

Der Bettler

Der Bettler ist symbolträchtige Randfigur der menschlichen Gesellschaft, die sie stets neu hervorbringt und von der sie durch alle Phasen ihrer Geschichte begleitet wird – auch dort, wo das »Betteln verboten« ist. Von lebensunkundigen Zeitgenossen wegen seiner niedrigen, würdelosen Unansehnlichkeit verachtet und mißtrauisch auf Distanz gehalten, ist der Bettler, selbst wenn er als eine heruntergekommene, oft genug betrügerische Figur erscheint, in eine merkwürdig geheimnisvolle Würde eingehüllt. Er lebt, bereits ausgesondert, »drunten«, dazu trägt er vielleicht ein schweres Schicksal, das keiner kennt. Und mancher besonnene Passant leistet mit der Gabe, die er dem Bettler in den Hut wirft, einen freiwilligen Tribut an sein eigenes Schicksal gerade dafür, daß nicht er selbst dort sitzen muß. Durch Unglück und schlimme Fügungen sind schon manche hohen Herren

»an den Bettelstab gekommen«. Wer im Fernen Osten reist, lernt aber, daß der Buddhismus für jeden maßgeblichen Mann, einst auch für Könige, sogar eine auf mehrere Monate bemessene Bettlerzeit vorschreibt, so daß man den Bettler dort schon deshalb behutsam behandelt, weil man nicht weiß, wen man in Wahrheit vor sich hat. Die Bettelmönche unseres Mittelalters waren dagegen durch ihre Kutte keineswegs anonym. Hinter ihnen stand ihr Orden, wenn nicht die ganze Kirche.

Eine andere schicksalhafte Version des Bettlertums trifft man in tropischen Großstädten an, wo manche erpresserische Familie von der guten Plazierung eines Bettlers lebt, besonders wenn er noch verkrüppelt oder mit »schwärenden« Wunden, die ans Mitleid rühren, ausgestattet ist. Er wird morgens an seinen Stammplatz gefahren und sitzt, kaum versorgt, bis zum Abend in den sengenden Hitze, immer wieder um seine Einnahmen erleichtert, von seinem Manager übrigens in Furcht und völliger Abhängigkeit gehalten, so daß er nie aus eigenem Entschluß seinen zugewiesenen Platz verlassen würde. Hinter dem Bettler kann natürlich ebenso ein arbeitsscheuer Herumtreiber, ein Faulenzer stecken. Aber was immer es sei, das Bettlertum ist verhüllt und deshalb von allen Religionsstiftern als Herausforderung zu Mitleid und guten Werken bezeichnet. Dies ausdrücklich, ohne zu prüfen, ob der Bettelnde auch Hilfe verdient.

Die zweite, weniger verschämte Art notorischer Bettler wird von vielen sogenannten Gründernaturen verkörpert, unter denen sich auch bedeutende Heilige befinden, die das Geld zum Bau von Häusern und Einrichtungen für Hilfsbedürftige und Obdachlose zusammenbetteln. Da ihr Anbetteln für andere geschieht, sind sie meist sehr erfolgreich. Unlängst ist so ein großer Bettler dieser Art, der Erbauer der SOS-Kinderdörfer, Hermann Gmeiner, gestorben. Die weltweiten Gründungen der verdienstvollen Mutter Teresa sind alle »zusammengebettelt«.

Die dritte Erscheinungsart der Bettler steckt in uns allen, wobei es nicht die klassische Lage sein muß, in der um ein Stück Brot oder um moralischen Beistand oder ums Leben angehalten wird. In »betteln«, der verkleinernden, etwas armseligen Niederform von »bitten«, steckt ein zentraler Zug menschlichen Zusammenlebens. Wir alle betteln zuweilen, sei es um Liebe oder Anerkennung, um eine Chance oder nur um Verständnis.

Schon immer haben die Puppen des Marionettentheaters als Beispiel für die menschliche Existenz gegolten. Jeder spielt seinen Part so gut und so lange, wie es ihm die Fäden, an denen er hängt und gezogen wird, erlauben.

Athene steht dem Herakles bei. Die antike Welt hielt den Gedanken wach, daß der Mensch, um seine Ziele zu erreichen, des Beistands der Götter bedürfe, daß ihm dies aber nur helfe, wenn er sich selbst Mühe gebe: Dem Herakles stand bei seinen schweren, gefährlichen Arbeiten besonders Athene bei. Unsere aus Torsos wieder zusammengestellte Gruppierung zeigt den Herakles in dem Augenblick, als er vorübergehend von Atlas die Last der Weltkugel übernahm, damit dieser die Äpfel der Hesperiden holen konnte. Als er diese schwerste aller Lasten auf die Schulter genommen hatte, trat Athene hinter ihn, trug symbolisch ein paar Steine in der Hand, um zu zeigen, daß sie mittrage und ihm die Kraft gebe, durchzuhalten. Hierher gehört das Goethewort: »Nimmer sich beugen – tapfer sich zeigen – rufet die Arme der Götter herbei.«

Flugabwehr im Krieg – Holzstich von Karl Rössing. Der Graphiker zeigt, wie unsere Flakgeschütze den Himmel zwar mit erfolgreichen oder vergeblichen Explosionen erfüllen und die Schweinwerferbatterien die feindlichen Flugzeuge im Visier haben können, daß aber weder Waffen noch Scheinwerfer die Schicksalsmächte treffen, die ungerührt über uns ihre Bahn ziehen.

Der geschlagene Belisar von Soldaten erkannt. – Das Bild folgt der Legende, nicht der Geschichte, die weniger dramatisch verlief. Belisar, oströmischer Feldherr unter Justinian, schlug in Kleinasien die Perser, in Nordafrika die Vandalen, in Italien die Ostgoten und drängte auf dem Balkan die Hunnen zurück. Durch seine Siege wurde Ostrom zum Großreich. Doch wurde Belisar schließlich als legendäres Opfer des kaiserlichen Argwohns aller Ämter sowie der Befehlsgewalt enthoben, seines Besitzes beraubt, zugleich geblendet und als Bettler auf einen festen Platz vor dem Kaiserpalast postiert, sicher dort auch von weitem bewacht. (Interpretation S. 360)

Der Clown

Der Clown spielt als hintergründige Symbolfigur der menschlichen Existenz eine ebenso markante Rolle wie als Spaßmacher, der im Zirkus jung und alt erfreut. Als »gelernter« Tolpatsch, der die Unterhaltung der anderen auf seine Kosten in Gang hält, auch mit allerlei neckischen Instrumenten hantiert, gewann er oft den Namen des »dummen August«, den er freilich nur so lange rechtfertigen kann, als er nicht dumm ist. In Wahrheit steht hinter den großen Clowns die seltene Berufung, den Menschen in seiner Preisgegebenheit zwischen Glück und Leid, Freude und Schmerz, Hoffnung und Verzweiflung darstellen zu können. Dazu muß er notwendigerweise ein Mann sein, sonst könnten seine offen gezeigten Erregungen, seine Tränen, sein Aufheulen, sein Lachen und Pfiffigsein nicht komisch wirken. Denn der Mann als Hauptgeschädigter einer Zivilisation, die ihm Tränen und ablesbaren Schmerz, auch Pech und Leid, überhaupt die offene Entfaltung seines Menschentums als weibisch oder kindisch verbietet, dagegen seelische Unerschütterlichkeit verlangt, eine glückliche Hand in allem, was er anpackt – dieser Mann, der wohl weiß, wie vielerlei sich im Leben mischt, ironisiert sich im Clown.
Schon sein äußeres Erscheinungsbild muß als verfehlte Feierlichkeit mit übertriebenen bürgerlichen Statussymbolen bestückt sein. Ein Clown im Overall wäre unmöglich. Er braucht den unförmigen Schlips, die viel zu große Weste, den lächerlich sportlich karierten Frack, die eher hinderlichen Schnabelschuhe, um seine inneren Zwänge zur Normalität auszuleben. Auch eine »angemessene« Bühnenausstattung wäre für ihn stilwidrig. Ein Stuhl, ein Fahrrad und sein unbeirrbarer Eifer, immer wieder von vorne anzufangen, genügen. Er kämpft gegen die Tücke des Objekts, gegen die Unzuverlässigkeit des soliden Anscheins, vor allem gegen die Zwangsmisere seiner eigenen Emsigkeit. Hier gleicht der große Clown dem Sträfling der Götter, Sisyphus, an dessen Unverdrossenheit Albert Camus alles Menschentum ablas. Wie oft diesem auch der Felsen, kaum daß er ihn den Berg hinaufgewuchtet hat, wieder entgleitet und zu Tale rollt, immer wieder fängt er mit dem Hinaufwälzen von vorne an. Ebensowenig würde dem Clown ein Stuhlsitz einbrechen, eine Leiter kaputtgehen, wenn er sich nicht unbelehrbar stets aufs neue darauf einließe. Sogar die Trösterin Musik versagt ihm ihre Hilfe, indem sie ihm auf einen unförmigen oder winzigen Instrumenten nur lärmende oder gicksende Töne liefert.

Keineswegs aus Zufall, sondern aus dem Zwang der Symbolik gibt es keine Clownin, auch wenn der körperlich heimgesuchte Toulouse-Lautrec solche Als-ob-Figuren auf die Leinwand brachte. Weil die Frau ein lebendiges Zeugnis für die absolute Folgerichtigkeit des Lebens ist, das sie hervorbringt und hütet, weil sie sich wortlos dem Kind gegenüber für die eiserne Zuverlässigkeit sogar der Dinge – und sei es nur ihrer Brust – verbürgt, sonst gäbe es nie Vertrauen in der Welt, deshalb kann sie die trügerische Vergeblichkeit unseres Daseins nicht ohne seelischen Stilbruch vorführen. Denn sie war es, die mit ihrer Wärme und Güte das blinde Vertrauen in uns eingesät hat. Zwar wird auch ihr der Tribut dafür nicht geschenkt. Da sie aber ihre seelischen Erschütterungen nie zu unterdrücken pflegt, würde das melancholische Aufheulen Charly Rivels aus dem Munde einer Frau jeglicher Komik entbehren. Wenn deshalb in dem unvergeßlichen Film »La strada« die clownesk ausgestattete Julietta Masina voller Eifer zur Trompete greift, um die lächerlichen Heldentaten des »Großen Zampano« anzukündigen, der in Wirklichkeit ihr brutaler Ausbeuter ist, wird nur unser Mitleid mit dem seelisch gepeinigten Mädchen geweckt. Von Komik oder Lachen-Müssen keine Spur.

Symbolik des Kirchenjahrs

FESTKREISE UND IHRE ZEICHEN

Die vielen sichtbaren Zeichen, die im Laufe des Kirchenjahrs in Gotteshäusern, auf öffentlichen Plätzen, auch in den Wohnungen, mitunter sogar im Handel, sei es in den Schaufenstern der Vorweihnachtszeit, auf den Weihnachtsmärkten oder bei den Devotionalienhändlern, angetroffen werden, vom Adventkranz über den Weihnachtsbaum und die Krippenfiguren bis zu den gebackenen Osterlämmchen, den Agathabroten (in Italien) und den Blumenkränzen zur Zeit der Totenehrung, sie wurden schon von vielen zusammengestellt und immer wieder interpretiert, so daß es hier nichts Neues mehr mitzuteilen gibt. Dies alles noch einmal aufzuzählen, wäre wenig sinnvoll. Daß sich aber mit dem Kirchenjahr und seinem naturhaften Hintergrund auch der Mensch verändert, als weihnachtlicher Geschenkeverteiler ein anderer ist als wenige Wochen zuvor, da er die Gräber seiner verstorbenen Angehörigen aufsuchte und schmückte, auch an Fasching und Aschermittwoch nicht mit dem österlichen Überdenker seines Lebens verglichen werden kann – kurz gesagt, daß der Mensch selbst sich von einer Symbolfigur in die andere verwandelt, ohne unter dem Druck einer Kirche zu stehen, das könnte uns viele neue Gedanken einbringen.

Das Kirchenjahr mit seinem säkularen Hintergrund ist ein gemeinsamer Besitz der Konfessionen geblieben. Selbst die buddhistische Welt Ostasiens nimmt, wie die jüdisch-islamische des Nahen Ostens, am christlichen Festkalender teil, und sei es nur wegen der geschäftlichen Termine. Der Weihnachtsbaum ist zu einem Weltsymbol geworden. Dort freilich, wo sich im christlichen Bereich Naturjahr und Kirchenjahr nicht decken, auf der südlichen Halbkugel also, hat man um der Einheit im Glauben willen Ostern als ein müdes Herbstfest zu feiern, und mit Weihnachten beginnt die Sonne wieder zu sinken. Dafür wurde die Johannisnacht (24. Juni) zum volkstümlichen Hochfest erhoben.

STATIONEN IM ADVENT

Im Advent ist der Mensch, ob er sich noch zu den Christen zählt oder nicht, einer neuen Lebendigkeit bedürftiger als sonst, denn die Natur umgibt ihn mit purer Trostlosigkeit. Die Nächte werden mit ihren endlosen Dämmerungen immer länger, und dem, was es am Tag zu sehen gibt, fehlt der Goldglanz der Sonne. Daher auch das unzeitgemäße, vorwitzige Spiel mit den Barbarazweigen, die ins warme Zimmer hereingeholt, gerade noch blühen dürfen, dann aber, da sie sich in der Jahreszeit doch geirrt haben, weggeworfen werden müssen.

Lassen wir, wenn wir uns nun unseren Adventsheiligen zuwenden, Sankt Nikolaus den Vortritt. Ihn kennen auch die meisten, er ist mit der Würde und dem äußeren Ornat des Bischofs bekleidet und meistens hat er sogar Geschenke bei sich. Er kommt ja von weit her, und der weiße Bart soll ihn obendrein als alten Mann ausweisen. Nun ist dieser Heilige, von dem die Legende erzählt, er sei Bischof von Myra gewesen, innerhalb der Christenheit zu einem Ruhm aufgestiegen, wie ihn keine andere Gestalt kennt. Im Bereich der Ostkirche gilt Nikolaus oder Nikolai, wie er dort heißt, sogar als der erste Stellvertreter Gottes. Im westlichen Europa wurden ihm mehr als 3000 Kirchen, Klöster und Kapellen geweiht. Dies muß noch einen anderen Hintergrund haben als nur ein frommes, gottgeweihtes Leben. In der Tat gerät jeder, der sich mit der Literatur über diesen Heiligen befaßt, rasch in die Bereiche der Tiefenpsychologie. Schon Johann Jakob Bachofen hatte angemerkt, daß der heilige Nikolaus aus Myra im mythischen Land Lykien das mutterrechtliche Vermächtnis dieses Landes verwalte, das von den paternitären Großmächten mehrfach zerstört worden, aber immer wieder nachgewachsen sei. Er sei für alle bedrängten Völker und Menschen der unsterbliche mütterliche Anwalt.

So verstehen wir, daß der heilige Nikolaus, dessen Namensfest am 6. Dezember gefeiert wird, wie ein Volkslied durch die Seele der Menschen zieht. Anderthalb Jahrtausende lang haben einst Kulturvölker Europas, die Spanier, Italiener, Franzosen, Engländer, auch die Russen und die Deutschen an dem Bild dieses Mannes weitergedichtet. Keine Aufklärung, kein Atheismus vermochte ihn vergessen zu machen. Selbst in der grotesken Entstellung als »Väterchen Frost«, der ja immerhin auch die Kinder besucht, klingen Erinnerung an ihn nach. Und obgleich die Schaufenster der Warenhäuser, die gemieteten Straßen- oder die gebackenen Lebkuchenklause mit Hagiographie nichts mehr zu tun haben, so erscheinen sie doch zur genau fälligen Nikolauszeit und verheißen die Ankunft des Christkinds. Wo den Kindern christliches Traditionsgut erhalten werden soll, tritt kein watteumwölkter Zaubergreis auf, sondern ein ebenso gütiger wie strenger Bischof. Und da er in seiner Güte und Würde nicht prügeln kann, gibt man ihm als seinen Schatten den ruteschwingenden Knecht Ruprecht mit, eine chtonische Figur, die freilich dem lichten Heiligen aufs Wort folgen muß. »Halt ein, Knecht Ruprecht!«
Wie tritt der Adventsheilige also auf? Zunächst in der Kälte und am Abend, dann als Bote und Ankündiger eines herankommenden Licht- und Freudentags. Sankt Nikolaus sondert die Kinder nicht in gute und böse aus, besucht nicht nur die braven und folgsamen, sondern alle, so weit die Häuserreihe führt. Auch seine Gaben verteilt er nicht nach irgendeiner obrigkeitlichen Berechnung, sorgfältig gestaffelt und wie von der Hand des Schuldirektors überreicht: dir viel, dir wenig, den bösen gar nichts. Nein, er schüttet sie vor allen aus; und das nicht aus einem Korb oder sonst bemessenen Gefäß, sondern aus einem unergründlichen Sack. Nikolaus teilt seine Gaben aus, so wie es die Natur mit ihren Geschenken tut und wie die Sonne über Gerechte und Ungerechte scheint.
Mancher von uns hat einst nicht nur die Überwältigung der Kinder durch das Ritual erlebt, wobei gerade jene Bravourtypen psychisch einknickten, die vorher prahlten, sie würden ihm den Bart herunterreißen, sondern auch ihre Genugtuung, wenn aus dem »Buch des Lebens« Dinge vorgelesen wurden, die auf ein überlegenes Herrschaftswissen im Guten und im Bösen hindeuteten. Manches Kind wird durch Schule oder Elternhaus unter dem Druck von Schuld oder Versäumnis gehalten. Dem heiligen Nikolaus, der alles weiß, ist auch bekannt, wann es unschuldig bestraft wurde.
Wir wollen hier von den vielen, psychologisch überaus ergiebigen Nikolauslegenden nur eine einzige anführen, die Geschichte mit den

drei Goldkugeln. Läßt man das gewohnt-betuliche Gesäusel weg, so ergibt sich folgender Inhalt: Ein ausbeuterischer Vater lebt von seinen drei Töchtern, indem er sie auf die Straße schickt. Nikolaus erfährt es. Weit entfernt davon, dem Familienoberhaupt eine Strafpredigt zu halten, wie man Mädchen erzieht und sein Vateramt würdig ausübt, läßt er die verkommene Autoritätsperson völlig außer acht. Er glaubt an das Gute in den drei mißbrauchten Mädchen und gibt ihnen Gelegenheit, ihr Leben selbst in die Hand zu nehmen, indem er ihnen – wiederum nachts! – die bekannten drei Goldkugeln durchs Fenster wirft und sie von ihrer finanziellen Abhängigkeit erlöst. Wohlverstanden, die Heiligengabe wird nicht dem Vater zur gerechten Verteilung überreicht. Nikolaus ist der Patron der Bedrängten, hier und in den vielen Geschichten, die sein Leben schmücken. Wer in einer Zwangslage oder in Not ist, kann sich an ihn wenden. Sankt Nikolaus wird Abhilfe schaffen und alles in neue Bahnen lenken: ein echter Adventsheiliger.

Eine neue Erde und einen neuen Himmel hat die Schrift den Menschen in dieser Anlaufzeit auf das Weihnachtsfest versprochen. In Musik und Poesie, mit innig beseelten Weihnachtsliedern und bewegenden Hirten- und Krippenspielen stimmen sich Kinder und Erwachsene auf den großen Tag ein.

Der Kalender kann nicht predigen, aber er kann Zeichen setzen, beispielhafte Personen als Zeichen. Eine solche zweite Gestalt, die zu ihrer Lebens- und Märtyrerzeit geradezu als Wendemarke gegolten hat, war die heilige Barbara. Um das Jahr dreihundert herum soll sie als noch junges Mädchen zu Tode gekommen sein. Zwar hat man sie sofort als Glaubenszeugin gefeiert, aber unter den Turbulenzen der Völkerwanderung, der Hunneneinbrüche, auch des Zerwürfnisses mit der Ostkirche wieder vergessen. Erst die Kreuzzüge ließen ihr Bild wieder aufleuchten. Denn die heilige Barbara war eine Prinzessin aus dem Morgenlande, schön, reich und vor allem aber geistig selbständig. Als Christin erklärte sie die von den Eltern vertretene heidnische Welt für überholt und abgestanden, was der fürstliche Vater, der im Dienst des römischen Kaisers stand, natürlich nicht dulden konnte. So befahl er anläßlich einer Reise, die ungebärdige Tochter einfach in einen Turm zu sperren, gab ihr zwar Zofen und Dienerschaft dazu, ließ sogar auf persönlichen Wunsch der Prinzessin ein Bad mit zwei Fenstern einbauen, was diese freilich nicht hinderte – in ausdrücklicher Anspielung auf die Dreifaltigkeit –, ein drittes Fenster in die Wand setzen zu lassen. Dann verordnete man ihr einen Ehemann, aber Barbara ließ sich nicht zum Heiraten

zwingen. Die politischen, gesellschaftlichen und religiösen Gegensätze, in denen das junge Mädchen eine geradezu heroische Überzeugungskraft bewies, spitzten sich so zu, daß ihr schließlich der Vater mit eigenen Händen den Kopf abschlug. Eine wundervolle, ebenso geistreiche wie charaktervolle Frauenfigur, deren Legende für unsere jungen Mädchen als eine Fundgrube neuer Einsichten in ihre Lebensbewältigung dienen könnte. Wegen des meist falsch gedeuteten Festungsturms wurde die heilige Barbara einst von Bergwerksknappen und Artilleristen, von Architekten oder Menschen, die in unerträgliche Verhältnisse eingesperrt waren, zur Schutzpatronin erhoben. Man hat sie sogar zusammen mit Katherina und Margarete als eines der »Drei heiligen Madeln« unter die Vierzehn Nothelfer eingereiht. Dies alles, weil sie den Mut und das Einstehen für die eigene Überzeugung verkörperte. Mit Recht fand sie ihren Ehrentag am Anfang des Advent (am 4. Dezember), denn diese junge Frau hat den Anbruch einer neuen, hoffnungsvollen Zeit nach einer abgestandenen Epoche mit dem eigenen Leben bezahlt.
Weil der Kalender nicht predigen will, spricht er in Bildern. Streng genommen hat die junge Barbara mit den Menschen an der Krippe nichts zu tun. Sie ist ohnedies keine Sanfte, eher mit Kraft und neuem Leben aufgeladen, auch wenn sie dabei verlieren muß. Wie könnte man dieses kaum zwanzigjährige Märtyrermädchen besser symbolisieren als mit Knospen vom Apfelbaum, die ja auch von Lebensdruck und Erwartung gefüllt sind? Bei den Barbarazweigen kommt sogar noch hinzu, daß sie, wie die Heilige, zu früh aufblühen.

Denn die Umgebung – sei sie heidnisch oder winterlich – ist noch nicht so weit. Barbara und ihre Blüten kamen zur Unzeit; das Mädchen bringt man ums Leben, die Zweige gehen kaputt, kaum daß ihre rosarote Schönheit sichtbar geworden ist.
Diese Adventsgestalten mit ihrem aparten Charakterprofil lassen sich

nur in einer Zeit feiern, in der auch das Gemüt mit vielerlei Ungewöhnlichem erfüllt ist. Ein heimliches Planen und Versteckspielen kommt in Gang, das zwar auf den Heiligen Abend zielt, doch feiern die Adventswochen inzwischen auch sich selbst. Man sollte das Fest der Straßen und Schaufenster nicht aus religiös erstarrter Verachtung herabsetzen. Der Mensch, der zum Einkauf für andere unterwegs ist, der geldausgebende, Geschenke auswählende, der Freude stiftende Mensch steckt selbst in der Wende von der üblichen Mittelmäßigkeit zu einer schöpferischen Erhebung. Er ist, ohne daß er es weiß, sowohl von der jungen, aktiven Barbara wie von dem guten alten Nikolaus begleitet.

WEIHNACHTSZEICHEN – SYMBOLE EINER UNGETEILTEN WELT

Man hört heute oft sagen, mit Weihnachten habe es nicht mehr viel auf sich. Die einst herzbewegende Wiederbegehung der Christgeburt zu Bethlehem sei auf ein Kinder- und Familienfest heruntergekommen, nur noch als ein Datum voll rührseliger Erinnerungen forterhalten, aber aller Wahrheit und Tiefe verlustig. Allzuviel Nutznießer hätten sich des Weihnachtstages und seiner Zurichtung bemächtigt, so daß man überall eine leidige Mischung von Würdigem und Banalem wahrnehme. Das reiche von der merkantil angeheizten Geschenkwelle, den fantastischen Schaufensterdekorationen, der attraktiven Gestimmtheit öffentlicher Plätze über die in Lohnkämpfen erstrittene Gratifikation bis zu den klischeehaften Friedenskundgebungen, die »alle Jahre wieder« an diesem Tage fällig seien, aber noch nie wirklichen Frieden gestiftet hätten, die große Sache der Herzen vielmehr in ein unverbindliches Gerede herabzögen ...
Das mag alles stimmen. Doch über das Fest selbst ist damit gar nichts ausgesagt, denn dieses hebt uns in Ordnungen hinauf, die wir ohnedies nur andeutungsweise bekunden können. Wir haben Weihnachten weder erfunden, noch besitzen wir sonst einen Urheberanspruch darauf. Es wurde uns überliefert und wir geben es an die nächste Generation weiter. Uns ist nur das Kolorit seiner Begehung anheimgestellt, und das bedeutet nicht viel. Denn dieses Fest ist so mächtig, daß sein Fortbestand keineswegs von unseren ehrfurchtsvollen oder geringschätzigen Gepflogenheiten abhängt. Weihnach-

ten wurzelt tief in unserer inneren Geschichte; es braucht sich nur zu nahen, um schon andere Menschen aus uns zu machen, reichere, ansprechbarere, denen eine zweite Natur zuwächst, eine Art, Mensch zu sein, die uns das Jahr über nicht zugemutet werden kann.
Es wäre falsch, Weihnachten, den vermeintlichen rührseligen Kindertag, dessen geistiger Urgrund manchem ins Unangenehme zu verschwimmen scheint, als ein Traditionsfest anzusehen, das nicht mehr so ganz auf der Höhe des heutigen Bewußtseins steht. Denn in Wirklichkeit gibt sich Weihnachten im Fordern und Verbieten strenger als jedes andere Fest. Es verlangt den Gebrauch genauer und unverwechselbarer Zeichen und zwar mit rigoroser Exklusivität. Die Symbole aber, die ein Fest im Laufe der Jahrhunderte mitbringt, geben den sichersten Aufschluß über seinen Rang.
Daß wir zum Beispiel unsere Räume mit kreisrunden Adventskränzen schmücken, steht in engem Zusammenhang mit der noch ungeteilten, heilen Welt, die mit der Geburt des heiligen Kindes intoniert

ist und die der Kreis versinnbildlicht. Die Form dieser seit einigen Jahrzehnten üblichen vorweihnachtlichen Zier ist festgelegt, eine andere Form, etwa die viereckige nach der Zahl der Adventssonntage, fiele sofort aus dem Symbolbezug heraus. In ähnlicher Weise ist auch das Krippenspiel, so fantasiereich es auch immer neue Szenen hinzuerfindet, an eine engbegrenzte Gestimmtheit der Personen gebunden. Zur Kontrastrierung argloser Hirten mag es vielleicht eine Gruppe von Gendarmen einführen, die wutschnaubend nach dem Kind suchen, oder einen gewinnsüchtigen Herbergswirt, der das arme, vor einer Geburt stehende Paar kaltschnäuzig abweist, aber diese Figuren dürfen nie in die Nähe der Krippe kommen, weder um Geschenke zu überreichen, noch zur Anbetung.
Selbst die Herstellung des Christbaumschmucks, der als Massenproduktion auf den Tischen der Kaufhäuser liegt, folgt den traditionellen

»Vorschriften«. Das gilt von der Christbaumkugel bis zum einfältigen Lamettastreifen, ja bis zum Einwickelpapier. Nicht einmal die kleinen Formen des Weihnachtsgebäcks sind willkürlicher Veränderung ausgesetzt. Jeder Haushalt besitzt eine Handvoll dieser bekannten, blechernen Ausstechmodel. In keinem Satz wird der Stern fehlen, die runde Sonne, das Kleeblatt, irgendeine vereinfachte Engels- oder Vogelgestalt. Die Formenwelt, die dieses Fest entstehen ließ, ist uns von den vergangenen Geschlechtern verbindlich überliefert. Wir können sie weiter ausbauen, aber wir können sie nicht ändern, ohne des Festes verlustig zu gehen.
Es geschieht nicht zufällig, daß jeder, sobald Weihnachten angekündigt ist, in ein merkwürdig verhülltes Testverfahren gerät, aus dem er entweder als ein verachteter Kümmerling hervorgeht, der wohl tüchtig und fleißig sein mag, brav und sparsam, in dessen Mitmenschlichkeit aber nie ein schöpferischer Einfall wahrzunehmen ist, oder aber als ein Mensch, der mit seiner inneren Skala überrascht, weil sie mit einem Mal eine verborgene Güte an den Tag bringt, die dem gewohnten Lebensstil widerspricht. Man sollte die provokative Kraft des Weihnachtsfestes nicht mit den Lockungen der Geschäftswelt verwechseln. Gäbe es nichts zu kaufen, wären wir wieder arm, wir begännen, zum Zeichen, daß wir einander zugetan sind – näher als sonst, weil dies der Tag erzwingt, der ja nicht nur im Kalender, sondern zuerst in unseren Herzen steht – Strohgeschenke zu flechten oder einander lange Briefe zu schreiben.
Welche Stunde also schlägt an Weihnachten, abgesehen vom religiösen Ereignis, das in einem anderen Rahmen zu würdigen ist?
Man zählte schon mehr als drei Jahrhunderte seit der Geburt Christi, als der 25. Dezember in Rom als Feiertag eingesetzt wurde, um die dortigen Christen gegen den Sog des Mithrasfestes vom »Unbesiegten Sonnengott« zu immunisieren. Und noch einmal rund 300 Jahre dauerte es, bis man an diesem demonstrativen Lichtfest eine nächtliche Christmette feierte. (Inzwischen war der Mithraskult erloschen, man hatte keinen Grund mehr, das wahre, das göttliche Licht gegen ein naturhaft vergängliches hervorzuheben.) Das Christentum, längst zur Staatsreligion erklärt, zeigte sich stark genug, germanisch-keltisches Seelentum aufzunehmen und sich gleichzeitig orientalischen Strömungen zu öffnen. In diesen Jahrhunderten nach der untergegangenen römischen Staatsmacht erhob sich eine Gestalt von wundervoller Güte und Menschenfreundlichkeit, ein wahrhaft mütterlicher Heiliger, ein Helfer der Schwachen gegen die Härte des Schicksals und die Unerbittlichkeit des patriarchalischen Prinzips.

Der heilige Nikolaus war jahrhundertelang der bescherende, beseligende Patron der Kinder, bevor jemand an Weihnachtsgeschenke gedacht hat. Er ist historisch nicht zu fassen, wenn auch jede Legende mit festen Daten und Orten aufwartet. An seinem Bild hat sich die Ost- und Westkirche gleichermaßen begeistert, hat es im Laufe der Jahrhunderte mit immer neuen Wundergeschichten umrankt, die aber alle die unverkennbare Grundidee seiner Erscheinung variieren: die Wiederherstellung einer heilen Welt gegen die Gewalt des Gesetzes und seiner Vollstrecker.

Es gibt kein tieferes Weihnachtssymbol als den heiligen Nikolaus mit seinen vielfältigen Wundern. »Wenn Gott je stirbt, so werden wir den heiligen Nikolaus zum lieben Gott machen«, sagten einst die Russen. Nicht der Bußprediger Johannes, der zu adventlicher Einkehr ruft, auch nicht die viel jüngere Liturgie des Christtages, sondern der heilige Nikolaus ist der eigentliche Urheber der Weihnachtsseligkeit. Es ist sein Geist, der uns für eine Weile von der Zwangsvorstellung befreit, die Welt und unser Leben seien in eine riesige Buchhaltung eingefangen, darin jeder das habe, was ihm zustehe, und daß Reichtum, Glück und Unglück nach den unabänderlichen Gewichten des Schicksals verteilt seien. Nein, sobald Nikolaus die Weihnachtszeit eröffnet hat, verliert die sonst verbindliche Lebensstrenge ihre Gültigkeit. Jeder darf jeden beschenken, jeder kann von jedem annehmen. Der Mensch mag getrost er selbst sein, auch wenn das anderen kitschig oder kindisch erscheint. Alle, die die Nikolaussprache des Äpfel- und Nüsseausschüttens sprechen und erwidern, stiften Weihnachten. Ein jeder spürt ohne nähere Erklärung, daß protziges Einmal-tief-in-die-Tasche-Greifen unweihnachtlich ist. Das gehört zu ganz anderen Feiern und Festkreisen. Weihnachtlich wird man durch die Zugetanheit für jedermann. Nicht umsonst schickt man Gaben an »unbekannt«: ins Gefängnis, ins Altersheim, ins Krankenhaus. Wir sagten vorhin, daß uns das Fest nur anvertraut sei; verlernen wir, es zu begehen, läßt unsere Wandlungsfähigkeit nach, so können wir das nicht dem Weihnachtstag anlasten.

Äpfel und Nüsse gehören also zu den weihnachtlichen Zeichen. Nicht nur der heilige Nikolaus schüttet sie aus, sie hängen an jedem Christbaum, wenn er nach herkömmlicher Art geschmückt ist, und liegen im Gabenteller. Das hat nichts mit kümmerlichen Lebensverhältnissen zu tun. Äpfel und Nüsse sind altvertraute Symbole der Ganzheit, der unverletzten Fülle und keineswegs durch irgendwelches anderes Obst zu ersetzen. So wenig der Kaiser eine Reichsbirne als Zeichen seiner Uneingeschränktheit in der Hand hielt, so wenig kann der Fürst der Welt an den Domportalen etwas anderes als einen Apfel zeigen, wenn er zu den Freuden der Welt verlocken will. Schon Eva im Paradies wußte, daß es ums Ganze ging, als sie den »Apfel« annahm. – Es werden in der Weihnachtszeit um ein Vielfaches mehr Haselnüsse verbraucht und verbacken als Walnüsse, die wir mitsamt der Schale vergoldet in den Baum hängen (und denen man in der christlichen Literatur als Sinnbild für Christus, aber auch für den Menschen begegnet).

Die Schmuckzeichen, die am Christbaum aufgehängt werden – ursprünglich also Äpfel und vergoldete Nüsse, dann hauptsächlich bunte Glaskugeln, Sterne und Kerzen, dazwischen spielerischerweise wohl auch Engelchen, vielleicht sogar ganze Kugelketten (niemals freilich Gliederketten, die eine ganz andere, eine weihnachtsfremde Bedeutung haben), Engelshaar und die senkrecht herabhängenden Lamettafäden – sie alle stehen zueinander in der inneren Verbindung eines symbolischen Gleichklangs. Beim Lametta kommt es auf das senkrechte Herabhängen an (denn die Lamettafäden sollen die auf die Menschen herabkommenden Strahlen Gottes darstellen). Deshalb muß es auch noch im Zeitalter des Aluminiums aus weichem, schwerem Stanniol bestehen. Wichtig ist auch der am Gipfel des Baumes befestigte große Strahlenstern, der keineswegs den Stern von Bethlehem, sondern die Sonne als weltumfassendes Symbol zu vertreten hat. Jener andere Stern, der den Drei Königen den Weg wies, wird als Komet mit langem Schweif dargestellt und immer asymmetrisch plaziert. Über geschnitzten Krippen, die in Bayern und Österreich zum Weihnachtsbaum gehören, darf er nicht fehlen.

Dieser Stern, schräg über dem Haus, kündigt den neuen Äon, die Zeitenwende an, die sich unter ihm vollzogen hat, weshalb das Haus, das noch in der alten Zeit als Schutz dienen durfte, meist kontrastreich als Ruine gezeigt wird. Zu ihr paßt auch die immer neu herausgefundene Zusammenstellung des Szenenbildes. Maler und Schnitzer folgen durchaus unserem mythischen Gefühl, wenn sie hier im Ursprung eines neuen Zeitalters eine Allerwelts-Symmetrie oder uniforme Gruppierungen der Zivilisation vermeiden. Die Krippenszene sollte sich auch künstlerisch jedesmal neu ereignen. Für sie darf es kein verbindliches Modell geben. Darin ist sie wiederum dem Christbaum verwandt, der auch von Haus zu Haus etwas anders und in schöpferischer Lust geschmückt werden sollte. Einheitskrippen und schablonisierte Bäume verfälschen die Weihnachtsidee.

Zwar hat uns die Volkskunde einst ausführlich belehrt, wie ein fränkischer, ein altbayerischer, ein Schwarzwälder Christbaum auszusehen habe, wenn er stilgerecht geschmückt sei. Ebenso versuchte sie uns zu erklären, was der Lichterbaum an der Schwelle des aufgehenden Jahres bedeute. Und an diese Sinngebung schien anzuklingen, daß er als angeblich altgermanisch-heidnisches Zeichen jahrhundertelang aus den Kirchen ferngehalten wurde. Aber warum er im Lauf dieser Zeit in jedes Haus Einzug hielt, von Lappland bis Australien, warum in tropischen Ländern, wo kein Mensch je eine Tanne gesehen hat, nicht auf die einheimischen Laubbäume übergegriffen wird, warum man dort den nordischen Nadelbaum sogar industriell nachbildet und den »Fremdling« wie bei uns auf öffentliche Plätze postiert, obwohl von germanischem Einfluß keine Rede sein kann, das ist von der Folkloristik nie erklärt worden. In Wirklichkeit ist der Christbaum kein Phänomen des äußeren Brauchtums, sondern ein Glücksfund aus der mythischen Tiefe der Menschennatur, vergleichbar am ehesten dem Lied »Stille Nacht«, das auch Europäer und Indianer, Neger und Asiaten in gleicher Weise anrührt. Mögen manche Anklänge im frühen Brauchtum gefunden werden, einen Entwicklungsgang zum Weihnachtsbaum hin gibt es nicht. Wenn er ein Lebensbaum wäre, wie mitunter gesagt wird, warum können wir ihn dann nicht mit farbigen Bändern schmücken wie den Maibaum? Welche sind die Sperriegel, daß wir nicht um ihn herum tanzen, um unserer Freude an der wiederaufsteigenden Sonne Ausdruck zu geben? Der Christbaum und sein Schmuck, erwiesenermaßen erstmals während der Elendszeit nach dem Dreißigjährigen Krieg im damals protestantischen Lothringen erstellt, sind etwas ganz anderes, unendlich Tieferes. Sie sollen der Freude Ausdruck geben, daß Gott sich dem Menschen nicht als Majestät, als Herrscher zeigte, sondern als liebe- und schutzbedürftiges Kind zu ihm kam. Wir empfänden es als Stilbruch, würden wir sein kurzes Gastspiel in unserem Wohnzimmer mit Sonnenkult und einschichtigen Huldigungen der Lebenslust begehen. Ohne Frage müßte irgendeine Art von Weihnachtsbaum mit den üblichen Zutaten in einem uralten, jahrtausendelang geübten Brauch zu finden sein, wenn nur die Lichtfreude dahinterstünde. Wir alle wissen, daß dies nicht der Fall ist. Obendrein ist der Siegeszug der Weihnachtstanne um die ganze Welt überhaupt nicht mehr zu erklären, wenn man die Tanne mit der wieder aufsteigenden Sonne in Beziehung setzt. Auf der südlichen Halbkugel, wo das Christfest nicht weniger herzlich und mit nicht geringerem äußeren Aufwand gefeiert wird als bei uns, fängt die hochsommerliche Sonne in diesen Tagen gerade zu sinken an.

Das Aufkommen des Christbaums gleicht der anonymen Entstehung eines Volksliedes. Irgendeiner hat das erste Tännchen ins Zimmer geholt und geziert, und die anderen haben den Sinngehalt sofort wahrgenommen. Die anderen, die Hellwachen, das waren Menschen einer eben aufgebrochenen Innerlichkeit. Der Christbaum wurde weder von Theologen noch von kirchlichen Behörden eingeführt; er breitete sich aus wie eine wildwachsende Hausliturgie, gegen die alle Einwände versagten. Im Bild der Tanne bleibt das Jahr organisch ganz und unzerteilt: »Du grünst nicht nur zur Sommerzeit«. Die Analogie von dem kargen Baum, der, von Kälte und Schnee gefährdet, allein in der sonst ruhenden Natur das Leben verwahrt, zum armen Kind in der Krippe, brauchte nicht artikuliert zu werden, jeder fühlte den Gleichklang.

Mitunter sieht man Zeichnungen, auf denen auch der heilige Nikolaus ein frisch gehauenes Tännchen unter dem Arm trägt. Das ist natürlich ebenso symbolischer Unfug, wie jene Naturschwärmer ein ganz anderes Fest feiern, die in den Wald hinaus gehen, um dort eine verschneite Tanne mit Kerzen zu schmücken. Unter offenem Himmel können Lichtmysterien aller Art begangen werden, die Höhle, der Innenraum als Kultort ist anderen Ursprungs. Weihnachten, das sich erstmals in einer Höhle, in einem Stall ereignet hat, wird immer ein Fest des Innenraums, der familiären Intimität sein. Was den Nikolaus mit dem Tännchen betrifft, so stellt er schon deshalb eine mißverstandene Form des Kinderpatrons dar, weil dieses Bäumchen nur in einem einzigen Haus abgegeben werden könnte, während es doch Nikolausart ist, alle Kinder gleichmäßig zu beschenken. Mit dem Christbaum, der zu den Heiligabend-Überraschungen zählt, hat er ohnedies nichts zu tun, und obendrein ist Nikolaus ein markanter einzelner. Am Weihnachtsabend müßte er sich selbst untreu werden; von Haus zu Haus gehend, würde er an diesem Abend als unglücklicher Heimatloser irgendwo zum Mitfeiern dabehalten werden.

Das Evangelium ist ein heiliger Text, der sich nicht nur an den Denker in uns wendet, sondern auch vor den ältesten, prärationalen Seelenschichten zu bestehen hat. Die gestalthaften Ansprüche einer heiligen Schrift sind von beispielloser Strenge. Mit ihren Wahrheiten wird eine Höhenlage des Geistes angesprochen, die von den faktischen Richtigkeiten der Geschichtschronik gar nicht zu erreichen ist. Deshalb ertragen wir Verstöße gegen die Logik fast schmerzlos. Wenn es etwa heißt, Methusalem sei 720 Jahre alt geworden, so regt uns das nicht auf. Vielleicht ist nicht der Mann, sondern ein Typ gemeint, eine Sippe, vielleicht galt damals ein anderes Maß, vielleicht ist 720 gar keine Alterszahl, sondern ein versteckter Begriff. Sofort und heftig schlägt aber der Seismograph unserer Tiefenseele aus, wo das symbolische Kontrollorgan arbeitet, wenn durch irgendein Faktum ein Symbol verletzt wird. Stellen wir uns einen Augenblick den unerträglichen Bericht vor, Maria und Joseph hätten in Bethlehem doch noch eine Herberge gefunden und das Gotteskind wäre in einem Gästehaus geboren worden, in irgendeinem kaum sauberen Zimmer, das als Nächtigungsort zahlloser Reisender symbolisch schon belastet war. Denn was auf ihm geschah, gehört für alle Zeiten zum Gehalt eines Ortes. Eine seelisch und mythisch leere, an Emanationskraft verbrauchte Umgebung und lautes, bunt zusammengewürfeltes Gästevolk wäre mit albernem Gerede erster Zeuge des Ereignisses geworden... Ein solcher Bericht könnte einst durch tausend Zeugen bestätigt worden sein, er wäre einfach nicht wahr und hätte sich schon deshalb nicht bis in unsere Zeit erhalten, weil schon der erste Handschriftenkopierer sich geweigert hätte, einen so dunklen Anfang als Zeitenwende zu überliefern. Denn dieser durchaus mögliche Bericht – da ja Maria und Joseph eine Herberge suchten – würde unsere mythische Tiefenseele verletzen, die um Millionen Jahre älter ist als unser auf Argumente erpichtes Großhirn. Die hochdifferenzierte Symbolempfindlichkeit ist das Älteste in uns. Ein großes Ereignis duldet nur große Zeichen um sich, durch die es überzeugender legitimiert wird als durch noch so zuverlässige Belege. Zu allen Zeiten gab es analphabetische Genies, aber noch nie symbolblinde. Der Weihnachtsbericht der Bibel zählt nur Gestalten auf, die die ursprüngliche Ganzheit des Lebens versinnbildlichen: die heilige Familie, Hirten und Engel und schließlich die Drei Könige, die, wenngleich sie nur Magier oder Weise genannt werden, ein geschlossenes Reich irdischer oder kosmischer Natur vertreten. Ebenso bilden die Hirten mit ihren Schafen ein urtümliches Ganzes. Weidende Herden, als Mittelding zwischen Stallvieh und instinktgesichertem Wild, bleiben nur am Leben, wenn sie gehütet werden. Der gute Hirte als das mütterliche Prinzip einer nur beschützenden, nicht vergewaltigenden Überlegenheit ist der klassische Gast an der Krippe. Und für die kurze Weile eines zweizeiligen Verses zeigen sich auch die Engel, aber nur den Hirten. Engel sind ja Botschaften und folglich nur von denen wahrzunehmen, denen sie gelten. Andere sehen, hören oder erkennen sie nicht. Wer je in Bethlehem die Geburtsgrotte gezeigt bekam, muß es unbegreiflich finden, daß nicht ganz Bethlehem das »Ehre sei Gott« der großen Schar des himmlischen Heeres vernahm, so dicht beieinander liegen Grotte, Städtchen und Hirtenfeld. Weil aber der Gesang nicht an sie gerichtet war, hätten die Leute von Bethlehem selbst dann nichts gehört, wenn sie draußen bei den Hirten gewesen wären. Jedesmal wenn ein Engel oder deren mehrere erscheinen, schließen sich Himmel und Erde zu einem Ganzen zusammen. An der Kontaktstelle herrscht der Schrecken einer ekstatischen Stituation, und die Menschen, die einen Engel erlebten, sprechen ganz anders darüber als von der üblichen Realität. Ob die Hirten ihr Erlebnis auf dem Felde überhaupt ins allgemeine Gespräch bringen konnten, was tuts? Jedenfalls wird vom heranwachsenden Kind in Nazareth nie gesagt, man dürfe es nicht aus den Augen lassen, denn bei seiner Geburt hätten die Engel gesungen. Das Kind brauchte die Verborgenheit; ein »Wunderkind« mit allzu früher Öffentlichkeit wäre der Ruhe verlustig gewesen, die es zu seiner Entwicklung benötigte.

In der symbolischen Schau stimmt alles: der gewaltige Engelsgesang, der nachher wie nicht gewesen war, die Suche nach der Herberge, die um alles in der Welt nicht gefunden werden durfte, die redlichen Hirten, die frommen Drei Könige, von denen keiner ein Wort der Zeugenschaft überliefert hat. Es ist untauglich als historischer Beleg, aber als Zeichen so groß, daß die Jahrtausende davon angerührt sind.

VOM SINN DES FASTENS

Wer sich Gedanken darüber macht, warum die mittelalterliche Kirche nach der guten und geruhsamen Verköstigung des Winters eine vierzigtägige Fastenzeit ansetzte, zieht möglicherweise den Schluß, daß dies als geistliche Anregung zu einer verjüngenden Frühjahrskur gemeint war. Doch das wäre ein Irrtum – abgesehen davon, daß der Mensch im Mittelalter keineswegs so gut ernährt war wie wir heute, ja daß viele das ganze Jahr über hungerten. Denn das kirchliche Fastengebot nahm von körperlichen Konstitutionen, wenn man nicht gerade krankheitshalber dispensiert war, überhaupt nicht Kenntnis. Es leitete sich vielmehr von der Bibel ab, die mit dem vierzigtägigen Fasten in der Wüste das Maß lieferte. Doch hat unsere Zeit nach und nach alles säkularisiert, was einst den Nimbus der Offenbarung trug. (Das Töten und Stehlen wird auch von atheistischen Staaten geahndet, ohne Inanspruchnahme Gottes, also nicht als Sünde, sondern als

Verbrechen. Eine soziale Gesetzgebung übernimmt die einst viel gerühmten Werke der Barmherzigkeit. Obdachlose werden von Staats wegen beherbergt, Arme unterstützt, Kranke gepflegt, Alte betreut. Die »Werke der Barmherzigkeit« wurden zum Beruf.
Geradezu vollkommen säkularisiert, so daß man von religiösen Motiven überhaupt nicht mehr sprechen kann, wurde das Fasten. Wer fastet, dem wird ungefragt unterstellt, daß er es um seiner Gesundheit oder Schönheit willen tue, oder aus Gründen des Vorteils, weil er sonst beruflichen Schaden hätte, etwa als Sportler ausfiele, als Schauspielerin nicht mehr gefragt wäre. Vor solchen Hintergründen wird sogar härter gefastet als einst unter notorischen Asketen. Und es ist kein Zweifel, daß man auch heute wieder, wie gelegentlich im Mittelalter, über jedes Maß hinausgeht. Hungerte man einst, so daß die geistlichen Vorgesetzten Einhalt geboten, so muß heute der Arzt seine Stimme erheben, weil sich allzu ehrgeizige Willensakrobaten so rigorose Fastenkuren auferlegen, daß Magersucht eintritt. Hohlwangigkeit, einst ein Zeichen religiösen Übereifers, ist heute zum Symbol gnadenloser Diät geworden. Wer fastet, glaubt, es sich selbst schuldig zu sein, nicht dem lieben Gott. Was man erfolgshungrig an der Waage abliest, hat keinen Bezug zum Heil der Seele. Und weil das Wort »Fasten« nicht mehr im religiösen Sinn verstanden wird, scheuen sich die Kirchen, durch strenge Vorschriften in Konkurrenz mit Fastenkliniken, Pharmaprodukten oder teuren Diätkuren zu geraten.
Dennoch behält das Fasten seine unverlierbare Bedeutung. Und daß eine Fastenperiode ins Kirchenjahr eingebaut wurde, noch dazu in die diätetisch richtige Nachwinterzeit, eröffnet einen Sinn weit über Gewichts- und Verdauungsfragen hinaus. Denn es bekommt dem Menschen nichts besser, als sich zeitweilig in seinem Aufwand, in seinen Ansprüchen zurückzunehmen. Fasten heißt dann: mit weniger als bisher auskommen, unser Daseinszubehör wieder einmal auf Überflüssigkeit hin überprüfen. Oft wird dabei sogar etwas Geld frei, das vielleicht dorthin fließen könnte, wo aus purer Not gefastet werden muß. Es könnte auch ein wenig Zeit übrigbleiben, die nicht verschleudert werden will.
Fasten steht in engem Bezug zum Angebot des Marktes, der uns nicht nur versorgen, sondern immer neue Bedürfnisse wachrufen will. Sich auf das zu reduzieren, was man wirklich braucht, heißt also, ein Stück Freiheit gegenüber dem ständigen Druck neuer Verlockungen zurückzuholen oder, unverhüllter gesagt, ein paar Wochen Ausnüchterung im dauernden Konsumrausch durchzustehen.

ASCHERMITTWOCH

In der Nacht zum Aschermittwoch ging es einst über jene markante Schwelle, die den karnevalesken Höhepunkt bildete: die mitternächtliche Demaskierung. Zwar verzichten wir heute meist auf diesen Zauber, aber der Stundenschlag, mit dem das närrische Soll erfüllt ist, bleibt der gleiche.
Jedes Jahr, so hören wir, werde in den Bischofskirchen der Großstädte ein »Aschermittwoch der Künstler« begangen, an dem auch zahlreiche schöpferisch tätige Menschen teilnähmen, die nicht katholisch sind. Zwar glaube niemand, daß es dem Bischof, wenn er diesen Gottesdienst feiert, darum gehe, für ein paar verkaterte Maler und Musiker eine unzeitgemäße Predigt zu halten. Diese Morgenfeier wurde vielmehr ausdrücklich erbeten. Denn der künstlerisch angelegte Mensch, der das ganze Jahr über daran arbeitet, sich selbst und dann auch uns von abgestandener, unecht gewordener Konvention zu reinigen, er hat diesen Tag nach dem Fasnachtstrubel gewählt, weil darin Schein und Wahrheit einander unmittelbar begegnen. Denn klarer als andere durchschaut er die symbolische Genauigkeit dieses Sakramentals, sie sagt ihm, daß er von sich aus, ohne Inspiration, ohne schöpferische Einfälle ein armes Nichts bliebe.
Als des Künstlers bevorzugter Gottesdienst gilt ja nicht jener in der Atmosphäre der Festprediger oder erwählten Seelen, die alle von einer vermeintlichen heilen Welt erfüllt sind. Denn für ihn gibt es das nicht. Er hat bewußt den Aschermittwoch ausgewählt, weil dieser Tag die Gefährdung der inneren Existenz zur Sprache bringt. Nicht die Kulturkirche mit ihren Orchestermessen und Ministrantenreigen zieht ihn an, sondern die harte Sprache, die sie an diesem Tag bereithält, an dem sie allen, die soeben noch in mancherlei Rollen etwas höchst Originelles, vielleicht auch Verrücktes produziert haben, ohne Vorwurf und Bitterkeit sagt: »Denke daran, daß du Staub bist!« Wer den Rückfall ins Nichts, den Absturz von der inspiratorischen Flut in stumpfe, einfallslose Mittelmäßigkeit, das verzweifelte Warten auf schöpferische Eingebungen nur allzu gut kennt, gewinnt für diesen symbolträchtigen Brauch der Kirche eine besondere Vertrautheit.
Der passiven Geste, sich in feierlichem Rahmen Asche aufs Haupt streuen zu lassen, wohnt eine geradezu provozierende Symbolik inne. Denn nicht auf die kleine Prise grauer Holzasche, deren Quantum so gering ist, daß sie nicht einmal ausgebürstet werden muß,

kommt es an, sondern auf die Gedankengänge, die sie hervorruft. Das Wort gehört dazu: »Bedenke, Mensch, daß du Staub bist und zum Staub zurückkehren wirst.« Der vergnügte Tausendsassa vorangegangener Faschingsnächte läßt sich das sagen und verabschiedet sich damit ohne Reue von einem Zauber, der nicht nur aus geliehenen Rollen, sondern auch aus viel Konfetti bestand. Die Asche ist Symbol für die Rückkehr aller Materie zu den Elementen; übertragen: von allem Als-Ob zum Elementaren.

DER LEIDENDE GOTTMENSCH

Als eindeutiges Bild verlangt es zwar keine Interpretationsmühen, um erkannt zu werden, doch liefert das Kreuz kontemplativen Gemütern Einsichten bis in die letzten Daseinshintergründe. Die größten Meister haben, seit es eine christliche Kunst gibt, den leidenden und in Schmerzen sterbenden Menschen in die Darstellungen des Gekreuzigten einzubannen versucht. In Malerei und Skulptur, in Musik und vielfältigen Andachtsformen (Kreuzwege, Karfreitagschöre, Altarbilder) erhob das künstlerisch schöpferische Christentum den leidenden Gottmenschen und in weiblicher Parallele zu ihm seine Mutter zu einem inspiratorischen Zentrum, das von keiner anderen Religion je erreicht wurde.
Allein der symbolische Druck, der von Weihnachten und der Karwoche ausging, hätte genügt, die Zahlen der Weltgeschichte umzuschreiben und die Götterbilder der Vergangenheit, die mit Schönheit, Kraft und Gesundheit idealisiert worden waren, zu deklassieren. Im Ernstnehmen des Leidens gegenüber der Kraftmeierei der säkularen Reiche liegt auch die symbolische Zeitlosigkeit des Christentums, aus der sich seine Kirchen immer wieder verjüngen können.
Einen Vergleich zur Menschennähe der Passion hält das Wunderereignis des nachfolgenden Osterfestes nicht aus (oder man überträgt es auf das Normalmaß unserer Existenz, wo seine Symbolkraft freilich tausendfach aufblühen kann). Denn die üblichen Auferstehungszeichen – das gepuderte Lämmchen mit eingestochener Papierfahne, das Nesterbauen für farbige Eier, von denen die Kinder dann glauben sollen, daß sie der Hase, das uralte Fruchtbarkeitssymbol, für sie gelegt habe – sind zwar alle recht frühlingshaft, weisen aber zur

Auferstehung weniger Bezug auf als die Tauben zum Heiligen Geist (sie steht wenigstens in der Bibel). Und sollten diese österlichen Gaben mancherorts zur Kirche gebracht werden, damit sie der Pfarrer segne, so hat dies mit Auferstehung schlechthin nichts zu tun. Gelingt es aber, in den unser ganzes Leben durchziehenden Grab- und Auferstehungssituationen das Osterereignis wiederzuerkennen, dann versteht man, warum Ostern zum Hauptfest des ganzen Kirchenjahrs erhoben wurde. Auch daß es bis zum heutigen Tag ein bewegliches Fest blieb, in kein Kalenderdatum einzuheften, was für die nichtchristlichen Kulturen wie für die »christliche« Geschäftswelt immerhin als kleines Ärgernis gilt.

OSTERN HAT SEINEN SITZ IM LEBEN

In Wahrheit bildet, was vor zwei Jahrtausenden in Jerusalem geschah, gar kein Faktum, das die Weltgeschichte in ihren Annalen eintragen oder auch nur zur Kenntnis hätte nehmen müssen, wie ja ebenso auch das Evangelium nicht einen einzigen Zeugen vorführt, sondern einfach einen Engel sagen läßt: »Er ist auferstanden.« Engel kommen in der Geschichte aber so wenig vor wie in der Natur. Damals geschah etwas zeitlos Exemplarisches, das sich seitdem immer wieder ereignet, wo Menschenschicksal abläuft. Auferstehung hat sehr wohl seinen Sitz in unserem Leben, ja, dieses bleibt überhaupt nur menschenwürdig, solange es auferstehungsfähig, also erneuerungsfähig ist.

Doch kann hier von keinem Naturgesetz und schon gar nicht von Ansprüchen auf eine Wiedergeburt die Rede sein. Auferstehung läßt sich weder vorbereiten noch planen. Hätte Jesus vor seinem Tod gesagt: »Macht euch nichts daraus, in zwei Tagen bin ich wieder lebendig mitten unter euch«, so wäre das ganze Ostergeschehen ohne Erlebnistiefe geblieben, zugleich alle Trauer unecht, alle Angst unnötig. Man hätte nur die Geduld aufbringen müssen, so lange vor dem Grab zu warten, bis der vermeintlich Tote wieder herausgekommen wäre.

Nein, zuvor muß der völlige Zusammenbruch stattfinden, alles Vorangegangene muß an sein Ende gekommen, muß abgetan und gänzlicher Ratlosigkeit gewichen sein, sonst kann kein neues Leben hervortreten. Aus dem Stegreif läßt sich so wenig auferstehen wie aus einem Allerweltsoptimismus heraus, der sich an eine Art von Steh-auf-Männchen-Philosophie hält. Hier sind Karfreitag und Ostern unnötig, innerlich und äußerlich. Das gleiche gilt, wenn in einem Leben nie nach Erhellung oder Hintergründen gesucht wurde. Ansprüche gibt es keine, erzwingen läßt sich nichts – worauf kommt es dann eigentlich an, wenn sich Auferstehung ereignen soll? Die Antwort ist ebenso eindeutig wie unerbittlich: erstens, auf den Hunger nach immer höherer Lebendigkeit, der allein die gelähmten schöpferischen Kräfte wieder erwecken kann; zweitens, daß man trotz aller Lebensmühe, die man mit hinuntergenommen hat, und ungeachtet aller zurückliegenden Bewährungen weiß, daß der Weckruf von außen einmal kommen muß, daß uns also Auferstehung widerfährt.

Kehren wir zum ersten und einzigen Schauplatz einer Auferstehung nach Jerusalem zurück. Der dort starb, nahm eine solche Überfülle an höherem, vergeistigtem Menschentum mit ins Grab, daß er nach dem Text des Evangeliums einfach erweckt werden mußte, weil in ihm gleichnishaft die Hoffnung aller Menschen auf ein Wiederaufleben aus den Niederungen versammelt war. Natürlich ist seitdem weder ein Apostel noch irgendein anderer Sterblicher wieder aus der Grube hervorgekommen. Das ist auch nicht nötig. Denn diese Auferstehung wurde nicht an den Tod angehängt, sondern ins Leben eingebaut, wie immer wir uns auch an offenen Gräbern mit Verheißungen trösten.

Nicht der vom Dasein gesättigte, lebensmüde Mensch soll aus seiner tödlichen Erschöpfung heraus noch einmal von vorne anfangen, sondern der Suchende, Strebende soll an das Wunder einer Wiedergeburt glauben können, selbst wenn er mit der Programmierung seines Lebens nicht mehr zurechtkommt. Ob er nun unter dem Geröll einer nicht länger erträglichen Welt der Vorurteile zu ersticken droht, oder sich in einer Bergwand von Wunschbildern verstiegen hat, der seine Kräfte nicht mehr gewachsen sind, aus der ihn auch kein anderer mehr herausholen kann, er braucht nicht zu verzweifeln. Und wenn ihm der Trost des Glaubens geblieben ist, weiß er, daß einer stellvertretend für ihn sogar aus der Todeskammer wieder hervorgekommen ist.

Die Stationen des Am-Ende-Seins sind gar nicht so selten. Nicht nur der schöpferische Künstler, sondern jeder, der sich mehr als das Mittelmaß zutraut, kennt den Rückfall ins Nichts, diesen Absturz vom inspirierten Höhenflug in die stumpfe, einfallslose Leere, das verzweifelte Warten auf glückliche Wendungen.

Stefan Zweig beschreibt in seinen »Sternstunden der Menschheit« jene quälend unfruchtbaren Jahre des fast schon erblindeten Händel, dessen Lebensmut zusammen mit dem Augenlicht schon beängstigend geschwunden war, ehe der Sturm des großen »Alleluja« aus ihm hervorbrach. Auferstehen kann auch nur das, was einer in die Dunkelkammer der Verzweiflung eingebracht hat. Wer sich in seinen unbelasteten Tagen nur mit der Wiederholung von klischeehaft Abgestorbenem verzehrte, wird sich im Toten durchaus daheim fühlen. Der Ochsenhändler könnte, um ein bissiges Wort Baudelaires aufzugreifen, nur unter Herden von Schlachtvieh zu neuem Leben erwachen.

ZUR AUFERSTEHUNG BRAUCHT ES EIN GRAB

Das »Grab«, sagten wir eingangs, sei der Ort, an dem sich Auferstehung ereigne, womit freilich, so widersprüchlich es klingt, das erlebte Grab gemeint ist. Dorthin, in ausweglose Not also, kann der Mensch auf zwei Arten kommen: durch Unglück von außen gestoßen, oder durch eigene Schuld von innen getrieben. Für die antike, vorchristliche Welt unterlag er immer, ob nun die Götter sein Verderben mit Schicksalsschlägen herbeiführten, in denen er zerschellte, oder ob aus den Tiefen seiner Seele die Erinnyen hochkamen, um sein Gemüt zu zerstören und ihn in die Verzweiflungstat zu stürzen. Diese fatale Preisgegebenheit ist dem Christen durch das Osterereignis abgenommen. Noch die schwerste Heimsuchung kann er als Prüfung zum Guten auslegen, ja daran wachsen. Und keine Schuld ist so schwer, daß sie eine innere Genesung unmöglich machte, wenn sie nur in echter Betroffenheit ausgestanden wurde. Es gibt ein wunderbares Schlüsselwort, das aus der heutigen Tiefenpsychologie stammen könnte, aber schon vor rund 700 Jahren von Meister Eckart ausgesprochen wurde: »Ich möchte zwar um keinen Preis sündigen, aber, wenn ich gesündigt habe, so möchte ich um keinen Preis nicht gesündigt haben.«

In diesem Satz steckt das modernste Rezept zur Personwerdung. Kein Psychotherapeut kann darauf verzichten, seine seelisch zerrissenen Patienten zur Annahme ihrer Mängel und Fehlleistungen zu bewegen, weil alles Versteckte und Abgeleugnete »unterirdisch« weiterrumort. Ohne immer wieder schuldig zu werden, kann sich kein Menschentum entwickeln. Wo die Verarbeitung des Schuldiggeworden-Seins ausbleibt, wird nie Ganzheit zustande kommen. Es hat seinen guten Grund, daß die Selbstgerechten, die Untadeligen im Evangelium immer wieder angeprangert oder, wie der brave, daheimgebliebene Bruder im Gleichnis vom verlorenen Sohn, einfach übergangen werden. Auferstanden ist der sich anklagende heimgekehrte Sünder. – In Magdalena allein arbeitete die Idee, daß Jesus und der Tod nicht zusammengehörten. Sie erfaßte als erste, was es mit dem Verklärten auf sich hatte, während die Männer als Zuspätgekommene erst aufhorchten, nachdem das Wort »Auferstehung« schon gefallen war.

Auferstanden, neugeboren, ein ganz anderer geworden zu sein, das nimmt auf Anhieb nur eine Frau wahr. Männer brauchen Beweise, Handfestes, die Frau sieht es. Auch das steht in der Bibel. Und da wir nicht nach Passionsspielart unter Getöse aus der Grube fahren, sondern »kleinweise« auferstehen, wird sich noch erweisen, daß die Weckrufe zu lebendigerem Menschentum oft genug von der Frau ausgehen.

DIE ÖSTERLICHE LEGENDE VON DER HEILIGEN MARGARETE

Hier dürfen wir, ohne abzuweichen, eine Heilige vorführen, die von der Legende mit so viel weiblicher Ausstrahlungskraft versehen wurde, daß sich ihr Gegenüber unter dieser suggestiven Macht allmählich verwandelte. Wir sprechen von der heiligen Margarete, die zu jenen »Drei Madeln« und Nothelferinnen zählt, die in den

Zeitläuften der Troubadours aus dem Morgenland übernommen und bei uns gleich so glühend und nachhaltig verehrt worden waren, daß ihre Namen noch heute zu den häufigsten zählen: »Die Barbara mit dem Turm, die Margarete mit dem Wurm und die Katharina mit dem Radl«. Das Gegenüber der heiligen Margarete war also ein Lindwurm, ein legitimer Drache aus der wüsten Vorzeit. Die Legende beschreibt auch mit viel Poesie, wie die beiden zusammengetroffen waren: Sie, natürlich eine geraubte Prinzessin voller Unschuld und Liebreiz, war seine Beute geworden; denn das Ungetüm wollte jedes Jahr einmal ein solches junges Mädchen verschlingen. Georg der Drachentöter war gerade nicht zur Hand, und so blieb die junge Frau auf ihre eigenen Waffen angewiesen, auf den Zauber ihrer Augen und die Sanftheit ihrer Stimme. Überraschenderweise verfehlten sie den Eindruck auf das blutrünstige Untier nicht, ja, der Drache schien sich seiner liebenswürdigen Gesellin immer mehr zu erfreuen, jedenfalls tat er ihr nichts zuleide. Wir können es kurz machen: Nach einiger Zeit war er unter dem Einfluß des Mädchens so gesittet und zahm geworden, daß er ganz vom Fauchen und Feuerspeien abließ, auch nicht mehr mit seinem gepanzerten Schwanz um sich schlug, sondern der jungen Frau zu Füßen lag und ihr wie ein ergebener Hund folgte, wenn sie in die Stadt oder an den Königshof ging. Falls sie auf diesen Gängen dem heiligen Georg begegnete, der ja ihr legendärer Zeitgenosse war, wird sie – Heilige unter sich – die ironische Bemerkung sicher nicht unterdrückt haben: Siehst du, so besiegt man Drachen! Totschlagen und abstechen, das kann jeder. Aber sie zähmen, sie verwandeln, ihnen die brutale Raubtiernatur nehmen, mit der sie geschlagen sind, daß ist die größere Kunst.

Diese Berufung der Frau wird durch eine vorchristliche Legende ergänzt, die Christa Mulack in ihrem Symbolbuch »Maria – Die geheime Göttin im Christentum« anführt. Danach habe es schon für Isis gegolten, daß sie die Frauen lehrte, »die Männer ausreichend zu zähmen, um mit ihnen leben zu können« (S. 111).

Die Legende von der heiligen »Margarete mit dem Wurm« verbreitete sich in der Troubadourzeit, als durch das Abendland ein Hauch jener später wieder verloren gegangenen Erkenntnis wehte, daß der Mann, um sich als stark zu erweisen, die Frau nicht unbedingt in Gehorsam, Unbildung und Abhängigkeit halten mußte, sondern sich zu seinem Gewinn von ihr abbremsen, ja sogar veredeln und vergeistigen lassen konnte, wenn er ihr nur Einfluß auf ihn einräumte; daß sie ihn von der törichten Dreinschlage- und Imponierrolle des Haudegens zu erlösen und seinen Lebensstil zu verfeinern vermochte.

Österliches Gedankengut, weit draußen in der Geschichte aufgegriffen – aber der Hunger zu vielfältigerem Leben und der Weckruf durch andere, die es uns zutrauen, bleibt ein zeitloser Vorgang. Zwar wurde er duch die Auferstehung geadelt, doch steckt er naturhaft in jeder Begegnung, die mehr aus uns macht, ob sie nun vom pädagogischen Eros eines vorbildlichen Erziehers getragen wird oder von der Zugetanheit eines Lebenspartners.

KEIMLINGE EINES NEUEN LEBENSENTWURFS

Nach christlicher Auffassung schwirren die Anrufe Gottes nicht ungezielt wie Ätherwellen durch den Kosmos, sondern richten sich auf die Herzen der Menschen, mit denen sie etwas Neues, eine kleine Auferstehung vorhaben. Das brauchen keine aufregenden Offenbarungen und numinosen Winke zu sein, mit denen ohnedies nur Auserwählte rechnen können. Auch uns Mitmenschen der üblichen Art erreichen diese Keimlinge eines höheren Lebensentwurfs. Sie gehen auf, wann sie wollen, gleichgültig, welche Unruhe sie in dem Grund, auf den sie fielen, anrichten.
Sich vom Göttlichen anrühren zu lassen, es in Güte und Menschenfreundlichkeit, in Erhellung des Geistes und Unuhe des Herzens umzusetzen, mit einem Wort, sich zu einem neuen Konzept seines Menschentums anstoßen zu lassen, dazu können wir nie tauglicher sein als in der Feinfühligkeit des seelischen Tiefs. In aller Ratlosigkeit strömt uns da die Kraft zum Verwerfen und Aufräumen zu. Da sind wir nicht nur der Umwelt müde, sondern auch mit uns allein und durchschauen unerbittlich, was an einst Hohem und Verehrungswürdigem inzwischen zum Scheinwert abgesunken ist. Ein Ausgangsort für Auferstehungen muß entrümpelt sein, ehe es eine neue Freiheit geben kann. Ja, ihm kann sogar die Einsicht fehlen, daß es einen Weckruf gab. Wir glauben dann, er sei vor dem Hintergrund der seelischen Leere nicht zu vernehmen gewesen. Es könnte aber auch sein, daß wir uns viel später, wenn wir schon wieder auf festen Füßen stehen, an eine Frau erinnern, die uns – lang, lang ist's her – sagte: »Du hast es gar nicht nötig, zu fauchen und Feuer zu speien; in dir steckt etwas anderes, das keinen Drachentöter zu provozieren braucht.«

Jeder hat es erfahren, daß solche Worte, wie Keimlinge in einem kühl gehaltenen Gewächshaus, reglos bleiben können, aber wenn die warmen Stunden kommen, plötzlich aufschießen, um ihre Blüte zu entfalten. Jeder Vertrauensvorschuß besitzt den österlichen Wert eines Weckrufs.

Österlich bleibt der Mensch, solange er in irgendein »Grab« hinunterrruft: »Komm herauf, hier meine Hand!« Und Österliches widerfährt jedem, der dort, wo er sich in Angst und Verstummtheit schon aufgegeben hat, noch die Kraft findet, sich aufzuraffen und dem Ruf zurück ins Leben zu folgen.

So hat die Auferstehung ihren Sitz im Leben. Ja sie gewinnt dort, wo Menschlich-Österliches im Kleinen und Kleinsten geschieht, eine tiefere Lebendigkeit als in den Feierstunden des Rituals und der musischen Ergriffenheit. Hausrecht in unserem Dasein hat aber das Fest so unanfechtbar wie das Ereignis im Verborgenen. Denn ohne symbolische Fülle würde unser Leben seelisch verarmen. C. G. Jung warf den Christen freilich einmal vor, daß sie zwar an alle heiligen Figuren glaubten, im Innersten der Seele jedoch unentwickelt geblieben wären, weil sie den ganzen Gott draußen, aber nicht in der Seele erführen. Dort regierten archaische Götter wie eh und je.

Nun gehören archaische Götter in das Umfeld jener Archetypen, die Jung als das seelische Erbgut der gesamten Menschheit entdeckt und zum wichtigsten Pfeiler seines Lehrgebäudes gemacht hat. Sie wohnen in uns allen, heute wie immer, und selbst das Christentum ruht mit seinen sichtbaren Strukturen auf diesen Archetypen. Das Kirchenjahr könnte auf seine archaischen Grundmuster gar nicht verzichten: Totengedenken nicht irgendwann im Hochsommer, sondern im naßkalten November, wenn die Natur zu sterben scheint. Die Geburt des Lichtbringers gemeinsam mit der Wintersonnenwende und Ostern im Stimmungsfeld der Freude am überall neu emporschießenden Leben. Dürfte man diese archaisch-natürliche Seelenlage nicht dem Gedenken an die Auferstehung unterlegen, so würde das Fest zu einem reinen Kirchentermin austrocknen. Nein, es gehört alles zusammen, christliches Zentralereignis und heidnische Naturfreude. Denn mit Ostern wird kein moralisches Fest gefeiert, etwa der Sieg des Guten über das Böse, auch keines, das die Übermacht der Kraft über die Schwäche herausstellt, sondern ein solares. Das Leben selbst steht auf, nicht verdünnt und auf geläutertem Edelkurs, sondern mit allen Vergangenheiten, die man nach dem Rat Meister Eckarts nicht verleugnen darf, wenn seine Ganzheit nicht verloren gehen soll.

Der symbolkundigste unter den Auferstehungsmalern, Matthias Grünewald, hat die solare Kraft des Ostergeschehens mit der Lichtfülle des ganzen Farbenspektrums angezeigt. Ein Abglanz dieses Wunderwerks am Isenheimer Altar fällt auf jeden, der Leben zum Wiederaufleuchten bringt, sein eigenes oder das der anderen.

PFINGSTEN – FEUERZUNGEN UND TAUBE

Kein Fest des Kirchenjahrs kann sich an Fülle der Bilder, symbolischem Reichtum und versteckten inneren Bezügen, auch an seelischer Bewegtheit mit Weihnachten messen. Pfingsten bleibt sogar gänzlich frei von aller Anschauung, denn abstrakter als der Heilige Geist und seine Ausgießung kann kaum etwas sein. Das Spiel mit der Taube, wie es da und dort einst in Kirchen aufgeführt wurde, reichte nicht über religiöse Folklore hinaus, und die Erscheinung von Feuerzungen über den versammelten Aposteln läßt sich beim besten Willen nicht nach Art der Krippen- oder Passionsspiele darstellen. Am deutlichsten wäre das Herabflehen des Heiligen Geistes noch in der Segensgeste anschaulich zu machen, doch ist diese als alltägliches liturgisches Geschehen symbolisch schon zu verbraucht, als daß man sie noch als zentrales Bild eines Festes verwenden könnte. So wurde Pfingsten zwangsläufig zu einem Ausflugs-, Wander- und Reisetermin mit Begehungen der Natur und des Frühlings ohne jeden religiösen Hintergrund.
Daß der Mensch immerzu der geistigen Erhellung, der seelischen Auffrischung, der fundamentalen Erneuerung, mit einem Wort, daß er des Geistes bedürftig ist, wer würde wagen, dies in Abrede zu stellen. Daß aber weder eine Taube noch sogenannte Feuerzungen symbolisch etwas mit Geist zu tun haben, daß sie nicht einmal allegorisch verwendbar sind, ohne die betreffenden Bibelstellen hinzuzudenken, ist ebenso offenkundig. Denn zur Flamme gehört es, daß sie aufwärts züngelt und daß sie ein Feuer braucht, aus dem sie kommt. Abwärts gerichtete, ursprungslose Flämmchen wirken eher wie Irrlichter. Und die Taube ist symbolisch schon besetzt, benimmt sich auch viel zu verspielt und ungefährlich, als daß sie erneuernden und befeuernden Geist anzeigen könnte. Schon bei Verkündigungsbildern stiftet sie eher Verlegenheit als Sinn. Niemand käme je

darauf, in ihr ein Zeichen des Geistes zu sehen, wenn es nicht in der Bibel stünde. Weshalb auch die theologischen Darstellungsversuche der Trinität durch zwei Männer und einen Vogel oft eher peinlich als erhebend anmuten. Immerhin gibt es für die Übereinstimmung von Taube und Heiligem Geist eine Zahldeutung, die den Zeitgenossen der Evangelisten vielleicht geläufig war. Bernhard Wittlich zeigt uns in seiner Studie »Symbole und Zeichen«, daß der Zahlwert von Alpha gleich 1, der von Omega gleich 800 ist, zusammengezählt also 801. Diese Zahl 801 besitzt genau den Zahlwert 801 des Wortes Taube (peristera). Die Durchgeistigung der gesamten Schöpfung (»Ich bin das Alpha und das Omega«) wäre also mit der Taube ins Bild zu bringen.

STERBENDE NATUR UND TOTENGEDENKEN

Wenn die Nächte länger werden, die Erde sich zur Winterruhe anschickt – alljährlich im November –, kehren die Tage wieder, an denen wir derer gedenken, die über die dunkle Schwelle gegangen sind. Allerheiligen, Allerseelen, der Totensonntag, sie stehen nicht nur im Kalender, damit sie nicht vergessen werden, sie kommen von selbst herauf. Denn der Mensch gerät inmitten der absterbenden Natur, bei der Anschauung des schon wieder dahinsinkenden Jahres in den Gedankenkreis seiner eigenen Vergänglichkeit und erinnert sich jener, deren Leben schon dahingegangen ist. Obwohl die Toten ihre habhafte Realität verloren haben, bilden sie doch für uns Lebende eine machtvolle Wirklichkeit, die um so vernehmbarer wird, je stärker sich unser Dasein verdichtet, je lebendiger wir werden.

Über die Toten kann man nicht wie über irgendein Wissensgebiet sprechen. Da berührt uns etwas, als wären wir an das Nicht-Geheure geraten, zu dem der sachlich-feste Tonfall nicht mehr paßt. Denn die geheimnisvolle Brücke zwischen ihnen und uns läßt sich nicht abbrechen, weder damit, daß wir jene, die drüben sind, aus unserem Leben streichen, noch mit dem Versuch, das Dunkel des anderen Ufers mit genauen Daten und Auskünften künstlich zu erhellen. Am allerwenigsten jedoch durch das Tabu der Konvention »De mortuis nil nisi bene«, mit der Anweisung also, den Toten nur Gutes und damit vorher Festgelegtes nachzusagen. Im Leerlauf von schablonisierten Urteilen wohnt kein Leben. Über die Brücke zu den Toten reicht zwar unsere Liebe hinüber, nicht aber unser Wissen. Wer vom Land ohne Rückkehr spricht, und geschehe dies noch so behutsam, muß jedes Wort mit Scheu beladen.

Aber das wissen wir alle: Die Toten gehen uns an. Und zwar in einem zweifachen Sinn: Erstens haben wir ihr Vermächtnis übernommen, ihr unvollendetes Werk. Wo immer einer arbeitet, setzt er ihr Werk fort, geht er auf ihren Spuren. Wir entwürdigen und entleeren unser Dasein, wenn wir die Toten daraus verbannen. Zweitens aber verwahren wir uns gegen ihre Übermacht, denn nicht sie, sondern wir sind autorisiert durch das Leben, das uns die Bestellung der Welt auferlegt. Es kann unsere Natur sprengen, ja zerstören, wenn wir zuviel Totenreich in unser Leben hereinlassen.

Zwar ist die Schwelle zu ihrem Reich nicht so hoch, daß Liebe, Dankbarkeit, Bewunderung, oft genug auch nachtragende Gedanken, nicht darüber hinwegkämen, jedoch stark genug, um Sein und Nichtsein zu trennen. Allerdings geht das Nichtmehrvorhandensein der Toten nicht ganz auf. Denn sie haben von jener gewaltigen Realität des Todes, die keinen von uns »kalt läßt«, etwas an sich genommen. Damit ragt ihr Totsein über das Nichts hinaus.

Es gab immer genug Menschen, die den Tod als das absolute Ende ansahen, die dafürhielten, daß mit ihm »alles aus« sei. »Wo der Tod ist, da sind wir nicht, und wo wir sind, ist der Tod nicht«, meinte schon Epikur. Wir aber meinen, wenn wir vom Tod sprechen, meist den Tod der anderen. Daß er jedoch zu unserer persönlichen Existenz gehört, daß wir nur »unseren Tod« zu sterben haben, wie Rilke uns lehrte, daß allein der selbst erlebte Tod Auskunft gäbe, sollte jedem den Mund verschließen, der hier leichtfertig Behauptungen aufstellt. Die Existenz der Toten zu beschreiben oder in Abrede zu stellen, bedeutet, den Verfügungsraum des Urteils zu überschreiten.

Es gibt Wirklichkeiten, die keiner Bestätigung durch Beweise bedürfen; sie machen sogar den besten Teil des Menschen, seinen inneren Adel aus. Die Liebe gehört dazu und der Glaube. Wer liebt und glaubt, fragt nicht nach Argumenten, und wir wissen es nur allzu deutlich: Wer Angst hat, auch nicht. Zu solchen unmeßbaren seelischen Realitäten, von denen unser Leben durchzogen ist, gehört unser Verhältnis zu den Toten. Nicht nur weil wir alle einmal in ihren Stand einzutreten haben oder weil es christlicher Brauch ist, die Gräber zu besuchen, oder gar um der Familienreputation willen, beschäftigen wir uns mit ihnen, sondern weil uns das Geheimnis ihres Schicksals als Beunruhigung ins Herz gelegt ist. Ob sie uns einmal nahestanden oder nicht, in allen Begehnissen, die mit ihnen zusammenhängen, legen wir den leichten Ton des Alltags ab, bewegen und kleiden wir uns würdig. Das Gedenken an die Toten verwandelt uns.

Mag es bei Beerdigungen zuerst die Majestät des Todes sein, in deren Bann wir geraten, das Totengedenken jenseits von Schmerz und Trauer entspringt einer tieferen Kammer unserer Seele. Dort wohnt nicht nur die geistige Hinterlassenschaft, sondern dort finden sich gleichfalls die Bindungen, die durch Dankbarkeit oder Groll, Mitleid oder immer neuen Respekt lebendig erhalten werden.

Nicht einbezogen seien hier jene okkulten Praktiken, in denen eine verbal formulierte Weisung und Rat aus dem Totenreich zu holen versucht wird. Die Toten läßt man in Ruhe. Wir sprechen es ausdrücklich in jedes offene Grab hinein, daß sie die ewige Ruhe finden mögen. Wenn wir auch zugeben, daß diese menschheitsalte dunkle Versuchung einem begreiflichen Wunsch entspringt, so weiß doch jeder, daß er damit das Mysterium des Todes verletzt. Man ehrt die Toten, wenn man in ihrem Geiste handelt, nicht aber, indem man sie zu zitieren versucht.

In Südamerika etwa wird mit den Geistern operiert wie mit unseresgleichen, täglich und stündlich. Dabei ist sich die Parapsychologie keineswegs im klaren, welche Kräfte hier wirken. Man befragt die Verstorbenen vor Parlamentssitzungen, vor gefährlichen Operationen, vor entscheidenen Fußballspielen. Sie reden in politische Unternehmungen, in Liebesaffären, in Gerichtsprozesse hinein. Man belohnt und verfolgt einander mittels des Espiritos: ein Wust von Aberglaube, ein Geflecht lächerlicher Tabus im täglichen Leben, eine Masse medialer Menschen oder solcher, die sich dafür halten, eine hohe Zahl von Selbstmorden und, soweit sie vorhanden sind, überfüllte Nervenheilanstalten ...

Europa ist groß geworden, weil es sich vom dunkel lastenden Umgang mit Geistern freihielt. Es ist dem Geist der Toten um so treuer geblieben. Sicher, auch wir haben unsere Spuk- und Gespenstergeschichten, auch bei uns hört man Stimmen, berichtet von Erscheinungen, aber dieses Wissen ist Allgemeingut: Aus der magischen Hintertür kommen weder Erleuchtung noch Auftrieb. Allein durch Mühen werden wir erhellt, durch stets erneutes Angehen der Grundfragen unserer Existenz. Dort liegen wir auf den Knien. Die jeweilige, die stufenweise Lichtung des Bewußtseins ist nicht übertragbar. Geist läßt sich überhaupt nicht mitteilen, er ereignet sich im tätigen Leben. Am allerwenigsten sickert er durch mediale »Offenbarungen« aus dem Totenreich ein.

Mit den Leibern betten wir auch die Zeit der Toten in die Gräber. Sie kann, wenn wir nicht versteinern wollen, nur in einem verwandelten Sinn die unsere bleiben. Die Zeit der Toten ist uns nicht zur Verwahrung übergeben, sondern als Rohstoff, um daraus die unsere zu machen. Mit neuen Augen unterscheiden wir, was daraus fortleuchten kann oder wofür wir unseren Namen nicht mehr hergeben. Ihre Götter, ihre Erbfeinde brauchen nicht mehr die unseren zu sein. Dies gilt besonders dann, wenn ganze Generationen hingerafft werden. »Die Kriege sind die Schnellzüge der Weltgeschichte«, das bekannte Wort von Karl Marx sieht voraus, daß dabei nicht nur gewonnen oder verloren wird, sondern daß die Zeit, die den Krieg hervorbrachte, mit der, die ihn beschließt, nicht mehr identisch ist. Wilhelm von Kaulbachs einstmals berühmte »Schlacht auf den Katalaunischen Feldern«, ein Kolossalgemälde, auf dem sich nach legendärem Bericht die Erschlagenen vom Boden erheben, um als Geister in den Lüften weiterzufechten, verhüllt bei aller Dramatik gerade das, was durch jene denkwürdige Niederlage der Hunnen geschehen war: die Zeitenwende. Denn fortan herrschte Frieden.

Das gründet die Gültigkeit der großen Reisen ins Totenreich, die uns die Weltliteratur geschenkt hat, daß sie die Wahrheit des Lebens, seine Tragik, seine Schuld, sein Leuchten und sein Elend zum Urbild für alle Aussagen nehmen. Hermann Kasack steht als letzter in einer Reihe, die wir meist mit der »Nekyia«, dem XI. Gesang der Odyssee, beginnen lassen, um sie nach den Aussagen der Orphiker, Pythagoräer, Platons und Vergils mit der gewaltigen Jenseitsvision Dantes, der »Göttlichen Komödie«, zu beschließen. Nie hatten die Dichter aufgehört, ihre Gedanken über die Toten mitzuteilen.

Ihre Jenseitsschilderungen sind nicht geschrieben, um vermessen Dinge aufzudecken, die dem Menschen verborgen zu bleiben haben: Sie versuchen nur, die innere Einheit zu erschauen, die dem einzigen

Wesen zukommt, das über die Natur hinausragt. Sie wollen auch zeigen, daß die Endgestalt, die wir erreichen, nicht einfach der Versenkung anheimfällt, sondern die Grundlage für ein weiteres Leben liefert. Die im Geiz verhärtet, in der Lieblosigkeit erkaltet, im Machtgebrauch verroht sind, können das Pfund des ihnen anvertrauten Menschentums nicht leichthin loswerden, es haftet ihnen als etwas Absolutes an. So ernstgemeint, so groß, so unausweichlich schicksalhaft ist der Mensch.

Damit sind wir in die Konfrontation mit einer Läuterungslehre geraten, der wir in einer Betrachtung über die Lebenden und die Toten nicht ausweichen dürfen. Der Glaube an die Reinkarnation taucht schon bei den Pythagoräern auf, wird von den Orphikern und Platon geteilt und dringt in den letzten Jahrzehnten durch viele Kanäle aus dem Osten nach Europa ein. Sicher dürfen wir ihm das gleiche Alter zuschreiben wie dem Spiritismus, mit dem er sich freilich nicht zu vergleichen braucht, zumal durch erlauchte Namen immer wieder eindeutige Zustimmungen abgegeben wurden. Zu seiner Erklärung bedarf es auch keiner Hinweise auf bestimmte Personen, die sich an frühere Erdenleben erinnern wollen. Was viele stets aufs neue in die Nähe dieser Gedanken bringt, ist die Beobachtung, daß manche unserer Mitmenschen über einen großen Vorsprung an Illusionslosigkeit, Reife des Urteils, Verachtung äußerer Ereignisse verfügen, als ob sie schon eine vielfältige Lebenserfahrung hinter sich hätten, andere dagegen, ahnungslos preisgegeben, wie Neulinge des Daseins durch die Geschehnisse des Lebens stolpern. Man ist also geneigt, von alten und jungen Seelen zu sprechen.

Derlei Verlockungen zur Konstruktion eines Schemas über das Schicksal der Toten mag es noch viele geben. Hier interessiert uns allein die in die Reinkarnationslehre eingeschlossene Behauptung, daß wir, die heute Lebenden, selber die Toten von einst seien.

Wir haben hier keine Zensuren auszuteilen. Unantastbar aber bleibt die Tatsache, daß es nur eine einzige Wahrheit über die Toten geben kann und daß sie uns bis zum eigenen Tod verhüllt ist. Die Ehrfurcht vor diesem Geheimnis zu bewahren, macht uns größer als jede neugierige Deutelei, denn sobald wir die uns angemessene Schranke überspringen, geraten wir in die Gefahr phantastischer Spekulationen. Dann hält sich jeder für einen wiedergeborenen Denker, Propheten, Boddhisatwa, Aztekenpriester, für eine unschuldig verbrannte Hexe, Vestalin oder Hierodule, und keiner erträgt es mehr, ein Holzknecht oder Straßenfeger, eine Stallmagd oder ganz einfach Hausfrau gewesen zu sein.

Der in vielen »Lüftlmalereien« gefeierte heilige Florian (»Verschone unsere Häuser, zünd' andre ihre an«), der aus Lorch in Oberösterreich stammte und, weil er Christ war, von den Römern durch einen Mühlstein am Hals ertränkt wurde, erfreut sich noch heute lebendiger Volkstümlichkeit. Unser aus Dankbarkeit entstandenes Votivbild entwickelt mit seinen Zeichen eine umfassende Lebenslehre des gläubigen Volkes. Im linken Teil, vom brennenden Bauernhaus durch eine Säule getrennt, also räumlich und zeitlich abgehoben, flehen Bäuerin und Tochter in einer Kapelle um den Schutz Gottes (symbolisiert durch das Kreuz). Als Erhörung schickte Gott, als es wirklich im Dachstuhl brannte, den heiligen Florian zu Hilfe. Dieser kann nur helfend beistehn, denn zuerst muß sich der Mensch selbst rühren und alles tun, was in seinen Kräften steht.

◁ *Die Opferung Isaaks durch Abraham – Rembrandt zeigt über die religiöse Darstellung hinaus auch die ekstatische, ja brutale, von unterdrückten Schreien und höchster Aufregung gekennzeichnete Situation. (Siehe Abraham S. 283)*

Tamara verführt den Juda. – Die Bibel berichtet, wie Tamara, die zuerst mit den beiden nichtsnutzigen Söhnen Judas, Onan und Ger, verheiratet war, deren Vater Juda, nachdem dieser verwitwet war, anläßlich dessen Überlandrittes zur Schafschur am Wege verführte. Sie hatte sich verschleiert, wohl auch als Dirne verkleidet und nahm als Lohn nur sein Siegel, den orientalischen Perlenriemen und ein Stöckchen, das er in der Hand hielt. Die oft beschriebene und von Thoms Mann ausführlich gedeutete Szene wurde zum Schlüsselereignis für die weitere jüdische Geschichte. Denn aus dieser Begegnung ging der Stamm Juda mit den Königen David und Salomo hervor. Daß sie trotz ihrer ethischen Anfechtbarkeit gesegnet war, deutet der Künstler mit einem einzigen Symbol an, der wie ein Regenbogen darübergespannten Zustimmung des Himmels.

Als Jakob kurz vor seinem Ende die Söhne Josefs segnete und deren Vater und Mutter erwarteten, daß er zuerst dem älteren Manasse und erst dann dem jüngeren Ephraim die Hand auflegte, da weigerte sich der Patriarch zu folgen. Und obwohl der noch mit dem hohen ägyptischen Regierungsamt bekleidete Josef ihm die Hand führen wollte, gehorchte er nicht. Das Gemälde von Rembrandt zeigt gerade diesen symbolisch so wichtig genommenen Zwischenakt mit dem unter dem Segen aufleuchtenden Ephraim.

ABSCHLUSS DES KIRCHENJAHRES: DAS WELTGERICHT

Es wäre vorstellbar, daß der christliche Teil der Menschheit, der in seiner Geschichte schon so viele Katastrophen erleben und bedenken mußte, die Meditation über den Weltuntergang, also das verheißene »Jüngste Gericht«, zum Besinnungsfest erhoben hätte. Denn dieses Ereignis wurde nicht nur als Glaubensartikel ins Credo geschrieben: »Von dannen er kommen wird, zu richten die Lebendigen und die Toten«, das Christentum selbst ist auf eine bevorstehende Endzeit hin angelegt. Aber dieses apokalyptisch motivierte Fest mit seiner Fülle an Zeichen und Bildern wurde nie eingesetzt. Allerdings auch nicht übergangen. Die evangelischen Bekenntnisse setzen zum Ende des Kirchenjahres mit dem *Buß- und Bettag* eine meditative Bilanz der Hinfälligkeit unseres Daseins ein, die zugleich als eine seelische Läuterung gemeint ist. In der katholischen Kirche wird am letzten Sonntag im Kirchenjahr (letzter Sonntag vor Advent) die johanneische Vision des Weltgerichts verkündet. Mag uns Heutige der rigorose Dualismus – die Guten und die Bösen –, zu dem mittelalterliche Menschen erzogen wurden, befremden; soll auch die Drohung mit der ewigen Verdammnis nicht mehr ängstigen, so wird doch die Vorstellung vom »Jüngsten Gericht« nie ihre Faszination verlieren. Der Jüngste Tag, an dem die Menschen, die es trifft, samt allen vorangegangenen Geschlechtern ihr absolut gerechtes und endgültiges Urteil entgegenzunehmen haben, diese Vision riß die Künstler aller Jahrhunderte zu gewaltigen Darstellungen hin, ob sie damit beauftragt waren wie Michelangelo, als er die Sixtinische Kapelle ausmalte, oder ob es ihnen wie Johannes, der auf Patmos die Apokalypse niederschrieb, ein Anliegen bedeutete. Besonders das Mittelalter mit seinen sonst strengen Stildisziplinen gefiel sich in der chaotischen, mitunter auch etwas frivolen Darstellung der wild durcheinanderpurzelnden Verdammten, auf die der grinsende Teufel mit seinen Spießgesellen schon wartete, und der rechts hinüberwallenden Geretteten in ihren leuchtendweißen Gewändern. Im dualistisch geprägten Seelenhaushalt des mittelalterlichen Menschen regte sich vor solchen Bildern leicht die Angst, ja nicht zu dieser abgeurteilten, fortan ewig heulenden Wegwerfsorte von Menschen zu gehören, sondern in der erlauchten Gesellschaft von Bischöfen und Päpsten, Mönchen und Klosterfrauen vor den Thron Gottes berufen zu werden.
Stellte man sich die Gerechtigkeit damals auch recht monarchistisch

vor, so schläft dieses Bedürfnis, Welt und Menschheit irgend einmal auf der Waage liegen zu sehen, doch in eines jeden Menschen Brust. Es würde mit allen Lebenslügen und Scheinwerten aufräumen, um zu zeigen, wie wenig von dem noch gelten könnte, das heute Rang und Namen besitzt. Der Jüngste Tag, das ist wie der letzte Termin aller Schicksalsmächte.

Symbolfunde in Märchen, Sagen und Legenden

Von den drei Fundgruben, in denen hier nach Symbolen gesucht werden soll, stehen die Märchen, auch dem Range nach, an erster Stelle. Sie gelten als älteste Urkunde, an ihnen wurde am wenigsten redigiert. Denn sie allein mußten sich mündlich durch die Jahrhunderte bringen. Die kirchlichen Schreibstuben, die Kopisten in den Klöstern hatten an der Verbreitung der heidnischen Naturmärchen verständlicherweise kein Interesse. Sie kümmerten sich um die Heiligenlegenden, die als die wertvollste Ergänzung zu Predigt und Glaubensunterweisung galten. Nicht immer vorteilhaft, wurden die Legenden bei Neufassungen oft durch Wundergeschichten, die im Volk gerade von Mund zu Mund gingen, erweitert. Dennoch liefern sie eine große Vielzahl bezaubernder Symbole.
Ähnlich steht es mit den Heldensagen, in denen die Taten kühner Ritter beschrieben und sowohl den Adelsgeschlechtern als auch dem analphabetischen Volk bekannt gemacht wurden. In den Stadtschulen der Bürger wurden die Heldensagen ebenfalls abgeschrieben und weitergegeben.
Ganz anders die Märchen. Sie entstanden und verbreiteten sich wie anonyme Volkslieder. Und hätten die Brüder Jacob und Wilhelm Grimm nicht aus ihrer romantischen Liebe für Altes und Volkstümliches bei den Leuten herumgehorcht und sich die Märchen erzählen lassen, wären diese vielleicht ganz untergegangen. So aber blieben sie der Nachwelt glücklicherweise erhalten. An der Märchensammlung der Brüder Grimm begeisterten sich schließlich Dichter von hohem Rang und verfaßten bald neue, die sogenannten »Kunstmärchen«. Auch Goethe schrieb eines, es gehört zu seinen tiefsinnigsten Dichtungen. Am bekanntesten sind jedoch die Märchen von Hans Christian Andersen, Wilhelm Hauff und Ludwig Bechstein. Doch beschränken wir uns hier auf die Symbolsprache der alten Märchen, deren Verfasser unbekannt geblieben sind. Die Märchen entstanden in einer Zeit, als die Menschen ihre geistige Welt in Bildern niederlegten und austauschten, weil sie noch kein abstraktes Denken kannten. Das wiederum hat zur Folge, daß Märchen heute zuerst den

Kindern erzählt werden, obwohl sie auch den Erwachsenen tiefe Einsichten in die Hintergründe des Lebens vermitteln könnten.
Das Märchen von der Frau Holle berichtet zwar anschaulich vom Weg der beiden Mädchen, der Goldmarie und der Pechmarie, durch die Unterwelt, d. h. die Innenwelt, und ihre unterschiedliche Abfertigung durch die Schicksalsmutter, der für diese unterirdischen Bereiche zuständigen Frau Holle. Wichtig sind dabei die eher am Rande mitgeteilten Nebenumstände, denn für beide Mädchen herrscht absolute Chancengleichheit, sie haben dieselben Testaufgaben zu lösen und werden auch beide wieder heil und gesund aus der Unterwelt entlassen. Aber schon wie sie hinunterkommen, macht einen Unterschied. Die eine fällt, weil sie etwas Verlorenes suchen wollte, in den Brunnen, durch den man auf die Wiese gelangt, die andere springt absichtlich hinunter, nur um zum gleichen Gold zu gelangen, das ihrer Stiefschwester so reichlich zuerteilt wurde. Die eine nimmt die Aufgaben des Lebens an, wie sie ihr zufallen, springt ein, wo es nottut, hilft, wo es auf sie ankommt, sieht auch, wo Abhilfe nötig ist, und arbeitet dann schließlich, gewissenhaft, nicht weil sie auf guten Lohn reflektiert, sondern weil alles, was man verrichtet, ob man dafür bezahlt wird oder nicht, gut verrichtet zu werden verdient.
Die andere dagegen steht im Banne des Erfolgs. Sie weiß, was sie will, nämlich das Gold, um dessentwillen sie ja in den Brunnen sprang. Man könnte gar nicht zielstrebiger sein als sie. Was immer sie auf dem Weg dahin mit irgendwelchen Ansprüchen oder Bitten aufhalten will, das ignoriert sie einfach, wie sie auch bei der ihr zugeteilten Arbeit keine unnötige Kraft vergeudet, sondern alles gerade so verrichtet, daß es eben getan ist und als »verrichtet« gemeldet werden kann. Und obwohl diese zweite Marie während ihres ganzen Aufenthalts niemandem etwas Böses zugefügt, überhaupt nichts Schlimmes angestellt, auch immer ihr Ziel im Auge behalten hatte, wird sie beim Verlassen der Unterwelt doch von einer Pechart übergossen, die nie mehr abgewaschen oder sonstwie entfernt werden kann. Was nichts anderes heißt, als daß ihr Leben verfehlt ist, auch zu nichts mehr führt. Bei anderen Situationen dieser Art wird im Märchen einfach eine Falltür geöffnet, der Prüfungskandidat stürzt auf Nimmerwiedersehen ins Dunkel, d. h. er wird vom Schicksal vergessen.
Natürlich haben wir längst bemerkt, daß das Verhalten der Pechmarie genau unserem Erziehungsgrundsatz einer unbeirrten Zielstrebigkeit entspricht, wie wir ja von Schule und Elternhaus schon früh dazu angehalten werden, uns nicht in Nebensächlichkeiten zu verlieren, sondern das Berufsziel anzusteuern, ohne uns von eventuellen

Bedürfnissen anderer ablenken zu lassen. Wir übersehen auch nicht, daß beide Stiefgeschwister Marie heißen, im Grunde also nur eine Person und nichts anderes als die zwei Seelen sind, die »ach in unserer Brust« wohnen. Das Märchen wendet diesen Kunstgriff, unsere innere Pluralität in unterschiedlichen Personen sichtbar zu machen, gern und oft an. Denken wir nur daran, daß die liebe gute, immer nur wärmende und behütende Mutter unserer Kindheit mit den fortschreitenden Jahren zur strengen Erzieherin werden muß, die in gewissen Dingen keinen Spaß mehr versteht und gelegentlich härter zu sein hat als der meist abwesende und nur müde heimkehrende Vater. Das Märchen, das nicht theoretisieren kann, macht diesen Umschwung dadurch anschaulich, daß es die gute Mutter der Kindheit sterben läßt und durch eine nun böse Stiefmutter ersetzt. Denken wir an Schneewittchen. Natürlich freut sich jede Mutter, wenn ihr Töchterchen in Schönheit heranblüht. Das verhindert aber nicht, daß sie selbst auch noch schön sein will und auf diesem Feld mit ihrer Tochter in Konkurrenz gerät, die bösartig werden muß, wenn die Mutter auf ihrem bisherigen Lebensweg keine anderen Tugenden entwickelte. Denn im Märchen gilt der Weg als Ziel, nicht das in unserem Ehrgeiz meist zu hoch angesiedelte Ende.
Um zu unseren beiden Mädchen auf der unterirdischen Wiese zurückzukehren, so wird die Goldmarie gerade deshalb belohnt, weil sie sich ablenken läßt, wenn sie gebraucht wird, weil sie hilfsbereit einspringt, wenn irgendwo Not am Mann ist, z. B. das Brot sofort aus dem Backofen herauszuziehen ist, weil es sonst verbrennt, die Äpfel verwahrt werden müssen, damit sie nicht unter dem Baum verfaulen. Ein junger Mensch, zumal ein junges Mädchen, dem einmal das Leben anderer anvertraut wird, ist nur reif, wenn es deren Bedürfnisse selbst sieht und von sich aus handelt, nicht erst dazu geheißen werden muß. Man spricht auch dann von Reife, wenn es die ihm übertragenen Arbeiten von sich aus und ohne die Notwendigkeit einer Kontrolle gut verrichtet. Mit dieser eindrucksvollen Symbolgeschichte möchte das Märchen darauf hinweisen, daß der Mensch seelisch verarmen, ja sein Leben unerträglich armselig wäre, wenn jeder nur seinem persönlichen Ziel nachjagte und dabei seine Umwelt, seine Mitmenschen und die ihm jeweils zugeteilte, mitunter niedere Arbeit außer acht ließe. Im Miteinander-Gehen liegt der Lebenssinn, das Ziel steht auf einem anderen Blatt.

Der Turm als Symbol der Vergangenheit

Ob der Turm allein steht oder zu einem Schloß gehört, ob er einem Verlies gleichkommt, in dem der Sagenheld bis zu seiner Befreiung schmachtet, oder einer guteingerichteten Wohnstätte, wie der Turm der heiligen Barbara, immer steht er für die Vergangenheit. Das gilt auch für den Hexenturm, in dem Rapunzel lebt, nachts ihren Geliebten empfängt (»Rapunzel laß mir dein Haar herunter!«), in Freuden ihre Zwillinge gebiert, jedenfalls singt und lacht und guter Dinge ist. Ebenso trifft es auf den verlassenen Eckturm des Königsschlosses zu, in dem Dornröschen an ihrem 15. Geburtstag der vorher nie erwähnten »Alten« begegnet und, von der Spindel gestochen, in hundertjährigen Schlaf verfällt.

Türme, Wahrzeichen einer festungsartigen, verteidigungsbereiten Vergangenheit, dienen oft zur Verwahrung von Zukünftigem, von Kindern, jungen Helden, jungen Müttern, vor deren wirksamer Entfaltung sich die alte Welt fürchtet. Sie sind Symbol einer verhärteten Vergangenheit, eines in Wahrheit schon abgelösten Denk- und Lebensstils, dessen Konventionen das Zukunftsträchtige wie ein Gemäuer beengen und einschließen.

Kehren wir nochmals zur heiligen Barbara zurück, die ja zur Patronin aller Turm- und Festungsbauer, sogar derer geworden ist, die die Türme belagern und niederlegen, der Artilleristen also. Der Legende nach ist sie gleichfalls eine Prinzessin, d. h. nach Märchenart die Repräsentantin der wachen, feinfühligen Seele (die durch zehn Matratzen hindurch noch eine Erbse spürt) und eines von geistiger Wachheit bestimmten Lebens. In der Legende vertritt sie das heraufkommende Christentum und gerät damit in Gegensatz zu ihrem Vater, der als Statthalter des heidnischen Kaisers das kulturelle Erbe der Vorzeit mit ihren schon unglaubwürdigen Werten und von der Geschichte bereits abgelösten Gesetzen repräsentiert. Natürlich ist er der Stärkere, er wird sie später ja auch persönlich umbringen, aber vorerst greift er zum ersten Symbol der Vergangenheit, zum Festungsturm. Hier bleibt die eingesperrte Heldin allerdings guter Dinge und benimmt sich so, als hätte sie eine ganze Welt (die Zukunft) zu verwalten.

Anders steht es mit Dornröschen, das nur aus Neugierde in den abgelegenen Turm gerät. Doch es lebte, wenngleich als einziges und einst langersehntes Kind vergöttert, schon immer in einer Welt stumpfer Vergangenheit. Dornröschens Eltern waren nämlich an dem Tag, an dem sich, wie sie wohl wußten, alles entscheiden sollte,

»zufällig« verreist, obwohl eine gekränkte Fee sie doch ausdrücklich vor dem 15. Geburtstag ihres Kindes gewarnt hatte. Hier zeigt sich die Vergangenheit nicht in kämpferischem Verteidigungswillen, sondern in abgestandener Verschlafenheit, weshalb ihr auch symbolgerecht noch einmal ein hundertjähriger Schlaf aufgenötigt wurde.
Im entlegenen Turm, in dem sich alles Entscheidende begibt, wird von der »Alten«, einer Stellvertreterin der Frau Holle, noch ein anderes wichtiges Märchensymbol vorgezeigt, das gleichsinnig schon in der Bibel, in der antiken Mythologie, auch in den arabischen Märchen von 1001 Nacht anzutreffen ist: die Spindel, mit der Wollfasern zu Webfäden gezwirnt werden. Die griechischen Parzen, die germanischen Nornen, alle handhaben sie als unbeeinflußbare Dunkelmächte unseren Lebensfaden, d. h. unser Schicksal. Das arabische Märchen verarbeitet diesen Faden in einen Lebensteppich, der uns durch die Lüfte trägt, aber auf seinem Flug nur dem gehorcht, der das Zauberwort kennt. Der Fliegende Teppich trägt den im Turm Gefangenen auf den Schwingen seiner Vision in die Freiheit, muß ihn jedoch wieder zurückbringen, sobald sich die Nacht herniedersenkt. Denn der Turm und sein Insasse gehören zusammen. Sie stehen für die Vergangenheit und die Zukunft, die miteinander in Fehde liegen.
Als die Hexe bemerkte, daß es dem Prinzen geglückt war, zu Rapunzel in den Turm zu gelangen, obwohl dieser (für ihn) keine Tür und keine Treppe hatte, sprang er aus dem Fenster und »zerstach« sich am Boden die Augen, so daß er nun blind durch die Welt irren mußte. Zehn Jahre lang irrte er in der Welt umher, seine Rapunzel suchend, die über die gleiche Zeit hin ihre Liebe und Sehnsucht wachhielt. Durch Zufall kam er wieder einmal in die Nähe des Turms, in dem Rapunzel mit ihren Kindern sang. Sofort erkannte er ihre Stimme, trat gerührt hinzu, und mit dieser in seinem Herzen widerhallenden Musik war der Bann der Hexe gebrochen. Die Augen hatten ihm keinen Weg zu Rapunzel zeigen können. Als ihre Tränen seine Augen benetzten, wurde er wieder sehend. Nun waren beide erlöst, Turm und Hexe verschwunden. Die Tränen der Frau können im Märchen Heilkraft gewinnen und das Leben erneuern, indem sie es vertiefen.
Hier begegnen wir gleich zwei unvergeßlichen Motiven, die wir sowohl in der Mythologie als auch in der Legende wiederfinden, nämlich der machtvollen Musik und den erlösenden Tränen:
Hera, die Gattin des Zeus, hatte – eifersüchtig, wie sie war – einmal Grund, dem Göttervater aufzulauern. Sie wollte herausfinden, ob er sich in irgendeiner Gestalt der Nymphe Io näherte. Dazu bestellte sie

den hundertäugigen, allessehenden und immerwachen Argus, dessen seitdem sprichwörtlichen »Argusaugen« nichts entgehen konnte. Doch Zeus bat seinen listigen Sohn Hermes um Abhilfe, und dieser verfiel auf die sicherste und älteste aller Zauberkünste, auf die Musik. Wenn Argus schon alles sah und nie schlief, so hieß das nicht, daß er der seelenbewegenden Macht der Musik gewachsen war. Also begann Hermes neben Argus zu singen und zu musizieren, bis dieser verzaubert seine hundert Augen schloß und einschlief.

Die heilige Ottilie, Schutzpatronin des Elsaß, deren Grab auf dem Odilienberg in den Vogesen noch heute das Ziel vieler Wallfahrer ist, weinte der Legende nach ihren totschlägerischen Vater mit ihren Tränen aus dem Fegfeuer heraus.

Die Tränen der Rapunzel, die Tränen der heiligen Ottilie – zwischen Märchen, Sagen und Legenden findet ein lebhafter Austausch symbolischer Bilder und Motive statt. Miteinander bilden sie eine unerschöpfliche Quelle symbolischer Weisheit.

Umkehrung symbolischer Inhalte

Wir brauchen nicht auf das Hakenkreuz zu verweisen, um den Gehalt eines Symbols in sein Gegenteil zu verkehren. Mit den Sinnbildern der Geschichte ist das oft geschehen, man denke etwa an den Bundschuh im Bauernkrieg. Auch daß ein Symbol erlischt, wie etwa der altägyptische Skarabäus, der mit der Christianisierung des Landes durch die koptische Kirche später durch die arabische Überflutung des Islam völlig in Vergessenheit geriet, ist nichts Neues. Symbole müssen kulturell getragen, ihre Bedeutung ernst genommen werden. Aber auch dann unterliegen sie der Wandlung durch die Geschichte. Zwei Beispiele mögen das bezeugen: Auf manchen

hochgelegenen Burgen werden die tiefen Zisternen, zumal wenn sie einst durch ein Felsmassiv hindurch bis zum Grundwasser des Tales gegraben wurden, als eine technische Glanzleistung gefeiert. Oft weist man sogar besonders auf die primitiven Hilfsmittel hin, die den Rittern zur Verfügung standen. Seit jedoch das soziale Gewissen geweckt ist, der Burgbesucher auch an die zahlreichen Opfer denkt, meist arglose Bauern, die einfach auf der Straße abgefangen und bis zu ihrem Tod zum Weitermeißeln im Brunnenschacht gezwungen wurden, mischt sich in das Loblied der tiefen Zisternen ein Mißton ein. Die Gewalttätigkeit auf der einen, Todesnot und Hilflosigkeit auf der anderen Seite werden gegenwärtig. Die gerühmte technische Glanzleistung hat sich verdüstert.
Eine andere Wandlung erfuhr das Symbol der sogenannten „Potemkinschen Dörfer". Jeder weiß, daß damit die Vorspiegelung nicht erfolgter oder nicht echter Leistungen, Einrichtungen, Bauten gemeint ist. Potemkin, der Kriegsminister und Günstling der Zarin

Katharina der Großen, soll seinen Namen für solche „Vorspiegelungen falscher Tatsachen" geliefert haben, indem er anläßlich einer Visitationsreise der Kaiserin durch die neugewonnenen südlichen Gebiete Scheindörfer aus Brettern und Pappe am Weg der Zarin errichten ließ. Diese Verleumdungen streute ein inzwischen in Ungnade gefallener früherer Günstling aus, obwohl die Gründungen des hervorragenden Organisators echt waren. Aber die „Potemkinschen Dörfer" fanden ihren Weg in das Spruchgut aller westlichen Völker. Inzwischen hat man die russische Eigenart besser kennengelernt und weiß, wie sehr es dieses Volk liebt, bei den andern für rückständig und tollpatschig angesehen zu werden, um im Schutze dieser psychologischen Tarnung um so rühriger die technische Entwicklung bis zum ersten Sputnik in der Welt vorantreiben zu können. „Potemkinsche Dörfer", vielleicht wurden sie damals schon erfunden, um den westlichen Diplomaten Sand in die Augen zu streuen.

Wissenswertes von A bis Z

ABRAHAM

Er gilt als der gemeinsame Stammvater der Israeliten über Isaak (Sohn der Sarah) und der Araber über Ismael (Sohn der Hagar), zugleich als geistlicher Ahnherr aller Religionen, die einen einzigen Gott verkünden, insbesondere der jüdischen, der christlichen und des Islam. Die stärkste Symbolkraft Abrahams – deshalb auch von der Kunst immer wieder aufgegriffen – geht von der Opferung seines Sohnes Isaak aus, den er auf ausdrücklichen Befehl Gottes zu töten sich anschickte. Die brutale Härte dieses alttestamentarischen Gottes, der allerdings nur bis zur Opferungsbereitschaft des Vaters ging, um den erschreckten Sohn im letzten Augenblick doch noch zu retten, bildet das Schlüsselereignis jüdischer Gläubigkeit. Zugleich erklärt ein solcher Absolutheitsanspruch die rigorose Strenge eines Glaubensstils, der sich inmitten einer religiös diffusen Umwelt nicht anders durch die Jahrtausende behaupten konnte.
Aus dem Bereich jüdischer Legenden, die eher im geistlichen Untergrund forterzählt wurden, jedenfalls nicht von Rabbinern redigiert sein können, sind zwei seelische Reaktionen überliefert, die das Entsetzen auch der jüdischen Menschen über diesen wahnhaft anmutenden Gehorsam widerspiegeln. Leszek Kolakowsky berichtet, Isaak habe, nachdem er das Messer in der Hand seines Vaters gesehen hatte, seinen Schock niemals verwunden: »Seit dieser Zeit schwankte er auf den Beinen und ihm wurde übel beim Anblick des Vaters.« Und Gerhard von Rad führt an: »Als Isaak seiner Mutter Sarah erzählte, was sich auf dem Berge Morija zugetragen hatte, da habe sie sechsmal aufgeschrieen und sei gestorben. War es das Entsetzen vor Gott, woran Sarah starb, oder das Grauen vor dem ihm gehorsamen Patriarchen, dem ihr unbegreiflichen Vater Abraham?« (Zitat nach Heinz Flügel »Bekenntnis zum Exodus«)
Da wir in diesem Buch immer wieder auf die Spannung zwischen deduktivem, d. h. von Offenbarung oder Gesetz abgeleitetem Denken

und Handeln, und seiner Gegenhaltung, dem induktiven Denken, stoßen, ist es angebracht, hier Abraham zugleich als das extremste Beispiel deduktiv bestimmten Lebens auszuweisen. Seit Jahrtausenden wird er als die Urgestalt absoluter Gottesunterwerfung betrachtet. Da Abraham aber kein lebensflüchtiger Fanatiker, sondern bei aller Gottbezogenheit ein Weltmann von hohem Geist war, hatte sich auch sein induktives Denken – das von der Lebenswirklichkeit ausgeht, von dem Menschen, nicht wie er sein sollte, sondern wie er ist, von der gegebenen Natur und ihren verborgenen Gesetzen – in höchstem Maße entfaltet. Er war ein freier Mensch, der den Exodus gewagt, damit auf den Rückhalt durch die Heimat und Verwandtschaft verzichtet hatte, aber gleichwohl zu erheblichem Besitz kam. In Verhandlungen über Grund-, Brunnen- und Weiderechte, selbst in subtilen Angelegenheiten, die seine schöne Frau betrafen, behielt er immer die Oberhand. Geistliche und weltliche Machthaber behandelten ihn aufgrund seiner persönlichen Würde wie ihresgleichen (Melchisedech, ein Pharao, ein mächtiger Hethiter).
Doch für Abraham blieb das alles im Hintergrund. Wie kein anderer trug er seine religiöse Bürde, die sich in Visionen und Verheißungen erneuerte, durch sein langes Leben und wurde schließlich zur Symbolfigur für Jahrtausende als der Mann, der, obwohl kultiviert und vergeistigt, von Gott noch den Befehl des Menschenopfers annahm, sogar seines einzigen legitimen Sohnes (denn Ismael war mit einer Magd gezeugt).
Abraham bleibt die Urgestalt des gottverbundenen Menschen, der sich inmitten einer räuberischen Umwelt seine Rechtschaffenheit bewahrt, weshalb jeder gläubige Jude, der seinen Hunger nach Rechtschaffenheit wachhält, »in Abrahams Schoß« als dem Ursprung seiner Erwählung heimkehren kann. Sein geistiges wie sein genetisches Erbe verwahren zu dürfen, hat zahllose Juden durch Jahrtausende mit Stolz erfüllt.

ALTAR

Die symbolische Bedeutung des Altars ergibt sich daraus, daß auf ihm der Gottheit Opfer dargebracht werden. Das Wort leitet sich von lat. »altus« = hoch und »ara« = Tisch, Altar ab. Die meisten Religionen (nicht der Islam) verwenden zur Begehung ihres Kults einen Altar. Auf dem Altar der katholischen Kirchen wird die Eucharistie gefeiert, in protestantischen Kirchen trägt er die Bibel als Offenbarung Gottes. Im Unterschied zum jüdischen Schaubrottisch, zu heidnischen Opferaltären oder zum politisch wichtigen Räucheraltar, auf dem römischen Kaisern gehuldigt wurde, erhielten kirchliche Altäre oft Aufbauten von gewaltigen Ausmaßen und hohem Kunstwert. In den Altartisch, der aus einer einzigen, ungestückelten Platte bestehen und von einem Bischof geweiht sein muß, werden Reliquien eingelassen, um die einstige Lokalisierung des Opfermahls »über den Gräbern der Heiligen« symbolisch beizubehalten.

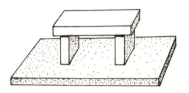

Seit dem Zweiten Vatikanischen Konzil steht der Altar auch in katholischen Kirchen inmitten der Gläubigen oder ihnen zugewandt, und bleibt ohne jeden Aufbau oder ablenkenden Figurenschmuck, ebenso ohne Tabernakel. Er darf nur (asymmetrisch) mit Kreuz, Kerzen und Blumen ausgestattet sein. Die Zwangssymbolik rigoroser Symmetrie entfiel.
Als Ort der Begegnung mit der Gottheit oder ihrer zeitweiligen Anwesenheit steht der Altar außerhalb der säkularen Alltagswelt, auch außerhalb ihrer Befugnisse. Altarschändung gilt in allen Religionen als besonders schweres Sakrileg. Deshalb bildete er einst in vielen Religionen einen sicheren Zufluchtsort für Verfolgte; dort durfte man sie nicht ergreifen.
Die Altarplatte soll nicht rund, sondern viereckig sein, weil es aus liturgischen Gründen ein Davor und ein Dahinter, ein Rechts und ein Links vom Altar geben muß. In mittelalterlichen Kirchen war der Platz, auf dem der Altar stand, durch die Architektur des Chorraums bestimmt. Er bildete den geometrischen Mittelpunkt eines Halbkreises (Apsis), eines angeschnittenen Sechs- oder Achtecks (Oktogon).
Im übertragenen Sinn gilt der Altar als symbolischer Ort, auf dem der Liebe, dem Vaterland, der Treue zu irgendeiner Idee Opfer an Gut, Blut und Leben gebracht werden. Als eine Stätte des Opfers erträgt ein Kirchenaltar nur Schmuck, der seine Symbolik nicht stört, wie erwähnt also Kerzen, die sich selbst verzehren, »aufopfern«, oder

abgeschnittene, »geopferte« Blumen in Vasen – dagegen keine Topfpflanzen, die noch dazu durch Gießen am Leben erhalten werden. In einer christlichen Kirche wird ein Kreuz (mit oder ohne Corpus) immer die angemessenste Ausstattung sein. Da der Altar liturgisch die mystische Kraftquelle bildet, wird er bei der Geste des Segens zuerst geküßt, womit auch symbolisch die ihm innewohnende Kraft weitergegeben werden kann.

DER ÄSKULAPSTAB

Der Name weist auf die lateinische Form von Asklepios hin, den griechischen Göttersohn und Urvater aller Heilkunst. Die frühesten Statuen zeigen ihn als alten Mann, schon auf einen Stab gestützt, an dem sich eine Schlange emporwindet. Der Stab ist allerdings ein Befehlsstab, kein Krückstock. Die Apotheker führen als ihr Emblem nur einen kurzen Stock, einen Rührlöffel, mit Schlange und Schale; die Heilpraktiker verwenden ebenfalls den Stock und eine Schlange. Und um das Maß der Unterscheidungen voll zu machen: Die Ärzte sind nicht auf den Priesterarzt Asklepios, sondern auf den von der Götterheilung »abgefallenen«, naturwissenschaftlichen Stammvater Hippokrates vereidigt. Doch daß sie den Äskulapstab »im Schilde führen«, geschieht mit vollem Recht. Schlangen sind symbolisch immer Giftschlangen. Der Arzt arbeitet in seinen Grenzen als Widersacher des Todes; gegen dessen Gift im kranken Körper setzt er das Gegengift der Medizin ein. Dennoch heilt er nicht nur mit Medikamenten, sondern mit der Vollmacht, die sein Befehlsstab anzeigt. Von ihm wird daher Bildung, personale Überlegenheit erwartet, denn der Patient glaubt nicht zuerst an das Medikament, sondern vor allem an den Arzt, den Heiler, der es verordnet hat. Nur weil er dahintersteht, gewinnt selbst das Placebo tatsächliche Heilkraft. Äskulapstab, das bedeutet Krankenlenkung und Heilung durch Herrschaft über Gifte.

AUREOLE

Unter Aureole, die oft irrtümlich mit dem kleinen Heiligenschein (Nimbus) gleichgesetzt wird, versteht man die leuchtende Ausstrahlung, die vom ganzen Körper ausgeht. In der christlichen Kunst selten kreisförmig (wie bei Matthias Grünewald), sondern meist, der Körpergestalt entsprechend, oval oder in Mandelform (Mandorla), etwa im Tympanon über romanischen Portalen. Gelegentlich wird neben Christus auch Maria mit einer Aureole ausgestattet. Die Aureole ist nicht mit der Aura zu verwechseln, die, von Sensitiven wahrgenommen, keine Heiligkeit, sondern Lebenskraft anzeigt.

BALDACHIN

Ursprünglich als Schutz gegen dämonische Kräfte gedachte, dann dem Herrscher oder einem Heiligtum vorbehaltene »Krönung«, schließlich über jedem Thron, ja sogar über Paradebetten angebrachte, auf vier Säulen ruhende Zwischendecke. Der Baldachin wird heute noch als »Traghimmel« bei Fronleichnamsprozessionen verwendet. In der kirchlichen Innenarchitektur findet er sich als reich verzierter Überbau über Altären, Tabernakeln und Kanzeln.

BIERTISCH

Mit dem »Biertisch« verbindet unsere Vorstellung eine Runde von Trinkern; was er anzeigt, weckt aber eher ein negatives als positives Echo. Bezeichnenderweise kann es keinen »Weintisch« geben, weil das Weintrinken schon wegen der kleineren Mengen eine anders geartete Geselligkeit hervorbringt. Auch werden diese Trinker eher »weinselig«, elegisch, ihre Fantasie beflügelt sich ohne Aggressivität. Schon durch die Handhabung zerbrechlicher Kelchgläser ist der Weintrinker zu behutsameren Lebensformen gezwungen. Anders beim eigentlichen Durststiller, dem Bier, das in festeren Trinkgefäßen gereicht und in größeren Mengen getrunken wird. Diese äußeren Zeichen weisen auch auf eine andere, eher verdeckte Wirklichkeit, nämlich auf den Unterschied zwischen männlicher oder weiblicher Herkunft des Alkohols, die mit chemischen Tests freilich nicht wahrzunehmen ist. Die »männlichen« Getränke, die aus Samen hergestellt werden, also der »Gerstensaft« Bier, der »klare« Kornschnaps, Whisky, Wodka, tragen durch alle Gärungsvorgänge und Destillationen hindurch die Verdichtung des Samens weiter. Jene »weiblichen« Getränke aber, die aus »Fleisch« gewonnen werden, also der Wein, dann alle Arten von Weinbrand, aber auch Kirschwasser, Himbeergeist und Obstschnäpse, kommen aus Lebenszusammenhängen, die von Saft und Süße bestimmt waren. Sie machen nicht wild, sie beseligen.

In der Stammtischrunde des Biertisches sitzen meist nur Männer beisammen. Wenn der Alkohol die Rede zu lockern, die Seele zu entgrenzen beginnt, treten die Zecher alsbald in Weltzusammenhänge ein, denen sie weder mit ihren historischen Kenntnissen noch mit ihrem Informationsstand gewachsen sind. Ihre Aggressionen beleben sich, Feindattrappen werden aufgebaut, die Welträtsel gelöst. Ob Stammtisch oder Kommers, die gleiche Gestimmtheit stiftet eine Verbrüderung aller zur besseren Weltordnung Berufenen. So wurde der Biertisch zur Metapher für Unverbindlichkeit. Natürlich können in jeder Bierrunde auch die bedeutendsten Gespräche geführt werden. Dennoch steht der Biertisch im Verruf einer pathetischen Banalität, gerade weil die an ihm Zusammengekommenen ohne entsprechende geistige Ausrüstung die schwierigsten Fragen klären. »Biertischniveau« zeigt eine Rede, ein Text, der bei anspruchsvoller Thematik nur Altbekanntes enthält.

BRUNNEN

Im Unterschied zur Quelle, die als Naturereignis an Bergen und Hängen gesucht wird, ist der Brunnen als ein plazierter Wasserspender zuerst bei den Menschen zu finden. Nicht umsonst wird bei der Errichtung von Brunnen oft große Kunst aufgewendet. Mit der Beweglichkeit und dem Plätschern des Wassers läßt sich Geselligkeit assoziieren. Er macht Stimmung und wird deshalb mit Vorliebe an öffentlichen Plätzen in Dörfern und in Städten angetroffen (»Am Brunnen vor dem Tore«). Auch Rathäuser, Verwaltungsgebäude und staatliche Institutionen schmücken sich zum Zeichen, daß sie dem Leben dienen, gern mit prächtig aufgebauten Brunnen. Besonders für stille Innenhöfe, seien es alte Klöster, Schlösser, auch Universitäten, wird er als stellvertretendes Symbol des draußen quirlenden Lebens bevorzugt. Weil der Brunnen als Wasserspender der Lebenserhaltung zugeordnet ist, besitzt er einen nahen Bezug zur Mitte, weshalb bei mittelalterlichen Stadtgründungen immer in der Stadtmitte, oder doch am Kreuzungspunkt der wichtigsten Verkehrsstraßen ein schöner, an Wasserstrahlen reicher Brunnen eingeplant wurde. In München bildet der Brunnen um die Mariensäule vor dem Rathaus sogar die genaue geographische Mitte, von der aus die Entfernungen aller bayerischen Orte zur Landeshauptstadt gemessen werden. Von jeher waren die wasserspendenden Brunnen für Mensch und Tier auch beliebte Treffpunkte, und dies schon in der Bibel (Rahel, Rebekka), zumal in den wasserarmen, wüstenreichen Ländern des Nahen Ostens der Brunnen, ebenso die Zisterne als Ziehbrunnen, für Nomaden eine wichtigere Rolle spielt als die Brunnen und zahllosen Wasserhähne in gemäßigteren Zonen. Durch seine vielfältigen versteckten Bezüge zum Leben (Kindlbrunnen), zum Geist (Taufbrunnen) und zur Gesellschaft eignet sich der Brunnen als Metapher für alles, das etwas von sich abgibt, das erneuert, jung und frisch erhält (Jungbrunnen). Er zählt zu den reichsten Symbolen überhaupt.

DRACHE

Er ist ein Fabeltier von tückischer Gefährlichkeit, dem man im Nachhinein alles nachsagt: das Feuerspeien, das Aussprühen von Giftschwaden, daß es fliegen, aber auch unter Wasser leben könne, stets sprungbereit auf der Lauer liege und durch seine unersättliche Gefräßigkeit alles andere Leben bedrohe. Vielleicht spiegeln sich in Drachengeschichten die unbewußt erinnerten Ängste vor den letzten Sauriern wider. In den frühen Sagen fast aller Völker wird dem Drachen, um ihn ruhig und auf Distanz zu halten, wie einem Gott geopfert. Nach dem Vorangang der Apokalypse gilt er in Kunst und

Literatur als das Untier der Endzeit, als das böse Prinzip schlechthin. Freilich sieht das mönchisch orientierte Mittelalter in ihm viel mehr als nur ein Tier, nämlich das Böse und Gefährliche, vor allem die Niedrigkeit der Triebe, das Symboltier der geistlosen Erde, besonders des Sumpfes und damit zugleich des verlockenden, verschlingenden Weibes. In der Vulgärsprache blieben zänkische Frauen bis heute als »böse Drachen« in Verruf. Zur Bekämpfung des Drachens treten furchtlose Sonnengestalten wie der Erzengel Michael und der heilige Georg auf, die bald zu Schutzpatronen aller Heerführer gegen den »bösen Feind« werden. Parallel zu ihnen wird die heilige Margarete verehrt, die einen Drachen der Legende nach mit der sanften Gewalt der Frau zähmte und ihm damit seine gefährliche, böse Natur nahm. In der alten chinesischen Kultur hingegen spielt der geflügelte Drache als Symbolfigur für die Macht und Gewalt des Herrschers eine zentrale Rolle. Überdies galt er als gutgesinnter Regen- und Fruchtbarkeitsgeist.

ECHO

Die Bedeutung des Echos reicht weit über seinen Ursprung hinaus, in dem es nach dem Bericht des Mythos nur ein leeres Nachplappern, eine einfältige Wiederholung war. Zeus, so wird erzählt, habe nämlich, um seine vergnüglichen Schäkereien mit den Nymphen nicht durch ein Eingreifen seiner Gemahlin stören zu lassen, das Nymphchen Echo zur Göttermutter Hera geschickt, damit es diese durch launige Plaudereien ablenke. Die ohnedies mißtrauische Hera witterte jedoch bald, daß die sich dauernd wiederholende Unterhalterin nur im Sold des Zeus gewissermaßen Schmiere stand. Hera bestrafte sie damit, daß Echo fortan nie mehr einen Satz anfangen, sondern immer nur das zuletzt Gehörte nachsagen konnte. Sobald ein anderer sprach, konnte sie wiederum nicht schweigen. Als ewige Wiederholung, die das Vorausgehen anderer braucht, fand die Bergnymphe Echo im Wortschatz der Völker Aufnahme. Doch hat sich das Symbol »Echo« inzwischen aufgefüllt. Es bedeutet nicht nur das ungeprüfte Nachreden abhängiger, serviler Naturen, sondern auch die echte, kritische Antwort. Ob eine Rede, ein Buch, eine politische Tat, ein Echo findet und welches, kann für den Erfolg ausschlaggebend sein. So wird der Widerhall zur Ergänzung, die nicht mehr eines geschwätzigen Nymphchens, sondern eines kundigen Fachmanns bedarf. Selbst das »Echo aus dem Walde« braucht bestimmte Voraussetzungen, wenn der Schall zurückkommen soll.

EUNUCH

Obwohl heute kaum mehr angetroffen, blieb der Eunuch doch ein abwertendes Symbolwort für Männer, die jeder frontalen Begegnung ausweichen, bei keiner Auseinandersetzung »ihren Mann stehen«, aber hinterrücks intrigieren. Einst schätzten Kirche, Oper und feudaler Prunk ihre vollen hohen Stimmen, die durch die Kastration künstlich erhalten werden konnten. Islamische Herren setzten Eunuchen als ungefährliche, weil geschlechtsneutrale Haremswächter ein. In Byzanz und Italien fand jahrhundertelang geradezu eine »Massenproduktion« solcher Kastraten statt, weil kinderreiche arme Eltern ihre Knaben noch vor dem Stimmbruch weggaben, um ihnen ein, wenn auch reduziertes Dasein zu sichern. Erst unter dem Einfluß der Aufklärung wurde die Kastration als schwere Körperverletzung mit Strafe bedroht.
In der Gen-Biologie wird heute erneut, bereits am Keim, mit dem Hervorbringen reduzierter Menschen experimentiert. Der industriell machbare, nicht mehr gezeugte und geborene, sondern »geklonte« Mensch mit den Haupteigenschaften »Fleiß und stumpfe Fügsamkeit« wurde zur Schreckensvision aller Kundigen. Der Homunkulus, das künstlich geschaffene Menschlein, von Paracelsus bis Goethe als ein spielerisch behandeltes Symbol angesehen, verfällt, seit er realisierbar ist, dem strengsten Tabu. Das einst von streitbaren Theologen ausformulierte Credo-Wort »genitum non factum« – gezeugt, nicht gemacht – erhält neue Aktualität und Würde. Seine Symbolik, lange Zeit erloschen, leuchtet wieder auf.

FAHNE

Weil sie auf einen genauen Sinngehalt, auf eine einzige Information festgelegt ist, die man aus ihren Farben und Zeichen nur dann ablesen kann, wenn man zuvor unterrichtet wurde, zählt die Fahne zu den Emblemen oder Sinnzeichen und nur summarisch zu den Symbolen. Sie repräsentiert einen Staat, eine Nation, auch ein Volk und gilt als Hoheitszeichen, das Respekt verlangt. Mancherorts wird sie gegrüßt, wo immer sie hängt. Beim Hissen und Einziehen erfolgt in jedem Fall eine Ehrenbezeigung. Weht sie über Residenzen oder Regierungsgebäuden, so zeigt dies an, daß der Monarch oder das Staatsoberhaupt anwesend ist. Eine nur auf halbe Höhe des Masts hochgezogene Fahne deutet Staatstrauer an.
Ebenso kann die Fahne ein politisches Zukunftsprogramm oder ein religiöses Bekenntnis anzeigen, wie zeitweilig die Grüne Fahne des Propheten oder das zu Zeiten der Monarchie verfolgte Schwarz-Rot-Gold der Demokraten. Wird die Fahne auf den Zinnen oder Trümmern eroberter Städte und Festungen oder auf Berggipfeln aufgestellt, so gilt sie als besitzanzeigendes Symbol. Im Kampf erbeutete Fahnen und Feldzeichen werden demonstrativ verwahrt. Da an ihnen die Ehre der Besiegten haftet, werden sie bei späteren Freundschaftsfeiern oft besonders formell zurückgegeben.
Auf die Fahne werden der Soldaten- und der Beamteneid abgelegt. Wer »die weiße Fahne« zeigt, die eigentlich keine Fahne, sondern als Flagge ein international vereinbartes Zeichen ist, teilt mit, daß er sich ergibt, und darf, wenn er die eigene Waffe weggeworfen hat, nicht mehr beschossen werden. Die Fahnen und Flaggen des Roten Kreuzes (oder des Roten Halbmonds), auch sein Aufmalen auf Lazarettdächer, gelten nach internationalen Verträgen als Schutzzeichen für Verwundete oder bei Aktionen von deren Bergung und Pflege.
Wie die Fahnen besitzen auch staatliche *Flaggen, Standarten* oder *Wappen* hoheitlichen Rang, desgleichen die Nationalhymne, bei deren Erklingen man sich erhebt, sei es die eigene oder die des Gastlands, in dem man sich gerade befindet. Bei Prozessionsfahnen achtet man das Glaubensbekenntnis derer, die sie mit sich tragen. Solche Fahnen besitzen allerdings keinen Hoheitsrang, weder kirchlichen noch päpstlichen. Dasselbe gilt für Vereinsfahnen, was freilich nicht ausschließt, daß sich die Teilnehmer festlicher Veranstaltungen beim Einzug der Traditionsfahnen erheben. In der Kriegsmalerei ist der Fähnrich als besonders heroische Figur dargestellt, weshalb er im

übertragenen Sinn als jugendlicher Bannerträger von Ideen und Neuerungen gilt – eine Lebensstufe, die der erwachsene Mann wiederum hinter sich zu bringen hat. In der religiösen Kunst gilt die Fahne in der Hand des Auferstandenen als Zeichen des Sieges über den Tod.

Der *Wimpel*, ein meist dreieckiges Fähnchen mit bestimmten Farben und Zeichen, wurde ursprünglich an langer Stange von Dragonern, Husaren, Panduren, jedenfalls berittenen Trupps geführt, dann vom Wandervogel und später von allen Jugendgruppen als Gemeinschaftszeichen auf Wanderfahrten vorangetragen. Obwohl bei regulären Truppen im Gebrauch, auch von Schiffen, sogar Kriegsschiffen gehißt, besaßen Wimpel nie die Hoheitswürde der Fahne.

FEST

Das Fest (von lat. »festum« = fest, Feier) gründet sich auf seiner Wiederholung. Weil es als ein »fester« Termin wiederkehrt, gliedert es die Zeit in ein Davor und ein Dahinter. Denn ohne Feste, auch als Erlebnispunkte, schwämme die Zeit gestaltlos dahin. Weil ihr Tag im voraus bekannt ist, laufen die Feste an, d. h. sie sind schon in der Vorbereitungszeit, wie Weihnachten im Advent, Ostern in der Fastenzeit oder Karwoche, gegenwärtig und klingen hinterher noch nach. Jedes Kind freut sich schon lange vor dem Datum auf seinen Geburtstag und berichtet noch nach Wochen von den Freuden und Geschenken, die es zu »seinem« Fest erhalten hat. Auch Liebes- und glücklich gebliebene Ehepaare vermerken es achtsam, wenn zurückliegende große Stunden im Kalender wiederkehren. Wenn ein Fest wiederholt wird, kann sich der Rang eines Datums vertiefen. Die Geburt von Bethlehem ereignete sich einst unter völligem Ausschluß der Weltöffentlichkeit. Daß diese erste Weihnacht bis heute ein so tief im Gemüt eingewurzeltes Fest blieb, verdankt es nur dem nahezu 2000 Jahre lang wiederholten Gedenken. »Alle Jahre wieder«, das gilt für jeden Erinnerungstag, vor allem für den persönlichen, den sonst niemand kennt. Aus regelmäßig erlebten Geschehnissen entstehen Feste, die, weil sie zuverlässig wiederkehren, ein Gerüst von Kultur hervorbringen. In den Nationalfeiertagen soll wiederbelebt werden, was sich an ihrem Datum ereignete.

Zur hohen Symbolik des Festes gehört es, daß auch der Mensch sich festlich benimmt, indem er die Arbeit ruhen läßt, sich schöner kleidet, wenn möglich besser als sonst ißt und trinkt und sich selbst als einen generösen, schenkenden, für seine Umgebung erhebenden Mitmenschen gibt.

FRIEDEN

In der Natur kommt der Frieden nicht vor. Vielmehr zählt er zu den höchsten Kulturgütern, die dem Menschen erreichbar sind, und bleibt deshalb nicht nur ständig bedroht und gefährdet, sondern zerbrechlich an sich, da der Mensch, der ihn hütet, selbst ein konfliktbeladenes Wesen ist. Der Frieden kann also nicht als Zustand, sondern nur als ein fortwährend geleistetes Ereignis symbolisiert werden. Eine Zeit, in der Krieg und Streit nur ruhen, ist noch nicht als Frieden ausgewiesen. Weil er aber einen so hohen, immer ersehnten, auch glückbringenden Rang einnimmt, schenkt man schon leichten Anklängen an ihn seinen Namen: etwa dem vielbesungenen Abendfrieden, dem Frieden der Nacht, ebenso dem Frieden der Toten, den wir in jedes offene Grab hinein wünschen.
Auch sonst unterstellt man, wo immer es in der Natur still und ruhig ist, die Anwesenheit des Friedens, also über den Sternen, in tiefen Wäldern (obwohl dort jedes Raubtier auf der Lauer liegt, jedes Beutetier sein Leben in Angst verbringt). Daher läßt er sich mit solchen Zeichen symbolisieren.
Erfahrungsgemäß geht ihm der Unfrieden voraus, so daß er erst durch Erschöpfung nach Streit und Krieg in einem Vertrag, einer Versöhnung zustande kommt. Hier liefert die Bibel das bekannteste Symbol, nämlich die Taube oder die Taube mit dem Ölzweig im Schnabel, oder den Ölzweig allein. Als Noah diesen Vogel am Ende der Sintflut zur Erkundung ausschickte, kam die Taube als Zeichen der endgültigen Versöhnung Gottes mit dem Menschen zur Arche zurück, einen Ölzweig im Schnabel haltend. Seitdem gelten Taube und Ölzweig, obwohl sie weder einzeln noch zusammen einen unmittelbaren Bezug zum Frieden besitzen, als die am sichersten verstandenen Friedenssymbole.
Doch haben wir inzwischen gelernt, daß diese arglosen Zeichen für

Stille, Versöhnung und Vertrag so wenig vermögen wie die termingebundenen Appelle der Staats- und Kirchenmänner (Weihnachten!). Da vermeintliche Friedensperioden erfahrungsgemäß nur eine Vorbereitungszeit für den nächsten (Vergeltungs-) Krieg bildeten, neben den unbelehrbaren Kriegstreibern sich auch gewisse Industriezweige am Verschleiß durch Waffengänge interessierten, wurde eine systematische Friedensforschung und Friedensschulung des Volks ins Leben gerufen. Ihr Symbol, das auch demonstrativ vorgewiesen wird, ist das durchkreuzte, also verneinte Gewehr. Hier ist freilich

höchste Wachsamkeit am Platz, da potentielle Gegner sich auch den aufrichtigsten Idealismus zunutze machen könnten. Doch zeigt schon der Wandel der Symbole an, wie sich aus der verträumten Friedenssehnsucht von einst die harte Friedensarbeit von heute entwickelte.

GOTTESURTEIL

Ordal, Zweikampf, Glücksspiel, sie alle sind Aktionen, mit denen einer mutmaßlich höheren Instanz zugebilligt wird, über etwas zu entscheiden, das man nicht selbst klären kann. In religiös bestimmten Zeiten war das der Appell an Gott unter Ausschluß des kritischen Verstands. Otto der Große verfügte 967, daß sogar im Fall des Zweifels an der Echtheit einer Urkunde ein Zweikampf entscheiden solle. Im Mittelalter bildeten Gottesurteile ein anerkanntes rechtliches Verfahren zum Beweis von Schuld oder Unschuld (unter anderem bei Hexenprozessen). Heute gelten solche Maßnahmen nicht nur als rückständig, sie sind zu Recht verboten. Bittere Erfahrungen in Spielbanken beweisen, daß die Herausforderung des Glücks wie eine Droge wirken kann, von der der Betroffene nicht mehr freikommt. Auch in der allgemeinen Teilnahme an Lotterien und Wetten kommt die Neigung, sein Glück zu versuchen, zum Ausdruck.

HÖLLE

Nach der kirchlichen Lehre ein Ort der Verdammten, wurde die Hölle zum Symbol für seelisch unerträgliche Lebensumstände. Obwohl mit malerisch emotioneller Tradition überladen, die die Qualen der Verdammten auf hohem oder niederstem Niveau schildert, wird »Hölle« weniger mit Feuer und Flammen, als mit Zank, Lärm, Bosheit und Vertrauenslosigkeit identifiziert. Einen Ort der Verdammten kennen fast alle Religionen, obwohl der »Ort« Hölle theologisch unhaltbar ist. Gleichwohl braucht die Symbolik Bilder und Anschauung, die religiöse Unterweisung handfeste Darstellungen, denn der Zustand existentieller Verdammnis läßt sich symbolisch so wenig fassen wie die Seligkeit des Gerechten, Heiligen oder des schuldlosen Opfers. Der uns angeborene Hunger nach Gerechtigkeit, die in keinem Leben ganz zu realisieren ist, gebiert Höllenbilder (wie auch Himmelsvorstellungen) immer von neuem. »Die Feuer der Hölle« gingen aus den Vorstellungen von Menschen hervor, die (meist als Nomaden) schon lebenslang unter der subtropischen Hitze des Nahen Ostens zu leiden hatten. Für die in den eisigen Stürmen des Himalaya lebenden Tibeter zum Beispiel ist die Hölle kalt.

IMAGE

Dieses englische Wort, das über die Werbepsychologie und Politik zu uns kam, ist durch kein deutsches zu ersetzen, obwohl es zum engeren Umfeld des Symbols gehört. Dem ursprünglichen Sinn nach bedeutet es die gerade gültige, meist künstlich aufgebaute Vorstellung, die man sich von einer Person, einer Sache oder einer Institution macht.

Das Image braucht sich mit der Wirklichkeit nicht zu decken. Ein Politiker, der eine Wahl gewinnen will, ein Markenartikel, der sich gegen die Konkurrenz behaupten muß, sie alle benötigen ein gutes Image, d. h. sie sollen Symbol für etwas Sympathisches sein. Die konventionellen Sympathien ändern sich aber immer wieder. So gehört heute zum guten Image einer jungen Frau, daß sie schlank und sportlich aussieht, wenn möglich braun gebrannt und von heiterer ungezwungener Wesensart. Vor zwei Generationen hatte sie, um der öffentlichen Norm zu entsprechen, eher feinfühlig als technisch geschickt oder gar sportlich zu erscheinen, auch war sie besser blaß, was als wohlbehütet galt, denn eine braungebrannte Haut hätte niedere Arbeit im Freien verraten. Und im Umgang mußte sie sanft und fromm-betulich, auch hilflos wirken, um die allseitige Zuständigkeit des Mannes herauszufordern. Nicht weniger deutlich zeigte sich die Wende im Image des Mannes selbst. Hackenzusammenschlagen und eine markante Sprache wirkten damals ebenso als Empfehlung, wie sie heute sein Image verderben. Ein Politiker, der sein Image nach den gegenwärtigen Vorstellungen aufbauen läßt, muß sich vor den Wahlen auch streng daran halten, muß ein Mann zum Anfassen sein, gesprächsfähig, weltläufig, voller Kenntisse und Arbeitskraft. Erst wenn er gewählt ist, darf er zu seinem persönlichen, vielleicht sogar gegenteiligen Lebensstil zurückkehren. Das Image hat nur zu bewirken, daß er als bekannter Markenartikel gewählt wird. Als Werbemittel, das nichts zu verbürgen braucht, als vorausfinanzierbarer Handelswert besitzt es deshalb nur geringe Glaubwürdigkeit, denn jeder weiß, daß damit sein eigenes Urteil manipuliert werden soll. Ein symbolisch wirksamer Effekt setzt lange persönliche Erfahrung voraus. Obwohl das Image auch mit endlosen Wiederholungen und reichlichem Gebrauch des Wortes »Symbol« arbeitet, bleibt es nur eine flüchtige Imitation.

INSULANER

Menschen die über viele Generationen eine Insel bewohnen, in Zeiten der Not also auf sich selbst angewiesen sind, bei Überfällen durch Seeräuber oder Eroberer von keinem Nachbarn Hilfe bekommen, entwickeln einen besonderen Lebensstil, der sie von den Menschen auf dem Festland unterscheidet. So wird das Wort zum Symbol für Sonderkulturen, oft für Sonderlinge überhaupt. Typische Insulaner sind die Engländer, die Japaner, Sizilianer, oder die Bewohner Sri Lankas. Im Lauf ihrer Geschichte wurden fast alle Inseln einmal von Massenmord heimgesucht, die Frauen und Kinder in die Sklaverei entführt, ohne daß ihnen jemand beistehen konnte. Die Insulaner waren »die anderen«, und in dieser Bedeutung nehmen heute Theatergruppen, Kabaretts usw. den Begriff in Anspruch.

JEANNE D'ARC (DIE JUNGFRAU VON ORLÉANS)

Jeanne d'Arc, die »Jungfrau von Orléans«, zur zweiten Nationalheiligen Frankreichs erhoben, stieg zugleich zu einer Symbolfigur auf, die für den ersten Nationalheiligen, Martin von Tours, ein geradezu ideales Gegenüber wurde. Dazu kam, daß an ihr etwas gutzumachen war. Denn man verzieh sich nicht, zugelassen zu haben, daß dieses tapfere Mädchen, dem das Vaterland einst die Freiheit verdankte, 1431 in Rouen als Hexe verbrannt worden war (wenn auch durch die Engländer). Zwar hatte man damals in einem Bereinigungsprozeß das Schandurteil bald wieder aufgehoben, doch das dramatische Schicksal des erst zwanzigjährigen Mädchens nicht mehr wenden können. Verdienst und Martyrium summierten sich. Hinzu kam die legendäre, im frommen Wunderglauben der Zeit überaus volkstümliche Herkunft Johannas und ihre Berufung durch »Stimmen«. Das biedere Hirtenmädchen aus Lothringen war in schwerer Zeit vom Erzengel Michael »berufen« worden, ihr Vaterland von den Engländern zu befreien. 1909 wurde Johanna selig-, 1920 heiliggesprochen. Zwar gilt heute als sicher und hinreichend belegt, daß die »Jungfrau von Orléans« ein illegitimer Sproß der herrschenden Königsfamilie war, genau gesagt, eine Tochter der französischen Königin Isabeau von Bayern und ihres Schwagers, des Herzogs Ludwig von Orléans, der damals für seinen Bruder, den geisteskranken König Karl VI. die Regentschaft führte.
Natürlich wußte Jeanne, die sich selbst nie Jeanne d'Arc sondern Johanna von Orléans nannte, wer sie in Wirklichkeit war. Ihr Zugang zu allen Höfen, ihr freier, unbefangener Auftritt vor hohen geistli-

chen und fürstlichen Herren, die spontane Gefolgschaft, die dieses keineswegs bäuerische, vielmehr adelig gesittete Mädchen bei Offizieren und Mannschaften fand, ihre vorzüglichen Kenntnisse der politischen Verflechtungen in der zeitgenössischen Aristokratie, ihre eindeutige politische Leidenschaft, auch ihr strahlender Auftritt – immer zu Pferde in weißer Uniform –, ihre mehrfache Versicherung von dem mit höchsten Würdenträgern bestückten Ketzergericht, nie im Leben Tiere gehütet zu haben, das alles macht den Bericht vom einfachen Hirtenmädchen zur Legende. Auch daß der durch Johanna zur Königswürde gelangte Karl VII. während des Prozesses so wenig für ihre Befreiung tat, läßt vermuten, daß insgeheim vereinbart worden war, anstelle Johannas eine andere von der Inquisition verurteilte junge Frau den Scheiterhaufen besteigen zu lassen.

Freilich konnte nach der feierlichen Revision des Prozesses, erst recht nach der Selig- und Heiligsprechung die Hirtenmädchenlegende nie mehr in Abrede gestellt werden, weder von der Kirche noch durch das Königshaus. (Womit übrigens nur Belangloses, allenfalls den Fachhistoriker Berührendes ins Gespräch gebracht worden wäre.) Denn die Symbolgestalt »Jungfrau von Orléans« war schon mit der historischen Befreiung Frankreichs vom Joch der Engländer als das schlichte Mädchen aus dem Volk aufgebaut, das von Gott berufen und befähigt wurde, sein Vaterland in die Freiheit zu führen. Ein Mädchen, das nach zwei Jahren strahlender Tapferkeit durch die traurige Kumpanei von Inquisition und Nationalfeind zu Fall gebracht und als »Hexe« verbrannt wurde. Ein von dunklen Mächten gestürzter Engel, aber in Zeiten der Not immer wieder da, um sein Volk in eine jeweils neue Freiheit zu führen.

Was vermag gegen ein solch lichtes Identifikationsbild von ewiger Jugend jene allmählich alternde Dame des Hochadels, die unter falschem Namen in Schlössern ein verborgenes Leben führte, allmählich fröstelnd die Filzpantoffeln verlangte und schließlich völlig vergessen starb. Ihr Krankenbett, mochte es auch historisch verbürgt sein, hielt einem Vergleich mit der Symbolkraft des lodernden Scheiterhaufens nicht stand. Auch Odysseus war ja der Historie nicht bedürftig. Und im Nachbarland Spanien reitet Don Quijote durch die Seele der Menschen, wie ihn Cervantes als erster sah – unsterblich, wenngleich von Lebensdaten völlig frei.

Verbrennung einer Hexe, hier der Jungfrau von Orléans 1431 in Rouens. Rechts symbolgetreu die hohen Gebäude der Macht, davor auf der Tribüne deren ungerührte Vertreter, die das Todesurteil beschlossen und gefällt haben. Links die Fassaden der Bürgerhäuser mit ihren engen, ungesunden Wohnungen. Von links her tragen auch die Stadtknechte das Holz fürs Feuer, Symbol für entmündigtes Niedervolk, das (wie im Dritten Reich) sofort eifert, wenn die Mächtigen ein Verdammungsurteil gesprochen haben. Bildliche und symbolische Mitte: die weiß gekleidete, aufrechtstehende, an den Schandpfahl gefesselte Heldin. Der einzige exemplarische Mensch als Opfer einer öffentlichen Neurose.

JUGEND

Jede Jugend verlangt, sobald sie sich zu artikulieren weiß, eine »neue Zeit«, eine andere Art des Erwachsenseins, als die Eltern und Lehrer es darstellen, eine nie dagewesene Lebendigkeit gegenüber dem ihr tot erscheinenden Alltagsritual der Elterngeneration. Weil die Jugend ausschließlich mit Zukunft programmiert zu sein glaubt, entgeht ihr meist das eigene Altern, das sich in einem allzu rasch festgefahrenen Lebensstil dokumentiert. Wie jung die Jugend ist, ob in ergebener Gefolgschaft oder hartem Widerspruch zu den Alten, zeigt sich erst an ihrer Kraft zur Erneuerung des Lebens. In jedem Fall aber bleibt sie das Symbol des Wandels. Geht aus dem Nein zu den Alten allerdings kein neues Lebenskonzept hervor, in dem sich, von den einstigen »Tugenden« nationaler, konfessioneller, ständischer Enge losgelöst, ein freierer, welthafter Mensch entwickeln kann, den die Jugend dann auch selbst zu stellen hat, dann erschöpft sie sich im Widerspruch. Das Symbol »jung« intoniert die Vision einer neuen Zeit, samt der schöpferischen Kraft, sie heraufzuführen; alles andere ist als Nebengeräusch so alt wie die Menschheit.

JUNGFRAU

Wenn auch jede Lebensstufe ihre eigene Schönheit hervorbringt, so gilt doch der Erfahrungssatz, daß gerade die menschliche Schönheit verwelkt und vergeht, also dort ihre höchste Entfaltung erreicht, wo sie am meisten zu verlieren hat: in der jung herangeblühten Frau. Daß man sie nicht Jungfrau nennen darf, ohne die Dezenz zu verletzen, hat seinen Grund in einer religiös-kulturellen Belastung dieses Worts, das einen anatomischen Zustand ausdrückt, der den anderen nichts angeht. Das mit »Unschuld« gleichgesetzte Wort »Jungfrau«, auch »jungfräulich«, bis vor kurzem sogar von männlichen Zölibatären gebraucht, ist in den Dunst infantiler Frömmelei gehüllt und nachgerade unaussprechbar geworden. Die Umkehrung gilt: Gerade weil man eine »Jungfrau« ist, sagt man es nicht. Die symbolische Ausstattung der Jungfräulichkeit wurde so widerwärtig, daß sich selbst das keuscheste Mädchen nicht mehr damit schmücken läßt. Denn sie zeigt nicht mehr den Zustand körperlicher Unversehrtheit an, sondern ein seelisch-persönliches Unterentwickeltsein. Eine junge Frau, die zur Geschlechtspartnerin heranreift, will mit sich selbst identisch sein. Das Wort, das zwischen keusch und sexy jenen natürlichen Inhalt anzeigt, den sie unabhängig von herkömmlicher Konvention selbst verwahrt, ist noch nicht gefunden.

KLEINOD UND WARE

Der Preis eines Kleinods – sagen wir der deutschen Kaiserkrone oder eines Schnitzaltars von Tilman Riemenschneider – wird nicht von seinem materiellen Wert bestimmt. Natürlich muß bei der Versiche-

rung eine bestimmte Summe eingesetzt werden, doch gibt diese eher Auskunft über die Erschwinglichkeit der Prämie. Zum Kleinod gehört die Einmaligkeit. Es steht, weil unersetzbar, in keiner Preistabelle. Kann man auch beim Goldschmied eine Kopie herstellen lassen, so wird daraus, selbst bei absoluter Gleichheit des Materials, nur ein Duplikat, dem die charismatische Beiladung des Originals fehlt. Der ideelle Wert eines alten Familienschmucks, der in immer denkwürdigen Stunden von einer Generation der nächsten übereignet wurde, kann im Verlustfall von keiner Versicherung ersetzt werden, weshalb jeder Schätzung anzufügen wäre, wem es als teures Kleinod galt. Für Menschen, die der deutschen oder europäischen Geschichte nicht angehören, sinkt die in Wien verwahrte Kaiserkrone auf ihren Pretiosenwert oder internationale Museumsangebote herab.
Der Wert eines Kleinods läßt sich weder durch Zusätze erhöhen, noch durch Wegnahmen verringern. Es kann nur bewahrt oder zerstört werden. Sein symbolischer Rang, und bestünde er nur in der Seltenheit oder Einmaligkeit, bedarf eines Menschen, der ihn anerkennt. Als im Jahre 1506 bei Bauarbeiten in Rom Bruchstücke der Laokoongruppe ausgegraben und pflichtschuldig oder für ein geringes Handgeld abgeliefert wurden, hätte ohne die fachkundigen Archäologen niemand vermutet, welches Kleinod der Erde damit entrissen worden war. Inzwischen stehen Gips- und Marmorkopien in allen Museen der Welt (schon wegen Gotthold Ephraim Lessings berühmtem Kunstkanon »Laokoon«) und die Andenkenindustrie verkauft millionenfach Mini-Reproduktionen. Aber nur das Original in den Vatikanischen Sammlungen bedarf eines eigenen Wächters. Kopien sind Ware, die man bestellen und bezahlen kann.
Es mag größere Meteoriten geben als die Kaaba, die von den Moslems

in Mekka verehrt wird, und wenn wir eine Parallele zum Christentum ziehen, so besitzen die »Gnadenbilder« an den Wallfahrtsstätten meist keinerlei Kunstwert, wie auch die Reliquien in den wundervollen Schreinen (etwa dem Dreikönigsschrein im Kölner Dom) nicht zum Nachprüfen und Beurkunden, sondern zur Verehrung ausgestellt sind. Der Kult von einst sogar »wundertätigen« Reliquien ist erloschen, damit auch ihr Rang als unersetzliches Kleinod. Schon der Salzburger Fürstbischof Wolf Dietrich von Raitenau ließ anläßlich der Fundierung des neuen Doms die bis dahin ehrfurchtsvoll aufbewahrten Gebeine seiner Amtsvorgänger einfach in die Salzach werfen, weil er den Platz für die Grundmauern brauchte. Ähnlich verfuhren die Bilder- und Reliquienstürmer der Reformationszeit oder die Ikonenverbrenner in der byzantinischen Geschichte. Am Bilder- und religiösen Kleinodkult schieden sich schon immer die Geister, weil von den einen die symbolische Bedeutung aufgebläht, zur Hauptsache gemacht und damit dem lukrativen Aberglauben Tür und Tor geöffnet, von den anderen jede numinose Kraft in handfesten Gegenständen geleugnet wird.

In unserem Alltag bedeuten solche Kämpfe allerdings wenig. Für einen verliebten jungen Mann konnte eine Locke des Mädchens schon immer zum Kleinod werden, das dann nach Jahrzehnten vergilbt und entzaubert weggeworfen wird. Der Rang von Kleinodien ist an Menschen, Orte und Zeiten gebunden. Für manche ältere Ehefrau besitzt der schlichte Ring aus den gemeinsamen Anfangszeiten einen höheren Symbolwert als der teuerste Schmuck, der ihr aus dem Wohlstand der späteren Jahre überreicht wird.

KNOCHENMANN

Mit einem Skelett wird in der christlichen Kunst meist der Tod anschaulich zu machen versucht. In den mittelalterlichen Totentänzen, die vor allem den Tod zur Unzeit vor Augen führen, »tritt er den Menschen an« als Knochenmann mit Sense oder erhobener Sanduhr. Seine Ausstattung mit der Sense weist auf Seuchen- und Kriegszeiten hin, in denen der Mensch massenweise »hingemäht« wurde wie Gras. In geistlichen Spielen (»Jedermann«) erscheint er als Durchkreuzer der Lebenspläne. Obwohl es eine Fiktion, eine Fantasterei ist,

Sankt Martin teilt seinen Mantel mit einem Bettler. – Das klarste, deshalb auch eingängigste Sinnbild der Nächstenliebe und Mitmenschlichkeit wird vom heiligen Martin von Tours geliefert. Es gilt als die am häufigsten wiederholte Darstellung im christlichen Kulturbereich des Westens. Unsere Skulptur ist deshalb besonders wirklichkeitsgetreu, weil sie den achtzehnjährigen römischen Offizier zeigt, der, wenngleich noch heidnisch, dennoch wie ein Naturchrist die Not des Mitmenschen sieht und ihm spontan hilft.

Zug der Blinden. – Dieses 1568 entstandene, besonders symbolträchtige Bild Pieter Bruegels d. Ä. steuert schon mit der kotigen, stumpfen Erdfarbe, dem leeren Himmel und den vergilbenden Bäumen die Grundstimmung einer dem Winter zutreibenden Trostlosigkeit bei. Auch die dramatisch von links oben nach rechts unten daherschwankenden Elendsgestalten, deren vorderste schon im Graben liegt und eine nach der andern nachziehen wird, da alle mit Händen oder Stöcken aneinander hängen, zeigen in Gesicht und Gewand nur kranke, ausgeblichene Farben. Sieht man von dem ergreifenden Anblick ihrer leeren Augenhöhlen ab, so massiert sich das Leid gerade dadurch, daß

es korporativ gezeigt wird. Und nun bemerkt man auch die nahezu einheitliche Kleidung von den Schuhen bis zum Filzhelm, sicher von einer wohltätigen Stiftung beigesteuert, die den Unglücklichen wohl auch Unterkunft gewährt. Man hat sie zu einem Rundgang hinausgeschickt, damit sie Bewegung und frische Luft finden. Aber wenn sie nicht links die Steilwand hinunterstürzen, fallen sie rechts in den Graben. Die Welt ist für sie voller Fallen und Tücken. Links unten symbolisiert der Maler mit einer verdorrenden Pflanze noch einmal ein solches dem Untergang anheimgegebenes Dasein.

Totenmaske von Chopin. Noch ohne Beziehung zu Tod und Verwesung, zeigt sie als das »letzte Gesicht« so viel gesammeltes Menschentum, als ob noch einmal schöpferische Kraft gezeigt werden sollte.

das Ende des Lebens, den Tod, als leibhaftig umhergehende Gestalt zu betrachten, kann man doch mit dem Gevatter Tod ins Gespräch kommen, und mancher Arzt fühlt sich als sein direkter Widersacher. Oft wird der Tod, ähnlich dem antiken Hermes, als Bote des Jenseits angesehen, der die Gestorbenen abholt, gelegentlich auch vergebens kommt. In den drastisch anschaulichen Barockpredigten (Abraham a Sancta Clara) waren Knochenmann und Totenschädel vielgebrauchte Symbole der Vergänglichkeit.

KRONE

Die Krone wird allgemein als Symbol der Überlegenheit und Herrschaft gebraucht (»gekrönte Häupter«), in der Kirche auch als Zeichen von Würde und Heiligkeit. Dreifaltigkeitsbilder, Madonnen- und Gnadenbilder zeigen Kronen; Altarbilder, besonders bei Schnitzaltären (Michael Pacher, Tilman Riemenschneider, Veit Stoß), stellen mit Vorliebe die Krönung Mariens dar. In der Ostkirche gehört die symbolische Krönung sogar zum Trauungszeremoniell. Bis vor kurzem wurde auch der Papst mit der dreifach gestuften Tiara gekrönt. Im übertragenen Sinn spricht man von der Dornenkrone, der Märtyrerkrone, von der »Krone des Lebens«.
Mit der Krönung eines Herrschers, wie wenig Machtbefugnisse er auch besitzen mag, beginnt seine historische Amtszeit, weshalb die Krönungsfeierlichkeiten immer mit dem symbolreichsten Zeremoniell ausgestattet wurden. Da sie den Kopf erhöht, zeigt die Krönung an, daß der Gekrönte nun als »Oberhaupt« gilt. Herrscher, die resignieren, legen symbolisch »die Krone ab«. Usurpatoren, die sie sich selbst aufsetzen (wie Napoleon), erlangen die Legalität erst, wenn sie sich mit legitimen Herrscherhäusern versippen. So zähmten die byzantinischen Kaisergeschlechter mit ihren Prinzessinnen jahrhundertelang die gefährlich-aggressiven Könige ihrer Nachbarschaft. Soll die Krone das Herrscherhaupt unangefochten schmükken, bedarf sie der Verbindung mit dem »blauen Blut«. Erst der Gewinn der Prinzessin macht den Märchenhelden zum König; zuletzt kann ihm ein religiöser Würdenträger als Zustimmung der Gottheit noch die Krone aufsetzen.
Der Brauch, sich von einem geistlich Bevollmächtigten krönen zu

lassen, entspringt dem Anspruch des Gottesgnadentums. Wohnte diesem feierlichen Akt auch eine gewisse Abhängigkeit inne, so erbrachte sie doch eine neue, die eigentliche Legitimität. Manche Päpste des Mittelalters weigerten sich, den gewählten Kaiser zu krönen, was dann politisch als Mangel galt. Napoleon krönte sich selbst, weshalb ihn der Adel abschätzig nur als »empereur« bezeichnete. Eine Krone leitet ihre Herkunft von Gott ab. Um auf das rechte Haupt zu kommen, benötigt sie daher einen symbolischen Mittler. Seit Johannes Paul I. lassen sich die Päpste nicht mehr mit der (ohnedies umstrittenen) Tiara krönen – womit sie freilich nur auf einen schönen Brauch verzichten. Denn die Legitimität gewinnt der Papst nicht durch die Krönung, sondern durch die Verleihung der Schlüsselgewalt, die – durch Vermittlung des Konklaves der Kardinäle – wiederum von Gott kommt.

KRUMMSTAB

In der katholischen Kirche zählt der Krummstab zu den pontifikalen Geräten, wird also nur von Bischöfen oder infulierten Äbten getragen. Er gilt nicht nur als Hirtenstab, sondern als Zeichen kirchlicher

Vollmacht. Oberhirten der Ostkirchen, wie auch der Papst, tragen meist einen t- oder kreuzförmig verzierten Hirtenstab, während der im Westen übliche Bischofsstab oben eingerollt und in der Krümme mit Edelsteinen oder Figuren geschmückt ist. Diese aparte Form kommt aus den Stammländern der Kelten und wird auf den Sichelstock der keltischen Druiden zurückgeführt, die in hohem Ansehen standen und das Christentum schnell übernahmen. Der deutschsprachige Kulturraum lernte den Krummstab zuerst als Abtszeichen irisch-schottischer Glaubensboten kennen.

LEUCHTER

Der Leuchter ist als feierliche Zusammenfassung ursprünglich vielfachen Kerzenlichts in Theatern, Festräumen und Kirchen üblich. Der siebenarmige Leuchter besitzt beim jüdischen Gottesdienst und ebenso in der Hausfrömmigkeit liturgischen Rang, zumal er durch die Siebenzahl seiner Arme und Lichter einen kosmischen Bezug anzeigt (z. B. sieben Planeten). Der Leuchter versinnbildlicht nicht nur durch seine Überfülle an Licht, sondern auch durch seine meist künstlerische Gestaltung eine besonders erhobene Feierlichkeit. Wer wie ein vielarmiger Leuchter hervorzutreten versucht, ohne dafür ausgestattet zu sein, wird als »Armleuchter« verspottet.

LEUMUND

Der Leumund, der Ruf als guter Ruf, ist mehr als das, was ein sogenanntes Leumundszeugnis anzuzeigen vermag. Denn dieses gibt nur Auskunft über eingetragene oder nicht eingetragene Strafen. Der Ruf einer Person läßt sich aber nicht von einer Behörde festlegen. Er läßt sich auch nicht amtlich wiederherstellen, wenn er zuvor – etwa durch Verleumdung – ruiniert wurde. Der Leumund bleibt verletzt; wie auch umgekehrt ein Ehrenmann, obwohl er sich im Privatleben als das Gegenteil erwiesen hat, offiziell dennoch ein Ehrenmann bleibt, solange der Skandal nicht aufgedeckt ist und im Strafregister erscheint. Das etwas verhaltene, ausschließlich auf Personen bezogene Wort »Leumund«, das zwar schon immer bedeutenden Symbolwert besaß, ist heute durch den Begriff »Image« weitgehend ersetzt (siehe dort). Das Image gibt allerdings nicht nur über Menschen, sondern auch über Dinge (Markenartikel) oder Berufsstände (Polizei) Auskunft. Es kann sich sogar auf abstrakte Größen wie Ehrenworte, Versprechungen, Hoffnungen beziehen. Das Image ist jeder willkürlichen Manipulation preisgegeben und käuflich. So kann der gute Ruf einer Aktie ruiniert werden, indem man sie an der Börse verschleudert, einer Bank, indem man ihre Schulden vorzeitig veröffentlicht, einer Firma, indem man ihre Wechsel zu Protest gehen läßt. Dann ist sie nicht mehr »Symbol für Qualität« oder was immer, sondern, ohne daß sie sich wehren kann, Symbol für Unzuverlässigkeit.

Im Mittelalter versuchte man den zerstörten Leumund durch ein sogenanntes Ordal, ein Gottesurteil, wiederherzustellen, später – wie bereits in der Antike – durch ein Duell, einen Zweikampf, was freilich nur einen Sinn hatte, wenn man an solche Tests glaubte. So wurde der russische Dichter Aleksandr Sergejewitsch Puschkin im Duell getötet, nicht weil er im Unrecht, sondern weil der andere im Vergleich zu dem ungeübten Poeten der bessere Schütze war. Des Ausgangs gewiß, hatte sich Puschkin nur unter gesellschaftlichem Zwang dem Duell gestellt. Erst die demokratische Gerichtsbarkeit räumte mit der veralteten Selbstjustiz auf, da diese nur das Recht des Stärkeren legalisierte. Zwischen dem, was ein Mensch bedeutet, also symbolisiert, und dem was er in Wirklichkeit ist, richtete sich mit Zweikämpfen und Justizirrtümern, mit vergeblichem Opfer und Martyrium ein blutiges Stück Weltgeschichte ein, das mit unschuldigen »Brandstiftern« und »Mördern« immer wieder zur Nachgestaltung im Buch und auf der Bühne anregen wird. Nicht nur das Bauerntheater lebt davon, daß immer der Falsche verdächtigt wird (was listigerweise nur der Zuschauer wissen darf). Auch der moderne Krimi hält den Leser oder Fernsehzuschauer mitsamt dem findigen Kommissar dadurch in Spannung, daß immer wieder neue Unschuldige als Täter in Frage kommen (also ihr Leumund ruiniert wird), bis endlich im letzten Augenblick der echte Verbrecher entlarvt werden kann.

MARTIN (SANKT)

Sankt Martin war keineswegs jener volkstümliche, vor dem Hintergrund mancherlei fromm-folkloristischer Bräuche eher arglos und kinderlieb erscheinende Heilige, kein leutseliger Biedermann, der auf einem Schimmel einherritt, um kleine Lampionträger zu ergötzen. Er war der eifrigste, auch unerbittlichste Glaubensbote seiner Zeit, der Bekehrer und geistliche Ahnherr ganz Frankreichs, auch bald dessen Nationalheiliger, eine scharfkantige Gestalt von freilich hinreißender Ausstrahlungskraft. St. Martin war ein Jahrhundertmann, vor dem sich die Großen, auch die Großen der Kirche, teils verehrungsvoll, teils zähneknirschend verneigten. Obwohl als Bischof von Tours reich, mächtig, auch von vielen gefürchtet, legte er sich nie Herrenallüren zu. So erzählt sein zeitgenössischer Biograph Sulpicius Severus, daß Martin schon als junger, noch heidnischer Offizier gelegentlich seinem Burschen die Stiefel putzte oder das gemeinsame Essen zubereitete. Von seiner Bekehrung an trug er zeitlebens eine härene Kutte, nur zur Feier der Liturgie und anderer pontifikaler Handlungen ließ er sich in die dafür vorgeschriebenen Paramente einkleiden.
Er blieb ein Mann des Volkes, von dem er auch – was damals noch möglich war – gegen den Widerstand des Klerus zum Bischof gewählt worden war. Und wir können annehmen, daß er seine so berühmt gewordene Geste des mitleidigen Teilens, deren Darstellung als das häufigste Thema in der christlichen Kunst gilt, bald wieder vergaß. Später hätte er vielleicht stillschweigend seinen ganzen Mantel weggeschenkt, aber damals, als Achtzehnjähriger, bedurfte er noch des auffälligen, pathetischen Zeichens. Denn dieser theatralische Schwertstreich in aller Öffentlichkeit lieferte zwar für die Künstler, die mit der sinnfälligen Wiedergabe der an sich abstrakten Nächstenliebe schon immer ihre liebe Not hatten, eine herrliche Vorlage – symbolisch versteht sich, da ja nach heutigem Bewußtsein niemand mehr das Entzweihauen für ein sinngemäßes Teilen hält. Doch diese markante Halbierung entzündete – wie nicht anders zu erwarten war – rasch die fromme Phantasie der Leute. Und es dauerte nicht lange, da wurde die Legende erzählt, ein Engel oder Christus selbst habe in der folgenden Nacht dem jungen barmherzigen Soldaten die weggeschenkte Mantelhälfte ersetzt.
Heute, 1600 Jahre später, urteilen wir ganz anders: Niemals dürfte eine Gabe der Nächstenliebe vom Himmel erstattet werden, vielmehr

muß sie – wenn sie ihren ethischen Wert behalten soll – aufs Verlustkonto gespendet und wiederholbar sein, ohne daß der Spender auf himmlischen Ersatz spekulieren kann. Und sollten die Legendendichter wider Erwarten doch einen Engel bemühen, der mit einem halben Mantel vom Himmel herabkäme, dann würden wir ihn eher dem frierenden Bettler schicken, damit sich dieser gänzlich zudecken könnte.
Trotz all dieser Reflexionen besitzt die Szene aber ihre unzerstörbare innere Wahrheit. Denn wer ohne Hintergedanken gibt und mit dem anderen teilt, gewinnt allemal eine innere Bereicherung, ob das in christlicher Gesinnung oder im Geist einer anderen Religion geschieht, die die Barmherzigkeit als eine Grundforderung des Lebens aufstellt. Sie reicht aber nicht hin, ihren Urheber deshalb zu einer Säule des Christentums und zum Nationalheiligen eines Volkes zu erheben. Drei historisch belegte Tatsachen seien deshalb zusätzlich herausgestellt:
Sankt Martin leitete die mittelalterliche Klosterkultur ein. Gleich nach seiner Bekehrung und einigen schlimmen Erfahrungen mit den Arianern wandte er sich dem Eremitentum zu, erst als Einsiedler, dann in der Gemeinschaft mit anderen Mönchen. Er gründete mehrere Klöster und schickte seine immer zahlreicher werdenden Mitbrüder vor allem zur Bekehrung des Landvolkes aus, wobei er selbst als rigoroser Bekämpfer des inzwischen rückständig gewordenen Glaubens seiner Väter voranging. Martin von Tours – ein Aussteiger, ein Ausgesonderter also. Die rund drei Jahrhunderte später auftretenden Benediktiner brachten zwar ihre eigene Ordensregel mit, nahmen sich jedoch diesen Urvater des gallischen Mönchtums und Klosterwesens zum Vorbild. Bis heute tragen deshalb manche Benediktinerabteien (wie etwa die Erzabtei Beuron) den Patronatsnamen »St. Martin«.
Zum zweiten band Martin als maßgebliche Schlüsselfigur seiner Zeit das von durchziehenden germanischen Stämmen verunsicherte Gallien unwiderruflich in einen römischen Kulturkreis ein. Der kämpferische, als Persönlichkeit unwiderstehliche Mann führte zeitlebens einen Zweifrontenkrieg: gegen das keltische Heidentum und gegen die Gefahr einer Germanisierung Frankreichs. Diese Germanen waren nämlich, soweit sie für christianisiert gelten konnten, arianisch, d. h. kirchlich an Konstantinopel gebunden, wo der Arianismus zeitweilig als offizielle Lehre gepflegt wurde. Mit allen Mitteln und schließlich vollem Erfolg bekämpfte Martin mit dem Arianismus den antirömischen Affekt der Goten, Burgunder, Vandalen, die

damals vielfach durch Frankreich hindurch unterwegs oder auch bereits teilweise angesiedelt waren. Gallien blieb romtreu, ließ sich auch kulturell weder griechisch noch germanisch, sondern eindeutig romanisch orientieren. Schon Chlodwig ernannte, kaum daß er getauft war, Martinus zum Nationalheiligen Frankreichs.
Drittens: Der kompromißlose Bekämpfer von Glaubensirrtümern gab zugleich das erste Beispiel christlicher Toleranz, eine damals durchaus unzeitgemäße Eigenschaft. Das zur Staatsreligion erhobene christliche Kirchentum zeigte noch lange militante Züge und übte mit heidnischen Gegnern und solchen aus den eigenen Reihen keine Nachsicht. Da die römischen Kaiser meist von den Truppen ausgerufene soldateske Haudegen waren und da es viele brutale Figuren rasch zu bischöflichen Würden brachten – für Martinus ein Greuel –, kam es zu Gewaltakten, wie sie heute nicht mehr denkbar sind. So wurden drei spanische, des Arianismus verdächtigte Bischöfe zur Klärung ihres Bekenntnisses an den kaiserlichen Hof nach Trier gerufen, dort aber auf Betreiben gallischer Bischöfe kurzerhand geköpft. Martinus war so empört, daß er fortan an keiner gallischen Bischofssynode mehr teilnahm. Als einst selbst davongelaufener Offizier scheute er sich auch nicht, dem christlichen Kaiser persönlich den Unterschied zwischen Kasernenhof und christlicher Botschaft klarzumachen. Gab es später auch genug Rückfälle in die Unduldsamkeit, so ist der frühe Aufruf des heiligen Martin zu christlicher Toleranz doch nicht vergessen worden.
Saint Martin, der in Ungarn geborene Römer, als Glaubensbote für Frankreich von ähnlicher Bedeutung wie der Angelsachse Bonifatius für Deutschland, mit dem ihn auch eine archaische Heftigkeit verbindet, lebt nicht nur in kindertümlichen Volksbräuchen fort. Mehr als 400 Orte in Frankreich sollen seinen Namen tragen.

MASKE

Schon in der normalen Existenz liegt ein Unterschied zwischen dem, was wir sind, und dem, was wir vorstellen. Das gilt nicht nur für jene Menschen, denen der Beruf ein bestimmtes Gesicht aufzwingt, wie dem Verkäufer, der Fernsehansagerin, dem Friedhofsangestellten, sondern in uns allen meldet sich immer wieder die Neigung, unsere innere Situation nicht öffentlich zur Schau zu tragen und damit dem Gerede preiszugeben. Diese an sich legitime Lust, uns zu verbergen und zu schützen, verdoppelt sich, wenn wir zusätzlich eine Maske aufsetzen, die unser Gesicht nicht nur verhüllt, sondern ein anderes vortäuscht. Die Anthropologie entdeckte zahlreiche Motive, die einst zum Tragen einer Maske verleiteten: Man wollte die Götter täuschen, um sich in Glücksfällen vor ihrem Neid zu schützen, oder die Dämonen aus Furcht vor ihren Nachstellungen hinters Licht führen. Um den Feind zu erschrecken, band man sich im Krieg oft schauerliche Masken um.

Den Schauspielern der Antike war es sogar vorgeschrieben, sich eine Maske vors Gesicht zu halten, weil es nur auf den Text und nicht auf mimische Leistungen ankam. Hier lag die Absicht einer Irreführung freilich ebensowenig vor wie bei den Goldmasken, mit denen man das Gesicht toter Könige bedeckte (am berühmtesten ist wohl die von Heinrich Schliemann ausgegrabene Maske des Agamemnon). Auch die Ritualmasken mancher ägyptischer Mumien gehören hierher. Man vollzog dabei ein Ritual, das sich mit der symbolischen Bedeutung der Maske so wenig deckte wie die sogenannte »Totenmaske«, von der man deshalb auch zu sagen pflegt, daß sie in Wirklichkeit den Menschen demaskiere und seine bis dahin verborgene Wahrheit ans Licht bringe. Totenmasken erwiesen sich häufig als ein ergreifendes Zeugnis heroisch absolvierten und noch einmal in sich gesammelten Menschentums. Oft ist das »letzte Gesicht« aber von soviel durchlittener Qual (man denke an Lepra, Pest und andere entstellende Krankheiten) oder aufgehäufter Lebensverachtung gezeichnet, daß es über die Wahrheit des Verstorbenen keine oder eine falsche Auskunft gibt.
Auch die mit einigen Variationen durchaus uniform geschnitzten Fasnachtsmasken – einmal rotbackig-verführerisch, einmal alt und

häßlich – in den Hochburgen alemannischer Narrenumzüge erfüllen das psychologische Soll der Maskierung nur zum Teil. Wie bei den vergnügten Maskenbällen mit ihrem erregenden Demaskierungsritual bleibt alles ins Spaßige hinein entschärft, selbst wenn mit künstlicher Fistelstimme noch die Sprache »maskiert« wird. Als echte Masken müssen wir dagegen die Strumpfüberzüge der Terroristen bezeichnen. Sie verbergen, schützen und erschrecken zugleich. Ähnliches gilt von Geheimbünden, wie etwa dem Ku-Klux-Klan.
Die Maske steht im Widerspruch zu einigen Grundwerten der Ethik: zur Offenheit, Wahrhaftigkeit und Identität mit sich selbst. Ihr Symbolgehalt ist deshalb negativ aufgeladen. Man kann wohl sagen, jemand setze sich die »Maske« des Biedermanns, des Frommen oder des Menschenfreundes auf, obwohl er in Wirklichkeit als Intrigant und Halsabschneider bekannt ist. Daß sich aber ein Aufrichtiger und Rechtschaffener hinter der Maske eines Gauners versteckte, wäre symbolisch wie sprachlich irreführend. Denn zum symbolischen Umfeld der Maske gehören nun einmal Täuschung, Betrug, auch Tücke und Falschheit. Im übertragenen Sinn bildet die »Maske« das Handwerkszeug von Spionen, Agenten und Verrätern, auch umgekehrt natürlich von Detektiven nach Art des Sherlock Holmes oder all der getarnten Figuren, mit denen uns Agatha Christie oder Edgar Wallace in Atem halten.
Moralisten versuchen den anderen »die Maske herunterzureißen«, Menschenkenner durchschauen sie.

MAUER

Unter allen Bauten, die es gibt, besitzt die Mauer vielleicht die stärkste Symbolfülle. Sie läßt sich in allen Lebensbezirken und keineswegs nur mit Steinen errichten. Ihr Sinn reicht vom Schutz bis zur Trennung, von der freiwilligen oder erzwungenen Isolierung bis zur Arroganz überbetonter Machtfülle. Feste Mauern bauten einst die Städte auf, damit ihre Bürger ruhig schlafen konnten, Staaten, damit der Feind Respekt bekam, im übertragenen Sinn aber auch Religionen, damit die Andersgläubigen und die eigenen Ketzer im Zaum gehalten werden konnten. Als die ersten Photographien aus dem Weltall veröffentlicht wurden, war als einziges Bauwerk unserer

Erde die chinesische Mauer zu sehen. Da Mauern stabil, ja unverwüstlich sein sollten, überdauerten sie Jahrhunderte, oft Jahrtausende, und wurden, da sie später ihren Zweck verloren, von Moos und Efeu begrünt, zur malerischen Ruine. So bilden heute noch viele, inzwischen überflüssig gewordene Stadtmauern einen besonderen Schmuck von Parkanlagen; in Weltstädten wie Rom oder Istanbul dienen sie als Sehenswürdigkeit und Zeugen des Alters dieser Städte. Die Klagemauer von Jerusalem ist zu einem religiösen Weltzentrum geworden.

Sieht man von steilen schützenden Felswänden, wie die an der englischen Südküste oder auf vielen Mittelmeerinseln ab – zumal sie nur eine einzige Seite besitzen –, so kommen Mauern in der Natur nicht vor. Sie werden vielmehr »errichtet«, meist als ein Zeichen gegeneinander. Dies gilt auch, wenn sie leicht zu überwinden wären, wie die Mäuerchen um ein Grundstück oder einen Park. Dann zeigen sie ein »Halt!« nur an. Als die spanischen Entdecker auf die Indianer trafen und die ersten Berührungen, wenn nicht brutal, so doch meist derb-kolonisatorisch verliefen, kamen die symbolempfindlichen Ureinwohner immer wieder mit der Klage zu Christoph Kolumbus, seine Soldaten seien in ihre Hütten eingedrungen, obwohl ein Strohhalm vor dem Eingang gelegen wäre. Diese Sprache hätten die sturm- und kampferprobten Eroberer freilich nicht verstanden. Kolumbus gab Anweisung, solche Zeichen in Zukunft zu beachten.

Ebenso können Mauern errichtet werden, weil man nichts mehr voneinander wissen, vom »bösen Nachbarn« unbehelligt bleiben will. So gibt es »Mauern des Hasses, des Mißtrauens, des Schweigens, der eisigen Kälte«. Sie brauchen nicht wie eine Wand aufgebaut zu sein; ein mit Starkstrom geladener Stacheldraht, wie er die Konzentrationslager umgab, tat die gleiche Wirkung. Auch der Eiserne Vorhang und die Berliner Mauer sind sowohl äußerlich wie mitten durch die Menschen hindurch gezogen, notorischen Scharfmachern eine wohltuende Bestätigung, natürlichen Menschen ein Greuel.

NAME

Der Name steht anstelle einer Person, einer Sache, eines Ereignisses oder Zustands. Als deren Stellvertreter sollte er durch Ähnlichkeit, wenn möglich Identität legitimiert sein. Er sollte stimmen. Nur dann besitzt er Symbolcharakter. Einen falschen Eigennamen empfindet man als Tarnung, Irrtum oder Lüge. Wird er absichtlich gewählt, so besitzt dies wiederum Aussagekraft. Da alles zu seiner Identität einen Namen braucht, steht der Name auch in einem Bezug zur Wahrheit. In der Genesis – noch früher als die Weisung, nicht vom Baum der Erkenntnis zu essen, und äonenlang vor den Zehn Geboten Gottes – wird dem Menschen als erstes Geheiß auferlegt, den Tieren und Dingen einen Namen zu geben. Der Name sollte eine echte Ankündigung dessen sein, der ihn trug. Also wurde mit dem Befehl der Namensgebung an den einfühlenden und wachen Geist des Menschen appelliert.
Unsere persönlichen Namen erhalten wir bereits in einem unmündigen, noch unentwickelten Zustand, und müssen mit ihnen aufwachsen. Wir werden auf unseren Namen getauft, mit ihm ins Geburtsregister eingetragen und damit zur Person. Von nun an feiern wir auch einen Namenstag. Der Name ist unser Symbol geworden, das Zeichen, mit dem wir aufgerufen werden. Mit seinem Namen kann man glücklich, aber ebenso lebenslang heimgesucht sein. Manche tragen ihn wie ein Ehrenschild vor sich her, andere haben an ihm zu schleppen wie an einer Demütigung. Das trifft gleichfalls zu, wenn er im Gegensatz zur Person steht. In Italien wählt man gern den Vornamen Ercole (= Herkules). Wenn ihn der stolze Vater einem kränklichen, kraftlos heranwachsenden Knaben verlieh, mochte er zwar als Verpflichtung gemeint sein, wird aber eher Anlaß zur Verspottung des armen Kindes liefern.
Namen besitzen Macht, sie können ehren und kränken. Wo Haß und Feindschaft herrscht, verschießt man sie gleichsam als Giftpfeil. Umgekehrt wissen alle Liebenden, wieviel Zärtlichkeit ein Name bergen kann. Der Name als Symbol ist immer aufgeladen. Und der, der ihn erhält, hat ihn zu tragen. Ein Name qualifiziert. Deshalb verbietet die jüdische Religion, Gott einen Namen zu geben oder ihn bei irgendeinem Namen zu nennen. Denn mit jedem Namen wird eine Eigenschaft auferlegt.
Der Name kann unverlierbares Gewicht bekommen. Zwar bedeutet es wenig, ob einer Hans oder Fritz heißt, ob er aber von seinen

Mitmenschen in der Lebensdichte einer kritischen Situation ein Getreuer oder ein Verräter, ein Aufrechter oder ein Charakterloser genannt wurde, kann ihn fortan so erheben oder erniedrigen wie das Pech und das Gold der beiden Mädchen im Märchen, die gerade von der Frau Holle kamen.

NÖRDLICHKEIT

Wie die »Südlichkeit« alsbald bei allen Völkern entsteht, wenn sie über einen größeren Raum hin angesiedelt sind, so kommen auch schon nach kurzer Zeit die besonderen Eigenschaften ihrer im nördlichen Teil wohnenden Menschen zum Vorschein. (Und damit ist nicht der einst gefeierte »nordische« Mensch gemeint.) Eine siedlungsbedingte, gegenüber den Landsleuten im wärmeren Süden entwickelte Polarität entwickelt vielmehr überall die gleichen Merkmale, in Deutschland wie in Italien oder in Frankreich, Griechenland, Rußland und den USA. Schon die Natur steuert im nördlichen Teil eines Landes weniger Lebenshilfe bei als im Süden, die Sonnenwärme ist reduziert, Blühen und Reifen folgen mit Verspätung. Der Winter setzt früher ein und dauert länger, viele Obst- und Gemüsesorten, die im Süden prächtig gedeihen, werden im Norden kaum reif. Zwangsläufig orientiert sich die Gestimmtheit des Menschen im Norden am Vorbild der Natur. Er verhält sich nüchterner, karger, geht nicht so leicht aus sich heraus, spart mit seinen Gesten, ist nicht so gesprächig. Während man im warmen Süden »öffentlicher« leben kann, sich auf Straßen und Plätzen aufhält, pflegt der nördliche Mensch die Geselligkeit eher im geschlossenen Raum. Dem nördlichen Hang zu Ordnung, Disziplin und Gesetz, auch zum Militärischen entspricht im Süden eine Leidenschaft für Kultur, Musik und legerere Lebensform. Preußen und Bayern, Schotten und Engländer, Nordfranzosen und Provenzalen, Basken und Andalusier, alle sind sich ihrer jeweils nördlichen, bzw. südlichen Eigenheiten bewußt und pflegen sie.

NYMPHE

Die Nymphe ist die vom mythenbildenden Geist der Frühzeit ersonnene Symbolfigur für einen bestimmten Frauentyp. Der Nymphe in der Antike entspricht etwa die Nixe kontinentaler und nordischer Völker. Hier wird sie als Quell- und Flußgeist beschrieben, während sie bei den Völkern des klassischen Altertums, die alle um das Mittelmeer herum lebten, vor allem am Strand oder an Flußmündungen angesiedelt war. In der Kunst werden Nymphen oft als Frauen mit Fischunterleib dargestellt, womit ihre Sexualität als kühl, unbeseelt und noch nicht dem menschlichen Bereich zugehörig eingeordnet wird. Doch kennt die Antike zahlreiche Liebesvereinigungen von Göttern und Nymphen, aus denen wiederum Götter (Hermes) oder berühmte Heroen (Achilles) hervorgingen. Liebesverhältnisse zwischen Menschen und Nymphen (Undinen, Melusinen, Lilofee) enden dagegen meist unglücklich.

Ob im Wasser oder in der Gefolgschaft des herumstreifenden Pan, immer bleiben die Nymphen arglos kindhafte und sündenlose Naturwesen ohne seelischen Tiefgang, weshalb sie zu ihrer Ergänzung gerade den beseelten Mann suchen. Aus der Erfahrung der Geschlechter entstanden, symbolisiert die »Nymphe« jene heiter-fröhlichen, tanzlustigen, gesprächigen, mit keinerlei inneren Problemen belasteten Frauen, die ihr Liebesleben spielerisch, ohne innere Erschütterung absolvieren, im Gegensatz zu den tiefbeseelt abgründigen Frauen, die, schon von flüchtigen Berührungen aufgewühlt, immer vor den letzten Fragen stehen. Gewähren sie auch Beseligung ohne Maß, so schreckt der Mann doch davor zurück, sich lebenslang auf ihren Prüfstand zu begeben. Goethe und Charlotte von Stein wären zusammen ein schwieriges Paar geworden. Er floh sie und heiratete die fröhliche, ihn auch atmosphärisch belebende Christine.

Der pausenlos unter inspiratorischem Druck stehende Mozart wurde von seinem verliebt-lustigen Stanzerl ebenso wenig behelligt wie Merlin, die hintergründigste Gestalt der Artussage, dies empfand, als er mit der Waldnymphe Niniane auf sein seliges Ende zuging. Und wir dürfen an jene berühmte Szene der Bibel erinnern, in der sich Bathseba vor Davids Augen so lange als Badenixe zeigte, bis sich der König nicht mehr zurückhalten konnte. Vielleicht lesen Kundigere als ich sogar einen Zusammenhang zwischen Bathseba und dem unjüdisch reich gefüllten Harem ihres Sohnes Salomo heraus.
In unzähligen Rollen wurde die nymphische Frau als »Munter-Naive« in Romanen, Dramen und Opern vorgeführt, und immer waren es gerade die bedeutendsten Männer, die der anstrengenden, wenngleich tiefbeseelten Donna Elvira die problemlos-heitere Zerlina vorzogen: »Reich mir die Hand, mein Leben! Komm auf mein Schloß mit mir!«

PEST

Obwohl ihr Einbruch in die europäische Geschichte über sechshundert Jahre zurückliegt, blieb sie bis heute das Zentralsymbol für alle Seuchen, Epidemien und Heimsuchungen. Damals erfolgte eine solch markante Wende im Denkstil und Gefühlsleben, daß manche Kulturhistoriker, wie Egon Friedell, der damit den Anfang machte, das Ende des Mittelalters auf dieses Schreckenserlebnis festlegten. Bis heute ist es ein kräftiger Vergleich geblieben, wenn man etwas fürchtet »wie die Pest« oder wenn es »stinkt wie die Pest«, obwohl kein Zeitgenosse je einen Pestkranken gesehen hat, ja die Seuche selbst seit rund drei Jahrhunderten nicht mehr aufgetreten ist. Offenbar hat sich die Heimsuchung damals aber so unverlierbar ins Bewußtsein eingesenkt, daß das Wort »Pest« bis heute seinen symbolischen Schrecken behielt. Freilich wird es auch durch die Pestsäulen, Pestkirchen, Pestgelübde (Oberammergau) immer wieder aufgefrischt. Desgleichen scheint in der peniblen Wachsamkeit der öffentlichen Hygiene (besonders gegenüber Ratten, den damaligen Verursachern) noch etwas von der Pestangst mitzuschwingen.
Man errechnete, daß in den wenigen Pestjahren nach 1348 (etwa fünf) die Bevölkerung in Europa um 20 bis 25 Prozent, in England

sogar um 60 Prozent reduziert wurde. Das sind mehr Opfer, als beide Weltkriege zusammen kosteten, und sie entsprechen einem Zerstörungspotential von über zweihundert Hiroshimabomben. Die erneuten Ausbrüche im 16. und 17. Jahrhundert brachten als »Tod zur Unzeit« auch ein künstlerisches Echo hervor, etwa in den vielen Totentänzen oder in den »Jedermann«-Spielen, die noch heute alljährlich in Salzburg nachklingen.

Gegenüber der Pest, die die menschliche Preisgegebenheit offenlegte, gewannen die Weltkriege als selbstgemachtes Unheil nie einen meditativ ausgiebigen Hintergrund. Einst ernannte die Kirche an die 60 Pestheilige (unter denen Rochus noch heute bekannt ist). Zwar heilten sie so wenig wie die wehrlosen Ärzte, aber sie lenkten die Ängste der Menschen in Kanäle der Hoffnung ab, mochten diese noch so trügerisch sein. Immerhin blieb dort, wo die Pest vorbeiging (wie in Oberammergau oder den vielen Orten, in denen Pestsäulen errichtet wurden), statt der inneren Leere ein von Dankbarkeit erfülltes Gemüt. Ob es die Bittprozessionen waren, die der Seuche schließlich Herr wurden, oder die promethisch-heroische Selbsthilfe der Ärzte und Hygieniker, die mit der Ungezieferbeseitigung zugleich die Menschen erzogen, fortan gegenüber allem Unrat auf der Hut zu sein, diese Frage besitzt keine Bedeutung mehr. Daß wir aber die heutige Verpestung der Luft, des Wassers, der Erde und unserer Lebensmittel nicht mehr mit Schutzpatronen und Bittgebeten abzuwenden suchen, sondern aus eigener Anstrengung, das wurde nach allen Erfahrungen zum neuen Merkzeichen unserer Zeit. Denn fortan würde auch die Pest nicht mehr als verhängte »Gottesgeißel«, sondern als selbst zu verantwortendes Unheil gelten, das nicht mit der Vorsehung, sondern mit Schmutz, Verwahrlosung und Verkommenheit in symbolischem Zusammenhang stünde.

PFLANZE

Ihre Unersetzlichkeit für die menschliche Ernährung und ihre Qualität als Rohstofflieferant für Behausung, Kleidung und Werkzeuge sind unbestritten. Als Wirkstoffspender verfügt die Pflanze jedoch über einen unverdienten Bonus, der sich von der zweifelhaften Chemie mit ihren Ersatzprodukten und gelegentlich katastrophalen Gefährdungen ableitet. »Rein pflanzlich«, eine heute vielgebrauchte Werbeformel, wäre vor 100 Jahren noch wirkungslos gewesen, weil man die Schäden der Chemie nicht kannte, vor 1000 Jahren wegen des Mißtrauens gegenüber allen unbekannten Gewächsen aber verdächtig. Trotz des »Kräutersegens«, den die Pflanzen als »Herrgottsapotheke« stiften, wird großzügig übersehen, wieviel Gifte und Gefahren für Leib und Leben sich in den Pflanzen zusammenbrauen. »Rein pflanzlich« bedeutet symbolisch einen Kontrastwert gegenüber chemischen Produkten oder Zutaten, der von der Natur nicht gedeckt wird.

PHÖNIX

Der Phönix ist ein in der ägyptischen Mythologie beschriebener Vogel besonders prächtiger, auffallender Art, der – wenngleich nach jahrhundertelangen Pausen – beobachtet wurde, wie er sich auf einen brennenden Scheiterhaufen niederließ, aber verjüngt wieder aus der Asche emporstieg und zum Himmel zurückflog. So wurde er sowohl in der Politik als auch für das Leben des einzelnen zum Symbol des

»Wiederaufstiegs aus Ruinen«. Zu diesem Zeichen gehört also beides: das zerstörende Feuer, der Untergang, und die Erhebung zu neuem Leben aus eigenen Kräften. »Wie ein Phönix aus der Asche« ist zur rühmenden Formel für alle geworden, die nach hoffnungslosen Zusammenbrüchen wieder zu Kräften und neuer Lebenssicherheit gelangten. In der darstellenden Kunst des frühen Christentums diente der zwar mythisch-heidnische, in der Vorstellungswelt der Menschen aber gegenwärtig gebliebene Phönix schon bald als Auferstehungssymbol, ja als Symbol für Christus selbst. Die Unvergänglichkeit gerade dieses Bilds erklärt sich daraus, daß der Mensch sich selbst als ein Wesen versteht, das – im Gegensatz zur übrigen Natur – seine Existenz aus den Erhebungen mit eigener Kraft nach den unvermeidbaren Niederlagen ableitet. Hier gilt das »Stirb und werde!« Goethes als Schlüsselwort. Wir glauben sogar, die Kraft eines Volks, auch eines Einzelmenschen daran zu erkennen, daß er nach Zusammenbrüchen nicht resigniert, sondern von vorn beginnt, als hätte ihn die Katastrophe verjüngt und zu neuem Leben befähigt. Jenseits von Katastrophen bezieht der Phönix seine symbolische Beständigkeit aus der Analogie zum Liebesakt, in dem der Mensch Verbrennen und Verjüngung erlebt. Möglicherweise liegt hier sogar der Ursprung der Phönix-Vision.

PHRYGISCHE MÜTZE

Sie ist – auch in ihrer modernen Abwandlung als Baskenmütze – ein Symbol der Freiheit oder doch Ungebundenheit und wurde schon in der griechischen, römischen, wie überall in der modernen Geschichte so verstanden. Die Bezeichnung »phrygisch« zeigt die asiatische Herkunft an. Als umgestülpte nach hinten ursprünglich bis zur Schulter verlängerte, nach vorn geknickte Kopfbedeckung bedeutet sie einen demokratischen Affront zu den hohen, steifen Ritualhüten der Mächtigen, der Könige, Pharaonen und hierarchisch Hochgestellten. Die Amazonen, als notorische Feinde patriarchalischer Repräsentation, werden ebenfalls mit der phrygischen Mütze dargestellt. Selbst Paris, der Prinz von Troja, trägt sie. Immerhin hatte er mit magischen, also illegalen Mitteln Helena, die Gattin des Königs Menelaos, als seine Geliebte entführt. In den römischen Mithräen

Besuch der Drei Könige in Bethlehem

Diese frühchristliche Zeichnung aus den Katakomben liefert mit ihren Symbolen eine umfassende Situationserklärung. Rechts oben der Stern deutet die geheimnisvolle Wegweisung der von fern her Angereisten an. Der Mond darüber weist als Nachtgestirn darauf hin, daß sie, vom Stern geleitet, am Abend oder in der Nacht ankamen. Die Taube mit dem Ölzweig, ein altes biblisches Friedenssymbol, zeigt ihre friedliche Absicht und Huldigungsbereitschaft; denn da sie einmal als Magier, ein andermal als Könige angesprochen werden, darf man ihnen auch ein bewaffnetes Gefolge zubilligen. Sie tragen die Phrygische Mütze, die sie als Orientalen ausweist, die mit asiatischen Kenntnissen der Astrologie ausgestattet sind. Das Jesuskind nimmt mit majestätischer Würde ihre Huldigung entgegen. Das Kreuz über ihm zeigt seinen Rang an.

gibt es kein Altarbild, auf dem der Stiertöter Mithras nicht diese symbolische Kopfbedeckung trüge. Auf frühchristlichen Bildern werden sogar die Heiligen Drei Könige, natürlich in ihrer anderen Version als Drei Magier aus dem Morgenlande, mit ihr dargestellt. Gewalttätige Freiheitshelden wie Brutus oder die Jakobiner tragen sie. Seit der Französischen Revolution wird auch die »Marianne«, Symbolfigur des revolutionären Frankreichs, mit ihr geschmückt.
Die phrygische Mütze wurde als Sinnzeichen freiheitlicher Lebenshaltung von den Etruskern nach Italien gebracht, etwa von der Renaissance ab mit einer Kopfbedeckung ausgetauscht, die ebenfalls Freiheitswillen signalisierte: der Baskenmütze oder dem Barett (wie es z. B. Giuseppe Garibaldi trug). Es blieb das ostentativ verwendete Standeszeichen des ungebundenen Freiberufs der Künstler, das auch beim Grüßen nicht gelüftet wird. Auch das asymmetrische Herabziehen auf eine Seite betont das Anderssein als jene Bürger und Amtspersonen, die zum feierlichen Schwenken eines Huts, einer Melone oder gar des Zylinders bedürfen. Bezeichnenderweise ging der bürgerliche Nobelpreisträger Thomas Mann nur mit Hut auf die Straße, während Heinrich Böll immer mit der Baskenmütze gesehen wurde. Jean-Paul Sartre oder Albert Camus, Pablo Picasso oder Oskar Kokoschka sind mit Hut ebenso undenkbar wie Pierre Teilhard de Chardin.
Über den Ursprung der phrygischen Mütze liefert uns der Mythos eine verständige Erklärung. Midas, der sagenhafte König von Phrygien, wurde von Apollo, weil er diesem in einem musischen Wettstreit widersprochen hatte, damit bestraft, daß ihm der Gott Eselsohren wachsen ließ. Das sollte seinen Untertanen natürlich verborgen bleiben. Er ließ sich deshalb eine Kopfbedeckung anfertigen, die alles verdeckte, eben die »phrygische Mütze«. Nur der Friseur des Königs wußte Bescheid und plauderte das heikle Geheimnis trotz strengen Verbots aus. Bald wußte es alle Welt, und fortan wurde diese Kopfbedeckung zum Symbol des offenen Widerspruchs gegen Bevormundung »von oben«.

PROMETHEUS

Obwohl Prometheus heute als der »Heilige« des Marxismus, besonders in dessen totalitären Formen, gilt, bewegte sein Schicksal die Menschen schon immer, auch dort, wo ihr Handeln christlich motiviert war. Denn der titanische Rebell, der es unternahm, gegen die Verfügungen des Zeus aufzubegehren, das Feuer vom Himmel zu stehlen, um es den Menschen zu bringen, hat nicht nur Segen gestiftet, sondern auch Unheil in Gang gesetzt. Indem er in die Befugnisse der Götter eingriff, wurde er deren Opfer. Heroisch an ihm war nicht nur der Entschluß, deren Vormundschaft abzuschütteln, um aus eigener Kraft Technik und Fortschritt in Gang zu bringen und damit das menschliche Los fortan selbst zu verantworten, heroisch war auch die Buße, die er dafür ertragen mußte. Denn Zeus versetzte ihm keinen tödlichen Schlag, sondern verwandelte sein Leben in einen Leidenszustand – der Mythos arbeitet psychologisch exakt –, der sogleich als warnendes Beispiel öffentlich gemacht wurde.

Zeus ließ Prometheus an einen Felsen des Kaukasus anschmieden, des damals »höchsten Berges« der Welt, wo er wehrlos erdulden mußte, daß ihm ein Adler tagsüber die Leber aushackte, die Zeus über Nacht aber wieder nachwachsen ließ, um seine Leiden zu verewigen. (Die Leber ist nicht nur von der Wortähnlichkeit her ein Synonym für Leben, sie gilt auch in der alchimistischen Körpersymbolik als Sitz des in diesem Fall beleidigten Zeus-Jupiter). Die Schmerzen des gequälten Titanen waren so groß, daß sein Stöhnen, das »Schreien des Prometheus« das ganze Weltall erfüllte, bis Herakles, der Halbgott, es nicht mehr hören konnte und den Adler kurzerhand abschoß. Für die Menschen aber, die mit dem Gewinn des Feuers, d. h. der Technik, Nutznießer der Freveltat geworden waren, stellte Prometheus das Symbol des Märtyrers und Dulders für andere dar, also des klassischen Menschenfreunds.

Prometheisch zu leben, kann also bedeuten, daß man einen aufrührerischen Atheismus zu kultivieren und dafür den Tribut seelischer Verlassenheit zu zahlen habe (»Bedecke deinen Himmel, Zeus«). Doch ginge es auch ohne Aufruhr, einfach mit Zupacken und Vollbringen, was die Kräfte hergeben.

Hier zeigt sich das Spannungsfeld zu einem Christentum, das mitunter ein allzu lethargisches Sich-drein-Schicken in die Übel der Welt verlangte und jeden technischen Fortschritt, vom Blitzableiter bis

zum schmerzstillenden Mittel zuerst einmal verwarf. Aber so wie vom selben Goethe, der das mitreißende Prometheus-Gedicht schrieb, auch die Verse stammen »Denn mit Göttern soll sich nicht messen irgendein Mensch«, so blieben auch im Christentum – gefördert, geduldet oder, wie Prometheus, verfolgt – immer Denker und Täter am Werk, denen die Leiden der Menschheit nicht zuerst Gottes Wille, sondern ein Ärgernis waren, gegen das alle Kräfte aufgeboten werden müßten. Prometheisch war das Christentum nie. Aber wenn wir uns schon im Rahmen der Mythologie bewegen, so kann vom Christentum gelten, daß es immer herakleisch blieb, indem es, ohne gegen die Gottheit aufzumucken, die Leiden der Welt minderte oder beseitigte.
Im übrigen hat schon die Antike die prometheische Hybris dadurch geahndet, daß sie den heldenhaften Frevler einer schicksalhaften Vergeltung preisgab, den Herakles jedoch, der seine schweren Arbeiten auf sich nahm, ohne sich aufzulehnen, zu den Sternen erhob.

QUELLE

Die Quelle zählt zu jenen lebendigen Symbolen, die nicht, gleich einer Sache, vorhanden sind, sondern sich ereignen. Wenn sie nicht fließt, ist sie keine Quelle mehr, so wie es keinen Wind gibt, wenn er nicht weht. Damit werden Quelle, (fließendes) Wasser und Wind zu Symbolen des Geistes und des Lebens. Sie ereignen sich, sind aber auf keine Gestalt festzulegen, in einem bestimmten Sinn also auch nicht zu besitzen. Bei der Quelle kommt hinzu, daß sie ihren Ursprung in der Tiefe hat, wo sich ihr Wasser sammeln muß, ehe es hervortritt. Ändern sich die unterirdischen Voraussetzungen, kann sie versiegen. Wieder eine Parallele zum Leben, das der Erhaltung aus dem Urgrund bedarf, um fortbestehen zu können. »Quellfrisch« meint »rein, unverdorben«. Die Quelle gleicht jedem Ursprung, jedem Anfang, weshalb bei späteren Verunreinigungen der Ruf erklingt, zu den Quellen zurückzukehren. Da die Quelle fließen muß, braucht sie Gefälle, weshalb man sie zuerst im Gebirge sucht, wo sie alsbald in vielbesungener Munterkeit als Bach über Stein und Felsen springt. Wer sich mit Geschichte befaßt, muß viel Quellenstudium betreiben, d. h. die reinen Tatsachen und Ereignisse zur Kenntnis nehmen, solange sie noch nicht mit Ideologien und Interpretationen vermengt sind. Ebenso wird die Quelle oft mit Gott verglichen. Er ist die »Quelle alles Guten«, die »Quelle der Weisheit«. Um auf den Teufel angewendet zu werden, ist das erhebende Symbol »Quelle« zu schade. Er ist dann der »Ursprung alles Bösen«.

REBEKKA

Die lebens- und urteilssichere Frau aus dem Alten Testament gilt als Symbolgestalt der wortlos gegen Männersatzung rebellierenden Ehefrau. Mit ihrem Namen schmücken sich daher jene Frauenorganisationen, die gegen die überkommene patriarchalische Gesellschaftsordnung ankämpfen. Rebekka wird in der Bibel als Erzmutter, weil Gattin des Patriarchen Isaak, geführt. Beiden Titeln hat sie Ehre gemacht.
Als Abraham seinen Sohn Isaak verheiraten wollte, schickte er seinen Vertrautesten, den »Knecht« Eliëser, mit der einzigen Weisung auf Brautschau, daß das Mädchen keine Kanaaniterin sein dürfe. Eliëser zog mit seinen Kamelen und Brautgeschenken fort und ersann unterwegs einen genialen Test zur Auffindung der richtigen Braut. Er würde an dem Brunnen eines Ortes anhalten und unter den Mädchen, die zum Wasserschöpfen kämen, jene auswählen, die von sich aus auch an den Durst seiner Kamele dächte. Es war das Mädchen Rebekka, das auf seine Bitte um Wasser ungebeten auch die Tiere tränkte und damit bewies, daß sie den Durst aller Kreatur wahrnahm und zu löschen bereit war. Eliëser bat sie, ihn in ihr elterliches Haus mitzunehmen, sprach dort seinen Heiratsantrag aus und überreichte die Brautgeschenke. Rebekka willigte ein und folgte ihm.
Obwohl mit Abraham die jüdische Geschichte erst anfing, sprach man in seinem Hause schon von den althergebrachten Rechtsansprüchen der Erstgeburt. Rebekka gebar dem Isaak zwei Söhne, von denen Esau als erster, sein Zwillingsbruder Jakob als zweiter geboren wurde. Eine Zwillingsgeburt also und gemeinsames Ausgetragenwerden, so daß die zufällige Vorderlage im Mutterleib nur für Pedanten ein schicksalhafter Hinweis sein konnte.
Rebekka wußte sehr wohl, was es mit der Würde des dritten (und letzten) Patriarchen auf sich hatte, weshalb es ihr nicht gleichgültig

sein konnte, daß der unansehnliche, haarig-ungeschlachte Esau vom Gesetz für diese Rolle vorbestimmt war. Dieser Wildling machte sich ohnedies nichts daraus, ja er verschacherte sogar eines Tages, als er hungrig vom Herumpirschen heimkam, sein »Erstgeburtsrecht« an seinen Bruder Jakob, der es ihm mit dem berühmten Linsengericht leicht abpressen konnte. Doch begriff er bald darauf, daß es sich bei dem Segen, der ihm auf Grund der Erstgeburt zustand, nicht um eine fromme häusliche Zeremonie, sondern um handfeste Lebens-, Besitz- und Freiheitsrechte handelte. Er wäre dann nämlich das Oberhaupt der ganzen Familie, und alle anderen hätten ihm zu gehorchen. Für Rebekka ein unerträglicher Gedanke, doch mit ihrem Eheherrn Isaak konnte sie nicht reden. Dieser war erstens schon »blind« und auch sonst kaum ansprechbar, zweitens aber hielt er eisern an dem Gesetz der alles entscheidenden Erstgeburt fest. Obendrein hatte sich Esau neuerdings mit allerlei Leckerbissen aus dem Jagdrevier seine besondere Zuneigung gesichert. Also blieb nur ein Weg der List übrig, um gegen Gesetz und Patriarchenwillen ihren begabten Sohn Jakob in die Nachfolge zu bringen. Isaak wurde getäuscht, segnete den falschen, aber in Wahrheit richtigen.
Mit keinem Wort wird Rebekka von der Bibel getadelt. Sie wagte es, sich induktiv, d. h. von der Natur, von der Wirklichkeit her motivieren zu lassen, nicht – nach Patriarchenart – deduktiv vom Gesetz her.

REISE

Einst das gefeierte Privileg des reichen, meist weltweit versippten Adels, auch der Forscher, Missionare, Abenteurer, die alle um den Preis der Weltkenntnis oder in Erfüllung ihres Auftrages Gefahren an Leib und Leben, Mühsale oder folgenschwere Konflikte in Kauf nahmen, ist die Reise heute auf einen Allerweltsbrauch heruntergekommen, der vom Erlebnis her und symbolisch keine besondere Aussagekraft mehr besitzt. Die Reise ist ein erlöschendes Symbol. Wohl intoniert das Wort noch dramatische oder gar exotische Landschaft, Strände und Meer, Unterbrechung des üblichen Lebensstils, Besichtigung der Welt und Betrachtung andersgesitteter Menschen, aber vom Knistern der Gefahr, unvergeßlichen Erlebnissen, Kennenlernen fremder Völker keine Spur. Die Reise ist von Fachleuten dieses

Die Illustrationen der Schedelschen Weltchronik sind als Kulturzeugnisse ihrer Zeit besonders aufschlußreich. Hier wird das Reiseunglück des Papstes Johannes XXIII. dargestellt, der über den Arlberg zum Konstanzer Konzil reiste und einmal, als das Gefährt umfiel, aus dem Wagen gefallen sein soll. Der Lebtag der zuschauenden Frauen, der Versuch der Begleitmannschaft, den Wagen wieder auf die Räder zu bringen, die Schutzmannschaft gegen Straßenräuber, alles zeigt, wie abenteuerlich einst Reisen verlaufen konnten.

neuen Markts präpariert, rationiert, abgeschirmt, rundum versichert. Sie muß nicht vorbereitet werden, weder sprachlich noch kulturell, meist bleibt man in der geschlossenen Gruppe seiner Landsleute, sogar in den fernsten Erdteilen. Reiseabenteuer sind zur nostalgischen Überlieferung in Literatur und Film geworden, ihre schillernde Symbolkraft erlischt. Selbst die einstigen Beschwernisse durch schlechte Wege, Unwetter, Radbrüche, Pferdeunfälle, Schiffbrüche, Piraten, Wegelagerer und zweifelhafte Herbergen haben angesichts der technischen Perfektion von Autos, Flugzeugen, »Traumschiffen«, von Eisenbahnen und sauberen Hotels ein Plus an Erlebnisreichtum gewonnen. Freilich wartet auch der organisierte Tourismus mit lockenden Reisesymbolen auf, neuen Sportarten, exotischen Kulturdenkmälern. Aber all das verhindert nicht, daß die »Reise« als inzwischen gängiger Lebensanspruch zu den Routineunternehmungen geworden ist, die wir alljährlich ohne innere Bewegung absolvieren. Die Welt wird zur Einheit, reisen zur Norm.

RIESEN

Mit Riesen sind nicht ungewöhnlich großgewachsene Menschen unserer Art gemeint, obwohl man die über zwei Meter langen vergleichsweise als »Riesen« bezeichnet, sondern eine andere, in der Vorzeit angetroffene oder erdachte Menschenart. Wenngleich groß und gewaltig, stellen die Riesen dennoch kein höheres oder auch nur fülligeres Menschentum dar. In allen Märchen und Sagen gilt der Riese vielmehr als dumm, weshalb er mit List und nicht mit Kraft überwunden wird. Mythologie und Bibel veranlassen mit kleinen Tricks, daß die Riesen einander selbst umbringen, zumal ihre Wut ebenso riesenhaft, sozusagen blind und leicht zu entfesseln ist. Riesen prahlen immer, werden aber, wie Goliath mit der flinken Schleuder des David oder der Zyklop Polyphem durch den schlauen Einfall des Odysseus, überwunden. Mit der Ausweitung der menschlichen Gestalt ins Riesenhafte nehmen zwar Kraft und Tonart der Stimme zu (was wir noch eindrucksvoller bei stiernackigen oder brüllenden Tieren beobachten), aber die eigentliche menschliche Substanz, sein Geist und die Leistung der Sinnesorgane, lassen sich dadurch nicht erhöhen. Es wird ja nichts hinzuerworben, weder die feine Witterung der Hunde noch die elektronische Potenz der Fledermäuse. Deshalb bleibt es sinnlos, sich durch einen größeren Aufwand an Knochengerüst und Fleischmassen, die nur plump und schwerfällig machen, für erhöht zu halten. Riesen sehen weder besser als der gewöhnliche Mensch, noch hören sie schärfer, noch bemerken sie schneller, worum es jeweils geht. Alles, was sie können, ist durch ihr Gebrüll und ihre körperliche Überlegenheit Furcht erregen. Wenn es sie jemals gegeben hat, verstehen wir durchaus, warum die Natur sie als unnötig aufgeblähte Erscheinung (gleich den Sauriern) wieder zurückgezogen hat. Eindeutige Symbole sind freilich beide geblieben.

SALZ

Im Salz steckt, wie in vielen Symbolen, ein gegensätzlicher Sinngehalt, denn von Natur aus ist es lebensnotwendig und lebensfeindlich zugleich. Es macht also widersprüchliche Begriffe sichtbar und vertritt auch in der Heiligen Schrift unterschiedliche Eigenschaften. »Habt Salz in euch!« (Mk 9,49), oder »Ihr seid das Salz der Erde« (Mt. 5,13) – hier ist es als Würze, Schärfe und lebenssteigerndes Element angesprochen. Da es sich in Wasser auflöst, kann es auch wirken, ohne gesehen zu werden. In diesem Bezug klingen spirituelle Werte an. Salz in sich zu haben, heißt denn, im schalen Treiben der Umwelt mit eindeutiger, ebenso wirkender Kraft aufzutreten. Im katholischen Taufritus bekommt der Säugling mit den Worten »Nimm hin das Salz der Weisheit« ein paar Salzkörner in den Mund gelegt. Oft wird auch eine geistreiche, witzige, »gesalzen«-bissige Rede in Sinnzusammenhang mit dem (würzigen) Salz gebracht. Da länger frisch und genießbar bleibt, was gesalzen wurde, Salz es also vor Verderbnis schützt, wird dem Weihwasser ebenfalls Salz beigemischt. Salz brennt auf Wunden und frißt sich ins Fleisch ein, weshalb die Schrift auch vom Salz des Leidens und Opfers spricht. Seine desinfizierende Wirkung führt bei Übermaß zu totaler Unfruchtbarkeit der Erde (heute: Versalzung des Grundwassers). Einst besiegte Länder (besonders in der Nähe des Toten Meers, wo es reichlich vorkam) wurden daher mit Salz bestreut, um sie für immer zu zerstören. Umgekehrt erhielten einst im Binnenland, wo das Salz schwer erhältlich war, Soldaten und Beamte einen Teil ihres Lohns als »salarium« (Salär) ausgezahlt. Brot und Salz werden im Brauchtum bei Hochzeiten, Vertragsabschlüssen, beim Einzug in ein Haus usw. als Symbol der Lebensbeständigkeit gereicht.

SANDUHR

Die Sanduhr galt von jeher als der am anschaulichsten funktionierende und älteste Zeitmesser, damit auch als ein Zeichen des Maßes, der Mäßigung und des sorgfältig bedachten Lebens. Da der Sand schnell durchrinnt, wurde sie zugleich ein Sinnbild des Todes. Deshalb wird sie den meditierenden, die Vergänglichkeit des Lebens bedenkenden Heiligen gern als Attribut beigegeben, und weil sie umgedreht werden muß, auch Büßern, für die die Bekehrung ein Markstein im Leben war. Auf den sogenannten »Totentänzen«, wie sie auch Albrecht Dürer häufig als Symbolzeichen einsetzte, vervollständigen Sanduhren häufig das Bild.

SCHLEIER

Schon immer wurde der Schleier als *das* Symbol der Frau ausgegeben (Gertrud von Le Fort), obwohl er nur eines von vielen sein kann, weil sich in der Frau eine ganze Welt spiegelt. Natürlich gewinnt er bei besonderen Lebensstationen, etwa als Braut- oder Trauerschleier ausschließlich symbolischen Rang. Bei der Braut, die ja nur weiß umschleiert wird, erhöht er die Jugend- und Lebensfrische. Die weinende Frau am Grab wird durch den (schwarzen) Schleier vor Neugierde und hier störender Umwelt geschützt. (Bei der Nonne, die den »Schleier genommen« hat, bezog er sich wohl auf die frühere Kopfbedeckung.) Der wirkliche Schleier muß den Blick abwehren und zugleich durchlassen, er muß zeigen und verhüllen in einem. Hinter seiner Erfindung steht die ganze weibliche Lebenskunst mit all ihrer in Abrede gestellten Verführung. Nie kann Salome – welchen

Namen sie auch durch die Jahrtausende tragen mag – ohne Schleier tanzen. Nie verheißt ein Frauengesicht mehr, als wenn es hinter einem Schleier lächelt. Daß verschleierte Weiblichkeit betörender wirkt als offene zur Schau gestellte, wissen alle Kleidermacher. »Das verschleierte Bild zu Sais« wäre nicht mehr der Rede wert, würde der Schleier gelüftet. Während der Mann für die Handhabung der von ihm geschaffenen Welt mit »Staat-Machen« auch seelisch starker Gesten der Macht bedarf, beherrscht die Frau das Leben wie durch einen Schleier. Sie kommandiert nicht, sie wirkt; auch ihre Macht ist verschleiert.

Weil der Schleier zugleich zeigt und verhüllt, enthält er eine Mitteilung, die, in Worten ausgesprochen, allen Zauber verlöre. Schon eine »verschleierte« Rede gibt anderes bekannt, als im Text steht. Wer eine Situation, einen Tatbestand verschleiert, entstellt oder leugnet damit nichts, er verwischt nur die genauen Konturen. Zum Symbol des Schleiers gehören alle Andeutungen, nicht ganz ernst gemeinte Verweise oder Versprechungen, die vorgetäuschten Entrüstungen, alles, worauf kein Verlaß ist, jegliches »vielleicht«. Es umfaßt die Zwischentöne im Gespräch, die drohenden oder verheißenden Untertöne in Literatur und Theater, die sich nicht verbalisieren lassen, weil sie sonst zu plump würden, die Verschleierung der Umrisse und Farben in der darstellenden Kunst, die scheu vorgezeigten, dann wieder verdeckten Motive in der Kammer- und konzertanten Musik...

Dem Schleier begegnen wir überall. Da er sehen läßt, ohne zu zeigen, vorweist, ohne zu enthüllen, weil er die Frau als Braut verklärt, ohne sie preiszugeben, provoziert der Schleier den Mann. Dieser ist auch gemeint, wenn die Frau den Schleier als Waffe gebraucht. Keine Göttin ist ohne ihn zu denken; Amazonen freilich kannten ihn nicht.

SCHLÜSSEL

Schlüssel sind Symbole des Zugangs und der Vollmacht. Ein Schlüssel eröffnet nicht nur Haus und Zimmer, ermöglicht also, »daß« man eintreten kann, sondern zeigt im übertragenen Sinn auch, »wie« ein gutes Wort die Herzen öffnet, als Musikantenschlüssel, »wo« die folgenden Noten auf dem Instrument liegen, als Kommentar oder

Interpretation, »was« in einem verschlüsselten Text alles enthalten ist. Mit einem Schlüssel muß man umgehen können, überdies braucht er das passende Schloß. Schlüsselerlebnisse liefern, besonders wenn sie sich wiederholen, tieferes Eindringen in die eigene Seele als die üblichen Ereignisse. Schlüsselromane eröffnen Wirklichkeitsräume, die sonst niemand betreten kann.

Mit dem Eröffnen ist ebenso das Versperren angesprochen. Wer den Schlüssel hat, kann beides. Das meint wohl die Bibelstelle »Dir will ich die Schlüssel des Himmelreichs geben«, denn gleichzeitig wird Petrus die Vollmacht erteilt, Sünden nachzulassen, also das Himmelreich zu öffnen, und Sünden zu behalten, es also zu verschließen. Der Künstler drückt dies oft dadurch im Bild aus, daß er dem Apostel einen doppelbärtigen Schlüssel als Attribut in die Hand legt; meistens gibt er ihm jedoch zwei, einen zum Öffnen und einen zum Schließen, einen hellen und einen dunklen, wie ja auch jedes päpstliche Wappen diese beiden Schlüssel enthält. Sankt Peter wurde in volkstümlichen Darstellungen zu einer Art Himmelspförtner ernannt, und da der Himmel nicht nur der Ort der Glückseligkeit ist, sondern ganz sinnfällig ebenfalls der Raum, aus dem der Regen fällt, öffnet der himmlische Schlüsselverwahrer – noch anspruchsloser – auch die Schleusen für die Niederschläge, womit der Schlüssel gänzlich zum Abstraktum wird.

Schlüssel bedeuten nicht zuletzt Macht und Verfügungsrecht. Die Überreichung der Haus- oder Autoschlüssel zeigt die Zuerteilung des Besitzes an. Ein Schlüsselbund weist den Hausherrn, die Hausfrau, einen Verwahrer oder engen Freund aus.

Schließlich dient der Schlüssel als Symbol dafür, wie man ein Ziel ohne Gewalt erreicht. Glück oder Fleiß sind die »Schlüssel« zum Erfolg. Wer Sport treibt, verwahrt den »Schlüssel« zur Gesundheit. Gute Manieren »öffnen« die Tür, durch die man vorankommt. Der verlorene, der gefundene, der gestohlene Schlüssel spielt in der Literatur eine nicht ersetzbare Rolle. Beliebt sind, besonders in der Lyrik, die allegorischen Anspielungen (»verloren ist des schlüsselyn, du mußt ewig drine sin«).

SEGEN UND FLUCH

Der Überlieferung nach gilt der Segen als eine geistliche Form geschenkhafter Zuwendung. Eine dazu ermächtigte Person schlägt über Menschen oder Dinge das Kreuz, streckt die Arme über ihnen aus oder legt ihnen die Hände auf und bittet damit Gott, sie mit seinem Segen auszustatten. Segen ist also eine Bitte um Segen, die mit einem äußeren Zeichen, einem Ritual sichtbar gemacht wird (das Wort geht auf lat. *signum* = *Zeichen* zurück). Die Segensformeln, meist dem Alten Testament entnommen, besitzen alle den gleichen Inhalt: »Es segne dich Gott ...«, oder »Der Segen Gottes komme auf dich herab ...«.
Natürlich kann jeder Mensch Gott um den Segen für einen anderen bitten, ohne eigens dazu legitimiert und ohne an bestimmte Formeln oder Gesten gebunden zu sein. Einem solchen Segen fehlt aber das äußere Zeichen, er liefert daher kein Symbol und besitzt keine Bedeutung, die hier (wieder einmal) von Substanz und Inhalt zu unterscheiden ist. Zum rituellen Segen bedarf es nämlich eines Bevollmächtigten, der von oben herab den Segen spendet (Aller Segen kommt von oben!), und eines Empfängers, der ihn in demütig-unterwürfiger Haltung annimmt. Wiewohl immer der Segen Gottes gemeint ist, dessen der Spender gleichfalls bedarf, wird im Segensritual eine Über- bzw. Unterordnung sichtbar, die in allen Religionsgemeinschaften auch darin zum Ausdruck kommt, daß der disziplinär Untergebene mit der Bitte um den Segen zugleich ein Gehorsams- und Treuebekenntnis ablegt. Deshalb könnte, obzwar es menschlich und religiös völlig unanfechtbar wäre, niemals ein Vikar, wenn er sich von seinem Bischof verabschiedet, diesem seinen Segen anbieten. Er würde eine peinliche, alle hierarchische Wirklichkeit auf den Kopf stellende Situation herstellen. Da jedoch auch der Bischof vor Gott nur ein armer Sünder ist, und der Herr der Welt sich bei der Gewährung von Huld und Gnade nicht an die Weihegrade des Bittstellers binden kann, zeigt sich im Ritual der Segenserteilung zuallererst und am eindeutigsten ein persönliches Gefälle. Aus diesem Grund werden Liebende, Freunde oder Eltern, die für den anderen oder ihr Kind um einen gesegneten Lebensweg bitten, nie eine Segensgeste ritueller Art wählen. In diesem Zeichen steckt ohnedies eine Art herablassendes Wohlwollen, das ebenso gewährt wie entzogen werden kann. Literatur und Biographien führen – mit Esau angefangen – dramatische Segensverweigerungen vor.

Gerade durch die kirchliche Vollmacht, mit der er erteilt wird, gewinnt der Segen an den markanten Lebensstationen besonderes Gewicht: als Taufsegen, Brautsegen, Weihesegen, auch Einsegnung von Toten und Gräbern. Bei solchen Anlässen würde es als schlechtes Vorzeichen gedeutet, wenn er fehlte. Unverbindlicher, aber mit derselben symbolischen Ergiebigkeit ausgestattet, fallen die Segnungen im religiösen Brauchtum aus, also die Haus-, Brücken-, Fahrzeug-, oder Pferdesegnungen, die dann am volkstümlichsten sind, wenn der Pfarrer selbst reiten kann und vom Pferd aus über die Teilnehmer des Umritts das Kreuz schlägt.

Die inhaltliche Gegenhandlung des Segnens bildet das Verfluchen, der Fluch, der zur dunklen Seite des Lebens gehört und die Gemüter daher tiefer bewegt, wie ja die Schilderungen der Hölle in Predigt und Literatur immer kraftvoller und farbiger ausfielen als die des Himmels. Der Fluch hat etwas Unheimliches, Verborgenes an sich, das sich zwar auswirkt, sich in seinem Vollzug aber nie beobachten ließ, also auch kein symbolisches Zeichen liefert. Auf Konzilien wurden zwar viele Verfluchungen ausgesprochen, doch gelangte das erst mit den Folgen ins öffentliche Bewußtsein. Manche glauben zu wissen, auf welchem Menschen, welcher Handlung oder welchem Ort »der Fluch liegt«, und meinen, danach handeln zu müssen. Nach den schrecklichen Erfahrungen der Inquisition, des Spuk- und Hexenglaubens, vor allem aber den Verfolgungsjagden des Dritten Reichs dürfte jeder jedoch hinreichend darüber unterwiesen sein, wie verhängnisvoll sich solche öffentlichen Neurosen auswirken können. Auch daß sich an das Begriffspaar »Segen oder Fluch« die übelsten magischen Praktiken anzuhängen pflegen.

SÜDLICHKEIT

In unserer, der nördlichen Hemisphäre geht vom Wort »Südlichkeit«, gerade weil viele Autoren es mit Zu- oder Abneigung analysierten, eine einheitliche Bedeutung aus, wie sie im Abschnitt über die Symbolik der Windrose (S. 95) ausführlich beschrieben wurde. Im Gegensatz zum strafferen, auch angestrengteren, in sich gekehrten nordischen Wesen gilt das südliche als gelockert, musisch verspielt, weniger in Ordnungssystemen denkend, vielmehr als kulturell schöpferisch. Der Süden, von Natur aus sonniger, wärmer, zum Leben im Freien verlockender, lädt nicht nur zu Festen unter offenem Himmel, zu Tanz, Prozessionen und fröhlichem Straßenleben ein, er bringt auch in der Baukunst und der spielerisch erscheinenden Architektur (Brunnen, Säulen, Denkmäler) vielfältigere Maßstäbe eines ungezwungenen, dennoch kultivierten Lebens. Vor allem deshalb gilt der Süden als bevorzugter Erholungsraum. Gepriesen oder geschmäht wird die im Süden offener zur Schau getragene Sinnlichkeit, der Kult des Weiblichen und einer ungehemmten männlichen Leidenschaft. Das sonnigere Wetter, das mehr Früchte, Obst und Wein reifen läßt, fördert nicht nur die Geselligkeit, die hier bis tief in die Nacht hinein gepflet wird, es läßt den südlichen Menschen auch im Vergleich zum versonnenen nordischen heiterer und temperamentvoller geraten. Die meisten Stämme der Völkerwanderung zogen direkt oder über den Westen nach Süden, wo sie sich leichtere Lebensbedingungen erhofften.

TALAR

Der Talar, von Geistlichen aller christlichen Bekenntnisse beim Gottesdienst und bei der Sakramentenspendung getragen, galt von alters her als Zeichen der Würde, ebenso als Hinweis auf den hohen Anlaß und den herausgehobenen Dienst. Deshalb wird er für Amtspersonen des Gerichts bei der Findung und Verkündung des Urteils ebenfalls verlangt. Für katholische Priester sind schwarze Soutane und (weiße) Albe beim Meßopfer vorgeschrieben. Alle Mönche tragen den Talar in den verschiedenen Formen ihres Habits. Auch die Nonnen bringen durch ein langes Ordenskleid, bei ihnen »Schleier« genannt, ihr abgesondertes, gottgeweihtes Leben zum Ausdruck. Mit seinem weiten Schnitt und Faltenwurf, wie er in reformierten Kirchen üblich ist, unterstreicht der Talar noch die priesterliche Gestik. Im Gegensatz zu Talar und Soutane wirken Hosen salopp und würdelos, sie sind ein Kleidungsstück für die Reise und das unverbindliche Unterwegs. Altardienst legt aber ein Verweilen im Unwandelbaren, Ewigen nahe, das meist mit einer Segensgeste abgeschlossen wird.

TOD

Mit dem Umschlag der Zeit, bewirkt durch die Schreckenserlebnisse zweier Kriege und den ihnen folgenden Vermögensverlust ging auch viel von der vergangenen Symbolwelt unter. Der Tod z. B. hatte sich als ein brutales, Traditionen zerstörendes Massenereignis gezeigt, so daß man ihn fortan nicht mehr nach alter Art zelebrieren konnte. Ein gewisses, wenn auch viel dürftigeres Beerdigungszeremoniell und die Symbolik der Friedhöfe blieben zwar, wenngleich eine unverkennbare Monotonie der Grabsteine überhandnahm. Aber mit dem noch vor wenigen Generationen geübten »öffentlichen« Sterben war es zu Ende. Früher versammelten sich, nachdem Arzt, Notar und Priester als letzte Gäste gegangen waren, die Angehörigen um den Hinscheidenden, bei Fürsten der Hof, bei Bischöfen das Domkapitel, und man zündete Sterbekerzen an. Auf dem Lande war noch der poesievolle Brauch lebendig, daß der Priester im Chorrock, begleitet von einem Ministranten, der Laterne und Glöcklein trug, die »Wegzehrung für die Reise in die Ewigkeit« brachte. Mit eindrucksvoller Geste schloß man dem Dahingeschiedenen die Augen; seine letzte Äußerung wurde jahrelang zitiert. In dieser Tradition fehlt freilich der Tod der armen Leute, der fast immer zur Unzeit und, im Blick auf die Zukunft, als Verhängnis eintritt. Heute verabschiedet man sich stillschweigend vom Leben. Man wird auch erheblich älter als früher, ist vom Leben gesättigt, konventioneller Pflichten überdrüssig, durch Medikamente von Schmerzen befreit, oft nicht mehr im Vollbesitz aller geistigen Kräfte. Man schläft ein und dies meist in der Klinik, oft genug in deren Intensivstation. Viele haben diesen »seelenlosen« Tod schon beklagt. Doch lassen sich überlebte Symbole nicht wieder aufgreifen, ohne unwahrhaftig zu werden. Es wäre ein gespieltes Sterben.

TREUE

Mit einem Ring, mit Gold oder mit Erz wird die Treue als das unverbrüchlich Feste in unserer Gesellschaft symbolisiert. Weder ein Staat noch ein Unternehmen, noch eine Familie ist ohne Treue aufzubauen. Sie wird besonders in Krisen wahrnehmbar, in denen sie sich als Unbestechlichkeit, Nicht-Käuflichkeit erweist. In Krieg-, Berg- und Seenot oder verzweifelten Lebenslagen wird Treue mit einem Felsen verglichen, desgleichen mit kittendem bzw. dichtendem Pech und Schwefel, wenn Freunde oder Partner nicht durch Einflüsse von außen zu trennen sind. Der Staat verlangt als »Zeichen« der Treue den Dienst- oder Fahneneid.

Einen besonders hohen Stellenwert nimmt die eheliche Treue ein, denn sie hat für Untreue wie für Treulosigkeit das Gegenteil zu bilden. Während die Untreue als Flirt oder Seitensprung eine Ehebedingung verletzt, die Ehe selbst aber meist nicht in Frage stellt, hebt die Treulosigkeit als Untauglichkeit zu seelischer Bindung die Liebes- und Lebensgemeinschaft auf. Treulosigkeit ist also auch bei äußerer Untadeligkeit möglich, wenn die Ehe in Herzenskälte erloschen oder zum Zwangsbund ohne Lebensgemeinschaft entartet ist. Wie jeder Ring, bildet der Ehering nicht nur ein Symbol der Treue, sondern ebenso des Gefängnisses.

Als ein Negativsymbol der Treue könnte man den »Judaslohn« bezeichnen, also das Feilbieten von Treue für Geld, wobei mit der ausgehändigten Summe meist auch offene Verachtung gezeigt wird. In den Symbolkreis der Treue gehören auch die Opfer der Treulosigkeit wie das einst literarisch vielbeschriebene schwangere Mädchen, das nach einem Eheversprechen nicht geheiratet und der Schande preisgegeben wurde.

Eine schlimme Negativform der Treue zeigte sich einst auch, wenn man das sogenannte Gottesurteil anrief. Die wegen ihres künstlerischen Rangs zu Recht berühmte, ihrem Inhalt nach jedoch grauenvolle Darstellung Tilman Riemenschneiders auf dem Kaisersarkophag im Dom zu Bamberg führt uns vor Augen, wie der (heute als impotent erwiesene) Kaiser Heinrich II. seine integre Gemahlin Kunigunde auf ein Höflingsgeschwätz hin einem »Gottesurteil« unterwarf, indem er sie barfuß über glühende Pflugscharen schreiten ließ, wobei verbrannte Fußsohlen »schuldig«, unversehrte »unschuldig« bedeuten sollten. Die Treu-Unfähigkeit des Kaisers hatte sich schon darin erwiesen, daß er sofort »umfiel« statt die Intriganten zuerst einmal einzusperren.

Da die Treue zu jenen Lebensmächten zählt, gegen die alle Einwände und Gegenargumente wirkungslos bleiben (»right or wrong, my country«), wird über Familie, Volk, Religion hinaus auch die Gesinnungsgemeinschaft durch sie geschützt. Hier tritt an die Stelle des Rings ein am Revers getragenes Abzeichen als echtes Treuesymbol.

Obgleich mit geringerer Anschaulichkeit, so verweisen solche Abzeichen von Gesinnungs-, Kampf- oder konfessionellen Bünden doch auf die amtlichen Treuesymbole, etwa der Robe als des unbestechlichen Richters Merkmal, oder der Soutane, des Talars als Zeichen des unbeirrbaren Glaubenslehrers, ebenso jeglicher Uniform, die kundgibt, an welcher Front der Betreffende im Einsatz zu finden wäre.

TURMBAU ZU BABEL

Gemäß dem Bericht der Bibel und der üblichen Interpretation gilt der babylonische Turm als eine technische und seelische Provokation Gottes, der sie ahndete, indem er den Turm zerstörte und unter den Menschen, die ihn erbauten, eine Sprachverwirrung entstehen ließ, als deren Folge sie sich zerstreuten. So ist der Turmbau von Babel zu einem häufig angeprangerten Symbol der Ehrfurchtslosigkeit, des »Aufbruchs ins Maßlose«, ja der Überheblichkeit schlechthin geworden. Was die ebenso oft angeführte »babylonische Sprachverwir-

rung« betrifft, so hat der Denker und Theologe Heinz Flügel eine neue, überzeugende Auslegung vorgelegt. Der Gigantismus der Babylonier, der die Errichtung des bis dahin höchsten Gebäudes der Welt zum Ziel hatte, habe zur erzwungenen Ansammlung großer Arbeitsheere aus vielen Ländern geführt. Die Einheitssprache vor Ort sei nichts anderes als die Kommandosprache der Aufseher und Einpeitscher gewesen. Nach der Zerstörung des Baus hätten die Fronarbeiter sich wieder zu Landsmannschaften mit ihrer jeweiligen Muttersprache zusammenschließen und in ihre Heimat zurückkehren dürfen. Dem Menschen seine ihm eigene Sprache wieder zu gewähren, sei also ein Geschenk, eine glückliche Folge des jäh abgebrochenen Monsterbaus und keineswegs eine Strafe gewesen.
In der Tat spielt in den Unterschied zwischen Sprachverwirrung und Vielsprachigkeit ein soziales Element hinein. Für jeden, der nur seine eigene Sprache versteht, wird schon eine internationale Konferenz zum Ort der Sprachverwirrung. Daß in den Zwangsarbeitslagern von Babylon kein Arbeiter den anderen verstand, wurde erst offenbar, als die Kommandosprache verstummte und die sprachlichen Minderheiten sich wieder zusammentun oder heimkehren konnten. »Babylonische Sprachverwirrung?« Ihr Symbolgehalt hat sich gewandelt. Vielsprachigkeit gilt heute als großer kultureller Besitz der Menschheit. Und das Sprachenlernen als »Königsweg« zu weltläufiger Bildung.

UHR

Ist es nicht auffällig, daß wir die Uhr so gern und aufwendig schmücken, obwohl sie doch nur eine höchst nüchterne, ja maschinelle Arbeit verrichtet, nämlich die ohnedies ablaufende Zeit noch auszuzählen? Als Armbanduhr wird sie in Gold gefaßt, mit Edelsteinen verziert und meist wie echter Schmuck getragen. Als Möbelstück erhält sie feierliche Schrankform, einen Respekt gebietenden Stundenschlag. Sie wird in Alabaster gerahmt, mit Silberglöckchen und Drehspielen ausgestattet und bemalt, als Kuckucksuhr mit kostspieligen Schnitzereien versehen, kurz, wir behandeln sie bevorzugt wie ein Kleinod. Steckt so viel menschennahe Symbolik in ihr? Wir haben doch Jahrtausende ohne Uhren zugebracht, indem wir die Zeit einfach schätzten, also gefühlsmäßig einteilten, nachdem sie ohne-

dies durch Tag und Nacht, Morgen und Abend und durch die Sonnenstände schon rhythmisch geordnet war. Woher dieser Respekt vor der Räderuhr, die zuvor durch die Sonnenuhr, die Sand- und Wasseruhren viel naturnaher und zugleich poetischer vertreten war? Wir beschränken uns auf drei Gründe, die die Wertschätzung der Uhr weit über eine mechanische Apparatur hinaus erhöhen:
1. Durch ihre praktische Allgegenwart sowohl an der Person wie in der Wohnung, auf Straßen und Plätzen hält sie uns die verrinnende Zeit, damit das verrinnende, vergängliche Leben, auch die Unwiederbringlichkeit von Stunden und Gelegenheiten vor Augen. Mit dem Vermessen abstrakter, leerer Zeit, die wir mit Leben und Leistung füllen sollten, verbreitet die Uhr in unserem geschäftigen Alltag einen Hauch von Transzendenz und Ewigkeit. Sie ist unerbittlich wie das Schicksal.
2. An die Parallele zu unserem Herzschlag, zur organischen Uhr in uns, wird oft erinnert. Sie bedarf nicht nur der Wartung, wie alle Uhren, sondern zeigt gelegentlich dieselben Defekte und steht still, wann sie will. Mit Recht wird der Pulsschlag am Uhrzeiger gemessen. Wenn eines Menschen Ende naht, sagt man, seine Uhr sei abgelaufen. Über die »innere Uhr«, eine Zeitschätzung, die bei manchen Menschen zu jeder Tages- und Schlafenszeit auf fünf Minuten genau geht, wurde bereits ebensoviel gerätselt wie über jenes permanente Verfehlen oder das glückliche Erwischen dessen, »was die Stunde geschlagen hat«. Freilich zeigt ein Zifferblatt gerade nicht an, mit wieviel Glück oder Unheil eine Zeit aufgeladen ist. Auch kein Kalender, den wir wie die Uhr mit Sehnsucht oder Bangen überprüfen, gibt darüber Auskunft. Einst wagte man aus der Parallelität zum Herzschlag eine magische Bezogenheit abzuleiten. Beim Tode des Hausvaters »blieb die Wanduhr stehn«.
3. Die Uhr ist ein Symbol der Ordnung. Sie zählt nicht nur die Zeit, sie läßt sie auch handlich werden, ermöglicht Termine, macht alle Institutionen, die auf Fahrplänen, Stundenplänen, Dienstablösungen oder sekundengenauen Programmen (Fernsehen, Rundfunk) aufgebaut sind, erst möglich. Damit wird sie zur Erzieherin für Verläßlichkeit, Genauigkeit, Pünktlichkeit. Einst erhielt der Heranwachsende zur Kommunion, Konfirmation oder Firmung als offizielles Geschenk eine Uhr, zum Zeichen, daß die verspielten Kinderjahre vorbei waren und der Ernst des Lebens begann.
Die Uhr begleitet uns durchs ganze Leben, von der Geburt an, die heute (schon wegen des Horoskops) auf die Minute an ihr abgelesen wird, über die Schulzeit, in der sie uns eher terrorisiert als führt,

durch die Jahrzehnte des Berufslebens, in der sie sogar die Gewissenhaftigkeit anzeigt. Sie läuft unbeirrt und stetig weiter, auch wenn »dem Glücklichen keine Stunde schlägt«, der Ängstliche sie für zu eilig, der Wartende für zu langsam hält, der schlaflose Kranke nächtelang ihre Schläge vom Kirchturm nachzählt. Auf die Uhrzeit genau werden alle Stationen unserer Lebensjahre absolviert, auch für das letzte Geleit steht die Stunde in der Zeitung. Wenn Salvador Dali von einer Situation sagen wollte, daß sie zeitlos sei, malte er weiche, schmelzende, also funktionsunfähige Uhren dazu, denen man ansah, daß sie stillstanden.

WALD

Ein Schlüsselwort zu seiner Bedeutung steht am Anfang der »Göttlichen Komödie« von Dante Alighieri: »In der Mitte der Reise unseres Lebens fand ich mich selbst in einem dunklen Wald, wo der gerade Weg sich verlor.« Symbolische Bedeutung besitzt der Wald vor allem, wo es in ihm keine Wege mehr gibt, wo man nicht mehr aus und ein weiß, also ratlos ist und Glück oder Hilfe braucht. Nicht der durchforstete, zum begehbaren Park hergerichtete Wald ist also gemeint, sondern der unbegangene, in dem keine Orientierung möglich ist. Dieses Verirrt- und Am-Ende-Sein mit seiner mitgebrachten Weisheit meint Dante und meinen alle Märchen. Die Romantiker haben ihn dann als Aufhebung aller Ordnungszwänge gefeiert und die Waldeinsamkeit in Wort und Musik gepriesen, weshalb die Franzosen den verherrlichten und jetzt durch das Waldsterben beklagten »deutschen« Wald zugleich als eine bedrohliche, undurchsichtige Seelenlandschaft ansehen, in der gefährliche Gestalten wohnen, die beliebig und zur Unzeit auftauchen können. In vielen deutschen Märchen bildet der Wald den gefährlichen Ort, an dem man ums Leben kommen, verwildern oder geheimnisvolle, lebenswendende Begegnungen haben kann. Wald bedeutet auch verwirrende innere Wildnis, aus der man hinausfinden muß, und in einem positiven Sinn Ort der Verinnerlichung und Neuorientierung. Er ist ein weibliches Symbol.

WEG

Symbolisch hat der Weg drei Bezugspunkte, von denen er Wert und Unwert empfängt: erstens, den Ort, von dem er wegführt, von dem man also herkommt. Woher jemand kommt, sein »Herkommen«, örtlich und übertragen, liefert schon reichlich Auskunft über ihn, auch die Umstände des Aufbruchs, ob es eine Flucht, eine Verjagung, ein bitterer Abschied war. Denn die Zurücklegung des Wegs wird von den Gedanken des Aufbruchs erfüllt sein und dadurch den Weg selbst als glücklich, traurig oder verbittert ausweisen. Zweite Symbolquelle ist der Weg selbst: seine Beschwernisse oder Schönheiten, etwa als Wanderweg, seine Gefahren, wenn er mit abschüssigen Stellen oder Todeskurven in Verruf steht oder als überfüllte Autobahn, als Luft- und Schienenweg in die Statistik gelangt. Seine erlebte Länge mißt sich nicht an Kilometern, sondern an den Kräften des Wanderers. Drittens wird sein Ziel wichtig, weil es gewissermaßen auf den Wanderer wartet und schon den Weg zum ehrenden Erfolg (Empfang, Auszeichnung) oder zur Demütigung, zum Bußgang nach Canossa, machen kann. Sein Herz mag mit Bangen oder Freude vorauseilen, vor Kummer die Schritte lähmen, von Angst erfüllt sein, oder »stillstehen«, weil das Wagnis als zu groß, der Gang plötzlich als Irrweg erkannt wird, der ins Unglück, oder wie einst Johann Peter Hebel sagte, »zu schlechten Häusern« führt. Auch vom Ziel her füllt sich der Weg zum symbolträchtigen Gang. Es »sprengt die Brust« vor lauter Erhobenheit, oder füllt sie mit Entsetzen und schlimmen Vorahnungen.

Schließlich ist der Weg auch ein Sinnbild des Lebens selbst, das mit dem Abschreiten seiner Jahre zu Recht als Lebensweg bezeichnet wird. Und da am Ende meist nicht seine Höhe, sondern ein Zustand der Schwäche und des Verfalls zu erwarten ist, gilt gemeinhin, daß es nicht diese letzten, aus Bindungen und Pflichten herausgezogenen Jahre sind, sondern der Weg selbst, also die ungesicherte Absolvierung des Lebens als Summe und Ziel anzusehen ist. Der Weg, der Pfad wird also das Ziel. Fernöstliche Lebensweisungen wissen nichts anderes.

Sieht man von Zufallserscheinungen in der Natur ab (Wildpfad, ausgetrocknetes Flußbett), so haben alle Pfade, Wege und Straßen als künstlich zu gelten. In der Machbarkeit des Wegs steckt denn auch die Verpflichtung ihn anzulegen. Wege als Verbindungen werden zum Mittel der Kultur. Sie lichten und teilen die Wildnis nicht nur,

sondern machen sie zugänglich. In diesem Sinn bilden Wege ein Symbol für ihren Urheber, weshalb sie häufig seinen Namen tragen. Für Promenadenwege in Kurorten gilt das sogar als Regel.
Ein »Pfadfinder« zu sein, erfüllt jeden mit Stolz, »Wegbahner« und »Wegbereiter« gelten als Ehrentitel, der vor allem im übertragenen Sinn gesehen wird. Der erste Weg zueinander bleibt ein Leben lang denkwürdig. Über Grenzen hinweg Wege der Versöhnung gefunden zu haben, geht ebenso in die Geschichte ein wie der berüchtigte »Weg der Gewalt«. Verborgene Wege müssen geheimbleiben, sonst verlieren sie ihren Wert. Es gibt Wege, die kein Unbefugter betreten darf oder kein Ängstlicher zu gehen wagt.
Ohnedies schon bedeutungsvoll, nimmt der Weg auch als Erscheinungsbild noch zusätzliche Merkmale auf. Nicht so sehr, weil er holprig, glatt oder steinig ist, sondern weil er zusammen mit dem Wegrand eine so wichtige Metapher alles Lebens bildet. Dort blühen nicht nur Blumen und stehen Bäume, die ihn zur festlichen »Allee« machen können, am Rand liegen auch die Ermatteten und Verunglückten, Erforene und Erschlagene, gescheiterte Pläne – in summa: die Opfer des Lebenswegs. Bildeten die Wege früher zugleich den Markt der Räuber und Wegelagerer, so ziehen sie als Fahrstraßen heute die Rettungswagen an, mit denen die Verunglückten und Verkehrstoten weggeschafft werden. Der Wegrand galt früher als zuständig für alle zur Unzeit Gestorbenen. Nicht nur der Sensenmann suchte dort die Opfer, auch Gespenster lauerten an Weggabeln und Kreuzungen.
Kein Wunder, daß der Weg in Kunst und Brauchtum zu einer Achse wurde, an deren Seite der Wanderer zwischen Figuren und Bildern zum Heiligtum, zum Schloß oder zur Kultstätte geleitet wurde. Auf offenem Feld wird mit christlichen Bildstöcken und Wegkreuzen ebenfalls der Schutz des Himmels beschworen. Historische Prozessions- und Pilgerwege warten heute noch mit markanten Stationen auf; oft schließen sich künstlerisch bedeutende oder sehr anspruchslose Kreuzwege an. Gedenk-Marterl für jene, die »dahier« den Tod fanden, bilden manchmal eine Zierde der Landschaft.

WETTER

Es unterschätze niemand die Symbolmacht des Wetters! Ihm wird in einer unbewußten Verrechnung die kosmische Zustimmung oder ein Mißfallen des Himmels bei jedem wichtigen Ereignis zugeschrieben. Ein tiefhängendes, zurückhaltendes Gewölk prägt sich zwar nicht ein, um so stärker aber ein schweres Gewitter auf dem Weg zum Standesamt, während einer Kindstaufe oder beim Begräbnis. In heiligen Berichten ist die Zustimmung des Wetters zu einem wichtigen Geschehnis völlig unerläßlich. Wir ertrügen es nicht, wenn in der Heiligen Nacht über das Hirtenfeld von Bethlehem ein trostloser Landregen niedergegangen wäre. Nein, der Himmel mußte offen sein, um den Engeln und ihrem Gesang einen würdigen Rahmen zu bieten. Die Sonnenfinsternis des Karfreitags konnte sich unmöglich am Ostermorgen einstellen, so wenig wie der gerechte Schächer auf der linken Seite hängen konnte. Wenn sich der Sturm nicht gelegt hätte, nachdem Jona über Bord geworfen worden war, wäre der ganze wunderbare Umkreis seiner Berufung ins Wanken geraten.
Auch das »Kaiserwetter« vergangener Zeiten wurde als Zustimmung des Himmels gedeutet. Dieser Sonnenschein bei kaiserlichen Besuchen oder Militärparaden brauchte nur zwei oder dreimal hintereinander beobachtet worden zu sein, schon galt er als sprichwörtlich. Wenn es dann einmal regnete oder stürmte, stellte man das sofort als Widerspruch zur eigentlichen Regel hin, nach der eigentlich gutes Wetter fällig war. Hier arbeitet ein innerer Zwang, der besonders im Nachhinein und unbekümmert um die Richtigkeit, alles so koordiniert, wie es dem Sinn nach zusammengehört.
Überdies geht vom Himmel eine gewisse suggestive Wirkung aus. Er lädt zum Wandern ein oder schreckt uns ab, er senkt den Abendfrieden in unser Herz oder läßt uns mit schweren Gewitterwolken keine Ruhe finden. Später hat dann das Wandern immer »der Sonn' entgegen« stattgefunden, die »blauen Dragoner« mußten nie in strömendem Regen reiten, und wenn »die Abendglocken klangen«, hatte auch die Flur »im Schlummer zu liegen«. Das Wetter umhüllt unser Leben. Es steht unter symbolischem Erwartungsdruck.

WILHELM TELL

Der Nationalheld der Schweiz, dessen Denkmal in Altdorf steht und dessen Armbrust noch heute als Signet für schweizerische Qualitätsarbeit verwendet wird, ist unbestritten eine historische Gestalt, die im 15. Jahrhundert gelebt hat. Nach der Legende, die auch Schiller für sein Schauspiel übernahm, soll Tell vom österreichisch-habsburgischen Landvogt Geßler gezwungen worden sein, einen Apfel vom Kopf seines Kindes zu schießen. Diesem dramatischen Motiv begegnet man auch anderwärts, weshalb die Schweizer (mit ihnen schon Gottfried Keller) die Apfelschußszene heute für ungeschichtlich halten (Max Frisch). Erwiesen ist jedoch, daß Wilhelm Tell den tyrannischen Vogt Geßler mit seiner Armbrust erschoß.

Tell, der von der freiheitlichen Gesinnung seiner Landsleute getragen war, löste mit dieser Tat einen Aufstand aus, mit dem die Freiheit der Schweizer endgültig erstritten wurde. Er gilt als Symbolgestalt des schlichten Mannes, der in Selbstbestimmug leben, kein Herr über andere, aber auch keines anderen Untertan sein will. Der politisch ungeschulte, sich aber seiner Menschenwürde durchaus bewußte Volksheld nahm schon lange vor der Reformation das Recht der eigenen Gewissensentscheidung in Anspruch und lieferte im Gegensatz zu den europäischen Obrigkeitsstaaten durch Jahrhunderte das Leitbild der exemplarischen Schweizer Demokratie.

WITWE

Sie ist symbolisch besonders reich ausgestattet, weil sich ihr Stand in den unterschiedlichsten Lebensformen antreffen läßt. Üblicherweise stellt man sich unter der Witwe eine schon gealterte Frau vor, die in der Regel zwar durch eine Rente vor Hunger und Elend geschützt ist, dennoch allein dahindarben muß. Diesem kurzen Jahrhundert sozialer Gesetzgebung gehen jedoch viele voraus, eigentlich die ganze Geschichte der Menschheit, aus der sich das Symbolbild der Witwe als einer nicht nur zurückgelassenen, oft schon kränkelnden Frau ergab, die ohne sicheres Einkommen auf die Dankbarkeit der Kinder und die Unterstützung fremder Menschen angewiesen war. Alle dem

Leben zugewandten Religionen (wie die jüdische, die dem Christentum und dem Islam nicht nur zeitlich voranging) fordern deshalb als Menschenpflicht, den Witwen beizustehen.
Da es aber neben armen, unversorgten auch reiche, neben alten, kränkelnden auch junge, »lustige« Witwen gibt, wartet dieser Stand mit den widersprüchlichsten Merkmalen auf. Kein Wunder, daß nicht nur die Moralisten, sondern ebenso auch religiöse Geister eine sorgfältige Unterscheidung verlangen. Paulus z. B. verbietet es, verwitwete Frauen, die noch nicht sechzig Jahre alt sind (bei der damaligen Lebenserwartung also Greisinnen), dem Witwenstand zuzuzählen (1. Tim. 5, 9—13). Weil junge Witwen frei, unabhängig, niemandem zu Gehorsam verpflichtet, zugleich den nahen Umgang mit einem Mann gewohnt sind, zögert der Apostel nicht, vor ihnen ausdrücklich zu warnen.
Während in mutterrechtlich organisierten Gesellschaften die verwitwete Frau wieder ganz zu ihrer Sippe gehörte, die sie ohnedies nie verlassen hatte, verfuhr das Patriarchat erheblich rigoroser mit ihr. Bei Indern wurde sie zeitweilig, ob alt oder jung, wenn ihr Mann starb, einfach mitverbrannt. Aus der Bibel kennen wir die sogenannte »Leviratsehe«, die vom Bruder des Verstorbenen verlangte, dessen Witwe zu heiraten oder doch in seine Familie einzugliedern, was verhinderte, daß die Hinterbliebene fortan allein und schutzlos in der Welt stand, zugleich auch, daß sie auf den offenen Markt der Liebe geriet.
So wenig in der Leviratsehe nach Zu- oder Abneigung gefragt wurde, so belanglos war die Liebe zu allen Zeiten in jenen Ehen, bei denen es nur um das Vermögen der Witwe ging. Dasselbe gilt für jene besonderen Fälle, in denen durch die Heirat einer Witwe das Bürgerrecht, oft sogar der gesellschaftliche Rang ihres verstorbenen Mannes erworben wurde. Bekannt ist die erste Heirat des Bildschnitzers und Meisters des Creglinger Marienaltars Tilman Riemenschneider, der nur dadurch, daß er eine ältere Witwe ehelichte, die Mitgliedschaft in der Handwerkergilde und damit berufliche Selbständigkeit gewinnen konnte. Auch der Komponist von »Stille Nacht, heilige Nacht«, der Österreicher Franz Xaver Gruber, mußte sich mit der 13 Jahre älteren Mesnerswitwe Stellung und Existenz erheiraten. Am denkwürdigsten sind jedoch die mehrfachen Witwenehen des vielbesungenen »Ännchens von Tharau«. Ein Freund dichtete dem jungen Pfarrer-Bräutigam das wohl berühmteste aller Hochzeitslieder über »unserer Liebe Verknotigung«. Doch dauerten Glück und Ehe nicht lange. Und da es zu den dortigen Gepflogenheiten gehörte, daß ein Vikar

nur die Pfarrersstelle erhielt, wenn er die verwitwete Pfarrersfrau heiratete, wurde das »Ännchen von Tharau« bald die Frau des amtierenden Pfarrverwesers. Doch auch ihn überlebte unser Ännchen. Und als schließlich ein noch viel jüngerer Vikar das Pfarramt zu versehen hatte, gewann dieser ebenso durch Heirat der Witwe seines Vorgängers bald die angestrebte Planstelle. Härte des Schicksals: Er wurde gleichfalls nicht alt, und der dritte Vikar trat seinen Dienst an. Doch zeigte die kirchliche Behörde nun Verständnis und ersparte dem jungen Geistlichen die Zwangsheirat mit einer Frau, die seine Mutter hätte sein können. Ännchen von Tharau zog zu ihrem Sohn. Die Pfarrstelle wurde wieder frei.

Was die Witwe aber immer und in allen Arten dieses Standes symbolisiert, ist die Alleingelassenheit, weshalb man selbst in jenen Fällen von Witwen, nämlich von »grünen Witwen« spricht, in denen der Ehemann zwar noch lebt, aber seine Frau überwiegend allein läßt, ob er zur See fährt oder sich beruflich fern von der gemeinsamen Wohnung aufhalten muß.

Die zweite Assoziation zur Witwe ist das Witwengut, das nicht nur zu lieblosen Ehen führen, sondern auch dunkle Gestalten auf den Plan rufen kann. Geschichte und Literatur spiegeln sowohl Schurkereien an wehrlosen Witwen als auch heroisch gemeisterte Lebenswendungen wider.

ZWERG

Zwerge, wie sie uns in Sagen und Märchen vorgeführt und in mancherlei volkstümlichen Berichten als Wichtel und Heinzelmännchen variiert werden, gehören der Menschenwelt nicht an, soviel liebenswürdige Zuneigung, hilfreiche, ja brüderliche Züge sie auch vorweisen. Sie sind vielmehr Symbolträger des Erdgeists und zählen, gleich den fischschwänzigen Nymphen, zum Kaltblut, das sich am beseelten Menschen wie an der Sonne zu wärmen sucht. Andererseits haben Zwerge als Warnfiguren zu gelten, die sich der nachdenkliche Mensch für eine verfehlte Lebensform ersonnen hat. Als rastlos robotende Werkleute, immer in Serie, nie allein, auch nur ungern im offenen Sonnenlicht, jeder persönlichen Lebensführung, ja schon des eigenen Namens bar, durch den langen, weißen Greisenbart aus allen

hormonalen Beunruhigungen herausgenommen, bilden sie ein Menetekel unserer eigenen Existenz.
Zwerge kennen und hüten verborgene Schätze und sind hinter dem noch ungeläuterten Gold her, das sie unermüdlich aus dem Erz im Berginnern herausklopfen. Ihre Kleinheit wird durch Vielheit ausgeglichen, der Mangel an Lebensrhythmus durch nicht endenden Fleiß. Sind sie schon mit winzigem Handwerkszeug ausgestattet, so reicht auch ihre geistige Fassungskraft, wenn sie den Menschen gelegentlich zu Hilfe eilen, nicht über niedere Verrichtungen hinaus. Schöpferische Leistungen wie Erfinden, Planen, Auswege aus Schwierigkeiten zu finden, darf man ihnen nicht zumuten. Dafür fegen und putzen sie, führen Arbeiten, die der Mensch bereits begann, geflissentlich zu Ende und wollen dabei um alles in der Welt nicht gesehen werden. Ihre Emotionen reichen über Kleinstprobleme nicht hinaus. (»Wer hat aus meinem Tellerchen gegessen?« »Ach wie gut, daß niemand weiß, daß ich Rumpelstilzchen heiß!«) Weil sie dem Mineralreich zugehören und draußen im Freien kein Heimatrecht besitzen, kennen sie weder kosmische noch religiöse Bezüge. Der »gottlose Zwerg«, der mit Himmel und Sonnenlicht nichts zu tun hat, bleibt mit der Unterwelt verbunden, deren Geheimnisse er nicht ausplaudert. Im Gegensatz zu den »dummen Riesen« gelten Zwerge daher als hinterlistig; überdies können sie sich mit Tarnkappen unsichtbar machen.
Als Verwalter des Erdreichs und nimmermüde, vor allem nächtliche Arbeiter bekamen die einst »von den Kirchenglocken vertriebenen« Wichtelmänner eine häufig verniedlichte Wiederkehr als Gartenzwerge eingeräumt. Hier wird, wie bei den »Mainzelmännchen« im Fernsehen, ihre dunkle Herkunft gelöscht. Sie dienen als neckische Kleinstmänner nur noch der Unterhaltung. Es wundert uns deshalb nicht, daß die einschlägige Gipsindustrie neuerdings sogar mit Zwerginnen aufwartet; Zwergenkinder werden bei solch eklatanter Symbolblindheit nicht mehr lange auf sich warten lassen (zumindest als Exportware). Doch bleiben Zwerge bei aller Putzigkeit ein Bild für erniedrigtes, seelisch erloschenes, unfruchtbar gewordenes Leben, wie es nur der männlichen Existenz drohen kann. Zerbricht eine Frau, so mag sie böse, hexenhafte Züge annehmen. Weil sie Kinder hervorbringt oder doch das Leben inspiriert, kann sie aber nie »verzwergen«. Zwerge mit nährender Brust wären symbolischer Unsinn.

Anhang

LITERATURVERZEICHNIS

Allgemeine Symbolik

Bauer, Wolfgang, Dümotz, Irmtraud, Golowin, Sergius und Röttgen, Herbert: Das Lexikon der Symbole. München 1980.
Bleisteiner, Claus D.: Der Wappenlöwe. München 1983.
Creuzer, Friedrich: Symbolik und Mythologie. Leipzig – Darmstadt 1809.
Dürr, Hans Peter: Traumzeit – Über die Grenze zwischen Wildnis und Zivilisation. Frankfurt 1978.
Eliade, Mircea: Ewige Bilder und Sinnbilder. Olten 1958.
Eranos-Jahrbücher, bes. 1939, 1942, 1950 und 1965. Zürich.
Fester, Richard: Die Steinzeit liegt vor deiner Tür – Ausflüge in die Vergangenheit. München 1981.
Frenzel, Elisabeth: Motive der Weltliteratur. Stuttgart 1976.
Friedmann, Hermann: Wissenschaft und Symbol. München 1949.
Fritsch, Vilma: Links und Rechts in Wissenschaft und Leben. Stuttgart 1964.
Gebser, Jean: Ursprung und Gegenwart. 2 Bände. Stuttgart 1966.
Grotjahn, Martin: Die Sprache des Symbols. München 1977.
Haase, Rudolf: Grundlagen der harmonikalen Symbolik. München 1966.
Hierzenberger, Gottfried: Der magische Rest – Ein Beitrag zur Entmagisierung des Christentums. Düsseldorf 1969.
Jünger, Ernst: Sinn und Bedeutung. Stuttgart o. J.
Kayser, Hans: Vom Klang der Welt. Zürich 1938.
Ders.: Orphikon Eine harmonikale Symbolik. Basel 1973.
Kirchgässner, Alfons: Welt als Symbol. Würzburg 1968.
Klages, Ludwig: Ausdrucksbewegung und Gestaltungskraft. München 1968.

König, E. P. Marie: Am Anfang der Kultur – Die Zeichensprache des frühen Menschen. Berlin 1973.
Lochmann, Jan M.: Christus oder Prometheus? Hamburg 1972.
Oesterreicher-Mollwo, Marianne: Symbole. Herder Lexikon. 7. Aufl. Freiburg-Basel-Wien 1978.
Pokorny, Richard: Über das Wesen des Ausdrucks. München 1974.
Rosenberg, Alfons (Hrsg.): Der babylonische Turm. München 1975.
Schwabe, Julius: Archetyp und Tierkreis. Grundlinien einer kosmischen Symbolik und Mythologie. Basel 1951.
Schwarz-Winklhofer, Inge und Biedermann, Hans: Das Buch der Zeichen und Symbole. München 1975.
Strauß, Heinz A.: Psychologie und astrologische Symbolik. Zürich 1953.
Symbolon – Jahrbücher für Symbolforschung. Band 1 bis 6. Basel 1968
Tietze, Henry G.: Imagination und Symboldeutung – Wie innere Bilder heilen und vorbeugen helfen. Genf 1983.
Urech, Edouard: Lexikon christlicher Symbole. Konstanz 1979.
Vico, Giambattista: Die neue Wissenschaft über die gemeinschaftliche Natur der Völker. Hamburg 1966.
Wilhelmi, Christoph: Handbuch der Symbole in der bildenden Kunst des 20. Jahrhunderts. Berlin 1980.
Wittlich, Bernhard: Symbole und Zeichen. Bonn 1982.
Ziegler, Leopold: Überlieferung. München 1949.
Ders.: Rückkehr des Imaginären – Märchen, Magie, Mystik, Mythos, Anfänge einer anderen Politik. München 1981.
Ders.: Wörterbuch der deutschen Volkskunde. Stuttgart 1974.

Religiöse Symbolik

Beigbeder, Olivier: Lexique des Symboles. Genf 1969.
Flügel, Heinz: Bekenntnis zum Exodus. Essays. München 1983.
Heinz-Mohr, Gerd: Lexikon der Symbole – Bilder und Zeichen der christlichen Kunst. Düsseldorf-Köln 1981.
Jungmann, Josef A. und Sauser, Ekkart: Symbolik der katholischen Kirche. 2 Bände. Stuttgart 1966.
Kassel, Maria: Biblische Urbilder. München 1980.
Lapide, Pinchas: War Eva an allem schuld? Mainz 1985.
Markale, Jean: Die Druiden – Gesellschaft und Götter der Kelten. München 1985.

Rech, Photina: Inbild des Kosmos – Eine Symbolik der Schöpfung. 2 Bände. Salzburg 1966.
Rosenberg, Alfons: Wandlung des Kreuzes – Die Wiederentdeckung eines Ursymbols. München 1985.
Scholem, Gershom: Zur Kabbala und ihrer Symbolik. Zürich 1960.
Schupp, Franz: Glaube – Kultur – Symbol. Düsseldorf 1974.
Sède, Gerard de: Die Templer sind unter uns oder Das Rätsel von Gisors. Berlin 1963.
Seuffert, Josef: Lebendige Zeichen – Kleine Fibel christlicher Symbole. Freiburg 1983.
Urech, Edouard: Lexikon christlicher Symbole. Konstanz 1979.
Weinreb, Friedrich: Der göttliche Bauplan der Welt. Zürich 1966.
Ders.: Die Symbolik der Bibelsprache. Zürich 1969.
Wollmann, Paul: Lebendiger Glaube will gültige Zeichen. München-Luzern 1972.

Der Mensch

Doucet, Friedrich W.: Taschenlexikon der Sexualsymbole. München 1971.
Forstner, Dorothea: Die Welt der Symbole. Innsbruck 1967.
Fuhrmann, Ernst: Grundformen des Lebens. Darmstadt 1962.
Groddeck, Georg: Der Mensch als Symbol. Wiesbaden. 1973.
Holliger, Edith: Schon in der Steinzeit rollten Pillen. Bern 1972.
Jaffé, Aniela (Hrsg.): Erinnerungen, Träume, Gedanken von C. G. Jung. Zürich 1965.
Jung, C. G.: Psychologische Typen. Zürich 1937.
Ders.: Der Mensch und seine Symbole. Olten 1968.
Jünger, Ernst: Typus, Name, Gestalt. Stuttgart 1963.
Kassner, Rudolf: Zahl und Gesicht. Wiesbaden 1956.
Lesage, Alain-René: Der hinkende Teufel. München 1983.
Markert, Christopher: Yin Yang. Harmonie von Sinnlichkeit und Vernunft. München 1984.
Plessner, Hellmut: Lachen und Weinen. München 1950.
Sas, Stephan: Der Hinkende als Symbol. Zürich 1964.
Zimmer, Heinrich: Abenteuer und Fahrten der Seele. Zürich 1961.

Landschaft, Gestalten

Frisch, Max: Wilhelm Tell für die Schule. Frankfurt/Main 1971.
Lay, Rupert: Die Ketzer. München 1981.
Michell, John: Die Geometrie von Atlantis – Wissenschaft und Mythos der Erdenergien. München 1984.
Nigg, Walter: Das Buch der Ketzer. 6. Aufl. München 1981.
Pennick, Nigel: Die alte Wissenschaft der Geomantie. München 1982.
Schmidt, Leopold: Zunftzeichen. München 1982.

Geometrische Figuren, Zahlen, Farben, Intervalle

Bindel, Ernst: Die geistigen Grundlagen der Zahlen. Frankfurt/Main 1984.
Endres, Franz Carl und Schimmel, Annemarie: Das Mysterium der Zahl – Zahlensymbolik im Kulturvergleich. Köln 1984.
Goethe, Johann Wolfgang von: Farbenlehre.
Gross, Rudolf: Warum die Liebe rot ist – Farbsymbolik im Wandel der Jahrtausende. Düsseldorf-Wien 1981.
Jünger, Ernst: Zahlen und Götter – Philemon und Baucis. Stuttgart 1974.
Kayser, Hans: Vom Klang der Welt. Zürich 1938.
Ders.: Orphikon. Eine harmonische Symbolik. Basel 1973.
Lüscher, Max: Der 4-Farben-Mensch. München 1977.
Riedel, Ingrid: Farben in Religon, Gesellschaft, Kunst und Psychotherapie. Stuttgart 1983.
Dies.: Formen – Kreis, Kreuz, Dreieck, Quadrat, Spirale. Stuttgart 1985.
Ritter-Schaumburg, Heinz: Die Kraft der Sprache – Vom Wesen der Vokale und Konsonanten.
Scholem, Gershom: Farben und ihre Symbolik in der jüdischen Überlieferung und ihrer Mystik. In: Eranos 1972.

Mythologie, Märchen

Beit, Hedwig von: Symbolik des Märchens. 3 Bände. Bern 1960.
Egli, Hans: Das Schlangensymbol – Geschichte, Märchen, Mythos. Olten 1982.

Stumpfe, Ortrud: Die Symbolsprache der Märchen. Münster/Westfalen 1969.

Weitere benutzte Literatur

Bloch, Ernst: Atheismus im Christentum. Zur Religion des Exodus und des Reichs. Frankfurt 1973.
Böll, Heinrich: Fürsorgliche Belagerung. Köln 1979.
Buber, Martin: Das dialogische Prinzip. Heidelberg 1965.
Krüger, Horst: In: Deutsche Augenblicke.
Magnien, Victor: Les Mystères d'Eleusis. Paris 1950.
Portmann, Adolf: Der Pfeil des Humanen. Freiburg i. Br.
Zweig, Stefan: Sternstunden der Menschheit. Zwölf historische Miniaturen. Frankfurt 1981.

BILDINTERPRETATIONEN

Die Versuchung des heiligen Antonius
Das Altarbild von Hieronymus Bosch gilt als einer der gewagtesten künstlerischen Anläufe, die inneren Gewalten, denen dieser Wüstenheilige ausgesetzt war, ins Bild zu bringen. Man kann sich nicht vorstellen, daß der Maler mit diesen höllischen Bestien das seelische Inventar eines jeden Menschen meinte. Vielleicht wollte er nur zeigen, wie es um einen Mann bestellt ist, der sich jeden Kontakt mit seinen Mitmenschen verbietet, daß dies kein Weg des inneren Friedens und wachsender Heiligkeit sein könne, vielmehr als Warnung gemeint sei. Antonius starb im Jahre 356 als der erste Eremit, den die Kirchengeschichte kennt. Sicher wird er seine Gründe gehabt haben, sich in die Wüste zurückzuziehen, doch seine Seelenruhe fand er nicht. Bis in die letzten Zweige, die sich verdorrt vor dem kahlen Bergfelsen abheben, atmet diese anschaulich gemachte mörderische Innenwelt entweder schon Abgestorbensein oder doch tödliche Bedrohung.

Mariä Heimsuchung, Wallfahrtskirche Lautenbach (um 1470)
Die wichtigsten Mitteilungen dieses Bildes sind im linken Drittel angelegt, einer Welt, aus der Maria soeben heraufgestiegen, die sie also hinter sich gelassen hat. Diese Felslandschaft voll anzüglicher Formen ist mehrfach personalisiert, am deutlichsten in der versteinerten Maske links oben unter der Tanne; dann wie in einem Vexierbild mit dem Umriß einer geschundenen Hexe links neben den Stufen. Es ist eine polternd seelenlose, des Weiblichen verlustige Welt, in der selbst der Bach nichts zum Grünen bringt zwischen dem steinigen Geröll; ein entseeltes Geschiebe männlicher Härte, wo die Frau, an den Rand gedrängt, auf die Hexe herunterkommt. Eindeutig auch die Zahlensymbolik: Drei, die paternitärste aller Zahlen, wird mit drei künstlichen Ringen in der verdorrten Hecke am obersten Felsgesicht angezeigt; drei Stufen führen hinter Maria hinunter ins dämonisch-hexenhafte Gebiet. In der Begegnung Marias mit ihrer Base Elisabeth trifft das Neue Testament mit dem Alten zusammen, wiederum durch Zahlen verdeutlicht, denn Maria hebt den Mantel ihrer Base hoch, unter dem drei Quasten ihres Gürtels sichtbar werden. Doch steht Marias Aufenthalt »im Gebirge« unter der Zahl 5, die als Symbol für Fruchtbarkeit und neues Leben gilt. Fünf

Tragbalken über ihr und eine fünfstufige Treppe. Das Altarbild ist um 1470 in Straßburg entstanden, zu einer Zeit, als symbolische Andeutungen noch verstanden wurden.

Der alchemistische Brunnen
Es muß zu allen Zeiten geahnt worden sein, daß die Genesung von selbstgemachten Übeln der extrem ausgestalteten Männerwelt nur von der Frau ausgehen kann, die freilich von jeglicher Hörigkeit frei sein muß. Dieses weibliche Seelentum, das die (verachteten) Gefühle wieder weckt, die Beziehungen untereinander harmonisiert, zugleich die Nähe zur Natur und ihren Elementen neu belebt, kann nur aus den ungebrochenen jungfräulichen Kräften der Jungfrau Maria kommen, die nie als gefügige, vom Mann auch geistig vereinnahmte Ehefrau angesprochen wurde. Sie teilt sich von oben und von Engeln begleitet dem Gesundbrunnen mit, und die Welt der Männer und Väter mit ihrem parteiischen Gehässigkeitskult, symbolisiert durch die vielen spitzen Türme und Festungsmauern und ihrem gierigen Verlangen nach einem rettenden Trunk von ganz anderer Art, sie strömt von allen Seiten herbei, wohl wissend, wie schlecht es um sie bestellt ist. Greise und Jünglinge, Soldaten und Zivilisten, Kranke und Gesunde, schöpfen nicht nur eifrig, sondern reichen auch einander das heilende und verjüngende Wasser (auch dies ein weibliches Symbol), wie wenn jeder vom andern wüßte, daß er seelisch ausgetrocknet sei. Auch die geometrischen Formen halten sich streng an die angemessenen Symbolwerte: unten bei den Männern das harte phantasielose Quadrat der Brunneneinfassung, dahinter die Quader und verletzenden Dreiecke, alles eine künstliche, errechnete Welt. Der Brunnenkelch, in den das Weibliche von oben einströmt, kennt nur runde, weiche Linienführung. Ja, um den Männern das Wasserholen leichter zu machen, ist er noch mit dem stärksten und gefährlichsten aller Muttertiere, dem Kopf eines Bären, darunter sogar mit einem Rebenblatt, geschmückt.

Die Kanzel von Ravello
Das berühmteste Ausstattungsstück der einst normannischen Kathedrale von Ravello über Amalfi ist die prachtvolle Marmorkanzel aus dem Jahre 1272. Eindeutiger, als es Worte vermöchten, die auch gleich Widerspruch hervorrufen würden, zeigt sie an, daß die Ordnung des Geistes und der Lehre auf die animalischen Kräfte als

ihre Träger angewiesen ist, aber auch, daß diese aber von ihr gebändigt sind und ihr zu dienen haben. Dieser Gedanke ist künstlerisch immer wieder aufgegriffen, und da man meistens den Adler wegließ, dahin interpretiert worden, daß sich der Staat als weltliche, also noch zur Natur gehörende Macht der kirchlichen Hierarchie zu unterwerfen habe. Für Ravello wäre diese Deutung falsch, weil der Löwe unten dem kaiserlichen Adler oben zugeordnet ist. Damit gewinnt die Kanzel eine Symbolik zeitlos ontologischen Charakters. Kein Werk des Geistes kann ohne die vitale Zufuhr der Erdkräfte auf die Dauer bestehen. Mit besonderem Bedacht wurden die erdhaften Löwen in fortschreitender Bewegung dargestellt.

Heilung des Blinden
Dieses um 980 entstandene Bild aus dem Codex Egberti, Trier, reicht mit seiner Symbolik weit über die gegenständliche Darstellung hinaus. Es hätte auch des caecus = blind über der hockenden Gestalt nicht bedurft. Denn daß es auf der linken Seite nur um Hunger nach Licht geht, zeigen schon die Farben des komischen Baumes an, in dessen »Schatten« der Unglückliche sitzt. Das ist analog zum erblindeten Menschen ein verstümmelter Strunk ohne die Lebenskraft grünender Zweige und Blätter, d. h. ohne naturgemäßen Austausch mit der Umwelt. Statt dessen diese merkwürdigen Hütchen, die – weil nicht vom Sonnenlicht getroffen – nicht grünen können, sondern dieselbe rötlich-violette Farbe entwickelten, wie sie die geilen Triebe unserer Kellerkartoffeln haben, die nur durch eine Luke ein wenig Helligkeit bekommen. Der einsam im Sand sitzende Blinde muß das Näherkommen der Gruppe ebenso gespürt haben wie Jesus seinen Hunger nach Licht, so daß es zu einer ähnlichen Geste der Lebenskraft-Übertragung kommt wie bei Michelangelos berühmter Erweckung des Menschen. Offenbar hatte sich ein Apostel vordrängen wollen, doch Jesus tritt ihm auf den Fuß: Bleib zurück, hier kann nur ich selbst helfen. Und mit einem Mal wissen wir, daß es nicht nur um die Erhellung der Augen, sondern um das Lebenslicht überhaupt geht, wofür die Berührung der Hände ausreicht. Licht und »Hunger nach Licht« sind einander in der Gleichheit der braunen Farbe zugeordnet. Es liegt ein Knistern in der Luft. Wie ein Hohlspiegel zu seinem Brennpunkt beugt sich Jesus zu dem Häufchen Elend vor ihm hin, das sich ohne Frage nach der Berührung gleich erheben und »sehen« wird, ohne daß ihm Jesus über die Augen streicht. Auch die Richtung seines Stabes ist symbolgerecht: Schräg nach links hinüber

heißt, es geht rückwärts und abwärts mit mir. (Die Gerade von links unten nach rechts oben, als Markenzeichen wohlbekannt, will sagen: Es geht vorwärts und aufwärts mit uns.) Um die Symbolzeichen noch weiter zu ergänzen: Selbst der Baum, der bisher nicht grünen konnte, scheint den Lichtstrom zu wittern und neigt eines seiner blaßvioletten Kellerhütchen hinüber.

Zweiköpfige Aztekenschlange
Symbole werden zum Anschauen und Einprägen aufgestellt. Sie haben zuerst etwas zu bedeuten, bevor sie durch Überlegungen befragt werden. Die bekannte zweimäulige Schlange der Azteken, eine prächtige Holzschnitzerei mit Email und Türkisen besetzt (heute im Britischen Museum, London), will als exemplarisches Erdtier die gierige Gefräßigkeit der Erde zeigen, der nach und nach alles zum Opfer fällt. Daß eine Schlange, die mit zwei Mäulern immer nur hineinfrißt, keinen Tag weiterleben kann, stört die ästhetische Norm keineswegs. Auch wir haben im christlichen Kunstbereich ähnlich biologisch bedenkenlose Themen. Eines der häufigsten ist der Pelikan, der seine Brust aufreißt, um seine Jungen mit seinem Blut zu ernähren. Daß junge Vögel mit ihren Kröpfen nicht mit Blut gefüttert werden können, das Bild also ebenso widerspruchsvoll ist wie die aztekische Schlange, stört überhaupt nicht. Das Bild ist als Symbol für den Opfermut der Vogelmutter so hinreißend schön, daß es immer wieder neu entsteht.

Schutzmantelmadonna
Das ebenso berühmte wie theologisch umstrittene Fresko in der Burgkapelle von Schluß Bruck bei Lienz (1485) stellt mit wenigen Zeichen eine christliche Heilslehre auf, die von der gewohnten erheblich abweicht. Aus dem Gebot »Wirket euer Heil in Furcht und Zittern!« entstand ein Gottesbild, von dem nur Heimsuchungen und Schicksalsschläge ausgehen. Mit eiskaltem Lächeln schießt Gott seine Pfeile auf die Menschen ab, die sich in ihrer Angst unter den Schutzmantel Mariens flüchten. Doch durch diesen dringen sie nicht hindurch, vielmehr knicken sie wie vor einer stärkeren Macht wirkungslos ab. Ohne eine tatsächliche Versöhnung Gottes mit den Menschen zu bewirken, zeigt Jesus hilflos auf seine Wunden. Das Vertrauen zur mütterlichen Schutzmacht reicht als religiöse Geborgenheit aus. Die übrige Heils- und Erlösungslehre wird als lebensfremde Theologie ohne wirklichen Trost empfunden.

Der geschlagene Belisar von Soldaten erkannt
Das Bild steckt voller Symbolik. Ein General kommt mit seiner Gattin vorbei, erkennt seinen früheren Vorgesetzten, der auch im Elend noch eine Wucht von Mann ist, und wird von der brutalen Macht des Schicksals überwältigt, wirft die Arme hoch, eine Gebärde, die der Unbegreiflichkeit des Schicksals gilt. Seine Frau, die mit dem einstigen Generalissimus keine Strapazen und Kriegsnöte geteilt hat, sieht zuerst den Hunger und die Not. Symbolik der Farben: Der alte Heerführer trägt wie der General noch den roten Mantel der Kriegsleute, wenn er auch verbleicht und verschlissen ist. Das Kind, das für den Unglücklichen bettelt, ist in unbeteiligtes Weiß gekleidet. Das Blaßgrün des Frauengewandes deutet die Behütung des Lebens an. Belisar sitzt ganz rechts, er hat keine Zukunft mehr, sein erloschener Blick geht nach links in seine Vergangenheit. Die seelische Düsterkeit der Szene wird von dem drohenden Gewölk am Horizont ergänzt.

BILDNACHWEIS

Bildteil zwischen Seite 64 und 65

Ikonenaltar (Ausschnitt) Besitz von H. H. Pater Schrychig (?).
Foto: Calig-Kehl

»David sieht Christus im Geiste« aus »Das Stundenbuch des Duc de Berry«, fol. 27 v.
Foto: Bibliothèque Nationale, Paris

Mathis Gothart Neithart, genannt Grünewald »Die Versuchung des hl. Antonius« vom »Isenheimer Altar«, geöffnet, 2. Wandlung, Flügel rechts vom Schrein, 1513—15. Colmar, Musée d'Unterlinden.
Foto: Giraudon

»Mariä Heimsuchung«, vom Lautenbacher Hochaltar (um 1470). Lautenbach im Renchtal/Baden. Wallfahrtskirche Mariä Krönung.
Foto: Kurt Gramer, Bietigheim-Bissingen

Bildteil zwischen Seite 96 und 97

Marmorambo (mit Mosaik), 1272, von Niccolò da Foggia Ravello, Kathedrale.
Foto: Collezione Brogi/Alinari

»Heilung des Blinden von Jericho«, aus dem »Codex Egberti« Stadtbibliothek, Trier
(Foto: Stadtbibliothek Trier)

Zweiköpfige Schlange aus Holz mit Inkrustationen aus Türkisen, 44,5 cm, mixtekisch oder aztekisch, London, British Museum
Foto: Museum

Pampulha-Kirche in Belo Horizonte, Brasilien
Foto: Timmermann, Erlangen

Bildteil zwischen Seite 128 und 129

»Johannes mit dem Lammsymbol« (1)
»Ein Jünger sich niederwerfend« (3)
2 Szenen aus der romanischen Bilderdecke der Kirche von St. Martin in Zillis. Fotos: Peter Heman, Basel

Rembrandt »Christus heilt die Kranken« (genannt »Hundertguldenblatt«), Radierung, um 1642/49 (?), Amsterdam, Rijksmuseum
Foto: Museum

Bildteil zwischen Seite 160 und 161

St. Peter in Rom mit Kolonnaden
aus: H. Luckenbach »Kunst und Geschichte«, I. Teil: Altertum, München und Berlin, 1923 (R. Oldenbourg)

Ansicht vom Römer in Frankfurt.
Foto: Gering-Prenzel/IFA

Kloster und Wohnberg im Tal von Göreme, Kapadokien (Türkei).
Foto: Werner Neumeister, München

Kirche auf der Insel Gozo/Malta. Foto: Bruno Moser

Bildteil zwischen Seite 208 und 209

Tilman Riemenschneider »Pflugscharenwunder«.
Detail aus der Tumba der Heiligen Heinrich und Kunigunde, 1499 von Riemenschneider begonnen. Bamberg, Dom
Foto: Bildarchiv Foto Marburg

Rebekka gibt Eliezer und seinen Kamelen zu trinken. Miniatur aus der »Wiener Genesis« (Cod. theol. graec. 31, pag. 13)
Foto: Österreichische Nationalbibliothek, Wien

Giacomo Manzù (1908) »Die Friedenskapelle«, 1961 Vatikan, Sammlung moderner religiöser Kunst
Foto: Scala, Antella bei Florenz

Simon von Taisten »Schutzmantelmadonna mit Stifterbildern«,
1485, Fresko aus der Dreifaltigkeitskapelle, Schloß Bruck bei Lienz
Foto: F. Schreiber, Hof bei Salzburg

Bildteil zwischen 240 und 241:

»Musikanten mit Saiten- und Blasinstrumenten«, Süddeutsche
Marionetten unbekannter Herkunft, 2. Hälfte 19. Jahrhundert
Puppentheatermuseum im Münchner Stadtmuseum
Foto: Claus Hansmann, Stockdorf

Metope mit Atlas. Olympia, Museum

Holzstich von Karl Rössing zur Apokalypse »Die Offenbarung S. Johannis in Luthers Übersetzung« (Kapitel 6, 2–8). Berlin 1948 (W. u. E. Krüger)

Jacques Louis David »Der geschlagene Belisar von Soldaten erkannt«, 1781. Lille, Musée des Beaux-Arts
Foto: Museum

Bildteil zwischen 272 und 273:

Rembrandt »Opferung Isaacs«, 1635. Leningrad, Eremitage.
Foto: Bildarchiv Foto Marburg

»Der hl. Florian erstickt die Flammen bei einem Dachstuhlbrand«,
1783. Votivtafel, Ellbach/Obb., entnommen aus: Wilhelm Theopold
»Votivmalerei und Medizin« Kulturgeschichte und Heilkunst im
Spiegel der Votivmalerei, München 1978 (Karl Thiemig)
Foto: Wilhelm Theopold

Emile Jean Horace Vernet »Judah und Tamar«
Wallace Collection, London
Foto: Museum

Rembrandt »Jakob segnet Ephraim und Manasse«, 1656.
Staatliche Kunstsammlungen Kassel
Foto: Museum

Bildteil zwischen 304 und 305:

Martinsrelief des Naumburger Meisters
Bassenheim, Kirche
Foto: Bildarchiv Foto Marburg

Pieter Brueghel d. Ä. »Das Gleichnis von den Blinden«, 1568.
Neapel, Museo Nazionale di Capodimonte
Foto: Scala

Totenmaske Chopins, 1849.
Foto: Rosemarie Clausen, Hamburg

Abbildungen im Text:

S. 35: Albrecht Dürer »Melancholie«, 1514, Kupferstich (Archiv des Autors)

S. 57–69: Stiche aus: Kulturgeschichtliches Bilderbuch aus drei Jahrhunderten. Herausgegeben von Georg Hirth, 1. Band.

S. 85: Ludwig Richter »Dämmerstündchen«, um 1860, Bleistiftzeichnung, Museum der bildenden Kunst, Leipzig

S. 90/91: Albrecht Dürer »Der Hl. Hieronymus im Gehäus«, 1514, Kupferstich (Archiv des Autors)

S. 144, 146, 148, 150: Stiche aus: Allegorisch-Historischer Bildersaal, 1.–10. Abteilung, von Gottfried Eichler.

S. 299: »Verbrennung der Jeanne d'Arc in Rouen«, Zeichnung im Stil der Jahrhundertwende (Bilderdienst Süddeutscher Verlag, München)

S. 328: »Wie Papst Johannes XXIII uff dem Arlberg in Schnee lag« aus Ulrich von Richental »Chronik des Konzils zu Konstanz« (Badische Landesbibliothek Karlsruhe).

S. 339: Cornelius Anthonisz (Temissen), 1499–1533, »Die Zerstörung des Turmbaus zu Babel«, (Stich) (Archiv des Autors)

REGISTER

Abraham 120, 283 f., 326
Abschied 207, 212, 213
Achillesferse 17
Achsenkreuz 9, 44, 74 ff., 97, 121, 151
Acht 124
Achteck 124, 285
Achthunderteins 268
Achtundzwanzig 126
Adam 186–191
Adel 191 f., 226 ff.
Adler 18, 39, 40 ff., 133, 158, 324
Advent 135, 244, 293
Adventkranz 243, 249
Affe 25, 104
Allegorie 17 f., 19, 20, 21, 23, 24, 42, 46, 154, 333
Alpha und Omega 268
Altar 32, 45, 217, 231, 232, 284 ff., 286, 287, 336
Altarkuß 207, 208, 286
Alter 19, 175 ff., 182, 223
Äpfel 251 f.
Apollo 17, 21, 54, 56, 71, 82, 323
Asche 258 f.
Aschermittwoch 243, 258 f.
Äskulapstab 18, 27 f., 286
Attribut 19, 39, 40, 42, 46, 332
Auferstehung 259–261, 262 ff., 265, 266
Auge 172
Augurenlächeln 82
Aura 287
Aureole 287

Baldachin 287
Bamberger Reiter 21 f.
Bär 24 f.
Barbara (heilige) 246–248, 264, 278
Barbarazweige 244, 247
Baskenmütze 26, 323

Bauer 236 ff.
Bäuerin 236, 237 f.
Baum 152 f., 177, 181
Becher 216 ff.
Begräbnis 224 ff.
Bett 213 ff., 216
Bettler 239 f.
Biertisch 287 f.
Blau 128, 130 ff., 133, 135
Brunnen 10, 68, 288 f.

Chaos 30 f., 114
Christbaum 243, 249, 251, 252, 253 f.
Clown 27, 241 f.

Darüber und darunter 9
Davidstern 111, 122 f.
Davor und dahinter 285
Dienstag 47, 54, 60 f., 62, 66, 140
Donnerstag 47, 54, 61, 64, 66, 140
Dornröschen 278 f.
Drache 55, 132, 152, 162, 264, 289 f.
(Dr)außen und (dr)innen 81, 84, 104, 115, 203
Drei 119, 120 f., 122, 123, 124, 140
Dreieck 27, 106, 109 f., 111, 114, 117, 121, 122, 126
Dreistern 117
Dreiunddreißig 126
Dreiundzwanzig 126
Dreizehn 119, 126
Drudenfuß s. Pentagramm

Ebene 166, 168
Echo 290 f.
Edelweiß 156 f.
Eiche 152, 153, 154
Eichenlaub 154
Eins 119 f.

Einundzwanzig 123
Elemente (Die vier) 142 ff.
Elf 119, 125
Emblem 16 f., 24, 292
Engel 20, 39, 40 ff., 45, 177, 250, 252, 255, 256, 260
Erde 21, 26, 73, 86, 108, 111, 112, 142–145, 147, 152, 166, 201, 225, 236, 319, 349
Esel 152, 158 f.
Eunuch 291
Eva 187, 189, 190, 191
Evangelistensymbole 9, 39 ff.

Fackel 20
Fahne 292 f.
Farben 10, 128 ff.
Fasten(zeit) 135, 256 f., 293
Fest 293 f.
Feuer 35, 129, 130, 142, 143, 145 ff., 148, 267, 296, 321, 324
Fische (Tierkreis) 145
Fledermaus 34
Fliegender Teppich 279
Fluch 335
Frau 10, 26, 27, 33, 134, 184 ff., 201, 207, 215, 242, 297, 317, 331, 332, 347
Frau Holle 276, 279, 316
Freiheitsstatue (New York) 20, 21
Freitag 47, 54, 66, 140
Frieden 20, 29, 83 f., 182, 294 f., 322
Der Froschkönig 203
Fünf 121 f., 125, 140 f.
Fünfeck 117
Fünfstern s. Pentagramm
Fünfundsiebzig 127
Fünfzig 122, 127

365

Gartenzwerg 218, 219, 222, 349
Gebirge 166 ff.
Gebrechen 222 ff.
Gelb 128, 130–134, 135
Geometrische Figuren 10, 11
Gesicht 173
Gesten 204 ff., 225, 268
Gleichnis 24
Glocke 34
Gold 25, 27, 28, 217, 246, 276, 316, 337
Gold (Farbe) 130, 132, 133, 244
Goldener Schnitt 115 ff., 122, 137, 139, 140
Gottesurteil 295 f., 308, 338
Grün 128, 132, 133 f., 135
Gruß 207, 212 f.

Harfe 18
Hase 18, 152, 259
Heilige Drei Könige 255, 256, 322, 323
Heiliger Geist 21, 29, 130, 260, 267, 268
Herakles 54, 75, 94, 324, 325
Hermes 280, 305, 317
Himmel 74, 77, 167, 345
Hirsch 42, 46
Hochgebirge s. Gebirge
Hölle 74, 77, 296
Holunderstrauch 155
Hund 159 f.
Hundert 122, 127
Hundertdreiundfünfzig 127

Image 296 f., 308
Insulaner 297 f.
Intervalle 11, 115, 137 ff.

Jakobinermütze s. Phrygische Mütze
Jeanne d'Arc 298 ff.

Johannes 39, 40, 158, 273
Jugend 174 f., 177, 178, 301 f., 331
Jungfrau 302
Jungfrau (Tierkreis) 143
Jüngstes Gericht 273 f.
Jupiter 28, 52, 53, 55, 61, 62, 64, 66, 73, 79, 80, 81, 86, 122, 139, 140, 324

Kamel 152, 158, 160
Katharina (heilige) 247, 264
Kelch 216 f.
Kennzeichen 12
Ketzer 233 ff.
Kitsch 218 ff.
Kleidung 9, 208 ff.
Kleinod 46, 302 ff., 340
Knochenmann 304 f.
Kolibri 161 f.
Kornblume 131, 157
Körper (menschlicher) 172 ff.
Kranz 107
Krebs (Tierkreis) 145
Kreis 16, 27, 73, 106 ff., 110, 111, 114, 124, 126, 249
Kreuz 16, 41, 44, 46, 70, 73, 74, 259, 285, 286, 334, 335, s. a. Achsenkreuz
Krone 107, 305 f.
Krummstab 306 f.
Kuckucks-Terz 11, 136 ff.
Kugel 106, 108 f., 111, 112, 113, 202, 252
Kuh 25
Kürzel 9, 14, 24

Labyrinth 9, 31 f., 70, 151
Lächeln 172, 210
Lachen 210
Lager 213, 215
Lamm 18, 45, 46, 243, 259

Landschaft 10, 163 ff.
Laufender Hund 32, 160, s. a. Mäander
Leber 324
Leuchter 50, 307
Leumund 307 f.
Liebe 129, 138, 156, 194–203, 285
Links 27 f., 345
Lorbeer 21, 154
Lotos 157
Löwe 18, 24, 39, 40 ff., 78, 91
Löwe (Tierkreis) 147
Luft 142, 143, 145, 147 f., 150, 319
Lukas 39, 40, 41, 42

Mäander 32, 33, 151, 160
Mann 10, 184 ff., 201, 215, 317, 332
Märchen 203 ff., 275 ff.
Margarete (heilige) 247, 263 f., 290
Marke 12
Markenzeichen 14, 24, 157
Markus 39, 40, 42
Mars 20, 51, 53, 54, 55, 60, 62, 73, 122, 140
Martin (Sankt) 298, 309 ff.
Maske 10, 102, 311 ff.
Matthäus 39, 40, 42
Mauer 194, 313 f.
Meer 87, 104, 108, 130, 165, 168, 170 f., 218, 327
Mehl 25
Merkur 16, 27, 49, 51, 53, 54, 55, 62, 122, 139, 140
Metapher 23, 24
Million 127
Mimose 157
Mitte 74, 289
Mittwoch 47, 61, 62 f., 140
Mond 16, 51, 53 ff., 58,

60, 70, 71 f., 181, 198, 322
Montag 47, 58, 60, 66, 130
Myrrhe 28

Name 315 f.
Neun 124
Nikolaus (heiliger) 244 ff., 248, 251, 254
Norden 10, 95, 96, 97, 98 ff., 105, 118
Nördlichkeit 316
Nüsse 251 f.
Nymphe 317, 348

Oben 93, 117, 166, 334
Oben und unten 9, 74, 75, 76 ff., 79, 86, 121, 172
Ochse 39, 45
Odysseus 38, 93, 176, 301, 329
Ölzweig 20, 21, 294, 322
Orange 128, 134 f.
Orantenhaltung 207
Osten 95–98, 102 ff., 112, 118
Ostern 10, 243, 259, 260 ff., 266, 293

Paar 10, 120, 193 ff.
Palme 154
Palmwedel 20, 154
Parallelogramm 16, 126
Passion 10, 125, 136, 259 f.
Paulus 19, 40
Pelikan 42, 46
Pentagramm 106, 118, 122
Pest 318 ff.
Petrus 19, 40, 127, 333
Pfarrer s. Priester
Pfingsten 129, 267
Pflanze 10, 11, 151, 152 ff., 320
Phönix 176, 320 f.
Phrygische Mütze 321 ff.
Piktogramm 15

Potemkinsche Dörfer 281 f.
Priester 26, 231 f.
Prometheus 26, 54, 324 f.
Prophet 232 f.
Purpur 129, 135, 136
Pyramide 110

Quader 114, 121
Quadrat 110, 111, 112, 115, 121, 138
magisches 34, 112
Quarte 138, 140
Quelle 288, 325 f.
Quinte 121, 136, 138, 140, 141

Rad 16, 18, 108, 109
Rebekka 326 f.
Rechteck 114, 115, 116, 126
Rechts 28
Rechts und links 9, 74, 75, 78, 84 ff., 97, 121, 207, 285
Regenbogen 34
Reh 18
Reise 327 ff.
Riesen 28, 329 f., 349
Ring 13, 107, 337, 338
Rose 129, 131, 155 f., 225
Rot 128 ff., 130, 131, 134, 135, 136, 225
Ruine 175, 180 ff., 252, 321

Salz 11, 25 f., 330 f.
Samstag 47, 68 f.
Sanduhr 34, 304, 331, 341
Saturn 49, 51, 53, 55, 68 f., 73, 79, 80 f., 86, 122
Schenken 211 f.
Schlange 21, 27 f., 31, 151, 152, 162 f., 187, 188, 286
Schleier 192, 331 f., 336
Schlüssel 39 f., 46, 332 f.
Schütze (Tierkreis) 147

Schwarz 128, 133, 135
Schweizergardist 28, 167 f.
Sechs 122 f.
Sechseck 122, 285
Sechsunddreißig 126
Sechzehneck 124
Segen 44, 206, 208, 267, 286, 334 f., 336
Sichel 73, 97
Sieben 47, 48, 50 f., 123 f., 126, 127, 307
Siebentagewoche 46 ff., 123, 140
Siebzehn 126
Siebzig 124, 127
Signale 9
Signet 13 ff., 24
Sinnbild 20 ff., 24, 39
Sisyphus 31, 38, 241
Skorpion (Tierkreis) 43, 44, 145
Soldat 229 f.
Sonne 16, 27, 51, 54 f., 56, 58, 70 f., 72, 73, 77, 78, 106, 108, 123, 132, 134, 135, 152, 163, 198, 201, 244, 250, 252, 253, 348
Sonntag 47, 56, 60, 64
Spirale 9, 31, 32, 70, 149
Stein 35
Steinbock (Tierkreis) 143
Stern 16, 34, 108, 117, 132, 250, 252, 294, 322
Stier 39, 40 ff.
Stier (Tierkreis) 44, 143
Stock 19, 179
Streifen 16
Stufe 76
Stuhl 78, 215 f.
Süden 10, 95, 96, 97, 98 ff., 105, 118
Südlichkeit 316, 335 f.
Symbolon 12
Synonym 24

Talar 232, 336 f., 339
Taube 20, 21, 28, 46, 260, 267, 268, 294, 322

367

Tausend 122, 127
Temperamente (Die vier) 143 ff.
Terz 137, 138, 140, 141, s. a. Kuckucks-Terz
Tiere 10, 151 f.
Tisch 215 f., s. a. Biertisch
Tod 68, 74, 81, 161, 177, 179, 197, 224, 269 ff., 304, 305, 319, 337
Totengedenken 266, 268 ff.
Treppe 76
Treue 28, 62, 64, 107, 120, 159, 166, 197, 199 f., 285, 334, 337 ff.
Turm 36, 76, 121, 246, 247, 264, 278 f.
Turmbau zu Babel 110, 339 f.

Uhr 126, 340 ff.
Unten 78, 167
Ursymbole 9, 16, 30 ff.

Venus 52, 53, 66, 73, 122, 140
Vier 112, 120, 121, 123, 124, 125

Viereck 27, 110, 117, 124
Vierstern 117 f.
Vierundsechzig 124
Vierundzwanzig 126
Vierzehn 126
Vierzig 119, 127
Violett 128, 135
Vorne und hinten 9, 74

Waage 18, 19, 34
Waage (Tierkreis) 149
Wald 88, 104, 294, 342
Ware 302, 303
Warenzeichen 14
Wasser 26, 66, 142, 143 f., 145, 146, 147, 148, 319, 325
Wassermann (Tierkreis) 43, 149
Weg 277, 342, 343 f.
Weihnachten 10, 243, 246, 248 ff., 259, 267, 293, 295
Weihnachtsbaum s. Christbaum
Weihrauch 28
Weiß 128, 132, 133
Weltgericht s. Jüngstes Gericht

Westen 95, 96, 98, 102 ff., 112, 118, 336
Wetter 345
Widder (Tierkreis) 147
Wilhelm Tell 346
Wimpel 293
Windrose 9, 95 ff.
Winken 204, 205
Witwe 346 ff.
Woche(ntage) s. Siebentagewoche
Würfel 112 ff.
Wüste 169 f.

Yin und Yang 10, 37, 47, 56, 73, 201

Zahlen 10, 118 ff.
Zehn 122, 124, 125, 127
Zeus 77, 202, 279, 280, 290, 324
Zwei 112, 120, 121, 122, 124
Zwerg 10, 27, 28, 145, 224, 348 f., s. a. Gartenzwerg
Zwilling (Tierkreis) 149
Zwölf 125 f.